GESTÃO DE INVESTIMENTOS
E GERAÇÃO DE VALOR

Carlos Patricio Samanez

GESTÃO DE
INVESTIMENTOS
E GERAÇÃO DE VALOR

© 2007 by Carlos Patricio Samanez

Todos os direitos reservados. Nenhuma parte desta publicação
poderá ser reproduzida ou transmitida de qualquer modo
ou por qualquer outro meio, eletrônico ou mecânico, incluindo fotocópia,
gravação ou qualquer outro tipo de sistema de armazenamento e transmissão
de informação, sem prévia autorização, por escrito, da Pearson Education do Brasil.

Gerente editorial: Roger Trimer
Editora sênior: Sabrina Cairo
Editora de desenvolvimento: Marileide Gomes
Editora de texto: Tatiana Vieira Allegro
Preparação: Thelma Guimarães
Revisão: Thelma Babaoka e Maria Luíza Favret
Capa: Alexandre Mieda
Editoração eletrônica: ERJ Composição Editorial e Artes Gráficas Ltda.

Dados Internacionais de Catalogação na Publicação (CIP)
(Câmara Brasileira do Livro, SP, Brasil)

Samanez, Carlos Patricio
    Gestão de investimentos e geração de valor /
Carlos Patricio Samanez. – São Paulo: Pearson Prentice Hall, 2007.

ISBN: 978-85-7605-104-6

    1. Investimentos - Análise 2. Investimentos de capital
3. Valor (Economia) I. Título.

06-7825   CDD-658.152

Índices para catálogo sistemático:
1. Investimentos : Análise : Empresas : Administração financeira 658.152
2. Investimentos : Gestão : empresas : Administração financeira 658.152

Direitos exclusivos cedidos à
Pearson Education do Brasil Ltda.,
uma empresa do grupo Pearson Education
Avenida Francisco Matarazzo, 1400
Torre Milano 7o andar
CEP: 05033-070 -São Paulo-SP-Brasil
Telefone 19 3743-2155
pearsonuniversidades@pearson.com

Distribuição
Grupo A Educação
www.grupoa.com.br
Fone: 0800 703 3444

Sumário

PREFÁCIO XI

PARTE 1
INTRODUÇÃO ÀS FERRAMENTAS E AOS CONCEITOS BÁSICOS DA ANÁLISE DE
INVESTIMENTOS 1

CAPÍTULO 1
O valor do dinheiro no tempo: cálculo financeiro básico necessário na
avaliação econômica de investimentos 3

1.1 Regime de capitalização composta ou exponencial 4
1.2 Equivalência de capitais 5
1.3 Taxa de juros nominal 6
1.4 Taxa de juros efetiva 7
1.5 Equivalência entre taxas de juros 8
1.6 Cálculo financeiro com séries de pagamentos periódicos uniformes ... 9
1.7 Cálculo financeiro com fluxos de duração indeterminada: perpetuidades ... 11
1.8 Capitalização contínua 11
1.9 Planos de amortização de empréstimos e financiamentos 14

PARTE 2
DECISÕES DE INVESTIMENTO NO LONGO PRAZO 17

CAPÍTULO 2
Orçamentação de capital: métodos e critérios de avaliação de investimentos
de capital 19

2.1 Método do valor presente líquido (VPL) 20
2.2 Método da taxa interna de retorno (TIR) 21

Gestão de investimentos e geração de valor

2.3	Método do *payback* descontado (PB)	21
2.4	Método do custo–benefício (B/C)	22
2.5	Método da anuidade uniforme equivalente (AE)	23
2.6	Método do custo anual equivalente (CAE)	25
2.7	Alternativas mutuamente exclusivas	37
2.8	Ranking e seleção de alternativas de investimento: racionamento de capital	49
2.9	Leasing	51
2.10	Justificativa e racionalidade econômica do uso do VPL como critério decisório	61
2.11	Limitações do VPL na análise de projetos com flexibilidades estratégicas e gerenciais	69

CAPÍTULO 3

Estrutura do fluxo de caixa para análise e avaliação econômica de investimentos de capital — 71

3.1	Fluxo de caixa incremental	71
3.2	Considerações na montagem do fluxo de caixa	72
3.3	Fluxo de caixa livre	73
3.4	Fluxo dos acionistas	73
3.5	Decisões econômicas e decisões financeiras: o teorema de separação	74
3.6	Análise das diversas variáveis e custos econômicos na determinação do fluxo de caixa incremental	75
3.7	Fluxos de caixa e o tratamento adequado da inflação	89
3.8	Fluxos de caixa e avaliação em moeda forte	94
3.9	Decisões de investimento em moeda nacional e em moeda estrangeira	96
3.10	Montagem do fluxo de caixa para avaliação econômica de projetos de investimento	97
3.11	Fluxo de caixa e projeção das demonstrações financeiras	105
3.12	Capacidade de pagamento do financiamento	109
3.13	Receita mínima de equilíbrio econômico	112

PARTE 3

TÓPICOS ESPECIAIS NA ANÁLISE DE PROJETOS DE INVESTIMENTO — 115

CAPÍTULO 4

Técnicas para análise e otimização de projetos de investimento — 117

4.1	Análise de sensibilidade	118
4.2	Análise de cenários	119
4.3	Método da certeza equivalente	125
4.4	Simulação de Monte Carlo	129
4.5	Árvores de decisão	143

4.6	Técnicas de inteligência artificial, redes neurais e algoritmos genéticos	146
4.7	Conceitos de competitividade e cooperação: a teoria dos jogos	149

CAPÍTULO 5

Técnicas mais avançadas na avaliação e gestão de projetos de investimento: o potencial aplicativo da teoria das opções — 152

5.1	A importância das opções reais na avaliação econômica	152
5.2	Opções reais e flexibilidade gerencial	154
5.3	A teoria das opções na valoração de ativos reais	155
5.4	Contribuição da teoria de opções reais na avaliação e gestão de projetos de investimento	155
5.5	Opções financeiras	157
5.6	O modelo de Black-Scholes	164
5.7	Visão do projeto como uma opção real	165
5.8	Uso da teoria das opções para valorar projetos	167

PARTE 4

RISCO, RETORNO E EQUILÍBRIO NO MERCADO DE CAPITAIS — 175

CAPÍTULO 6

Risco e retorno: diversificação e otimização de carteiras de investimento; desempenho de carteiras e gerenciamento de risco do mercado — 177

6.1	O binômio risco-retorno	177
6.2	A distribuição probabilística de retornos	178
6.3	Risco e retorno esperado de ativos com risco	180
6.4	A teoria das carteiras: o modelo de Markowitz	183
6.5	O modelo de índice único	202
6.6	Análise de desempenho de carteiras	214
6.7	Gestão de riscos de mercado	217

CAPÍTULO 7

Equilíbrio no mercado de capitais: o modelo de apreçamento de ativos com risco (CAPM) — 221

7.1	Equilíbrio de mercado: a equação da LMC	222
7.2	Decisões de investimento e de financiamento em incerteza: o teorema de separação	223
7.3	O modelo de formação de preços de ativos com risco (CAPM)	224
7.4	Rentabilidade histórica dos ativos e o prêmio de risco no modelo CAPM	239
7.5	Problemas e anomalias do modelo CAPM	242

PARTE 5

DECISÕES DE FINANCIAMENTO NO LONGO PRAZO 247

CAPÍTULO 8

Ponto de equilíbrio: alavancagem operacional e financeira   249

8.1   Ponto de equilíbrio operacional.. 249
8.2   Ponto de equilíbrio econômico 257
8.3   Ponto de equilíbrio e formação de preços 260
8.4   Alavancagem operacional: risco do negócio 262
8.5   Alavancagem financeira: risco financeiro... 263
8.6   Escolha do melhor plano financeiro: análise LPA × Lajir 265
8.7   Alavancagem financeira e planos de financiamento................................ 267

CAPÍTULO 9

Custo do capital   268

9.1   Custo médio ponderado do capital 269
9.2   Valor da empresa: proposição I de Modigliani-Miller 273
9.3   Custo do capital próprio... 276
9.4   Custo da dívida 280
9.5   Custo do capital, alavancagem financeira e beta.................................... 281
9.6   Custo do capital: o caso da Embratel 294

CAPÍTULO 10

O valor da empresa e a decisao sobre estrutura do capital   296

10.1   Fluxo de caixa adequado para estimar o valor intrínseco da empresa.............. 297
10.2   Métodos para estimar o valor intrínseco da empresa.............................. 299
10.3   De que maneira os benefícios fiscais da dívida aumentam o valor da empresa?... 305
10.4   Legislação brasileira: juros sobre o capital próprio e dividendos das ações preferenciais 307
10.5   Dinâmica do fluxo de caixa da empresa: das demonstrações contábeis ao fluxo de caixa livre.. 307
10.6   A decisão sobre a estrutura de capital 318
10.7   Estrutura ótima ou estrutura-alvo de capital?.. 324

PARTE 6
DESEMPENHO E VALOR DA EMPRESA 325

CAPÍTULO 11
Análise de desempenho operacional e financeiro de empresas _____ 327

11.1 Medição dos objetivos da empresa 328
11.2 Apuração do lucro operacional segundo a legislação societária brasileira 329
11.3 Apuração do lucro operacional ajustado 329
11.4 Apuração do capital investido 331
11.5 Índices de mercado 332
11.6 Índices de rentabilidade: análise tradicional de desempenho econômico 335
11.7 Rentabilidade e alavancagem financeira 341
11.8 Análise de desempenho com base nos índices tradicionais 344
11.9 Índices de criação de valor: análise de desempenho baseada na geração
de valor 347
11.10 Desempenho de empresas e setores 349
11.11 Análise de desempenho e inflação 351

CAPÍTULO 12
Valuation: valoração de empresas _____ 353

12.1 Modelos de avaliação de empresas 356
12.2 Avaliação baseada no desconto do fluxo de caixa livre 357
12.3 Avaliação baseada no lucro econômico: o método EVA 367
12.4 Valoração acionária: o modelo de múltiplos 369
12.5 Valoração acionária: o modelo do fluxo de dividendos 371

REFERÊNCIAS BIBLIOGRÁFICAS 381
SOBRE O AUTOR 383

Prefácio

Gestão de investimentos e geração de valor é resultado de vários anos de experiência do autor como professor de finanças dos cursos de graduação e pós-graduação da PUC-Rio e da Uerj, bem como de MBAs e cursos de extensão. Este livro tem como principal objetivo abordar, de maneira analítica, intuitiva e didática, as diversas técnicas da análise e gestão de investimentos, dando ênfase àquelas que tratam da incerteza e do risco na avaliação das propostas de investimento.

Um dos méritos da obra, que a diferencia enormemente, é privilegiar as aplicações práticas. De fato, ao explicar os vários assuntos tratados por meio de grande quantidade de exemplos de aplicação que são resolvidos detalhadamente, sem excessos ou redundâncias, o livro aproxima a teoria da prática, facilitando a fixação dos conceitos e o aprendizado.

Essa abordagem didática é extremamente importante para o público a que este livro se destina: estudantes dos cursos de graduação e pós-graduação em engenharia de produção, administração, economia e ciências contábeis, que podem utilizá-lo nas disciplinas de análise de investimentos, finanças corporativas e administração financeira e orçamentária. É ideal também para aqueles que realizam cursos de análise e gestão de projetos de investimento, administração de risco e análise de carteiras de investimento, valoração de empresas, finanças corporativas e economia de empresas, os quais podem usar a obra como material suplementar, de apoio.

É interessante ressaltar, no entanto, que, devido à atualidade do tema e ao crescente interesse por ele, este livro não fica restrito apenas à academia. Pelo contrário: economistas, engenheiros, administradores, contadores e outros profissionais que eventualmente tenham de lidar com esses assuntos podem usá-lo como uma inestimável fonte de consulta para as mais modernas técnicas de análise e gestão de investimentos.

Estrutura do livro

Gestão de investimentos e geração de valor possui 12 capítulos que, divididos nas seis partes especificadas a seguir, oferecem ao leitor uma visão geral do tema.

* *Parte 1 — Introdução às ferramentas e aos conceitos básicos da análise de investimentos:* constituída pelo Capítulo 1, essa parte apresenta uma introdução básica das técnicas da matemática financeira necessárias para a compreensão da análise de investimentos.

- *Parte 2 — Decisões de investimento no longo prazo:* formada pelos capítulos 2 e 3, essa parte trata das decisões de investimento no longo prazo, além de abordar as técnicas da orçamentação de capital e os métodos e os critérios de avaliação econômica de investimentos. Nessa parte, são discutidas também as técnicas de estruturação do fluxo de caixa apropriado para a análise e a avaliação econômica de investimentos. Essa discussão se dá por meio da exposição fácil e explícita dos fluxos adequados para a análise da alternativa do ponto de vista não só da empresa, mas também do acionista.

- *Parte 3 — Tópicos especiais na análise de projetos de investimento:* constituída pelos capítulos 4 e 5, essa parte apresenta alguns tópicos especiais relativos à análise e à otimização de alternativas de investimento, com destaque para as técnicas de análise de sensibilidade e análise de cenários, o método da certeza equivalente, a simulação de Monte Carlo, as árvores de decisão e alguns conceitos básicos sobre inteligência artificial e algoritmos genéticos, competitividade, cooperação e teoria dos jogos. É importante assinalar que no final da Parte 3, no Capítulo 5, são abordados os fundamentos da teoria das opções reais aplicada à análise e à gestão de investimentos de capital, com a demonstração de como valorar as flexibilidades implícitas nas alternativas de investimento.

- *Parte 4 — Risco, retorno e equilíbrio no mercado de capitais:* essa parte trata do risco e do retorno dos investimentos. De fato, os capítulos 6 e 7, que a compõem, abordam os fundamentos da diversificação e da otimização das carteiras de investimento, os modelos de Markowitz e de índice único e o desempenho das carteiras e o gerenciamento de seu risco (Var). Temas como equilíbrio no mercado de capitais e o modelo de apreçamento de ativos com risco (CAPM) também são tratados nessa parte.

- *Parte 5 — Decisões de financiamento no longo prazo:* constituída pelos capítulos 8, 9 e 10, essa parte aborda as decisões de financiamento de longo prazo. O Capítulo 8, por exemplo, trata do ponto de equilíbrio e de sua relação com a alavancagem operacional e financeira da empresa e com a formação de preços. Nele é apresentada a análise LPA × Lajir para escolha do melhor plano de financiamento. Já o Capítulo 9 traz um tratamento muito formal e rigoroso do custo do capital e de seu cálculo no contexto da teoria de Modigliani-Miller e do CAPM. O Capítulo 10, por sua vez, trata do valor da empresa e da decisão sobre estrutura de capital, além de apresentar a dinâmica do fluxo de caixa da empresa por meio da análise dos procedimentos que permitem passar das demonstrações contábeis ao fluxo de caixa livre adequado para o cálculo do valor intrínseco da empresa. O capítulo se encerra com uma análise do problema sobre a estrutura ótima do capital.

- *Parte 6 — Desempenho e valor da empresa:* os capítulos 11 e 12 compõem a sexta e última parte, que trata do desempenho econômico-financeiro e do valor da empresa. No Capítulo 11, são apresentadas as técnicas de análise de desempenho operacional e financeiro da empresa por meio dos índices tradicionais, como o ROA, o ROE e o ROI, e dos índices de criação de valor, como valor econômico agregado (EVA) e valor de mercado agregado (MVA). Após a formalização das teorias e dos conceitos pertinentes, uma análise é efetuada por meio de um estudo de caso em que, partindo das demonstrações financeiras elaboradas de acordo com legislação societária brasileira, são feitos os ajustes adequados que permitem uma análise consistente do desempenho da empresa. Por fim, o Capítulo 12 apresenta formalmente os modelos de avaliação baseados no fluxo de caixa descontado e no fluxo econômico (EVA). O assunto é abordado por meio de um estudo de caso em que a mesma empresa é avaliada de maneira comparativa pelos diferentes métodos, sendo que a compreensão desses métodos é facilitada pela forma compacta e clara com que o estudo de caso apresenta os cálculos e os resultados. O capítulo termina com uma análise dos modelos de valoração acionária, como o modelo de múltiplos e o de fluxo de dividendos. É apresentada também uma análise rigorosa dos fatores determinantes do retorno esperado pelos acionistas, da taxa de crescimento da empresa e do valor e rentabilidade das ações.

Material de apoio do livro

Para ajudar os alunos a fixar os temas abordados e auxiliar os professores a preparar suas aulas, este livro contém um site de apoio exclusivo (www.grupoa.com.br) com material complementar. Para os alunos, são oferecidos exercícios referentes a todos os livros, ao passo que, para os professores, são fornecidas as resoluções completas e detalhadas desses mesmos exercícios. O material disponível para os professores é protegido por senha. Para obtê-la, eles devem entrar em contato com um representante Grupo A ou enviar um e-mail para *distribuicao@grupoa.com.br*.

PARTE 1

INTRODUÇÃO ÀS FERRAMENTAS E AOS CONCEITOS
BÁSICOS DA ANÁLISE DE INVESTIMENTOS

CAPÍTULO 1
O valor do dinheiro no tempo: cálculo financeiro básico necessário na avaliação econômica de investimentos

1

O valor do dinheiro no tempo: cálculo financeiro básico necessário na avaliação econômica de investimentos

- Regime de capitalização composta ou exponencial
- Equivalência de capitais
- Taxa de juros nominal
- Taxa de juros efetiva
- Equivalência entre taxas de juros
- Cálculo financeiro com séries de pagamentos periódicos uniformes
- Perpetuidades
- Capitalização contínua

Podemos iniciar este capítulo introduzindo de maneira informal um princípio amplamente usado na análise econômica de investimentos: as pessoas têm *preferência pela liquidez*. Esse princípio indica que $ 100 disponíveis hoje são preferíveis a (ou valem mais que) $ 100 a serem recebidos em data futura, por pelo menos três razões fundamentais:

- o risco de não receber a quantia no futuro;
- o menor poder aquisitivo da quantia no futuro, devido ao efeito inflacionário;
- o custo de oportunidade do dinheiro, que, por meio do investimento, permite-nos transformar $ 100 hoje em mais do que $ 100 no futuro.

Tendo apresentado essa noção de preferência pela liquidez, podemos introduzir mais formalmente o objeto de estudo da *matemática financeira*, nome dado ao conjunto de conceitos matemáticos elementares utilizados na análise de operações de investimento e de financiamento, tendo em vista o princípio da preferência pela liquidez.

O valor da preferência pela liquidez é normalmente representado pela taxa de juros ou pelo custo do dinheiro. Se, por exemplo, a taxa de juros mínima para deixarmos de consumir $ 100 no momento presente e aplicarmos esse dinheiro em um investimento por um ano é de 10%, isso indica que queremos $ 10 como pagamento futuro, para compensar o sacrifício de nos privarmos de $ 100 hoje. Se, por outro lado, a taxa de juros máxima que estamos dispostos a pagar para receber $ 100 hoje e retornar esse valor após um ano é de 5%, isso indica que estamos dispostos a pagar $ 105 no futuro para receber $ 100 hoje. O conceito de *taxa de juros de mercado* que acabamos de introduzir é uma noção prática utilizada em matemática financeira para indicar a taxa a que o investidor ou aplicador pode teoricamente ter acesso no mercado.

Gestão de investimentos e geração de valor

Na prática, essa taxa de mercado depende de diversos fatores, como o volume de dinheiro considerado para aplicação ou empréstimo, o prazo da aplicação e os riscos associados à transação.

Sendo o cálculo financeiro extremamente importante na análise de investimentos, neste capítulo faremos uma revisão de seus fundamentos básicos, necessários ao entendimento dos próximos capítulos.[1]

1.1 Regime de capitalização composta ou exponencial

O regime de juros compostos é o mais comum no dia-a-dia, no sistema financeiro e no cálculo econômico. Nesse regime, os juros gerados a cada período são incorporados ao principal para o cálculo dos juros do período seguinte. Ou seja, o rendimento gerado pela aplicação será incorporado a ela, passando a participar da geração do rendimento no período seguinte; dizemos, então, que os juros são *capitalizados*.

Por meio da expressão a seguir, podemos calcular o montante S resultante da aplicação do principal P durante n períodos, a uma taxa de juros compostos i:

$$S = P(1 + i)^n$$

Por exemplo, se o capital fosse de $ 1.000, a taxa de juros compostos de 2% a.m. e o prazo de 3 meses, o montante ao término do terceiro mês poderia ser calculado diretamente da seguinte forma:

$$S = \$\ 1.000 \times (1 + 0{,}02)^3 = \$\ 1.061{,}21$$

Exemplo 1.1

Qual o capital que, em 6 anos, aplicado à taxa de juros compostos de 15% a.a., monta $ 14.000?

Dados: n = 6 anos, i = 15% a.a., S = $ 14.000, P = ?

$$P = \frac{S}{(1 + i)^n} = \frac{\$\ 14.000}{(1{,}15)^6} = \frac{\$\ 14.000}{2{,}31306} = \$\ 6.052{,}59$$

Exemplo 1.2

Em que prazo um empréstimo de $ 55.000 pode ser quitado por meio de um único pagamento de $ 110.624,80, se a taxa de juros compostos cobrada for de 15% a.m.?

Dados: P = $ 55.000, S = $ 110.624,80, i = 15% a.m., n = ?

$$S = P(1 + i)^n$$

$$\$\ 110.624{,}80 = \$\ 55.000 \times (1 + 0{,}15)^n$$

$$2{,}01136 = (1{,}15)^n$$

---

[1] Para uma revisão mais ampla do cálculo financeiro, veja: C.P. Samanez, *Matemática financeira: aplicações à análise de investimentos*, 4. ed. São Paulo: Pearson Prentice Hall, 2006.

Capítulo 1 – O valor do dinheiro no tempo: cálculo financeiro básico... 5

Aplicando logaritmos: $\log 2{,}01136 = n \times \log 1{,}15 \Rightarrow n = \dfrac{\log 2{,}01136}{\log 1{,}15} = 5$ meses

Exemplo 1.3

A que taxa de juros um capital de $ 13.200 pode transformar-se em $ 35.112,26, considerando um período de aplicação de 7 meses?

Dados: $P = \$\ 13.200{,}00$, $S = \$\ 35.112{,}26$, $n = 7$, $i = ?$

$$S = P(1 + i)^7$$

$$\$\ 35.112{,}26 = \$\ 13.200{,}00 \times (1 + i)^7 \rightarrow i = \left(\frac{\$\ 35\ 112{,}26}{\$\ 13.200{,}00}\right)^{\frac{1}{7}} - 1 = 0{,}15 = 15\%\ \text{a.m.}$$

1.2 Equivalência de capitais

O *princípio de equivalência de capitais* é fundamental na resolução dos problemas de cálculo financeiro. Diz-se que dois capitais com datas de vencimento determinadas serão equivalentes quando, se levados para uma mesma data à mesma taxa de juros, tiverem valores iguais.

Exemplo 1.4

Uma compra pode ser paga à vista por $ 1.400 ou financiada por meio de uma entrada de 30% e mais dois pagamentos mensais, sendo o segundo 50% maior do que o primeiro. Sabendo que o início dos pagamentos será ao término de um período de carência de 4 meses e que a taxa de juros aplicada é de 5% a.m., calcular o valor dos pagamentos mensais.

O valor de Y pode ser encontrado considerando-se que, pelo princípio de equivalência de capitais, o valor à vista deve ser igual ao valor presente do fluxo de caixa da alternativa de compra financiada:

$$\$\ 1.400 = \$\ 420 + \frac{Y}{(1{,}05)^4} + \frac{1{,}5Y}{(1{,}05)^5} \Rightarrow Y = \frac{\$\ 980}{[1/(1{,}05)^4 + 1{,}5/(1{,}05)^5]} = \$\ 490{,}49$$

Logo, o primeiro pagamento será de $ 490,49, e o segundo, de $ 735,74 (1,5 × $ 490,49)

Exemplo 1.5

Uma pessoa tem uma dívida de $ 3.000 com vencimento em 2 anos e outra de $ 4.500 com vencimento em 6 anos. Ela pretende pagar seus débitos por meio de um pagamento único, a ser realizado ao fim de 4 anos. Considerando uma taxa de juros efetiva de 10% a.a., determinar o valor do pagamento único que liquida a dívida.

6 Gestão de investimentos e geração de valor

Por equivalência de capitais, o valor do pagamento único que quita a dívida deve ser igual ao valor atualizado (no quarto ano) das duas quantias devidas:

$$X = \$\,3.000 \times (1{,}10)^2 + \frac{\$\,4.500}{(1{,}10)^2} = \$\,7.349$$

Para serem transportados ao quarto ano, o primeiro valor ($ 3.000) é capitalizado por dois anos, enquanto o segundo ($ 4.500) é descontado por dois anos.

1.3 Taxa de juros nominal

A *taxa nominal* é uma taxa referencial em que os juros são capitalizados (incorporados ao principal) mais de uma vez no período a que ela se refere; isto é, a unidade de referência de seu tempo não coincide com a unidade de tempo dos períodos de capitalização.

As taxas de juros podem ser classificadas em *nominais* ou *efetivas*, conforme o capital tomado como base de cálculo. Desse modo, a taxa nominal é aquela calculada com base no valor nominal, e a taxa efetiva, com base no valor efetivamente aplicado ou emprestado.

Vamos supor que alguém tenha contraído um empréstimo de $ 30.000 a ser liquidado por meio de um pagamento único, de $ 38.000, no prazo de 1 mês. No ato da contratação foi paga uma tarifa de serviço bancário de 5%, cobrada sobre o valor do empréstimo.

A taxa nominal é a razão entre os juros pagos e o valor nominal do empréstimo:

$$\text{Taxa nominal} = \frac{\text{Juros pagos}}{\text{Empréstimo nominal}} = \frac{\$\,38.000 - \$\,30.000}{\$\,30.000} = 26{,}67\%\ \text{a.m.}$$

A taxa efetiva é a razão entre os valores efetivamente pagos e o valor do empréstimo efetivamente liberado:

$$\text{Taxa efetiva} = \frac{\text{Valores efetivamente pagos}}{\text{Empréstimo efetivo}} =$$

$$= \frac{(\$\,38.000 - \$\,30.000) + 0{,}05 \times \$\,30.000}{\$\,30.000 - 0{,}05 \times \$\,30.000} = 33{,}33\ \text{a.m.}$$

Em geral, podemos expressar do seguinte modo o montante de um capital aplicado pelo prazo m, a uma taxa nominal j, com juros capitalizados k vezes durante o período referencial da taxa nominal:

$$S = P\left(1 + \frac{j}{k}\right)^{k \times m}$$

onde.

j = taxa de juros nominal;

k = número de vezes que os juros são capitalizados no período a que se refere a taxa nominal;

m = prazo da aplicação na mesma unidade de tempo da taxa nominal;

P = capital aplicado.

Capítulo 1 – O valor do dinheiro no tempo: cálculo financeiro básico...   7

Exemplo 1.6

Um Certificado de Depósito Bancário (CDB) prefixado rende 95% da taxa *over* do Certificado de Depósito Interfinanceiro (CDI). Considerando que em 60 dias de prazo da operação houve 48 dias úteis, que a taxa média do CDI no período foi de 4,4% a.m. e que o valor aplicado foi de $ 4.500, calcular o valor de resgate do CDB.

Dados: j = 0,95 × 4,4% = 4,18% a.m., k = 30, P = $ 4.500, m = 48/30 meses, S = ?

$$S = P\left(1 + \frac{j}{k}\right)^{k \times m} = \$ 4.500 \times \left(1 + \frac{0,0418}{30}\right)^{30 \times \left(\frac{48}{30}\right)} = \$ 4.811,03$$

A taxa *over* tem capitalização diária (k = 30), mas rende somente por dia útil. O prazo foi convertido à mesma unidade de tempo da taxa *over* (m = 48/30 meses).

Exemplo 1.7

Qual o valor de resgate para um capital de $ 200 aplicado pelos prazos e taxas a seguir?

a) 27 dias a 9% a.m., capitalizados diariamente:

$$S = P\left(1 + \frac{j}{k}\right)^{k \times m} = \$ 200 \times \left(1 + \frac{0,09}{30}\right)^{30 \times \left(\frac{27}{30}\right)} = \$ 216,85$$

b) 6 meses a 28% a.a., capitalizados mensalmente:

$$S = P\left(1 + \frac{j}{k}\right)^{k \times m} = \$ 200 \times \left(1 + \frac{0,28}{12}\right)^{12 \times \left(\frac{6}{12}\right)} = \$ 229,69$$

c) 7 meses a 28% a.a., capitalizados trimestralmente:

$$S = P\left(1 + \frac{j}{k}\right)^{k \times m} = \$ 200 \times \left(1 + \frac{0,28}{4}\right)^{4 \times \left(\frac{7}{12}\right)} = \$ 200 \times \left(1 + \frac{0,28}{4}\right)^{2} = \$ 228,98$$

Repare que no item *c* o expoente é igual a 2,33 (k × m); contudo, no cálculo do montante foi considerada unicamente a parte inteira (2,0), pois no prazo da operação (7 meses) haverá capitalização de juros somente duas vezes (2 trimestres). No prazo restante (0,33 trimestre), por não ter se completado um período de capitalização (1 trimestre), o capital não renderá juros.

1.4 Taxa de juros efetiva

A taxa nominal é uma taxa declarada ou cotada que não incorpora capitalizações. Assim, se pretendemos efetuar cálculos e comparações no regime de juros compostos, precisamos calcular a *taxa efetiva* equivalente. Essa taxa pressupõe a incidência de juros uma única vez em cada período a que se refere; isto é, a unidade de referência de seu tempo coincide com a unidade de tempo dos períodos de capitalização. É, portanto, a taxa por período de capitalização.

Gestão de investimentos e geração de valor

A freqüência das capitalizações de uma taxa nominal afeta o montante de uma aplicação, pois, quanto maior for essa freqüência, maior será o montante final e maior será também a taxa efetiva ganha (ou paga) na operação. Como ilustração, o quadro a seguir mostra, para diversas freqüências das capitalizações da taxa nominal, os montantes e as taxas efetivas para um capital de $ 100 aplicado por 2 anos a uma taxa nominal de 10% a.a.

Capitalização	Montante: $S = P(1 + j/k)^{k \times m}$		Taxa efetiva ao ano: $i_a = (1 + j/k)^k - 1$	
Anual (k = 1)	$\$ 100 \times (1 + 0{,}1 / 1)^{1 \times 2}$	= $ 121,00	$(1 + 0{,}1 / 1)^1 - 1$	= 10,00% a.a.
Semestral (k = 2)	$\$ 100 \times (1 + 0{,}1 / 2)^{2 \times 2}$	= $ 121,55	$(1 + 0{,}1 / 2)^2 - 1$	= 10,25% a.a.
Mensal (k = 12)	$\$ 100 \times (1 + 0{,}1 / 12)^{12 \times 2}$	= $ 122,04	$(1 + 0{,}1 / 12)^{12} - 1$	= 10,47% a.a.
Diária (k = 360)	$\$ 100 \times (1 + 0{,}1 / 360)^{360 \times 2}$	= $ 122,14	$(1 + 0{,}1 / 360)^{360} - 1$	= 10,52% a.a.

Podemos observar que a taxa efetiva aumenta à medida que a freqüência das capitalizações da taxa nominal cresce. Quanto maior for essa freqüência, maior será a taxa efetiva implícita.

1.5 Equivalência entre taxas de juros

Duas taxas são ditas equivalentes quando, incidindo sobre um mesmo capital durante o mesmo prazo, produzem montantes iguais. Consideremos uma aplicação de $ 1.000 pelo prazo de 1 ano. Se o capital for aplicado à taxa efetiva de 42,5761% a.a., ou à taxa efetiva de 3% a.m., o montante será o mesmo, dado que essas duas taxas são equivalentes.

Montante à taxa efetiva de 42,5761% a.a.: $\$ 1.000 \times (1{,}4257661)^1 = \$ 1.425{,}76$

Montante à taxa efetiva de 3% a.m.: $\$ 1.000 \times (1{,}03)^{12} = \$ 1.425{,}76$

Exemplo 1.8

Calcular as taxas efetivas ao ano para as seguintes taxas nominais: a) 24% ao ano, capitalizada mensalmente; b) 48% ao semestre, capitalizada mensalmente; c) 60% ao trimestre, capitalizada diariamente.

a) $i_a = \left(1 + \dfrac{j}{k}\right)^q - 1 = \left(1 + \dfrac{0{,}24}{12}\right)^{12} - 1 = 26{,}82\%$ a.a.

b) $i_a = \left(1 + \dfrac{j}{k}\right)^q - 1 = \left(1 + \dfrac{0{,}48}{6}\right)^{12} - 1 = 151{,}82\%$ a.a.

c) $i_a = \left(1 + \dfrac{j}{k}\right)^q - 1 = \left(1 + \dfrac{0{,}60}{90}\right)^{360} - 1 = 993{,}57\%$ a.a.

A divisão da taxa nominal (j) pela freqüência de suas capitalizações (k) resulta em uma taxa efetiva por período de capitalização. O expoente (q) representa o número de capitalizações da taxa nominal em 1 ano.

Exemplo 1.9

Em 120 dias uma aplicação rendeu uma taxa efetiva de 124%. Considerando o ano comercial (360 dias), calcular as taxas efetivas mensal e anual equivalentes a essa taxa.

- Taxa efetiva ao mês: $i_m = [(2,24)^{1/120}]^{30} - 1 = (2,24)^{30/120} - 1 = 22,34\%$ a.m.
- Taxa efetiva ao ano: $i_a = [(2,24)^{1/120}]^{360} - 1 = (2,24)^{360/120} - 1 = 1.023,94\%$ a.a.

1.6 Cálculo financeiro com séries de pagamentos periódicos uniformes

O valor presente de uma série periódica uniforme representa a soma das parcelas atualizadas para a data zero. O diagrama de fluxo a seguir mostra o processo de atualização de uma série finita de pagamentos constantes:

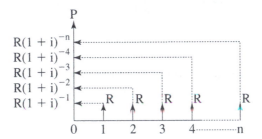

O valor presente da série é expresso pela seguinte fórmula:

$$P = \frac{R}{1+i} + \frac{R}{(1+i)^2} + \frac{R}{(1+i)^3} + \ldots + \frac{R}{(1+i)^n}$$

$$= R[(1+i)^{-1} + (1+i)^{-2} + (1+i)^{-3} + \ldots + (1+i)^{-n}]$$

O somatório entre colchetes representa a soma dos termos de uma progressão geométrica. Utilizando a conhecida fórmula da soma das progressões geométricas, podemos desenvolver a seguinte expressão para o valor presente de uma série uniforme, com n termos capitalizados à taxa efetiva i:

$$P = R \times \left[\frac{(1+i)^n - 1}{(1+i)^n \times i}\right] = R \times a_{\overline{n}|\,i\%}$$

O valor futuro ou montante da série é a soma dos montantes de cada termo. Uma expressão para o montante pode ser obtida capitalizando-se por n períodos o valor presente da série:

$$S = P(1+i)^n = R\left[\frac{(1+i)^n - 1}{(1+i)^n \times i}\right] \times (1+i)^n \Rightarrow S = R\left[\frac{(1+i)^n - 1}{i}\right] = R \times s_{\overline{n}|\,i\%}$$

Os fatores $a_{\overline{n}|\,i\%}$ e $s_{\overline{n}|\,i\%}$ representam os fatores de valor presente e futuro, respectivamente, de séries periódicas uniformes unitárias.

Exemplo 1.10

A juros efetivos de 3% a.m., determinar o número de prestações necessárias para liquidar um financiamento de $ 842,36. As prestações são mensais, iguais, consecutivas e no valor de $ 120 cada.

Dados: $i = 3\%$ a.m., $R = \$\,120, P = \$\,842{,}36, n = ?$

$$P = R \times a_{\overline{n}|\,3\%}$$

$$\$\,842{,}36 = \$\,120 \times \left[\frac{(1{,}03)^n - 1}{(1{,}03)^n \times 0{,}03}\right] \Rightarrow (1{,}03)^n = 1{,}266770081$$

Aplicando logaritmos: $n \times \log(1{,}03) = \log(1{,}266770081)$

$$\Rightarrow n = \frac{\log(1{,}266770081)}{\log(1{,}03)} = 8 \text{ meses}$$

Exemplo 1.11

Quanto uma pessoa acumularia ao fim de 15 meses se, no final de cada mês, depositasse $ 350 em uma aplicação que paga juros efetivos de 5% a.m.?

Dados: $n = 15$ meses, $R = \$\,350, i = 5\%$ a.m., $S = ?$

$$S = R \times s_{\overline{15}|\,5\%}$$
$$= \$\,350 \times \left[\frac{(1 + 0{,}05)^{15} - 1}{0{,}05}\right] = \$\,350 \times 21{,}57856 = \$\,7.552{,}50$$

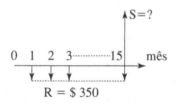

Exemplo 1.12

Por meio de quantos depósitos mensais de $ 560,43 uma pessoa acumula um capital de $ 12.000, em uma aplicação financeira que rende juros efetivos de 2% a.m.?

Dados: $R = \$\,560{,}43, S = \$\,12.000, i = 2\%$ a.m., $n = ?$

$$S = R \times s_{\overline{n}|\,2\%}$$

$$\$\,12.000 = \$\,560{,}43 \times \left[\frac{(1{,}02)^n - 1}{0{,}02}\right] \Rightarrow (1{,}02)^n = 1{,}42825$$

Aplicando logaritmos: $n \log 1{,}02 = \log 1{,}42825 \Rightarrow n = 18$

1.7 Cálculo financeiro com fluxos de duração indeterminada: perpetuidades

O termo *perpetuidade* sugere fluxos de duração infinita, sem limite. Entretanto, é mais apropriado dizer que uma perpetuidade está constituída por um conjunto de rendas cujo número não pode ser determinado exatamente, pois é muito grande e tende ao infinito. É o que sucede, por exemplo, com os dividendos pagos pelas empresas e outros fluxos de duração indeterminada.

Considerando que n é indeterminado ou tende ao infinito, uma equação que nos permita calcular o valor presente de uma perpetuidade pode ser obtida da seguinte forma:

$$P = R \times Lim_{n \to \infty} \left[\frac{(1 + i)^n - 1}{(1 + i)^n \times i} \right] = \frac{R}{i}$$

onde R é o valor dos termos da perpetuidade constante postecipada (termos vencidos), e i refere-se à taxa de juros que capitaliza a perpetuidade. Caso a perpetuidade cresça a uma taxa constante c, seu valor presente será dado por:

$$P = \frac{R}{i - c} \text{ para } i > c \text{ (i = taxa de juros efetiva; c = taxa de crescimento)}$$

Exemplo 1.13

Uma ação promete pagar um dividendo de $ 3,5/ação ao ano. Estimando que os dividendos cresçam a uma taxa constante de 5% a.a. e que o custo de oportunidade do capital seja de 14% a.a., calcular o valor unitário da ação.

Dados: $R = \$ 3,5/ação, i = 14\% \text{ a.a., } c = 5\% \text{ a.a., } P = ?$

O fluxo de dividendos configura uma perpetuidade postecipada crescente e seu valor presente pode ser calculado do seguinte modo:

$$P = \left[\frac{R}{i - c} \right] = \frac{\$ 3,5}{0,14 - 0,05} = \$ 38,89/ação$$

1.8 Capitalização contínua

Nas seções anteriores, os capitais usados foram valores monetários concentrados em determinada data (*capitais discretos*). Na prática da avaliação econômica, muitas vezes os valores monetários fluem contínua e uniformemente através do tempo, o que exige um cômputo diferente para a atualização de valores: a chamada *capitalização contínua*. É esse o tipo de cômputo usado nos modelos de apreçamento de derivativos, nos modelos de finanças em tempo contínuo, na avaliação de opções reais etc.

Consideremos um capital de $ 100 aplicado por 1 ano à taxa nominal de 24% a.a. Esse capital resultará nos seguintes montantes, considerando-se diversas hipóteses de freqüência das capitalizações da taxa nominal:

Capitalização	Montante
Anual (k = 1)	$ 100 × (1 + 0,24) = $ 124,00
Semestral (k = 2)	$ 100 × (1 + 0,24 / 2)^2 = $ 125,44
Trimestral (k = 4)	$ 100 × (1 + 0,24 / 4)^4 = $ 126,25
Mensal (k = 12)	$ 100 × (1 + 0,24 / 12)^{12} = $ 126,82
Diária (k = 365)	$ 100 × (1 + 0,24 / 365)^{365} = $ 127,12

Repare que o montante aumenta à medida que a freqüência das capitalizações cresce. Se admitirmos hipoteticamente a possibilidade de capitalizações em períodos muito curtos, como a capitalização por hora, teremos o seguinte montante ao fim do ano:

$$S = P\left(1 + \frac{j}{k}\right)^{k \times m} = 100 \times \left(1 + \frac{0,24}{24 \times 365}\right)^{(365 \times 24) \times 1} = \$ 127,12$$

Pode-se constatar que o montante praticamente não cresce com a capitalização horária em comparação com a capitalização diária, tendendo para um valor-limite de $ 127,12. Se considerarmos períodos de tempo ainda menores — como minutos, segundos —, o montante praticamente ficará inalterado.

Sabe-se que o montante de um capital aplicado pelo prazo m, a juros nominais j, capitalizados k vezes, pode ser expresso do seguinte modo:

$$S = P\left(1 + \frac{j}{k}\right)^{k \times m} = P\left\{\left(1 + \frac{1}{k/j}\right)^{k/j}\right\}^{m \times j}$$

Considerando nossa constatação de que o montante de um capital tende a um limite quando a freqüência das capitalizações é muito grande (quando ela tende ao infinito), podemos derivar uma equação que nos permita calcular o montante desse capital. Para isso, bastará supor que a capitalização seja infinitamente grande, ou seja, que se dê em intervalos de tempo infinitesimais. Desse modo, no limite temos que:

$$S = P \lim_{k \to \infty}\left\{\left(1 + \frac{1}{k/j}\right)^{k/j}\right\}^{m \times j} = P \times e^{\delta \times m}$$

Pode-se demonstrar em cálculo que, quando k tende ao infinito, o limite do termo entre chaves dessa expressão é um número irracional (e = 2,718281828459....), que serve de base aos logaritmos *neperianos* ou *naturais*, e também que j = δ, onde δ é a chamada *taxa instantânea* ou *contínua*. A notação comumente adotada para essa taxa é a letra grega delta (δ). Essa última expressão é a base da computação contínua de juros.

Sabe-se que o montante produzido por duas taxas de juros equivalentes deve ser o mesmo. Assim, igualando os montantes das computações contínua e discreta, é possível obter uma relação de equivalência entre taxas de juros discretas e contínuas:

$$P \times e^{\delta \times m} = P(1 + i)^m \Rightarrow \begin{cases} i = e^\delta - 1 \text{ (taxa efetiva)} \\ \delta = \ln(1 + i) \text{ (taxa instantânea equivalente)} \end{cases}$$

Adotando-se a taxa de juros efetiva i para uma capitalização discreta de juros, $\delta = \ln(1 + i)$ será a taxa instantânea equivalente para uma capitalização contínua.

1.8.1 Valor presente de valores uniformemente distribuídos

Em algumas situações encontradas na análise de investimentos, os fluxos monetários não são devidos ou recebidos em dado instante pontual, mas distribuídos ao longo de determinado período de tempo. Como exemplos temos: o custo anual de manutenção dos equipamentos de uma grande indústria, a receita produzida por uma estação de bombeio operando a uma potência e desempenho constantes durante determinado período, a receita de um poço de petróleo ou gás produzindo a uma vazão constante durante determinado período, o fluxo de caixa de uma grande empresa etc.

A seguinte expressão permite calcular o valor presente de um capital $\overline{Q}$, distribuído uniformemente durante m períodos:[2]

$$P_0 = \overline{Q} \left[\frac{1 - e^{-m \times \delta}}{\delta \times m} \right]$$

> **Exemplo 1.14**
>
> Calcular o montante de um capital de $ 1.000 aplicado por 1 ano à taxa instantânea de 50% a.a., capitalizada contínua ou instantaneamente.
>
> Dados: $P = \$ 1.000$, $\delta = 50\%$ a.a., $m = 1$, $S = ?$
>
> $$S = P \times e^{\delta \times m} = \$ 1.000 \times e^{0,50 \times 1} = \$ 1.648,72$$

> **Exemplo 1.15**
>
> Calcular a taxa instantânea equivalente à taxa nominal de 40% a.a., capitalizada mensalmente.
>
> Dados: $j = 40\%$ a.a., $k = 12$, $m = 1$, $\delta = ?$
>
> Para serem equivalentes, as duas taxas devem resultar no mesmo montante:
>
> $$P \times e^{\delta \times m} = P \left(1 + \frac{j}{k} \right)^{k \times m} \Rightarrow e^{\delta} = \left(1 + \frac{0,40}{12} \right)^{12} = 1,48213$$
>
> Aplicando logaritmos: $\delta \times \ln e = \ln 1,48213 \Rightarrow \delta = 0,3935 = 39,35\%$ a.a.

> **Exemplo 1.16**
>
> Uma plantação de eucaliptos para fabricação de celulose tem 80.000 m³ de madeira. O preço atual da madeira é de $ 20/m³ e a taxa contínua de crescimento das arvores é de 20% a.a. Pede-se: a) calcular o valor da plantação após 4 anos; b) determinar em que prazo dobra o valor da plantação.
>
> Dados: $P = 80.000 \text{ m}^3 \times \$ 20/\text{m}^3$, $\delta = 20\%$ a.a., $m = 4$, $S = ?$
>
> a) $S = P \times e^{\delta \times m} = (80.000 \text{ m}^3 \times \$ 20/\text{m}^3) \times e^{0,20 \times 4} = \$ 3.560.865,49$
>
> b) $S = P \times e^{\delta \times m}$
>
> $2P = P \times e^{\delta \times m}$
>
> $2 = e^{0,20 \times m} \Rightarrow m = \ln 2/0,20 = 3,47$ anos

---

[2] A demonstração da fórmula encontra-se em C.P. Samanez, op. cit.

Exemplo 1.17

Um projeto de irrigação proporcionará um lucro total de $ 64 milhões em 20 anos de operação. Calcular o valor atual desse lucro, considerando a realização dos lucros em regime de fluxo uniforme e uma taxa contínua equivalente à taxa de juros efetiva discreta de 8% a.a.

Dados: $i = 8\%$ a.a., $m = 20$, $\overline{Q} = \$ 64$ milhões, $P_0 = ?$

- Taxa de juros contínua equivalente: $\delta = \ln(1 + i) = \ln(1,08) = 0,07696104 = 7,696104\%$ a.a.
- Valor presente do lucro de $ 64 milhões realizado em fluxo uniforme ao longo de 20 anos:

$$P_0 = \overline{Q}\left[\frac{1 - e^{-\delta \times m}}{\delta \times m}\right] = \$ 64 \times \left(\frac{1 - e^{-0,07696104 \times 20}}{0,07696104 \times 20}\right) = \$ 32,66 \text{ milhões}$$

Exemplo 1.18

Um estudo de engenharia indicou que um poço de petróleo proporcionará lucros de $ 4 milhões em cada um dos 6 anos de sua vida útil. Considerando fluxos uniformemente distribuídos e usando uma taxa contínua equivalente à taxa discreta de 12% a.a., calcular o valor presente dos lucros.

Dados: $i = 12\%$ a.a., $n = 6$, $m = 1$, $\overline{Q} = \$ 4$ milhões/ano, $VP = ?$

- Taxa contínua equivalente: $\delta = \ln(1 + i) = \ln(1,12) = 0,11332869$
- Lucros discretos no início de cada ano:

$$P_0 = \overline{Q}\left[\frac{1 - e^{-\delta \times m}}{\delta \times m}\right] = \$ 4 \times \left(\frac{1 - e^{-0,11332869 \times 1}}{0,11332869 \times 1}\right) = \$ 3,78 \text{ milhões/ano}$$

- Valor presente dos lucros discretos:

$$VP = P_0 + P_0 \times \left[\frac{(1 + i)^{n-1} - 1}{(1 + i)^{n-1} \times i}\right] = \$ 3,78 + \$ 3,78 \times \left[\frac{(1,12)^5 - 1}{(1,12)^5 \times 0,12}\right] = \$ 17,41 \text{ milhões}$$

Repare que os lucros discretos constituem uma série uniforme antecipada de seis termos.

1.9 Planos de amortização de empréstimos e financiamentos

A *amortização* é um processo financeiro pelo qual uma dívida ou obrigação é paga por meio de parcelas, de modo que, ao término do prazo estipulado, o débito esteja totalmente quitado. Essas parcelas ou prestações são a soma de duas partes: a amortização, que representa a devolução do empréstimo em quotas, e os juros sobre o saldo do empréstimo ainda não amortizado.

$$\boxed{\text{Prestação} = \text{Amortização} + \text{Juros}}$$

Essa separação permite discriminar o que representa a devolução do principal (amortização) do que representa o serviço da dívida (juros). Ela é importante para as necessidades jurídico-contábeis e na análise de investimentos, em que os juros, por serem dedutíveis para efeitos

Capítulo 1 – O valor do dinheiro no tempo: cálculo financeiro básico... 15

tributáveis, têm um efeito fiscal diferente da amortização. Entre os principais e mais utilizados sistemas de amortização de empréstimos, temos os seguintes: Sistema ou Tabela Price, sistema de amortizações constantes (SAC) e sistema de amortizações crescentes (Sacre).

1.9.1 Tabela Price, sistema de amortizações constantes (SAC) e sistema de amortizações crescentes (Sacre)

A Tabela Price talvez seja o sistema mais utilizado pelas instituições financeiras e pelo comércio em geral. Nesse sistema, as prestações são constantes, os juros são decrescentes e as amortizações do principal são crescentes. No sistema de amortizações constantes (SAC), o principal é reembolsado em quotas de amortização iguais. A amortização de cada período é calculada dividindo-se o valor do principal pelo número de períodos de pagamento. O sistema Sacre é baseado no SAC e no Price, uma vez que a prestação é igual à média aritmética calculada entre as prestações desses dois sistemas, nas mesmas condições de juros e prazos.

Exemplo 1.19

Um empréstimo de $ 200.000 será quitado por meio de quatro prestações mensais postecipadas, a juros efetivos de 10% a.m. Construir a planilha de amortização nos sistemas Price, SAC e Sacre.

Tabela Price

Mês (t)	Saldo devedor $(SD_t = SD_{t-1} - A_t)$	Amortização $(A_t = R_t - J_t)$	Juros $(J_t = i \times SD_{t-1})$	Prestação (R_t)
0	$ 200.000,00	—	—	—
1	$ 156.906,00	$ 43.094,00	$ 20.000,00	$ 63.094,00
2	$ 109.502,60	$ 47.403,40	$ 15.690,60	$ 63.094,00
3	$ 57.358,86	$ 52.143,74	$ 10.950,26	$ 63.094,00
4	—	$ 57.358,86	$ 5.735,89	$ 63.094,00

Para determinado período, os juros são calculados sobre o saldo devedor do empréstimo no início desse período; a amortização será a diferença entre o valor da prestação e o valor dos juros respectivos; e o saldo devedor será igual ao saldo devedor do período anterior menos a amortização do respectivo período. A planilha é auto-explicativa. Entretanto, a seguir mostramos o procedimento seguido no cálculo dos diversos valores.

a) Cálculo da prestação do t-ésimo período:

$$R_t = \frac{P}{a_{\overline{4}|10\%}} = \frac{\$ 200.000}{\left[\dfrac{(1,10)^4 - 1}{(1,10)^4 \times 0,10}\right]} = \frac{\$ 200.000}{3,16987} = \$ 63.094$$

b) Cálculo dos juros do t-ésimo período:

$$J_t = i \times SD_{t-1}$$

Por exemplo, para t = 2: $J_2 = i \times SD_1 = 0,10 \times \$ 156.906 = \$ 15.690,60$

c) Cálculo da amortização do t-ésimo período:

$$A_t = R_t - J_t$$

Por exemplo, para t = 2: $A_2 = R_2 - J_2 = \$ 63.094 - \$ 15.690,60 = \$ 47.403,40$

d) Cálculo do saldo devedor do t-ésimo período:

$$SD_t = SD_{t-1} - A_t$$

Por exemplo, para t = 2: $SD_2 = SD_1 - A_2 = \$ 156.906 - \$ 47.403,40 = \$ 109.502,60$

Sistema SAC

Mês (t)	Saldo devedor $(SD_t = SD_{t-1} - A_t)$	Amortização (A_t)	Juros $(J_t = i \times SD_{t-1})$	Prestação $(R_t = A_t + J_t)$
0	$ 200.000,00	—	—	—
1	$ 150.000,00	$ 50.000,00	$ 20.000,00	$ 70.000,00
2	$ 100.000,00	$ 50.000,00	$ 15.000,00	$ 65.000,00
3	$ 50.000,00	$ 50.000,00	$ 10.000,00	$ 60.000,00
4	—	$ 50.000,00	$ 5.000,00	$ 55.000,00

e) Cálculo das amortizações: $A_t = \dfrac{\text{Financiamento}}{n} = \dfrac{\$ 200.000}{4} = \$ 50.000$

Sistema Sacre

Mês (t)	Saldo devedor $(SD_t = SD_{t-1} - A_t)$	Amortização $(A_t = R_t - J_t)$	Juros $(J_t = i \times SD_{t-1})$	Prestação (R_t)
0	$ 200.000,00	—	—	—
1	$ 153.453,00	$ 46.547,00	$ 20.000,00	$ 66.547,00
2	$ 104.751,30	$ 48.701,70	$ 15.345,30	$ 64.047,00
3	$ 53.679,43	$ 51.071,87	$ 10.475,13	$ 61.547,00
4	—	$ 53.679,43	$ 5.367,94	$ 59.047,00

Atente ao fato de que qualquer valor da planilha do sistema Sacre é simplesmente uma média aritmética dos valores correspondentes nos sistemas SAC e Price. Por exemplo, a prestação do terceiro mês é: ($ 63.094 + $ 60.000) / 2 = $ 61.547.

PARTE 2

DECISÕES DE INVESTIMENTO NO LONGO PRAZO

CAPÍTULO 2
Orçamentação de capital: métodos e critérios de avaliação de investimentos de capital

CAPÍTULO 3
Estrutura do fluxo de caixa para análise e avaliação econômica de investimentos de capital

2

Orçamentação de capital: métodos e critérios de avaliação de investimentos de capital

- Valor presente líquido (VPL)
- Taxa interna de retorno (TIR)
- *Payback* descontado (PB)
- Índice custo–benefício (B/C)
- Anuidade uniforme equivalente (AE)
- Custo anual equivalente (CAE)
- Alternativas mutuamente exclusivas
- Ranking e seleção de alternativas de investimento: racionamento de capital
- Leasing
- Justificativa e racionalidade econômica do uso do VPL como critério decisório
- Limitações do VPL na análise de projetos com flexibilidades estratégicas e gerenciais

O processo de identificação, análise e seleção de oportunidades de investimento de capital recebe o nome de *orçamentação de capital*. Esse processo inclui um conjunto lógico de idéias econômicas muito refinadas. Ao fim dele, o orçamento de capital da empresa englobará um grupo aceitável de projetos que, individual e coletivamente, segundo se espera, dará um retorno econômico coerente com as metas da administração no longo prazo, bem como com o objetivo de gerar valor para a empresa. O processo envolve, assim, uma inter-relação econômica consciente entre a exposição a condições adversas potenciais e a rentabilidade esperada do investimento.

Como regra geral, uma rentabilidade mais alta também implica risco maior. Além disso, a escolha entre alternativas nas quais investir os fundos limitados disponíveis envolve, invariavelmente, custos de oportunidade, porque comprometer-se com um investimento pode significar rejeitar outros, desistindo talvez da oportunidade de obter mais lucros com maior risco. A análise de investimentos de capital requer, portanto, um grau justo de raciocínio econômico e projeção das condições futuras, o que vai além do uso das demonstrações financeiras normais. Com esse fim, existem várias técnicas, métodos, convenções e critérios comumente utilizados na análise e no processo decisório.

O valor de um projeto depende de sua capacidade de gerar fluxos de caixa futuros, ou seja, de sua capacidade de gerar renda econômica. Assim, as alternativas de investimento podem ser comparadas somente se as conseqüências monetárias forem medidas em um

20 Gestão de investimentos e geração de valor

ponto comum no tempo, e, como as operações de investimento ou financiamento têm como característica um espaçamento dos fluxos de caixa ao longo do tempo, os critérios de avaliação econômica devem considerar sua atualização. Os critérios de seleção que não atualizam fluxos de caixa, como o método do retorno sobre o investimento (ROI), aplicam conceitos contábeis que, embora tenham a vantagem da simplicidade, não são apropriados para medir a renda econômica e a criação de valor geradas por uma alternativa de investimento.

Neste capítulo, discutiremos e apresentaremos os métodos mais usados e aceitos para medir a rentabilidade e analisar a viabilidade econômica das alternativas de investimento. Principalmente, focaremos o valor presente líquido, a taxa interna de retorno, o *payback* descontado, o índice custo–benefício e a anuidade e o custo anual equivalente.

2.1 Método do valor presente líquido (VPL)

O *método do valor presente líquido* (*VPL*) tem como finalidade calcular, em termos de valor presente, o impacto dos eventos futuros associados a uma alternativa de investimento. Em outras palavras, ele mede o valor presente dos fluxos de caixa gerados pelo projeto ao longo de sua vida útil. Não existindo restrição de capital, argumenta-se que esse critério leva à escolha ótima, pois maximiza o valor da empresa. A seguinte expressão define o VPL:

$$VPL = -I + \sum_{t=1}^{n} \frac{FC_t}{(1 + K)^t}$$

Critério de decisão: se
$VPL_t > 0 \Rightarrow$ projeto economicamente viável

FC_t representa o fluxo de caixa no t-ésimo período, I é o investimento inicial, K é o custo do capital e o símbolo Σ (*somatório*) indica que deve ser realizada a soma da data 1 até a data n dos fluxos de caixa descontados ao período inicial. A regra decisória a ser seguida ao aplicar o VPL é: empreenda o projeto se o VPL for positivo.

O objetivo do VPL é encontrar alternativas de investimento que valham mais do que custam para os patrocinadores — alternativas que tenham um valor presente líquido positivo. Seu cálculo reflete as preferências entre consumo presente e consumo futuro e a incerteza associada aos fluxos de caixa futuros. O processo por meio do qual os fluxos de caixa são ajustados a esses fatores chama-se *desconto*, e a magnitude desses fatores reflete-se na taxa de desconto usada (custo do capital). O processo de desconto converte os fluxos de caixa futuros em valores presentes, pois fluxos de épocas diferentes não podem ser comparados nem agregados enquanto não forem convertidos para valores de uma mesma época.

Por exemplo, considerando que uma alternativa de investimento requeira um desembolso inicial de $ 200.000, que venha a gerar fluxos de caixa de $ 75.000 por ano durante 5 anos, o VPL calculado a um custo do capital de 15% a.a. será o seguinte:

$$VPL = -\$\,200.000 + \frac{\$\,75.000}{(1,15)} + \frac{\$\,75.000}{(1,15)^2} + \ldots + \frac{\$\,75.000}{(1,15)^5} = \$\,51.412 > 0$$

O VPL é positivo, o que indica a viabilidade econômica da alternativa. O investimento inicial de $ 200.000 será recuperado em 5 anos, obtendo-se uma proteção adicional equivalente a $ 51.412 unidades de valor presente. Essa proteção poderá ser esperada caso as estimativas do fluxo de caixa estejam corretas e se a alternativa completar seu prazo. Assim, a proteção implícita de $ 51.412 é realmente um lucro de valor econômico que excede o padrão de ganhos mínimos exigidos — 15% a.a.

2.2 Método da taxa interna de retorno (TIR)

O *método da taxa interna de retorno* (*TIR*) não tem como finalidade a avaliação da rentabilidade absoluta a determinado custo do capital (processo de atualização), como o VPL; seu objetivo é encontrar uma taxa intrínseca de rendimento. Por definição, a TIR é a taxa de retorno do investimento.

Matematicamente, a TIR é uma taxa hipotética que anula o VPL, ou seja, é aquele valor de i* que satisfaz a seguinte equação:

$$VPL = -I + \sum_{t=1}^{n} \frac{FC_t}{(1 + i^*)^t} = 0$$

Critério de decisão: se $i^* > K \Rightarrow$ projeto economicamente viável

O gráfico a seguir mostra o VPL em função da taxa de desconto. Nele, a TIR é dada pela intersecção entre a curva que representa o polinômio do VPL e o eixo das abscissas, ou seja, o ponto em que o VPL é igual a zero.

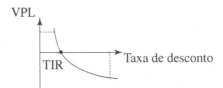

A regra decisória a ser seguida no método da TIR é: empreenda o projeto de investimento se a TIR exceder o custo de oportunidade do capital. Essencialmente, o método pergunta: a taxa de retorno esperada sobre o projeto de investimento excede a taxa de retorno requerida? O projeto criará valor? A princípio, parece dizer a mesma coisa que a regra do VPL, mas, como veremos nas secções seguintes, isso nem sempre é verdade. O apelo intuitivo do método da TIR provavelmente responde por seu uso generalizado. As pessoas em geral tendem a tomar decisões fazendo comparações em termos de porcentagens.

Tomando o mesmo exemplo anterior, a TIR da alternativa de investimento será:

$$VPL = -\$ 200.000 + \frac{\$ 75.000}{(1 + TIR)^1} + ... + \frac{\$ 75.000}{(1 + TIR)^5} = 0 \Rightarrow TIR = 25,41\% \text{ a.a.}$$

A TIR (25,41%) é maior que o custo do capital (15%), o que indica a viabilidade econômica da alternativa.

2.3 Método do payback descontado (PB)

Muitas vezes é necessário saber o tempo de recuperação do investimento. Ou seja, quantos anos decorrerão até que o valor presente dos fluxos de caixa previstos se iguale ao investimento inicial. Se I representa o investimento inicial, FC_t, o fluxo de caixa no período t, e K, o custo do capital, o *método do* payback *descontado* basicamente consiste em determinar o valor de T na seguinte equação:

$$I = \sum_{t=1}^{T} \frac{FC_t}{(1 + K)^t}$$

Esse indicador é utilizado em conjunto com outros métodos, como o VPL ou a TIR.

No exemplo anterior, podemos encontrar o *payback* descontado resolvendo a seguinte igualdade para T:

$$\$\,200.000 = \underbrace{\frac{\$\,75.000}{(1,15)^1} + \frac{\$\,75.000}{(1,15)^2} + ... + \frac{\$\,75.000}{(1,15)^T}}_{VP} \left. \begin{cases} \text{Se } T = 3 \Rightarrow VP = \$\,171.242 \\ \text{Se } T = 4 \Rightarrow VP = \$\,214.123 \end{cases} \right\} \Rightarrow T = 4$$

O investimento ($ 200.000) será recuperado em no mínimo 4 anos.

2.4 Método do custo–benefício (B/C)

O *índice custo–benefício* (*B/C*) é um indicador que resulta da divisão do valor atual dos benefícios pelo valor atual dos custos do projeto (incluído o investimento inicial). Permite saber a viabilidade econômica de um empreendimento, bastando para isso observar se o índice é maior que 1.

O índice B/C não reflete necessariamente a maior ou a menor conveniência de um projeto em relação a outros. Pode ocorrer que dois projetos com diferentes rentabilidades (TIR) tenham o mesmo índice custo–benefício. O índice pode ser expresso da seguinte forma:

$$B/C = \frac{\displaystyle\sum_{t=0}^{n} \frac{b_t}{(1 + K)^t}}{\displaystyle\sum_{t=0}^{n} \frac{c_t}{(1 + K)^t}}$$

onde:

B/C = índice custo–benefício;

b_t = benefícios do período t;

c_t = custos do período t;

n = horizonte do planejamento;

K = custo do capital.

No exemplo anterior, o índice custo–benefício pode ser calculado da seguinte forma:

$$B/C = \frac{\dfrac{\$\,75.000}{1,15} + \dfrac{\$\,75.000}{(1,15)^2} + ... + \dfrac{\$\,75.000}{(1,15)^5}}{\$\,200.000} = \frac{\$\,251.412}{\$\,200.000} = 1,26 > 1$$

Um índice custo–benefício (B/C) maior que 1 indica que o projeto é economicamente viável. Entretanto, o índice está sujeito a um *problema de dimensão*, pois depende da forma como é calculado. Esse problema será mostrado mais adiante, no Exemplo 2.2.

2.5 Método da anuidade uniforme equivalente (AE)

É essencial que qualquer estudo sobre aplicação de capital seja realizado dentro de um horizonte de planejamento uniforme. Ou seja, para que os projetos possam ser objeto de comparação, é necessário que sejam comparáveis. Embora seja uma ferramenta útil para avaliar alternativas de investimento, o VPL não responde a todas as perguntas sobre a vantagem econômica de uma alternativa em relação a outra que tenha duração prevista diferente.

Podemos ilustrar o problema analisando duas alternativas de prazos diferentes, em que A e B poderiam ser tipos de equipamentos que executam a mesma tarefa; A tem vida útil de um ano, e B, de três anos:

Alternativa	Ano 0	Ano 1	Ano 2	Ano 3	TIR	VPL (10%)
A	−$ 10	$ 13			30,00%	$ 1,82
B	−$ 10	$ 5	$ 5	$ 5	23,38%	$ 2,43

Observa-se nesse quadro que as indicações da TIR e do VPL são contraditórias. Pela TIR, deveríamos selecionar a alternativa A e, pelo VPL, a alternativa B. Se considerarmos o VPL como critério ótimo de escolha, a alternativa B será selecionada; contudo, vale lembrar que a solução válida só será encontrada se as alternativas forem levadas para um horizonte econômico comum. Para isso, seria necessário admitir que a máquina A poderia ser substituída uma ou mais vezes ao fim de sua vida útil por outra idêntica, até que seu horizonte econômico fosse igualado ao da alternativa B. Esse procedimento chama-se *regra da cadeia*. Os horizontes econômicos das duas alternativas são igualados em alguma data futura, correspondente ao *mínimo múltiplo comum* dos prazos das duas. No presente exemplo, os horizontes igualam-se no terceiro ano após duas substituições do equipamento A.

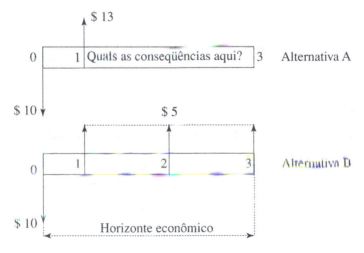

O quadro a seguir apresenta o fluxo de caixa da alternativa A, já considerando as substituições consecutivas necessárias para igualar seu horizonte econômico ao da alternativa B:

	Ano 0	Ano 1	Ano 2	Ano 3	VPL (10%)
Fluxo da alternativa A	−$ 10	$ 13			
Primeira substituição de A		−$ 10	$ 13		
Segunda substituição de A			−$ 10	$ 13	
Fluxo de caixa líquido	−$ 10	$ 3	$ 3	$ 13	$ 4,97

Observe que, igualados os horizontes econômicos das duas alternativas por meio da repetição sucessiva da alternativa de menor duração, a alternativa A passa a ser preferível, dado que o VPL de A com suas duas substituições agora é superior ao VPL de B ($ 4,97 > $ 2,43). Assim, vemos que, na comparação de alternativas de duração diferente, a aplicação direta do método do VPL como critério de seleção, sem igualar previamente os horizontes econômicos das alternativas, pode resultar em decisões inconsistentes com a maximização do valor da empresa.

Como os horizontes econômicos das alternativas são igualados em um período igual ao mínimo múltiplo comum de seus prazos, seria uma tarefa muito cansativa aplicar esse raciocínio se, por exemplo, a duração da alternativa A fosse 18 anos e a de B fosse 42 anos, pois os horizontes econômicos seriam igualados somente no 126º ano, o que resultaria em 7 repetições sucessivas para A e 3 para B. Um método alternativo, mais prático que o de substituições ou repetições sucessivas, é o da *anuidade uniforme equivalente* (*AE*). Esse valor ou indicador mostra de que modo seria distribuída a renda econômica gerada pelo projeto se a referida distribuição fosse eqüitativa para cada ano. Ou seja, equivale a repartir o VPL ao longo da vida útil do projeto, transformando-o em uma série uniforme equivalente que pode ser legitimamente comparada entre projetos de duração diferente.

A anuidade equivalente (AE) pode ser calculada por meio da seguinte expressão:

$$AE = \frac{VPL}{a_{\overline{n}|\,K\%}}$$

onde:

$a_{\overline{n}|\,K\%}$ = fator de valor presente de séries uniformes = $\left[\dfrac{(1 + K)^n - 1}{(1 + K)^n \times K}\right]$;

AE = anuidade equivalente;

K = custo do capital;

n = prazo da alternativa.

No presente exemplo, as AEs das alternativas A e B são as seguintes:

$$AE_A = \frac{VPL_A}{a_{\overline{1}|\,10\%}} = \frac{\$\,1,82}{\left[\dfrac{(1,10)^1 - 1}{(1,10)^1 \times 0,10}\right]} = \$\,2/ano$$

$$AE_B = \frac{VPL_B}{a_{\overline{3}|10\%}} = \frac{\$\,2,43}{\left[\dfrac{(1,10)^3 - 1}{(1,10)^3 \times 0,10}\right]} = \$\,0,98/\text{ano}$$

Como AE_A é maior que AE_B, conclui-se que a alternativa A é preferível. A AE representa, assim como o VPL, criação de valor. Escolhe-se a alternativa que cria mais valor por unidade de tempo. O método da AE não repete explicitamente as alternativas como faz o processo de substituições sucessivas, mas o faz implicitamente. Em outras palavras, o método supõe que as alternativas serão substituídas por outras idênticas ao término de seu prazo. Essa suposição pode ser razoável, e terá alguma consistência, se a dinâmica das mudanças tecnológicas do equipamento for lenta e as demais condições permanecerem estáveis.

2.6 Método do custo anual equivalente (CAE)

Em determinados projetos ou serviços, os benefícios ou receitas dificilmente podem ser quantificados em termos monetários. Entretanto, os custos podem ser quantificados dessa forma. Existindo alternativas que produzam o mesmo serviço, quantificável ou não, mas de diferente custo, a receita ou benefício pode ser conhecido ou desconhecido, mas, como para todas as alternativas é um fator comum, será irrelevante em uma análise incremental. Assim, nesses casos, bastaria conhecer os custos das alternativas e selecionar aquela com os menores custos anualizados.

Muitas vezes, sobretudo em problemas de engenharia econômica, é mais fácil determinar os fluxos de custos do que os fluxos de receitas. Por exemplo, se o problema for selecionar entre dois geradores de eletricidade que difiram unicamente no tipo de combustível usado (gás natural ou energia elétrica), será mais fácil levantar os custos do metro cúbico de gás natural e do quilowatt/hora do que estimar as receitas, que dificilmente poderíamos traduzir em valores monetários. Como traduzir monetariamente os benefícios, tais como o provável aumento da produtividade do pessoal devido à instalação de um sistema de ar-condicionado central, a satisfação geral dos empregados etc.?

O *custo anual equivalente (CAE)* é basicamente um rateio uniforme, por unidade de tempo, dos custos de investimento, de oportunidade e operacionais das alternativas. Imaginemos uma empresa que pretenda adquirir um equipamento e tenha disponíveis no mercado duas marcas diferentes do mesmo equipamento: A e B. O equipamento A custa $ 13.000 e tem vida útil de 12 anos, enquanto o equipamento B custa $ 11.000, com vida útil de 8 anos. Qualquer que seja o equipamento comprado, A ou B, o benefício será o mesmo: $ 7.000/ano. O custo do capital da empresa é de 4% a.a.

Cálculo do CAE das alternativas:

$$CAE_A = \frac{\$\,13.000}{\left[\dfrac{(1,04)^{12} - 1}{(1,04)^{12} \times 0,04}\right]} = \$\,1.383,18/\text{ano}$$

$$CAE_B = \frac{\$\,11.000}{\left[\dfrac{(1,04)^8 - 1}{(1,04)^8 \times 0,04}\right]} = \$\,1.633,81/\text{ano}$$

Como os benefícios das duas alternativas são iguais, a seleção pode ser realizada comparando-se o CAE; nesse caso, seria selecionado o equipamento A. O CAE da alternativa A é menor, mesmo exigindo um investimento maior, pois esse investimento será repartido economicamente também em um período maior de tempo.

Exemplo 2.1

Calcular o VPL e a TIR de um projeto que requer um investimento inicial de $ 30.000 e produz um fluxo de caixa de $ 5.000/ano durante 12 anos. Considerar um custo do capital de 8% a.a.

$$VPL = -\$\,30.000 + \$\,5.000 \times a_{\overline{12}|8\%} = -\$\,30.000 + \$\,5.000 \times 7,536078 = \$\,7.680,40 > 0$$

Cálculo da TIR: $VPL = -\$\,30.000 + \$\,5.000 \times a_{\overline{12}|TIR} = 0$

Manualmente, o procedimento para determinar a TIR seria aproximá-la por meio de uma interpolação linear. Esse processo consiste em tentar duas taxas de desconto que resultem em VPLs de sinal contrário, de modo que seja possível efetuar a interpolação:

$$VPL(12\%) = -\$\,30.000 + \$\,5.000 \times a_{\overline{12}|12\%} = -\$\,30.000 + \$\,5.000 \times 6,194374 = +\$\,971,87$$

$$VPL(13\%) = -\$\,30.000 + \$\,5.000 \times a_{\overline{12}|13\%} = -\$\,30.000 + \$\,5.000 \times 5,917647 = -\$\,411,77$$

Por proporcionalidade:

$$\frac{971,87}{TIR - 12} = \frac{411,77}{13 - TIR} \Rightarrow TIR = 12,70\% > 8\%$$

Com alguma experiência, o leitor perceberá que normalmente não mais de duas tentativas são necessárias, porque o sinal do primeiro VPL indicará a direção da taxa de desconto apropriada para a segunda tentativa. Um VPL positivo pede uma taxa de desconto maior, enquanto um VPL negativo requer uma taxa menor.

Exemplo 2.2

Para um custo do capital de 10% a.a., determinar o índice custo–benefício.

	Ano 0	Ano 1	Ano 2
Custos (c_t)	−$ 100	−$ 1.100	−$ 12.100
Benefícios (b_t)	$ 50	$ 1.650	$ 14.520
Fluxo de caixa líquido	−$ 50	$ 550	$ 2.420

- B/C calculado sobre custos e benefícios:

$$B/C = \frac{\displaystyle\sum_{t=0}^{n}\frac{b_t}{(1+K)^t}}{\displaystyle\sum_{t=0}^{n}\frac{c_t}{(1+K)^t}} = \frac{\$\,50 + \dfrac{\$\,1.650}{1,10} + \dfrac{\$\,14.520}{(1,10)^2}}{\$\,100 + \dfrac{\$\,1.100}{1,10} + \dfrac{\$\,12.100}{(1,10)^2}} = 1,22 > 1$$

- B/C calculado sobre o fluxo de caixa líquido:

$$B/C = \frac{\dfrac{\$\,550}{1,10} + \dfrac{\$\,2.420}{(1,10)^2}}{50} = 50$$

Podemos comprovar que, conforme dissemos, o índice B/C está sujeito a um problema de dimensão, pois depende da forma como é calculado. Os resultados mostram que o índice calculado dividindo-se o valor presente dos benefícios pelo valor presente dos custos (1,22) é diferente do calculado dividindo-se o valor presente dos fluxos de caixa pelo investimento inicial (50). De qualquer modo, um B/C maior que 1 indica que o projeto é economicamente viável.

Exemplo 2.3

Considerando um custo do capital de 10% a.a., comparar os seguintes projetos de investimento usando o índice custo-benefício e o VPL como critérios decisórios.

Projeto A	Ano 0	Ano 1	Ano 2
Custos (c_t)	−$ 100	−$ 1.100	−$ 12.100
Benefícios (b_t)	$ 50	$ 1.650	$ 1.700
Fluxo de caixa líquido	−$ 50	$ 550	$ 10.400
Projeto B	Ano 0	Ano 1	Ano 2
Custos (c_t)	−$ 100	0	0
Benefícios (b_t)	$ 50	$ 400	$ 10.565
Fluxo de caixa líquido	$ 50	$ 400	$ 10.565

A seguir, o índice B/C e o VPL são calculados:

Projeto A:

$$B/C = \frac{\$\,50 + \dfrac{\$\,1.650}{1,10} + \dfrac{\$\,1.700}{(1,10)^2}}{\$\,100 + \dfrac{\$\,1.100}{1,10} + \dfrac{\$\,12.100}{(1,10)^2}} = 0,27$$

Projeto B:

$$B/C = \frac{\$\,50 + \dfrac{\$\,400}{1,10} + \dfrac{\$\,10.565}{(1,10)^2}}{100} = 91,45$$

$$VPL_A = -\$\,50 + \frac{\$\,550}{1,10} + \frac{\$\,10.400}{(1,10)^2} = \$\,9.045$$

$$VPL_B = -\$\,50 + \frac{\$\,400}{1,10} + \frac{\$\,10.565}{(1,10)^2} = \$\,9.045$$

O B/C foi calculado dividindo-se o valor presente dos benefícios pelo valor presente dos custos. Aparentemente, esse índice indica que a alternativa B é a melhor. No entanto, vemos que as duas alternativas são equivalentes, pois têm o mesmo VPL ($ 9.045). O exemplo mostra que o índice custo–benefício não deve ser o único critério na comparação e seleção de alternativas mutuamente exclusivas, pois não necessariamente reflete a maior ou a menor conveniência ou atratividade real de uma alternativa em relação a outra.

Exemplo 2.4

Para um custo do capital de 10% a.a. e com as informações disponíveis a seguir, qual será o projeto selecionado? Qual indicador deverá ser utilizado na seleção?

Ano	Projeto A	Projeto B	Projeto C	Projeto D
0	−$ 8.000	−$ 8.000	−$ 8.000	−$ 8.000
1	$ 1.000	$ 7.000	$ 2.000	$ 3.500
2	$ 2.000	−$ 1.000	$ 1.000	$ 4.500
3	$ 3.000	$ 6.000	$ 2.000	$ 2.000
4	$ 4.000	−$ 1.000	$ 8.000	$ 1.000
VPL	−$ 452	$ 1.362	$ 1.611	$ 1.086
TIR	7,8%	21,2%	16,8%	17,5%
B/C	0,94	1,17	1,20	1,14

Nem o índice B/C nem a TIR são adequados para comparar alternativas mutuamente excludentes. O método apropriado é o VPL, pois estamos em busca da alternativa que crie maior valor em termos de valor presente. Selecionamos, portanto, o projeto C.

Exemplo 2.5

Considerando duas alternativas mutuamente exclusivas, X e Y, e um custo do capital de 10% a.a., analisar qual é preferível pelos métodos do VPL, da TIR e do *payback*.

Equipamento	Investimento	Fluxo de caixa/ano	Vida útil
X	−$ 12	$ 3,0	8 anos
Y	−$ 13	$ 2,5	8 anos

• Cálculo do VPL das alternativas:

$$\text{VPL}_X = -\$\,12 + 3,0 \times a_{\overline{8}|10\%} = -\$\,12 + 3,0 \times 5,33493 = \$\,4,01$$

$$\text{VPL}_Y = -\$\,13 + 2,5 \times a_{\overline{8}|10\%} = -\$\,13 + 2,5 \times 5,33493 = \$\,0,34$$

Como as alternativas têm igual duração, o critério do VPL pode ser aplicado diretamente na seleção. Logo, dado que $\text{VPL}_X > \text{VPL}_Y \Rightarrow X$ domina Y.

• Cálculo da TIR das alternativas:

$$-\$\,12 + 3,0 \times a_{\overline{8}|\text{TIR}_X} = 0 \Rightarrow a_{\overline{8}|\text{TIR}_X} = 4,0 \Rightarrow \text{TIR}_X = 18,62\%$$

$$-\$\,13 + 2,5 \times a_{\overline{8}|\text{TIR}_Y} = 0 \Rightarrow a_{\overline{8}|\text{TIR}_Y} = 5,2 \Rightarrow \text{TIR}_Y = 10,71\%$$

Neste exemplo, por coincidência, os dois métodos, o VPL e a TIR, selecionam a mesma alternativa, ou seja, a alternativa X. Entretanto, como as alternativas são mutuamente exclusivas e têm diferente escala (investimento inicial diferente), o uso da TIR não é o método de seleção mais apropriado, pois pode levar a uma contradição em relação ao método do VPL. De fato, pela escala diferente das alternativas, a decisão correta deve se basear na taxa interna de retorno do fluxo incremental (TIR do fluxo Y−X), tal como será visto na Seção 2.7.

- Cálculo do *payback* descontado:

$$\$\,12 = 3,0 \times a_{\overline{T}|\,10\%} \Rightarrow a_{\overline{T}|\,10\%} = 4,0$$

$$\$\,13 = 2,5 \times a_{\overline{T}|\,10\%} \Rightarrow a_{\overline{T}|\,10\%} = 5,2$$

Para um dado valor de T, o fator de valor presente da série uniforme não deve ser inferior a 4,0 e 5,2 para as alternativas X e Y, respectivamente. Como para T = 6 e T = 8 os valores dos fatores são 4,35526 e 5,33493, respectivamente, podemos concluir que $PB_X = 6$ e $PB_Y = 8$.

Exemplo 2.6

Qual das alternativas mutuamente exclusivas, X ou Y, deverá ser escolhida se o custo do capital for de 10% a.a.?

Alternativa	Ano 0	Ano 1	Ano 2	Ano 3
X	−$ 10	$ 6	$ 6	—
Y	−$ 9	$ 4	$ 4	$ 4

- Cálculo das anuidades equivalentes:

$$AE_X = \frac{VPL_X}{a_{\overline{2}|\,10\%}} = \frac{-\$\,10 + \$\,6 \times a_{\overline{2}|\,10\%}}{a_{\overline{2}|\,10\%}} = \frac{-\$\,10 + \$\,6 \times 1,73554}{a_{\overline{2}|\,10\%}} = \frac{\$\,0,4132}{1,73554} = \$\,0,2381$$

$$AE_Y = \frac{VPL_Y}{a_{\overline{3}|\,10\%}} = \frac{-\$\,9 + \$\,4 \times a_{\overline{3}|\,10\%}}{a_{\overline{3}|\,10\%}} = \frac{-\$\,9 + \$\,4 \times 2,48685}{a_{\overline{3}|\,10\%}} = \frac{\$\,0,9474}{2,48685} = \$\,0,3810$$

Considerando a duração diferente das alternativas, a decisão deve se basear nas AEs. Logo, como $AE_Y > AE_X$, a alternativa Y será preferível à alternativa X, pois possui a maior AE.

Exemplo 2.7

Comparar as alternativas mutuamente exclusivas, R e S, de duração diferente. O custo do capital é de 10% a.a.

Alternativa	Ano 0	Ano 1	Ano 2	VPL (10%)	TIR
R	−$ 1.000	$ 1.000	$ 1.000	$ 735,54	61,80%
S	−$ 1.000	$ 1.800	—	$ 636,36	80,00%

Como pode ser observado, a seleção seria contraditória pelos métodos do VPL e da TIR. A seguir, as duas alternativas serão comparadas sob duas hipóteses diferentes sobre a substituição da alternativa de menor duração (alternativa S) ao término de seu prazo: quando é possível a reposição idêntica e quando não é possível a reposição idêntica.

Quando é possível a reposição idêntica da alternativa S

Supondo que as alternativas possam ser repostas por substitutas idênticas ao término de seu prazo, podemos selecionar por meio da comparação das AEs:

$$AE_R = \frac{VPL_R}{a_{\overline{2}|10\%}} = \frac{-\$1.000 + \$1.000 \times a_{\overline{2}|10\%}}{a_{\overline{2}|10\%}}$$

$$= \frac{-\$1.000 + \$1.000 \times 1,73554}{1,73554} = \$423,81/ano$$

$$AE_S = \frac{VPL_S}{a_{\overline{1}|10\%}} = \frac{-\$1.000 + \$1.800/1,10}{a_{\overline{1}|10\%}} = \frac{-\$1.000 + \$1.636,36}{0,90909} = \$700/ano$$

Como $AE_S > AE_R$, o indicado seria selecionar a alternativa S. Implicitamente, a aplicação do método da anuidade equivalente (AE) supõe que as alternativas possam ser substituídas por outras idênticas ao término de seu respectivo prazo.

Quando não é possível a reposição idêntica da alternativa S

Admitindo-se que ao término de seu prazo a alternativa de menor duração (alternativa S) não possa ser substituída por outra idêntica, o resultado da seleção das alternativas poderá ser diferente daquele indicado pelas AEs. Por exemplo, nessa impossibilidade, e a fim de igualar os prazos das alternativas, pode-se considerar que o fluxo de caixa gerado no ano 1 pela alternativa S seja reinvestido imediatamente (por um ano) no mercado de capitais, rendendo o custo de oportunidade do capital (10%).

O quadro a seguir mostra o fluxo das alternativas e o fluxo T, sendo este último o resultado da soma dos fluxos de S e do reinvestimento:

Alternativa	Ano 0	Ano 1	Ano 2	VPL (10%)
Alternativa R	−$1.000	$1.000	$1.000	$735,54
Alternativa S	−$1.000	$1.800		$636,36
+ Reinvestimento		−$1.800	$1.980 (*)	
= Fluxo T	−$1.000	0	$1.980	$636,36

(*) $1.800 + 0,10 × $1.800.

Observe que, reinvestindo à taxa de 10% (custo do capital) o fluxo de caixa gerado no ano 1 pela alternativa S ($1.000), é possível igualar os prazos das duas alternativas (de R e S), o que permite o uso do VPL como critério de seleção. Logo, analisando o VPL do fluxo resultante (fluxo T), vemos que ele é inferior ao VPL da alternativa R ($636,36 < $735,53) e concluímos, desse modo, que a alternativa R deve ser a selecionada. Não há como reinvestir o fluxo de caixa gerado por S no primeiro ano de modo que se obtenha um *pacote*

Capítulo 2 – Orçamentação de capital: métodos e critérios de avaliação... 31

de investimento (investimento em S + reinvestimento de $ 1.000) capaz de superar a alternativa R em termos de VPL. Podemos concluir dessa análise que, admitindo-se que a alternativa S possa ser substituída por outra idêntica ao término de sua vida útil, o método da anuidade equivalente (AE) é o adequado e seleciona a alternativa S. Entretanto, se não for possível essa substituição idêntica, a alternativa selecionada seria a R. Enfim, o resultado da seleção é diferente quando não é possível admitir a reposição idêntica da alternativa S.

Exemplo 2.8

Considerando um custo do capital de 10% a.a., determinar o tempo ótimo para substituir um equipamento cujo preço atual é de $ 7.500. O equipamento tem 5 anos de vida útil e gera uma receita operacional de $ 2.000 por ano, mas poderá ser usado até o término da vida útil, ou substituído antes desse prazo por um novo equipamento idêntico e de mesmo valor. O quadro a seguir mostra os fluxos de caixa operacionais e os valores de revenda nos respectivos anos para equipamentos com diversos tempos de uso:

	Ano 1	Ano 2	Ano 3	Ano 4	Ano 5
Fluxo de caixa operacional	$ 2.000	$ 2.000	$ 2.000	$ 2.000	$ 2.000
Valor de revenda	$ 6.200	$ 5.200	$ 4.000	$ 2.200	$ 0

Dado que o equipamento pode funcionar 1, 2, 3, 4 ou 5 anos, de fato existem cinco alternativas mutuamente exclusivas de diferentes durações. Logo, se admitirmos a possibilidade de substituição idêntica, a seleção poderá ser efetuada comparando-se as anuidades equivalentes (AEs) das alternativas. A análise pode ser resumida no seguinte quadro:

Ano (n)	Fluxo	Fator $(1,10)^{-n}$	Substituição ao término do ano				
			1	2	3	4	5
1	$ 2.000	0,90909	$ 1.818	$ 1.818	$ 1.818	$ 1.818	$ 1.818
2	$ 2.000	0,82645		$ 1.653	$ 1.653	$ 1.653	$ 1.653
3	$ 2.000	0,75132			$ 1.503	$ 1.502	$ 1.502
4	$ 2.000	0,68301				$ 1.366	$ 1.366
5	$ 2.000	0,62092					$ 1.242
Valor presente do fluxo			$ 1.818	$ 3.471	$ 4.974	$ 6.340	$ 7.582
Valor presente da revenda			$ 5.636	$ 4.298	$ 3.004	$ 1.503	$ 0
Valor presente total			$ 7.454	$ 7.769	$ 7.978	$ 7.843	$ 7.580
− Investimento			−$ 7.500	−$ 7.500	−$ 7.500	−$ 7.500	−$ 7.500
Valor presente líquido			−$ 46	$ 269	$ 478	$ 343	$ 80
Anuidade equivalente (AE)			$ 50,60	$ 155	$ 192,20	$ 108,20	$ 21,60

O quadro é auto-explicativo; entretanto, como ilustração, podemos calcular a AE supondo substituição do equipamento ao término do segundo ano:

Gestão de investimentos e geração de valor

$$VPL = \frac{\$\,2.000}{(1,10)} + \frac{\$\,2.000}{(1,10)^2} + \left(\frac{\$\,5.200}{(1,10)^2}\right) - \$\,7.500$$

$$= \$\,1.818 + \$\,1.653 + \$\,4.298 - \$\,7.500 = \$\,269$$

$$e\ AE = \frac{VPL}{a_{\overline{2}|\,10\%}} = \frac{\$\,269}{1,73554} = \$\,155$$

Ao fim do terceiro ano:

$$VPL = \frac{\$\,2.000}{(1,10)} + \frac{\$\,2.000}{(1,10)^2} + \frac{\$\,2.000}{(1,10)^3} + \left(\frac{\$\,4.000}{(1,10)^3}\right) - \$\,7.500$$

$$= \$\,1.818 + \$\,1.653 + \$\,1.503 + \$\,3.004 - \$\,7.500 = \$\,478$$

$$e\ AE = \frac{VPL}{a_{\overline{3}|\,10\%}} = \frac{\$\,478}{2,48685} = \$\,192,20$$

O quadro mostra que a AE é maximizada quando se substitui o equipamento ao fim do terceiro ano.

Exemplo 2.9

Determinar o tamanho ótimo de uma planta. O quadro a seguir mostra diversos tamanhos possíveis da planta, com o investimento necessário e a produção para diversas escalas.

Escala (i)	Investimento inicial	Produção (unidades)
1	$ 120.000	10.000
2	$ 145.000	12.000
3	$ 170.000	13.500
4	$ 180.000	15.000
5	$ 200.000	15.500

O preço unitário de venda é de $ 6/unidade, os custos operacionais são de $ 0,80/unidade, a vida útil das plantas é de 5 anos e o custo do capital é de 10% a.a.

- Cálculo do VPL incremental:

Escala (i)	Investimento	Produção (unidades)	Fluxo de caixa (a)	Fluxo de caixa incremental (b)	Investimento incremental (c)	VPL incremental (d)
1	$ 120.000	10.000	$ 52.000			
2	$ 145.000	12.000	$ 62.400	$ 10.400	$ 25.000	$ 14.424
3	$ 170.000	13.500	$ 70.200	$ 7.800	$ 25.000	$ 4.568
4	$ 180.000	15.000	$ 78.000	$ 7.800	$ 10.000	$ 19.568
5	$ 200.000	15.500	$ 80.600	$ 2.600	$ 20.000	– $ 10.111

(a) ($ 6 – $ 0,80) × Produção$_i$. **(b)** Fluxo de caixa$_i$ – Fluxo de caixa$_{i-1}$. **(c)** Investimento$_i$ – Investimento$_{i-1}$. **(d)** Fluxo de caixa incremental$_i$ × $a_{\overline{5}|\,10\%}$ – Investimento incremental$_i$.

Capítulo 2 – Orçamentação de capital: métodos e critérios de avaliação...

A escala ótima é a escala 4, pois o investimento inicial de $ 180.000 apresenta o maior VPL incremental. Cabe ressaltar que, alternativamente, poderia também ser aplicado o método da anuidade equivalente (AE), o que nos levaria à mesma conclusão.

Exemplo 2.10

Qual dos equipamentos, X ou Y, é mais adequado para realizar determinada operação? Considerar a taxa mínima de atratividade igual a 10% a.a.

Equipamento	Custo inicial	Custo operacional anual
X	$ 12	$ 2,50/ano
Y	$ 32	$ 2/ano

- Custo anual equivalente para o equipamento X:

$$CAE_x = \frac{Custo\ inicial}{a_{\overline{3}|10\%}} + Custo\ operacional/ano = \frac{\$\ 12}{2,48685} + \$\ 2,50 = \$\ 7,33/ano$$

- Custo anual equivalente para o equipamento Y:

$$CAE_Y = \frac{Custo\ inicial}{a_{\overline{8}|10\%}} + Custo\ operacional/ano = \frac{\$\ 32}{5,33493} + \$\ 2 = \$\ 8/ano$$

Como $CAE_X < CAE_Y \Rightarrow$ selecionamos X, pois possui o menor custo anual uniforme equivalente.

Observe que o CAE foi utilizado para selecionar a alternativa porque as únicas informações de que se dispõe são referentes aos custos.

Exemplo 2.11

A Riolight pretende instalar um gerador de energia elétrica a um custo de $ 10 milhões. Os custos operacionais projetados são de $ 80.000/mês ao longo da vida útil do equipamento, estimada em 120 meses. Considerando que a empresa requer uma rentabilidade mínima de 4% a.m., determinar o custo mensal que deve ser repassado aos usuários do equipamento. Ignorar impostos.

O custo mensal que deve ser repassado aos clientes, de modo que cubra os custos operacionais e proporcione a rentabilidade mínima desejada à empresa pelo capital investido, é igual ao custo operacional mensal mais uma *mensalidade uniforme equivalente*, calculada sobre o investimento inicial:

$$Mensalidade\ uniforme = Custo\ operacional/mês + \frac{Investimento}{a_{\overline{120}|4\%}}$$

$$= \$\ 80.000 + \frac{\$\ 10.000.000}{a_{\overline{120}|4\%}} = \$\ 80.000 + \frac{\$\ 10.000.000}{24,77409} = \$\ 483.648/mês$$

Exemplo 2.12

Uma empresa estuda a implementação de um sistema de transporte de material dentro de sua planta industrial. Existem três diferentes alternativas:

1. *Sistema manual*: requer contratar uma grande equipe de trabalhadores ao custo fixo de $ 1.050.000 por ano.
2. *Sistema de empilhadeiras*: requer contratar uma equipe menor de trabalhadores ao custo fixo de $ 100.000 por ano, mais a compra de 50 máquinas empilhadeiras ao custo de $ 40.000 cada. As empilhadeiras têm vida útil de 4 anos, com valor de recuperação de 10% de seu valor de aquisição. Os custos operacionais anuais desse sistema são de $ 4.000 por ano para cada empilhadeira.
3. *Sistema de faixas transportadoras*: o sistema custa $ 3.000.000, tem vida útil de 7 anos, com um valor de recuperação de $ 1.000.000. Por ser um sistema bastante automatizado, requer um grupo muito pequeno de trabalhadores ao custo fixo de $ 50.000 por ano e gastos operacionais anuais de $ 40.000.

Considerando um custo de oportunidade do capital de 25% a.a. e que os três sistemas gerem benefícios anuais iguais, pede-se analisar e determinar o sistema que deverá ser selecionado.

- Cálculo do custo anual equivalente para as três alternativas:

$$CAE_1 = \text{Salário/ano} = \$ 1.050.000/\text{ano}$$

$$CAE_2 = \frac{\text{Custo inicial} - \text{Valor atual do valor de recuperação}}{a_{\overline{4}|\,25\%}} +$$

$$+ \text{Custo operacional/ano} + \text{Salário/ano}$$

$$= \frac{50 \times \$ 40.000 - 0,10 \times (50 \times \$ 40.000)/(1,25)^4}{2,361600} + 50 \times \$ 4.000 + \$ 100.000 =$$

$$= \$ 1.112.195/\text{ano}$$

$$CAE_3 = \frac{\text{Custo inicial} - \text{Valor atual do valor de recuperação}}{a_{\overline{7}|\,25\%}} +$$

$$+ \text{Custo operacional/ano} + \text{Salário/ano}$$

$$= \frac{\$ 3.000.000 - \$ 1.000.000/(1,25)^7}{3,161139} + \$ 40.000 + \$ 50.000 = \$ 972.683/\text{ano}$$

onde:

$$a_{\overline{4}|\,25\%} = \frac{(1,25)^4 - 1}{(1,25)^4 \times 0,25} = 2,361600;$$

$$a_{\overline{7}|\,25\%} = \frac{(1,25)^7 - 1}{(1,25)^7 \times 0,25} = 3,161139.$$

Do ponto de vista econômico, o sistema escolhido deverá ser o sistema de faixas transportadoras, pois tem o menor CAE.

Exemplo 2.13

Há 5 anos, uma empresa comprou uma máquina ao custo de \$ 360.000. Hoje, ela dispõe de duas opções: operar aquela máquina por mais 4 anos, ao término dos quais seu valor residual será zero, ou substituí-la hoje por uma máquina alugada mais moderna. Se for substituída, a máquina usada poderá ser vendida no mercado de equipamentos de segunda mão por \$ 200.000. Vamos supor que a manutenção da máquina alugada corra por conta do arrendador e estejam disponíveis as seguintes informações sobre as duas opções:

	Opção	
Custos anuais	**Manter máquina antiga (1)**	**Alugar máquina moderna (2)**
Mão-de-obra	\$ 300.000/ano	\$ 250.000/ano
Custos de materiais	\$ 250.000/ano	\$ 100.000/ano
Seguros	4% do valor inicial	Não há
Custo de manutenção	\$ 8.000/ano	Não há
Aluguel	Não há	\$ 260.000

Considerando um custo de oportunidade do capital de 10% a.a., pede-se: a) analisar qual é a melhor opção para a empresa; b) calcular o valor de venda da máquina antiga que deixe a empresa indiferente diante das duas opções; c) explicar como o valor de mercado da máquina antiga influencia a decisão.

O quadro a seguir resume os custos anuais em ambas as opções:

	Opção	
Custos anuais	**Manter máquina antiga (1)**	**Alugar máquina moderna (2)**
Mão-de-obra	\$ 300.000/ano	\$ 250.000/ano
Materiais	\$ 250.000/ano	\$ 100.000/ano
Seguros	\$ 14.400/ano	\$ 0
Manutenção	\$ 8.000/ano	\$ 0
Aluguel	\$ 0	\$ 260.000/ano
Custo anual total	**\$ 572.400/ano**	**\$ 610.000/ano**

a) Análise da melhor opção:

A melhor opção pode ser determinada comparando-se os CAEs das opções:

$$CAE_{opção\ 1} = Custo\ anual + \frac{Valor\ de\ venda}{a_{\overline{4}|10\%}} = \$ 572.400/ano + \frac{\$ 200.000}{3,169865} = \$ 635.494$$

$$CAE_{opção\ 2} = Custo\ anual = \$ 610.000/ano$$

Como o CAE da opção 2 é menor do que o CAE da opção 1, é melhor vender a máquina antiga e alugar a mais moderna.

b) Cálculo do valor de venda da máquina antiga que deixe a empresa indiferente diante das duas opções:

O valor pode ser obtido igualando-se os CAEs das duas opções:

$$\underbrace{\$\,572.400/\text{ano} + \frac{V}{3,1699865}}_{\text{CAE opção 1}} = \underbrace{\$\,610.000/\text{ano}}_{\text{CAE opção 2}} \Rightarrow V = \$\,119.187$$

Caso o valor de venda da máquina antiga seja igual a $ 119.187, as duas opções serão equivalentes.

c) Para valores de venda da máquina antiga superiores a $ 119.187, a empresa deve escolher a opção 2 e, para valores inferiores, a opção 1.

Exemplo 2.14

Um equipamento com custo de aquisição de $ 100.000 tem uma vida útil de 3 anos e um valor residual que depende do número de anos de uso: $ 60.000, $ 15.000 e $ 10.000, respectivamente, para 1 ano, 2 anos e 3 anos de uso. Os custos operacionais projetados são de $ 20.000/ano, $ 28.000/ano e $ 42.000/ano, respectivamente, para cada ano de operação. Determinar o tempo ótimo de substituição, considerando um custo do capital de 10% a.a.

Como o equipamento pode funcionar por 1, 2 ou 3 anos, existem implícitas no problema três alternativas mutuamente exclusivas de diferente duração. A seguir, calculamos os CAEs para elas, ou seja, para as alternativas de substituir o equipamento ao término do primeiro, segundo ou terceiro ano de uso:

$$CAE_{1^{\circ}\,\text{ano}} = \frac{1}{a_{\overline{1}|\,10\%}} \times \left[\$\,100.000 + \frac{\$\,20.000}{1,10} - \frac{\$\,60.000}{1,10}\right] = \$\,70.000/\text{ano}$$

$$CAE_{2^{\circ}\,\text{ano}} = \frac{1}{a_{\overline{2}|\,10\%}} \times \left[\$\,100.000 + \frac{\$\,20.000}{1,10} + \frac{\$\,28.000}{(1,10)^2} - \frac{\$\,15.000}{(1,10)^2}\right] = \$\,74.286/\text{ano}$$

$$CAE_{3^{\circ}\,\text{ano}} = \frac{1}{a_{\overline{3}|\,10\%}} \times \left[\$\,100.000 + \frac{\$\,20.000}{1,10} + \frac{\$\,28.000}{(1,10)^2} + \frac{\$\,42.000}{(1,10)^3} - \frac{\$\,10.000}{(1,10)^3}\right] =$$

$$= \$\,66.496/\text{ano}$$

Como o menor CAE é dado no terceiro ano, será esse o período ótimo de substituição do equipamento.

Exemplo 2.15

Uma empresa de energia elétrica planeja a construção de uma linha de transmissão. As informações levantadas pela gerência de obras são mostradas no quadro a seguir:

Voltagem kW	Investimento US$/km	Custos de manutenção US$/ano/km	Perdas de energia US$/ano/km
54	8.400	300	3.000
110	10.200	300	2.125
220	12.000	300	1.785
500	18.000	300	1.410

Considerando que a vida econômica de linhas de alta tensão é de aproximadamente 25 anos e que o custo do capital é de 20% a.a., determinar a linha mais adequada.

Cálculo do custo anual equivalente (CAE) para as quatro alternativas:

Voltagem (i)	Investimento	Custos + Perdas	CAE (*)
54	$ 8.400	$ 3.300	$ 4.998
110	$ 10.200	$ 2.425	$ 4.487
220	$ 12.000	$ 2.085	$ 4.510
500	$ 18.000	$ 1.710	$ 5.348

(*) (Custos de manutenção + Perdas)$_i$ + Investimento$_i$ $\times \left[\dfrac{(1,20)^{25} \times 0,20}{(1,20)^{25} - 1} \right]$

A escola ótima é de 110 kW, pois tem o menor CAE.

Exemplo 2.16

Uma empresa analisa a viabilidade econômica de um projeto de automação de sua linha de produção. Basicamente, o projeto consiste em instalar um equipamento que custa $ 80.000 e propiciará uma diminuição de custos da ordem de $ 20.000 por ano (antes de IR). O equipamento tem vida útil de 5 anos, sendo depreciado integralmente nesse período sem valor residual. A alíquota de IR (imposto de renda) é de 34%, e o custo do capital, 10% a.a. Analisar a viabilidade econômica do projeto.

Fluxo de caixa livre

Item	Ano 0	Ano 1	Ano 2	Ano 3	Ano 4	Ano 5
− Investimentos de capital	−$ 80.000					
+ Redução de custos		$ 20.000	$ 20.000	$ 20.000	$ 20.000	$ 20.000
− Depreciação		−$ 16.000	−$ 16.000	−$ 16.000	−$ 16.000	−$ 16.000
Lajir (lucro antes de juros e IR)		$ 4.000	$ 4.000	$ 4.000	$ 4.000	$ 4.000
− IR (34%)		−$ 1.360	−$ 1.360	−$ 1.360	−$ 1.360	−$ 1.360
+ Depreciação		$ 16.000	$ 16.000	$ 16.000	$ 16.000	$ 16.000
Fluxo de caixa livre	−$ 80.000	$ 18.640	$ 18.640	$ 18.640	$ 18.640	$ 18.640

$$\text{VPL} = -\$\,80.000 + \frac{\$\,18.640}{(1,10)} + \frac{\$\,18.640}{(1,10)^2} + \frac{\$\,18.640}{(1,10)^3} + \frac{\$\,18.640}{(1,10)^4} + \frac{\$\,18.640}{(1,10)^5} = -\$\,9.340 < 0$$

$$-\$\,80.000 + \frac{\$\,18.640}{(1 + \text{TIR})} + \frac{\$\,18.640}{(1 + \text{TIR})^2} + \frac{\$\,18.640}{(1 + \text{TIR})^3} + \frac{\$\,18.640}{(1 + \text{TIR})^4} + \frac{\$\,18.640}{(1 + \text{TIR})^5} = 0$$

$$\Rightarrow \text{TIR} = 5,32\% < 10\%$$

Por ambos os critérios, VPL e TIR, o projeto é economicamente inviável.

2.7 Alternativas mutuamente exclusivas

A maioria dos investimentos empresariais tende a ser independente, ou seja, a escolha de um deles não impede a escolha de outro. Contudo, existem circunstâncias nas quais as alternativas competem entre si em seus propósitos específicos. Essas alternativas são chamadas *alternativas mutuamente excludentes* ou *mutuamente exclusivas*. Se uma for escolhida, as outras serão eliminadas por essa única decisão. Tipicamente, isso ocorre quando são analisadas duas formas alternativas de resolver o mesmo problema.

Vamos supor que uma empresa esteja analisando três alternativas de investimento: A, B e C. O custo do capital adequado é de 9% e a vida útil das alternativas é de 7 anos. Admitamos que a qualidade das estimativas e a incerteza dos resultados sejam as mesmas nos três casos. As principais informações sobre as três alternativas são apresentadas no quadro a seguir.

Alternativa	Investimento líquido	Fluxo de caixa anual	Valor de liquidação (no sétimo ano)	VPL (9%)	TIR	Índice custo-benefício (B/C)
A	$ 480	$ 113	$ 149	$ 170	17,8%	1,35
B	$ 620	$ 125	$ 153	$ 93	12,9%	1,15
C	$ 750	$ 165	$ 204	$ 192	15,5%	1,26

A primeira observação é de que as três alternativas atendem à rentabilidade mínima desejada (9%) conforme as TIRs apontam, embora em graus diferentes. A questão agora é selecionar a melhor delas. Os métodos da TIR e do índice custo–benefício favorecem a alternativa A. Entretanto, do ponto de vista do VPL, a alternativa C é claramente a melhor. Caso apenas uma alternativa pudesse ser escolhida, isso favoreceria a alternativa C, que apresenta o maior VPL. Mas a alternativa C é também a mais cara, e sua capacidade de gerar valor por unidade monetária investida (índice B/C) é menor que a da alternativa A. É consistente a escolha da alternativa C, segundo o método do VPL?

Um procedimento usual na seleção e comparação dos aspectos econômicos de alternativas mutuamente exclusivas é examinar o benefício obtido com uma mudança de menores investimentos para maiores. Em nosso exemplo, o investimento adicional ou incremental de passar da alternativa A para a B é de $ 140 (de $ 480 para $ 620), mas ele reduz o VPL em $ 77 (de $ 170 para $ 93). Isso não é economicamente desejável, portanto descartamos a alternativa B. Por outro lado, mudando da alternativa A para a C, o investimento incremental adicional necessário é de $ 270 (de $ 480 para $ 750), o que aumenta o VPL em $ 22 (de $ 170 para $ 192). O retorno desse investimento incremental excede a rentabilidade desejada pela empresa, pois sua TIR é de 11,16%. Caso a empresa não disponha de outras possibilidades de aplicação (em igualdade de condições) capazes de trazer um retorno maior que 11,16%, a alternativa C será a preferível. Dessa forma, podemos ver que, caso a análise se baseie na TIR do fluxo incremental resultante da mudança de uma alternativa a outra, então a seleção será consistente com a escolha determinada pelo método do VPL. Em geral, os problemas em orçamentação de capital estão mais ligados à seleção de uma ou mais alternativas dentre um conjunto de alternativas disponíveis, envolvendo uma comparação que dá origem ao problema da escolha.

2.7.1 Problemas da TIR na seleção de alternativas mutuamente exclusivas

O método da TIR possui a vantagem de expressar os resultados em termos percentuais fáceis de ser comparados. Em relação ao VPL, que fornece um valor monetário, o método da TIR nos oferece uma porcentagem mais compreensível para a maioria dos tomadores de decisão. Contudo, a TIR apresenta uma série de limitações e contradições que devem ser compreendidas se quisermos usá-la corretamente como método decisório na seleção de alternativas de investimento. A seguir, analisaremos a problemática implícita no uso desse método na análise de alternativas de investimento.

O problema do reinvestimento

Um problema ou limitação da TIR é conhecido como *problema do reinvestimento*. No intuito de explicar essa problemática, consideremos as alternativas R e S a seguir:

Alternativa	Investimento	Retorno	TIR
R	−$ 15	$ 25	67%
S	−$ 25	$ 40	60%

A figura a seguir mostra a relação funcional entre o VPL das alternativas e o custo do capital:

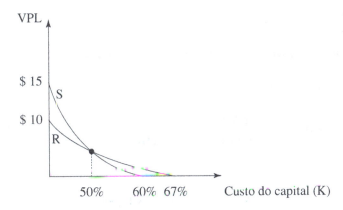

O ponto em que as duas curvas se entrecortam (50%) é conhecido como *taxa incremental de Fisher*, em homenagem ao grande economista Irving Fisher, um dos primeiros a abordar o conflito que surge quando se avaliam projetos mutuamente exclusivos. Se aplicássemos o método da TIR como critério de decisão, a alternativa R seria selecionada, pois tem a maior TIR. Entretanto, pelo critério do VPL, a seleção dependerá do fato de o custo do capital ser maior ou menor que a taxa incremental de Fisher. Se for menor, o projeto S será preferível; caso contrário, o projeto R será o preferível. Como o custo do capital é de 10%, o projeto S será escolhido, pois, para essa taxa, temos que $VPL_S > VPL_R$.

Constata-se que, na ordenação de projetos mutuamente exclusivos, a TIR pode conduzir a uma seleção inconsistente e contraditória em relação ao método do VPL. Essa divergência se explica, entre outros motivos, porque cada método considera de maneira diferente o reinvestimento dos fluxos de caixa gerados pelo projeto ao longo de sua vida útil. A questão é: quanto as entradas de caixa decorrentes do projeto renderão, ao ser subseqüentemente reinvestidas em outros projetos de risco idêntico? A TIR, implicitamente, considera que esses fluxos renderão a própria TIR. Ora, não há por que imaginar que os fluxos de caixa de um projeto com TIR de 15% não possam ser reinvestidos senão a 15%. Do ponto de vista da racionalidade econômica, é pouco realista admitir que os fluxos de caixa gerados pelo projeto tenham de ser necessariamente reinvestidos à própria TIR.

Se for corretamente estimado, o custo do capital pode ser usado como taxa de retorno exigida para o projeto, uma vez que as forças competitivas assegurarão que no longo prazo essa taxa seja igual à taxa de retorno esperada do projeto. Assim, no longo prazo, os fluxos de caixa gerados pelo projeto rendem o custo de oportunidade do capital, não a TIR. Podemos admitir que, pelas suposições implícitas feitas sobre o reinvestimento dos fluxos de caixa gerados pelo projeto, o VPL seja um método mais adequado que a TIR, pois supõe que os fluxos renderão o custo de oportunidade do capital. Dessa maneira, a racionalidade econômica por trás da suposição sobre reinvestimento é mais consistente e realista no método do VPL que no método da TIR. Por ser muito controvertida essa questão do reinvestimento implícita no método da TIR, que supõe que os fluxos sejam reinvestidos à própria TIR, o seguinte exemplo pretende esclarecer ainda mais o assunto.

Vamos supor que uma alternativa de investimento tenha o seguinte fluxo de caixa líquido:

	Ano 0	Ano 1	Ano 2
Investimento	−$ 10.000		
Receitas		$ 15.762	$ 15.762
Custos		−$ 10.000	−$ 10.000
Fluxo de caixa líquido	−$ 10.000	$ 5.762	$ 5.762

Podemos calcular a TIR a partir da seguinte equação:

$$-\$\,10.000 + \frac{\$\,5.762}{(1 + TIR)^1} + \frac{\$\,5.762}{(1 + TIR)^2} = 0 \Rightarrow TIR = 10\%$$

Se o capital aplicado ($ 10.000) render a TIR (10%), ao término do primeiro ano teremos:

$$\$\,10.000 \times 1,10 = \$\,11.000$$

Se retirarmos o lucro (fluxo de caixa) ganho no primeiro ano, o capital remanescente será:

$$\$\,11.000 - \$\,5.762 = \$\,5.238$$

Se esse capital remanescente ($ 5.238) continuar rendendo a TIR (10%), ao término do segundo ano teremos:

$$\$\,5.238 \times 1,10 = \$\,5.762$$

Se retirarmos o lucro (fluxo de caixa) ganho no segundo ano, o novo capital remanescente será:

$$\$\,5.762 - \$\,5.762 = 0$$

Esse exemplo mostra que a TIR considera somente o dinheiro que fica reaplicado no projeto, e esse dinheiro rende a própria TIR.

O problema na seleção de projetos mutuamente exclusivos de escala diferente: taxa incremental de Fisher

O quadro abaixo apresenta duas alternativas mutuamente exclusivas, F e G, de mesma escala (igual investimento) e de mesma duração (somente um período):

Alternativa	Investimento	Retorno	TIR	VPL (10%)
F	–$ 10	$ 20	100%	$ 8,18
G	–$ 10	$ 35	250%	$ 21,82

- Cálculo do valor presente líquido das alternativas:

$$VPL_F = -\$\ 10 + \$\ 20\ /\ 1{,}10 = \$\ 8{,}18 > 0$$

$$VPL_G = -\$\ 10 + \$\ 35\ /\ 1{,}10 = \$\ 21{,}82 > 0$$

- Cálculo da taxa interna de retorno das alternativas:

$$-\$\ 10 + \$\ 20\ /\ (1 + TIR) = 0 \Rightarrow TIR_F = 1{,}00 = 100\% > 10\%$$

$$-\$\ 10 + \$\ 35\ /\ (1 + TIR) = 0 \Rightarrow TIR_G = 2{,}50 = 250\% > 10\%$$

Se forem independentes, e não existindo restrições de capital, ambas as alternativas serão aceitas tanto pelo critério do VPL quanto pelo critério da TIR, dado que os VPLs são positivos e as TIRs excedem o custo do capital. Entretanto, como as alternativas são mutuamente exclusivas, devemos escolher somente uma delas. Vejamos qual:

- Pela TIR: $(TIR_G = 250\%) > (TIR_F = 100\%) \Rightarrow$ selecionar G
- Pelo VPL: $(VPL_G = \$\ 21{,}82) > (VPL_F = \$\ 8{,}18) \Rightarrow$ selecionar G

Dado que a escala e o *timing* das alternativas são similares, os dois critérios coincidem na escolha da alternativa G. Entretanto, o uso da TIR pode levar a inconsistências decisórias na escolha entre alternativas mutuamente exclusivas de tamanho (escala) diferente. Como a TIR tem seus resultados expressos em termos relativos (porcentagem), tende a favorecer alternativas de menor escala, que possuem mais chances de produzir um retorno percentual maior que as alternativas de maior escala. Para podermos observar esse problema, o quadro a seguir mostra as mesmas alternativas, F e G, mas agora a alternativa G apresenta maior escala (investimento de $ 20) em relação à F (investimento de $ 10):

Alternativa	Investimento	Retorno	TIR	VPL (10%)
F	–$ 10	$ 20	100%	$ 8,18
G	–$ 20	$ 35	75%	$ 11,82
G–F (fluxo incremental)	–$ 10	$ 15	50%	$ 3,64

Note que, quando a escala das alternativas não é a mesma, ocorre um conflito entre os dois métodos de seleção. Pela TIR seria aceita a alternativa F, enquanto pelo VPL seria a alternativa G. De modo geral, o VPL é o método a seguir quando há diferença de tamanho entre projetos mutuamente exclusivos. Contudo, se for o caso de aplicar um critério baseado em porcentagem, uma maneira de evitar essa contradição entre o VPL e a TIR na comparação de alternativas mutuamente exclusivas de escala diferente seria por meio do uso da TIR do fluxo incremental (TIR do fluxo G–F), também chamada taxa incremental de Fisher. No presente exemplo, o investimento incremental (G–F) apresenta uma taxa interna de retorno (TIR_{G-F}) de 50% que, sendo maior que o custo do capital, indica que o projeto G (alternativa de maior escala) é preferível ao projeto F (alternativa de escala menor), eliminando-se dessa maneira a contradição entre o VPL e a TIR.

Analisemos mais explicitamente a abordagem do fluxo incremental ou taxa incremental de Fisher: podemos considerar que o projeto G (de maior escala) seja igual à soma do projeto F (de menor escala) com um projeto hipotético complementar (de tamanho G–F). Logo, se o projeto F for justificado economicamente (se for provado que $TIR_F > K$), bastará justificar o complemento (provar que $TIR_{G-F} > K$) para justificar economicamente o projeto de maior escala (projeto G) e, conseqüentemente, preferir G a F.

Esquematicamente:

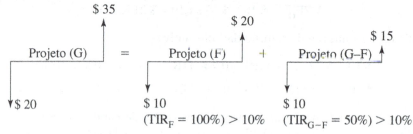

Logo, como foi provado que $TIR_F > 10\%$ e que $TIR_{G-F} > 10\%$ ⇒ G domina F.

A análise anterior mostra que a simples comparação entre as TIRs das alternativas individuais nos conduz a uma seleção inconsistente. A seleção deverá ser feita analisando-se a taxa interna de retorno do fluxo incremental (TIR_{G-F}). Na prática, o processo se resume a observar se a TIR_{G-F} é ou não maior que o custo do capital. Tratando-se de fluxos negativos iniciais, seguidos de fluxos positivos (característica dos projetos de investimento), se a TIR_{G-F} for maior que o custo do capital, a alternativa de maior escala será preferível; caso contrário, será a de menor escala. Para fluxos positivos iniciais, seguidos de fluxos negativos (característica dos projetos de financiamento), a análise será inversa.

O problema da distribuição dos fluxos de caixa no tempo

Quando os fluxos de caixa de duas alternativas mutuamente exclusivas se distribuem de forma diferente no tempo, pode surgir uma contradição entre os métodos do VPL e da TIR. Tal contradição deve-se às suposições implícitas nos dois critérios em relação à taxa de reinvestimento. No quadro a seguir, as alternativas mutuamente exclusivas X e Y têm a mesma escala (investimentos iguais), mas seus fluxos de caixa são distribuídos de modo diferente no tempo. Em X, as entradas de caixa estão mais concentradas no final, enquanto em Y estão mais concentradas no início.

Alternativa	Ano 0	Ano 1	Ano 2	VPL (10%)	TIR
X	–$ 100,00	$ 20,00	$ 120,00	$ 17,36	20,00%
Y	–$ 100,00	$ 100,00	$ 31,25	$ 16,74	25,00%
X–Y (fluxo incremental)	$ 0,00	–$ 80,00	$ 88,75	$ 0,62	10,94%

Observe que o VPL e a TIR levam a resultados diferentes e contraditórios. A contradição pode ser evitada selecionando-se as alternativas por meio da TIR do fluxo incremental, ou taxa incremental de Fisher (TIR do fluxo X–Y). Como a TIR_{X-Y} é maior que o custo do capital (10,94% > 10%), a alternativa X deve ser selecionada. Esse resultado é consistente com a escolha do VPL. De modo geral, a regra decisória do VPL é a melhor regra a seguir quando há diferença na distribuição do fluxo de alternativas mutuamente exclusivas. Entretanto, um ponto a ser considerado é que o VPL não revela muita coisa a respeito da rentabilidade das alternativas, pois duas alternativas podem ter o mesmo VPL e uma delas representar um investimento substancialmente maior em relação à outra. Vejamos, por exemplo, as alternativas mutuamente exclusivas A e B do quadro a seguir.

Alternativa	Investimento	Retorno	TIR	VPL (10%)
A	– $ 100	+ $ 120	20,00%	+ $ 9,09
B	– $ 10.000	+ $ 11.010	10,10%	+ $ 9,09

Notemos que a alternativa A requer um investimento muito menor que a B, mas os VPLs são os mesmos. Esse exemplo mostra que as duas alternativas terão de ser vistas e analisadas diferentemente, permitindo-nos concluir que a aplicação do VPL não dá por encerrada a discussão sobre análise e seleção de alternativas de investimento, embora nos proporcione um sólido ponto de partida.

O problema das múltiplas taxas internas de retorno

De acordo com o comportamento de seu fluxo de caixa, os projetos podem ser divididos em *projetos de fluxo convencional* e *projetos de fluxo não convencional*. Os projetos de fluxo convencional caracterizam-se por apresentar um fluxo negativo inicial (desembolso inicial) seguido de um ou mais fluxos positivos, por exemplo: – + + + +. Os de fluxo não convencional têm fluxos positivos e negativos de maneira alternada, por exemplo: – + + – – –. Uma dificuldade com o método da TIR deriva do fato de que, ao contrário do que parece, a TIR pode não ser única quando o fluxo de caixa é do tipo não convencional, pois nesse caso podem ocorrer múltiplas taxas internas de retorno, como resultado da regra cartesiana: *o número de raízes reais positivas de um polinômio é no máximo igual ao número de mudanças de sinal verificadas na seqüência de coeficientes do polinômio*. Isso equivale a dizer que o número de TIRs associadas a uma seqüência de fluxos de caixa é no máximo igual ao número de mudanças de sinal verificadas nessa seqüência. Assim, é possível, inclusive, encontrarmos fluxos de caixa que resultam em raízes imaginárias, sem nenhuma interpretação econômica possível ou válida.

Lorie e Savage[1] foram uns dos primeiros autores a levantar esse problema com a TIR, assinalando que, dentro de certas condições, o perfil do fluxo de caixa pode apresentar uma evolução que dificulta a aplicação da TIR como critério decisório. Esses autores tomam como ilustração o exemplo clássico da substituição de uma estação de bombeamento de petróleo atualmente em uso por outra mais potente, que permite uma extração mais rápida das reservas petrolíferas do campo explorado. Um exemplo com valores poderia ser o seguinte: a realização do projeto exigiria um desembolso inicial de $ 1.600 e permitiria esgotar o lençol em um único ano, obtendo-se uma entrada líquida de caixa da ordem de $ 20.000, enquanto a não-realização do projeto não levaria a nenhum novo investimento,

---

[1] J. H. Lorie e L. J. Savage, "Three problems in rationing capital", *Journal of Business*, 28, 4, out. 1955, p. 229-239.

permitindo o esgotamento do lençol em dois anos e proporcionando em cada um desses dois anos entradas de caixa da ordem de $ 10.000. O quadro a seguir mostra as duas alternativas com seus fluxos de caixa e também o fluxo incremental:

Alternativa	Ano 0	Ano 1	Ano 2
Sem substituição (S)	$ 0	$ 10.000	$ 10.000
Com substituição (C)	−$ 1.600	$ 20.000	—
Fluxo incremental (C–S)	−$ 1.600	$ 10.000	−$ 10.000

Como as duas alternativas, substituir e não substituir, são mutuamente exclusivas, aparentemente qualquer divergência e contradição na seleção entre os métodos do VPL e da TIR seria evitada calculando-se a TIR do fluxo incremental (taxa incremental de Fisher). Calculemos, pois, essa taxa:

$$VPL = -\$\,1.600 + \frac{\$\,10.000}{(1 + TIR_{C-S})} - \frac{\$\,10.000}{(1 + TIR_{C-S})^2} = 0$$
$$\$\,1.600\,(1 + TIR_{C-S})^2 - \$\,10.000\,(1 + TIR_{C-S}) + \$\,10.000 = 0$$

A forma geral da equação quadrática acima é $aX^2 + bX + c$, e sua resolução é a seguinte:

$$X = (1 + TIR_{C-S}) = \frac{-b \pm \sqrt{b^2 - 4ac}}{2a} =$$

$$= \frac{-(-\$\,10.000) \pm \sqrt{(-\$\,10.000)^2 - 4 \times \$\,1.600 \times \$\,10.000}}{2 \times \$\,1.600} = \frac{\$\,10.000 \pm \$\,6.000}{\$\,3.200}$$

$$\Rightarrow TIR_{C-S} = 25\% \quad e \quad TIR_{C-S} = 400\%$$

Percebem-se duas taxas internas de retorno: 25% e 400%. Qual das duas deve ser usada como TIR? Se o custo do capital for de 10%, podemos concluir que o projeto é rentável? À primeira vista, sim, uma vez que as duas TIR são superiores a essa taxa. Entretanto, a essa taxa, o VPL do fluxo incremental seria –$ 773,55, indicando que o valor da empresa se reduziria se o projeto fosse realizado. Dessa maneira, a adoção da TIR, mesmo do fluxo incremental, não parece ser muito indicada quando nos defrontamos com fluxos suscetíveis de apresentar múltiplas TIRs. Esse tipo de insuficiência relativa ao critério da TIR levou vários autores a propor pura e simplesmente a adoção do critério do VPL, sempre que surgir o caso de TIRs múltiplas. Outros autores, como Teichröew, Robichek e Montalbano[2] e Solomon[3] tentaram resgatar o método da TIR nesse tipo de situação, propondo determinados procedimentos, mas a fraca racionalidade econômica e a grande dose de subjetividade de tais métodos desaconselham seu uso.[4]

---

[2] D. Teichröew, A. Robichek e M. Montalbano, "Mathematical analysis of rates of return under certainty", *Management Science*, jan. 1965.

[3] E. Solomon, "The arithmetic of capital budgeting decisions", *Journal of Business*, abr. 1956.

[4] Foi proposta a TIR modificada (TIRM), calculada trazendo-se para valor presente os fluxos negativos e para valor futuro os positivos. Para atualizar os fluxos, esse critério exige a estipulação de taxas de financiamento e de reinvestimento que acrescentem subjetividades adicionais à análise, o que diminui ou anula qualquer ganho propalado por seus defensores.

Podemos, ainda, encontrar fluxos com TIR indefinida — por exemplo, a TIR do fluxo: +100; –200; +150:

$$100 - \frac{200}{(1 + \text{TIR})} + \frac{150}{(1 + \text{TIR})^2} = 0$$

$$100\,(1 + \text{TIR})^2 - 200\,(1 + \text{TIR}) + 150 = 0$$

Fazendo $X = (1 + \text{TIR})$:

$$100X^2 - 200X + 150 = 0$$

Resolvendo a equação quadrática do tipo $aX^2 + bX + c = 0$, temos:

$$X = \frac{-b \pm \sqrt{b^2 - 4ac}}{2a} =$$

$$= \frac{-(-200) \pm \sqrt{(-200)^2 - 4 \times 100 \times 150}}{2 \times 100} = \frac{200 \pm \sqrt{-20.000}}{200} = 1 \pm \sqrt{-0,5}$$

$$\text{Logo: } (1 + \text{TIR}) = +1 \pm \sqrt{-0,5} \Rightarrow \text{TIR} = \pm\sqrt{-0,5}$$

A TIR encontrada é um número imaginário, portanto inconsistente para o propósito de análise econômica e seleção de alternativas de investimento. Mas o problema não termina aí. Nas alternativas A e B do quadro a seguir, verificamos duas mudanças de sinal; entretanto, encontramos somente uma TIR para cada uma delas: devemos lembrar que o número de mudanças de sinal no fluxo de caixa indica o número máximo de TIRs, mas não necessariamente o número real de TIRs.

Alternativa	Ano 0	Ano 1	Ano 2	Ano 3	Ano 4	TIR
A	–$ 1.000	$ 1.400	–$ 100	—	—	32,45%
B	–$ 1.000	$ 400	$ 400	–$ 100	$ 500	8,07%

Exemplo 2.17

Considerando um custo do capital de 12% a.a., avaliar pelos métodos do VPL, da TIR e da TIR incremental as seguintes alternativas mutuamente exclusivas de um período de duração:

Alternativa	Investimento	Retorno
A	–$ 10.000	$ 12.000
B	–$ 15.000	$ 17.700
B – A	$ 5.000	$ 5.700

- Avaliação pelo método do VPL:

$$\text{VPL}_A = -\$ 10.000 + \frac{\$ 12.000}{1,12} = \$ 714,29$$

$$VPL_B = -\$\,15.000 + \frac{\$\,17.700}{1,12} = \$\,803,57$$

$$\text{Como } VPL_B > VPL_A \Rightarrow B \text{ domina } A$$

- Avaliação pela TIR das alternativas:

$$TIR_A = \frac{\$\,12.000}{\$\,10.000} - 1 = 20\%$$

$$TIR_B = \frac{\$\,17.700}{\$\,15.000} - 1 = 18\%$$

$$\text{Como } TIR_A > TIR_B \Rightarrow A \text{ domina } B$$

A seleção pela TIR indica a dominância da alternativa A, mas podemos perceber que essa escolha seria inconsistente e contraditória em relação à dada pelo VPL.

Se a TIR for calculada sobre o fluxo incremental (B–A), a seleção determinada pelos dois critérios, VPL e TIR, será a mesma. A TIR do fluxo incremental é a seguinte:

$$TIR_{B-A} = \frac{\$\,5.700}{\$\,5.000} - 1 = 14\% > (K = 12\%) \Rightarrow \text{selecionar } B$$

Como a TIR do fluxo incremental (TIR_{B-A}) é maior que o custo do capital, a alternativa de escala maior (B) domina a de escala menor (A). Observe que o fluxo incremental pode ser visto também como um projeto de investimento, pois é efetuado um desembolso inicial de \$ 5.000 no ano 0, seguido de um recebimento de \$ 5.700 no ano 1. Assim, a TIR_{B-A} representa a *rentabilidade efetiva* desse projeto de investimento. Se essa taxa for maior que o custo do capital, a alternativa B dominará a alternativa A. Podemos concluir que, se a análise for realizada com base na TIR do fluxo incremental, a seleção será consistente com a seleção determinada pelo VPL.

Exemplo 2.18

A um custo de oportunidade do capital de 10% a.a., analisar as alternativas de investimento mutuamente exclusivas A e B mostradas no quadro a seguir:

Alternativa	Ano 0	Ano 1	Ano 2	TIR	VPL (10%)
A	−\$ 100	\$ 80	\$ 80	37,98%	\$ 38,84
B	−\$ 80	\$ 65	\$ 65	39,50%	\$ 32,81
A–B	−\$ 20	\$ 15	\$ 15	31,87%	

A seleção das alternativas A e B pela TIR e pelo VPL é contraditória. A TIR seleciona a alternativa B, e o VPL seleciona a A. Caso a análise seja feita com base na TIR do fluxo incremental (TIR_{A-B}), a alternativa selecionada será a A, pois essa taxa é maior que o custo do capital (31,87% > 10%).

Caso a alternativa B seja selecionada, haverá um excedente de capital de $ 20 ($ 100 – $ 80) que, se aplicado, poderá render o custo do capital (10%). Admitamos que haja três modalidades diferentes para aplicar esse excedente (modalidade x, modalidade y e modalidade w) e que todas elas tenham VPL zero:

Modalidade	Ano 0	Ano 1	Ano 2	TIR	VPL (10%)
x	–$ 20	$ 2	$ 22	10%	$ 0
y	–$ 20	$ 11,5238	$ 11,5238	10%	$ 0
w	–$ 20	$ 22	$ 0	10%	$ 0

Se a alternativa B for somada a cada uma dessas três modalidades e o conjunto for analisado como uma combinação só, teremos:

Combinação	Ano 0	Ano 1	Ano 2	TIR	VPL (10%)
B	–$ 80	$ 65	$ 65	39,5%	$ 32,81
x	–$ 20	$ 2	$ 22	10,0%	$ 0
(B+x)	–$ 100	$ 67	$ 87	32,6%	
Combinação	Ano 0	Ano 1	Ano 2	TIR	VPL (10%)
B	–$ 80	$ 65	$ 65	39,5%	$ 32,81
y	–$ 20	$ 11,5238	$ 11,5238	10,0%	$ 0
(B+y)	–$ 100	$ 76,5238	$ 76,5238	33,74%	
Combinação	Ano 0	Ano 1	Ano 2	TIR	VPL (10%)
B	–$ 80	$ 65	$ 65	39,5%	$ 32,81
w	–$ 20	$ 22	$ 0	10,0%	$ 0
(B+w)	–$ 100	$ 87	$ 65	35,11%	

Ou seja, não há como combinar a alternativa B com as diversas modalidades de aplicar o excedente de $ 20, de tal modo que a combinação resultante tenha uma rentabilidade superior à rentabilidade de A (37,98%). Concluímos, portanto, que a alternativa A é preferível à B.

Exemplo 2.19

A um custo de oportunidade do capital de 10% a.a., analisar as alternativas mutuamente exclusivas T e U.

Alternativa	Ano 0	Ano 1	Ano 2	Ano 3
T	–$ 3.000	$ 200	$ 2.500	$ 3.200
U	–$ 3.000	$ 0	$ 0	$ 5.500
Fluxo incremental T–U	$ 0	$ 200	$ 2.500	–$ 3.200
Fluxo incremental U–T	$ 0	–$ 200	–$ 2.500	$ 3.200

O fluxo incremental T–U equivale a pedir um financiamento, pois se recebem, respectivamente, $ 200 e $ 2.500 no primeiro e segundo anos. No terceiro ano pagam-se $ 3.200 pelo financiamento tomado. Como a TIR_{T-U} representa o *custo efetivo desse financiamento*, podemos concluir que, se essa taxa for superior ao custo do capital, U é preferível a T.

$$\frac{\$\,200}{(1 + TIR_{T-U})} + \frac{\$\,2.500}{(1 + TIR_{T-U})^2} - \frac{\$\,3.200}{(1 + TIR_{T-U})^3} = 0 \;\Rightarrow\; TIR_{T-U} = 17,04\% \text{ a.a.}$$

$$\text{Como } (TIR_{T-U} = 17,04\%) > 10\% \;\Rightarrow\; \text{selecionamos U}$$

A análise também pode ser feita a partir do fluxo incremental U–T. Nesse caso, o fluxo equivale a investir, respectivamente, $ 200 e $ 2.500 no primeiro e segundo anos. No terceiro ano recebem-se $ 3.200 pelos investimentos feitos. Dessa maneira, a TIR_{U-T} representa a *rentabilidade efetiva desse investimento*. Se essa taxa for maior que o custo do capital, U será, mais uma vez, preferível a T:

$$-\frac{\$\,200}{(1 + TIR_{U-T})} - \frac{\$\,2.500}{(1 + TIR_{U-T})^2} + \frac{\$\,3.200}{(1 + TIR_{U-T})^3} = 0 \;\Rightarrow\; TIR_{U-T} = 17,04\% \text{ a.a.}$$

$$\text{Como } (TIR_{U-T} = 17,04\%) > 10\% \;\Rightarrow\; \text{selecionamos U}$$

Como podemos ver, em ambas as formas de abordar o problema (como financiamento ou como investimento) chega-se à mesma conclusão, ou seja, selecionar a alternativa U.

Exemplo 2.20

Selecionar a melhor alternativa entre A e B, usando como critério a TIR dos fluxos incrementais. A vida útil das alternativas é de 5 anos, o custo do capital é 10%, e as alternativas têm os seguintes custos iniciais de aquisição, custos operacionais anuais e valores de revenda ao término da vida útil:

Alternativa	Custo inicial (em t = 0)	Custo operacional/ano (em t = 1, ..., 5)	Valor de revenda (em t = 5)
A	−$ 6	−$ 8	$ 0
B	−$ 30	−$ 2	$ 10

Com as informações fornecidas, podemos montar o seguinte quadro com os fluxos de caixa:

Alternativa	Fluxo de caixa						TIR
	Ano 0	Ano 1	Ano 2	Ano 3	Ano 4	Ano 5	
A	−$ 6	−$ 8	−$ 8	−$ 8	−$ 8	−$ 8	
B	−$ 30	−$ 2	−$ 2	−$ 2	−$ 2	$ 8	
A–B	$ 24	−$ 6	−$ 6	−$ 6	−$ 6	−$ 16	16,62%
B–A	−$ 24	$ 6	$ 6	$ 6	$ 6	$ 16	16,62%

O fluxo B–A pode ser visto como um projeto de investimento, pois se aplica um capital no ano 0 (−$ 24) seguido de fluxos positivos posteriores. O fluxo A–B, por sua vez, pode ser visto como projeto de financiamento, pois se levanta um empréstimo no ano 0 (+$ 24), seguido de fluxos negativos posteriores.

Caso a TIR_{B-A} seja maior que o custo do capital, a alternativa que representa o *minuendo* será a melhor:

$$(TIR_{B-A} = 16,62\%) > 10\% \Rightarrow \text{selecionar a alternativa B}$$

Caso a TIR_{A-B} seja maior que o custo do capital, a alternativa que representa o *subtraendo* será a melhor:

$$(TIR_{A-B} = 16,62\%) > 10\% \Rightarrow \text{selecionar a alternativa B}$$

Assim, analisando as TIRs incrementais nas duas maneiras possíveis, concluímos que a melhor alternativa é a B. Chegaríamos à mesma conclusão usando o custo anual equivalente como critério de seleção: $CAE_B = \$ 8,28/ano < CAE_A = \$ 9,58/ano$.

2.8 Ranking e seleção de alternativas de investimento: racionamento de capital

A hierarquização de um conjunto de alternativas de investimento pode ser tratada em duas situações. A primeira refere-se ao caso em que não há restrição de capital no financiamento da carteira de projetos, e a segunda ao caso em que existe restrição na disponibilidade de capitais. No caso da não-existência de restrição de capital, os projetos podem ser hierarquizados pelo VPL; por outro lado, havendo restrição de capital ou financiamento limitado, não é possível usar somente esse método, fazendo-se necessária alguma medida que incorpore o volume de investimento realizado. Nessa situação, os projetos devem ser ordenados de acordo com o *índice de rentabilidade*, pois o que interessa é maximizar a rentabilidade por unidade monetária investida, dadas as restrições de capital existentes. Uma forma de calcular esse índice é dividindo o VPL pelo investimento inicial. Outra forma é dividindo o valor presente dos fluxos de caixa líquidos (excluído o investimento inicial) pelo investimento inicial. Em qualquer caso, a regra de decisão será pré-selecionar todos os projetos com VPL positivo e, a seguir, escolher os de maior índice de rentabilidade. Essa regra é válida somente para projetos independentes, pois a existência de relações entre eles imporá restrições adicionais às de capital, que precisam ser analisadas em um contexto de carteiras e de programação matemática.

Exemplo 2.21

O quadro a seguir mostra três alternativas, A, B e C:

Alternativa	Ano 0	Ano 1	Ano 2
A	$-\$ 10$	$\$ 30$	$\$ 5$
B	$-\$ 5$	$\$ 5$	$\$ 20$
C	$\$ 1$	$\$ 3$	$\$ 15$

Selecionar a melhor alternativa, considerando um custo do capital de 10% e um capital total de $\$ 10$ disponível para investimento. Efetuar a análise sob duas hipóteses: a) havendo restrição de capital; b) não havendo restrição de capital.

a) Com restrição de capital:

O quadro a seguir mostra o VPL e o índice de rentabilidade das alternativas. O índice é calculado dividindo-se o VPL pelo investimento inicial efetuado no ano 0:

Alternativa	Ano 0	Ano 1	Ano 2	VPL (10%)	Índice de rentabilidade
A	−$ 10	$ 30	$ 5	$ 21,40	214%
B	−$ 5	$ 5	$ 20	$ 16,07	321%
C	−$ 5	$ 5	$ 15	$ 11,94	239%

Quando há restrição de capital, ou seja, quando o capital a ser gasto está limitado aos recursos disponíveis ($ 10), as alternativas devem ser ordenadas pelo índice de rentabilidade. Nesse caso, selecionamos as alternativas B e C, nessa ordem. Juntas, elas requerem um investimento total de $ 10, que se enquadra na restrição de capital ($ 10).

b) Sem restrição de capital:

Caso as alternativas sejam mutuamente exclusivas e não exista restrição de capital, o índice de rentabilidade não deve ser usado na seleção. Nesse caso, é possível selecionar a combinação (carteira) de alternativas que tenha o maior VPL. O quadro a seguir mostra três combinações possíveis, seu VPL e seu índice de rentabilidade.

Alternativa	Ano 0	Ano 1	Ano 2	VPL (10%)	Índice de rentabilidade
A + B	−$ 15	$ 35	$ 25	$ 37,47	2,50
A + C	−$ 15	$ 35	$ 20	$ 33,34	2,22
B + C	−$ 10	$ 10	$ 35	$ 28,01	2,80

A combinação selecionada seria A + B, que tem o maior VPL e requer um investimento inicial total de $ 15. Repare que nessa situação o uso do índice de rentabilidade não teria sido apropriado, pois indicaria a combinação B + C, que não maximiza o VPL.

Exemplo 2.22

Uma empresa tem um custo do capital de 8% e considera as seguintes alternativas de investimento como candidatas a integrar sua carteira de projetos:

Alternativa	Fluxo de caixa				
	Ano 0	Ano 1	Ano 2	Ano 3	Ano 4
A	−$ 5.000	$ 580	$ 1.600	$ 2.000	$ 3.000
B	−$ 10.000	$ 3.000	$ 4.000	$ 6.000	—
C	−$ 10.000	$ 4.000	$ 4.000	$ 4.000	$ 4.000
D	−$ 12.000	$ 5.000	$ 5.000	$ 5.000	—
E	$ 8.000	$ 6.000	$ 6.000	—	—
F	−$ 5.000	$ 1.000	$ 4.500	—	—
G	−$ 6.000	$ 2.000	$ 2.000	$ 3.000	$ 3.000

Pergunta-se: a) quais projetos serão selecionados se não houver restrição de capital?; b) quais projetos serão selecionados se o capital disponível for de somente $ 24.000?

No quadro a seguir os projetos são ordenados pelo VPL e por seu índice de rentabilidade.

Projeto	VPL	Investimento	Projeto	Índice de rentabilidade	Investimento acumulado
C	$ 3.249	$ 10.000	G	35,88%	$ 6.000
E	$ 2.700	$ 8.000	E	33,75%	$ 14.000
G	$ 2.153	$ 6.000	C	32,49%	$ 24.000
B	$ 970	$ 10.000	A	14,04%	
D	$ 885	$ 12.000	B	9,70%	
A	$ 702	$ 5.000	D	7,38%	
F	−$ 216	$ 5.000	F	−4,32%	

a) Sem restrição de capital, somente o projeto F deve ser rejeitado por ter um VPL < 0. Todos os outros seriam passíveis de aceitação.

b) Existindo restrição de capital, os projetos devem ser selecionados de acordo com o índice de rentabilidade. Assim, todos os projetos com índice de rentabilidade superior ao custo do capital (8%) podem ser aceitos. Contudo, dado que o capital está limitado a $ 24.000, somente serão aceitos os projetos G, E e C. O índice de rentabilidade foi calculado dividindo-se o VPL pelo investimento inicial e multiplicando-se o resultado por 100.

2.9 Leasing

O *leasing* é uma figura jurídica que consiste na locação de um bem em uma operação contratual de arrendamento. Nessa operação, o possuidor do bem (*arrendador*) concede a outro (*arrendatário*) o uso desse bem durante um período preestabelecido, recebendo em troca uma remuneração periódica (*contraprestação*), constituída pela amortização do financiamento, encargos, remuneração da arrendadora e impostos. Ao fim do contrato, o arrendatário pode optar por devolver o bem, renovar o contrato de arrendamento, ou, ainda, exercer a opção de compra, pagando um valor previamente estipulado (*valor residual garantido*). O leasing habitualmente se divide em dois tipos básicos: o leasing operacional (*operating lease*) e o leasing financeiro (*capital lease*). Existem ainda algumas modalidades especiais de leasing financeiro, tais como *sale-and-leaseback*, leasing imobiliário, leasing internacional, entre outros.

2.9.1 Leasing operacional

O *leasing operacional* consiste no contrato pelo qual uma das partes (arrendadora) se obriga a proporcionar à outra (arrendatária) o uso temporário de determinado bem e a mantê-lo em perfeito estado de funcionamento, por um período inferior ao de sua vida economicamente útil. Esse processo ocorre mediante o pagamento de contraprestações, cuja soma, em geral, é inferior ao total necessário para uma completa amortização do preço do bem. Normalmente, essa operação de leasing envolve a locação de objetos móveis, sobretudo equipamentos com rápida obsolescência tecnológica, como equipamentos de telefonia, computadores, aviões, dentre outros. É, em geral, utilizada por pessoas jurídicas especializadas em determinados tipos de equipamentos, podendo coincidir de a arrendadora ser o próprio fabricante do bem.

Segundo a legislação brasileira, são duas as exigências para que um leasing seja considerado operacional:

1. A opção de compra não pode ser determinada no contrato; deve ser determinada no fim do leasing e ser equivalente ao valor de mercado do bem.
2. O valor da soma das prestações pagas deve ser inferior a 75% do valor da opção de compra.

O exemplo seguinte ilustra o procedimento para calcular a prestação mínima (de equilíbrio financeiro) a ser cobrada da arrendatária em uma operação de leasing operacional.

Exemplo 2.23

A empresa do setor de telecomunicações Telecom S.A. (arrendatária) pretende arrendar operacionalmente do fabricante (arrendador) um equipamento de telefonia digital. Calcular o valor mínimo da prestação anual a ser cobrada da arrendatária.

Dados: valor do equipamento = $ 20.000, vida útil do equipamento = 4 anos, prazo da operação = 4 anos, alíquota de IR do arrendador = 30%, custo do capital do arrendador = 7% a.a., gastos gerais = $ 2.000/ano.

O quadro a seguir mostra os fluxos de caixa relevantes à análise da operação do ponto de vista do arrendador:

Item	Ano 0	Ano 1	Ano 2	Ano 3	Ano 4
Custo inicial	−$ 20.000				
Gastos gerais		−$ 2.000	−$ 2.000	−$ 2.000	−$ 2.000
Efeitos fiscais					
dos gastos gerais (a)		$ 600	$ 600	$ 600	$ 600
da depreciação do equipamento (b)		$ 1.500	$ 1.500	$ 1.500	$ 1.500
Fluxo de caixa incremental líquido	−$ 20.000	$ 100	$ 100	$ 100	$ 100

(a) A operação de leasing operacional proporciona vantagens fiscais ao arrendador, uma vez que este pode deduzir como despesa os gastos gerais com manutenção, administração, seguros etc., incorridos no arrendamento do bem. O benefício fiscal será igual ao valor da despesa vezes a alíquota de IR ($ 2.000 × 0,30 = $ 600). (b) Como proprietário do equipamento, o arrendador ganha o benefício fiscal da depreciação, que será igual à alíquota de IR vezes o valor da quota de depreciação anual (0,30 × $ 20.000 / 4 = $ 1.500).

- Cálculo do VPL:

Para calcular o VPL do investimento realizado pelo arrendador, usamos como fator de desconto seu custo de oportunidade do capital, no caso 7%:

$$VPL(7\%) = \$ 20.000 - \frac{\$ 100}{1,07} - \frac{\$ 100}{(1,07)^2} - \frac{\$ 100}{(1,07)^3} - \frac{\$ 100}{(1,07)^4}$$
$$= \$ 20.000 - \$ 100 \times a_{\overline{4}|7\%}$$
$$= \$ 20.000 - \$ 100 \times 3,38721 = \$ 19.661,28$$

- Cálculo da prestação mínima:

A prestação mínima a ser cobrada da arrendatária (Telecom S.A.) será igual a uma anuidade equivalente (AE) calculada sobre o VPL do arrendador:

$$AE = \frac{VPL}{a_{\overline{4}\rceil 7\%}} = \frac{\$\ 19.661,28}{\left[\dfrac{(1,07)^4 - 1}{(1,07)^4 \times 0,07}\right]} = \frac{\$\ 19.661,28}{3,38721} = \$\ 5.804,56$$

O valor da anuidade equivalente ou prestação permite ao arrendador auferir uma rentabilidade compatível com seu custo de oportunidade do capital. Como essa prestação representa uma receita operacional na contabilidade do arrendador, sobre a qual ele deverá pagar impostos, a prestação mínima líquida a ser cobrada da arrendatária é:

$$\text{Prestação mínima} = \frac{AE}{(1 - T)} = \frac{\$\ 5.804,56}{(1 - 0,30)} = \$\ 8.292,23$$

onde T é a alíquota de imposto do arrendador. Logo, podemos concluir que, considerando-se unicamente os aspectos financeiros da operação, a prestação de equilíbrio financeiro é de $ 8.292,23.

2.9.2 Leasing financeiro

Operacionalmente, o *leasing financeiro* assemelha-se mais a um financiamento, diferindo, assim, do leasing operacional. Em um contrato de leasing financeiro, a empresa pode, ao término do contrato, exercer a opção de compra do bem, revendê-lo e recuperar parte do dinheiro investido, ou então renovar o contrato, trocando o bem arrendado por outro tecnologicamente mais atual e financiando o valor adicional desse bem. Do ponto de vista fiscal, a totalidade do valor das prestações pagas durante o prazo da operação pode ser deduzida no cálculo do lucro tributável, para efeito do cálculo do imposto de renda. Não é o que ocorre nos empréstimos convencionais, em que apenas os juros são deduzidos fiscalmente.

Os principais elementos do contrato de leasing financeiro são:

1. *Contraprestação*: a contraprestação é o valor devido periodicamente pela arrendatária durante o prazo da operação.
2. *Opção de compra*: a existência da opção de compra é uma das características que diferenciam o leasing financeiro de um contrato de aluguel comum. Ela é estipulada de comum acordo entre as partes, servindo de base para a aquisição ou renovação da operação ao fim do prazo de arrendamento.
3. *Valor residual garantido*: o valor residual garantido (VRG) constitui-se em uma proporção do valor da operação que será devida à arrendadora caso seja exercida a opção de compra do bem. Esse valor pode ser pago no início, no fim ou durante o contrato (VRG antecipado, VRG postecipado ou VRG diluído, respectivamente).

Determinação da taxa de arrendamento

A estrutura de uma operação de leasing financeiro com prestações postecipadas e desembolso do VRG (valor residual garantido) ao fim do prazo é apresentada a seguir:

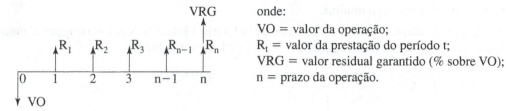

onde:
VO = valor da operação;
R_t = valor da prestação do período t;
VRG = valor residual garantido (% sobre VO);
n = prazo da operação.

Sendo i_A a taxa de juros efetiva aplicada no arrendamento, temos:

$$VO = \frac{R_1}{1+i_A} + \frac{R_2}{(1+i_A)^2} + \ldots + \frac{R_{n-1}}{(1+i_A)^{n-1}} + \frac{R_n}{(1+i_A)^n} + \frac{VRG}{(1+i_A)^n}$$

Considerando prestações constantes ($R_1 = R_2 = \ldots = R_n = R$), o valor da operação será:

$$VO = R \times a_{\overline{n}|i_A\%} + \frac{VRG}{(1+i_A)^n}$$

onde: $a_{\overline{n}|i_A\%} = \left[\frac{(1+i_A)^n - 1}{(1+i_A)^n \times i_A}\right]$

i_A representa a taxa de juros cobrada no arrendamento, e VO = (VO − VRG) + VRG. Ou seja, VO é a soma de duas parcelas: (VO − VRG), que representa o montante a ser amortizado durante o prazo da operação, e VRG, que será amortizado somente no final. Logo, podemos igualar as duas últimas equações a fim de obter uma equação para o cálculo da prestação (chamada *contraprestação do leasing*):

$$R \times a_{\overline{n}|i_A\%} + \frac{VRG}{(1+i_A)^n} = (VO - VRG) + VRG$$

$$\Rightarrow R = \frac{(VO - VRG)}{a_{\overline{n}|i_A\%}} + i_A \times VRG$$

Por praticidade, podemos colocar R como proporção de VO e multiplicar por 100, o que daria uma taxa de arrendamento (TA) em porcentagem:

$$TA = \frac{(100\% - VRG\%)}{a_{\overline{n}|i_A\%}} + i_A \times VRG\% \qquad R = VO \times TA / 100$$

Caso o valor residual seja embutido nas prestações ao longo do prazo:

$$TA = \frac{100\%}{a_{\overline{n}|i_A\%}}$$

Caso o valor residual seja cobrado no início da operação:

$$TA = \frac{100\% - VRG\%}{a_{\overline{n}|i_A\%}}$$

Exemplo 2.24

Calcular a taxa de arrendamento e o valor das prestações para uma operação de leasing financeiro no valor de $ 100.000, com prazo de 36 meses e taxa de juros de 8% a.m., aplicada pela sociedade arrendadora, considerando as seguintes hipóteses sobre o valor residual: a) valor residual de 20% cobrado ao término da operação; b) valor residual cobrado ao longo do prazo da operação (diluído nas parcelas); c) valor residual cobrado no início da operação.

Dados: VO = $ 100.000, VRG = 20%, n = 36 meses, i_A = 8% a.m., TA = ?, R = ?

a) Valor residual garantido (VRG) cobrado ao término da operação:

- Taxa de arrendamento:

$$TA = \frac{(100\% - VRG\%)}{a_{\overline{n}| \, i_A\%}} + i_A \times VRG\%$$

$$= \frac{(100\% - 20\%)}{\left[\dfrac{(1,08)^{36} - 1}{(1,08)^{36} \times 0,08} \right]} + 0,08 \times 20\% = 8,4276\%$$

- Prestação mensal: R = VO × TA = $ 100.000 × 8,4276 / 100 = $ 8.427,57

b) Valor residual garantido (VRG) diluído nas parcelas:

- Taxa de arrendamento:

$$TA = \frac{100\%}{a_{\overline{n}| \, i_A\%}} = \frac{100\%}{a_{\overline{36}| \, 8\%}} = \frac{100\%}{\left[\dfrac{(1,08)^{36} - 1}{(1,08)^{36} \times 0,08} \right]} = \frac{100\%}{11,71719} = 8,5345 \text{ a.m.}$$

- Prestação mensal: R = VO × TA = $ 100.000 × 8,5345 / 100 = $ 8.534,47

c) Valor residual garantido (VRG) cobrado no início da operação:

- Taxa de arrendamento:

$$TA = \frac{(100\% - VRG\%)}{a_{\overline{n}| \, i_A\%}} = \frac{(100\% - 20\%)}{a_{\overline{36}| \, 8\%}} = \frac{80\%}{\left[\dfrac{(1,08)^{36} - 1}{(1,08)^{36} \times 0,08} \right]} = \frac{80\%}{11,71719} = 6,8276\%$$

- Prestação mensal: R = VO × TA = $ 100.000 × 6,8276 / 100 = $ 6.827,58

- Cálculo da taxa de arrendamento na calculadora HP 12c para os três casos:

a)	b)	c)
(f)(FIN)	(f)(FIN)	(f)(FIN)
100 (CHS)(PV)	100 (CHS)(PV)	80 (CHS)(PV)
8(i)	0(i)	8(i)
36(n)	36(n)	36(n)
20(FV)	(PMT) → 8,5345%	(PMT) → 6,8276%
(PMT) → 8,4276%		

Exemplo 2.25

Uma pessoa pretende comprar um veículo de $ 15.000 que pode ser adquirido por meio de leasing ou pelo crédito direto ao consumidor (CDC). Em ambos os casos, paga-se uma entrada de 10% mais 24 prestações mensais. Para o caso do leasing, a taxa de juros aplicada pela instituição financeira é de 4% a.m., e o imposto sobre serviços (ISS) é de 0,5%. Para o caso do CDC, a taxa de juros é de 3% a.m., e paga-se imposto sobre operações financeiras (IOF) de 0,8%. Calcular a taxa de arrendamento paga pelo leasing e o valor das prestações em cada tipo de financiamento.

Dados: VO = $ 15.000, VRG = 10% (entrada), n – 24 meses, i_A = 3% a.m., ISS = 0,5%, IOF = 0,8%, TA = ?, R = ?

- Taxa de arrendamento:

$$TA\,(\text{sem imposto}) = \frac{100\% - VRG\%}{a_{\overline{n}|\,i_A\%}} = \frac{100\% - 10\%}{a_{\overline{24}|\,4\%}} = \frac{90\%}{\left[\dfrac{(1,04)^{24} - 1}{(1,04)^{24} \times 0,04}\right]} = \frac{90\%}{15,24696}$$

$$= 5,9028\% \text{ a.m.}$$

$$TA\,(\text{com imposto}) = \frac{5,9028\%}{1 - 0,5\,/\,100} = 5,9325\% \text{ a.m.}$$

- Prestação:

No leasing: R = VO × TA = $ 15.000 × 5,9325 / 100 = $ 889,87

No CDC; R = (Financiamento efetivo) / $a_{\overline{24}|\,3\%}$ + IOF
= [($ 15.000 – $ 1.500) / 16,93554] × 1,008 = $ 803,52

Do ponto de vista meramente financeiro, a princípio o CDC seria a melhor opção, pois representa a menor prestação mensal.

Exemplo 2.26

A taxa de arrendamento para uma operação de 36 meses com VRG de 1% no fim da operação e ISS de 0,5% é de 3,4056%. Determinar a taxa de juros da operação.

Dados: VRG = 1%, n = 36 meses, ISS = 0,5%, TA (com imposto) = 3,4056%, i_A = ?

- Taxa de arrendamento sem imposto:

$$TA = 3,4056\% \times \left(1 - \frac{0,5}{100}\right) = 3,3886\% \text{ a.m.}$$

- Taxa de juros cobrada na operação:

$$TA = \frac{100\% - VRG}{a_{\overline{n}|\,i_A\%}} + i_A \times VRG\%$$

$$3,3886 = \frac{100\% - 1\%}{\left[\dfrac{(1 + i_A)^{36} - 1}{(1 + i_A)^{36} \times i_A}\right]} + i_A \times 1\%$$

$\Rightarrow$ Por aproximações sucessivas: $i_A = 1,1553\%$ a.m.

Avaliação do leasing financeiro: o caso da pessoa jurídica

O leasing financeiro é uma alternativa mutuamente exclusiva em relação à compra do equipamento, pois a aceitação de uma exclui a possibilidade de aceitar a outra. Contudo, se a aquisição do bem for realizada com recursos próprios, mesmo que parcialmente, a alternativa *compra* exporia a empresa a um risco financeiro menor em relação à alternativa *leasing financeiro*. Assim, a fim de igualarmos os riscos financeiros das duas alternativas, devemos considerar na alternativa *compra* o financiamento total do bem e, assim, poder compará-la com o leasing. Nas operações envolvendo pessoas jurídicas é possível o aproveitamento fiscal das prestações pagas pelo arrendamento. Conseqüentemente, esse fator deve ser levado em conta na avaliação do ponto de vista da pessoa jurídica.

Como o leasing financeiro é uma alternativa mutuamente exclusiva em relação à compra do ativo, a comparação correta das alternativas deve basear-se no fluxo incremental. O quadro a seguir mostra a montagem do fluxo incremental para um prazo de apenas dois períodos.

	Ano 0	Ano 1	Ano 2
Leasing financeiro			
Contraprestações pagas pelo leasing		$-R_1$	$-R_2$
Efeito fiscal das contraprestações		$T \times R_1$	$T \times R_1$
Fluxo líquido do leasing (L)		$-R_1 \times (1 - T)$	$-R_2 \times (1 - T)$
Compra			
Compra do equipamento	$-VO$		
Efeito fiscal da depreciação do equipamento		$T \times D_1$	$T \times D_2$
Fluxo líquido da compra (C)	$-VO$	$T \times D_1$	$T \times D_2$
Fluxo de caixa incremental (L–C)	VO	$-R_1 \times (1 - T) - T \times D_1$	$-R_2 \times (1 - T) - T \times D_2$

Na alternativa *leasing* pagam-se as contraprestações e ganha-se o benefício fiscal referente a elas. Na alternativa *compra*, ocorre um desembolso inicial (VO) no período 0, que representa o valor da operação (no caso igual ao custo do ativo), e, a partir do primeiro período, ganha-se o benefício fiscal da depreciação, pois nessa alternativa a propriedade do bem seria da arrendatária. O fluxo incremental (L−C) resultante da comparação das duas alternativas é lançado na última linha do quadro anterior.

O valor presente do fluxo de caixa incremental (L−C) pode ser expresso por meio do seguinte somatório:

$$V_{L-C} = VO - \sum_{t=1}^{n} \frac{R_t(1 - T) + T \times D_t}{(1 + i^*)^t} \quad \text{Se } V_{L-C} > 0 \Rightarrow \text{selecionar o leasing}$$

onde o significado dos parâmetros necessários na avaliação são os seguintes:

V_{L-C} = valor da vantagem ou desvantagem financeira do leasing em relação à compra;

VO = valor da operação (valor do ativo arrendado);

R_t = valor da prestação (contraprestação) paga pelo leasing no período t;

D_t = quota de depreciação do ativo arrendado no período t;

L = prazo do leasing financeiro;

T = alíquota marginal de IR da arrendatária;

N = prazo de depreciação do ativo;

i = taxa de juros antes de IR, para a empresa arrendatária;

i^* = $i(1 - T)$ = taxa de juros após IR, para a empresa arrendatária;

i_A = taxa de juros cobrada no arrendamento;

t = t-ésimo período.

A fórmula do valor presente do fluxo de caixa incremental (L–C) supõe que o benefício fiscal dos fluxos é instantâneo, ou seja, é ganho no próprio período em que o fluxo ocorre. Além disso, supõe que o VRG (valor residual garantido) esteja embutido nas prestações ao longo do prazo do contrato. E se o VRG for pago no fim da operação ou no início também poderá ser incluído na fórmula. A fórmula é de aplicação simples e permite avaliar facilmente o *leasing financeiro* do ponto de vista da arrendatária pessoa jurídica. Basta observar se V_{L-C} é positivo para selecionar o leasing como a melhor alternativa.

A seguir, avaliaremos uma operação de leasing financeiro com as seguintes características: VO (valor da operação) = \$ 800.000; L (prazo do leasing) = 4 períodos; N (prazo de depreciação do ativo) = 4 períodos; T (alíquota de IR da arrendatária) = 30%; i (taxa de juros antes de IR para a empresa arrendatária) = 10% por período; i_A (taxa de juros cobrada no arrendamento) = 10% por período; e VGR embutido nas prestações.

* Cálculo da taxa de arrendamento e das prestações:

$$TA = \frac{100}{a_{\overline{L}|\, i_{A\%}}} = \frac{100}{a_{\overline{4}|\, 10\%}} = \frac{100}{\left[\dfrac{(1,10)^4 - 1}{(1,10)^4 \times 0,10}\right]} = \frac{100}{3,16987} = 31,5471\% \text{ a.a.}$$

$$\text{Contraprestação}(R) = \$\, 800.000 \times 0,315471 = \$\, 252.376,64$$

* Cálculo da quota de depreciação por período:

$$D_t = \frac{VO}{N} = \frac{\$\, 800.000}{4} = \$\, 200.000 \text{ por período}$$

* Cálculo do numerador do somatório da fórmula:

$$R_t\,(1 - T) + T \times D_t = \$\, 252.376,64 \times (1 - 0,30) + 0,30 \times \$\, 200.000 = \$\, 236.663,64$$

* Cálculo da taxa de juros (após IR) da empresa: $i^* = i \times (1 - T) = 10\% \times (1 - 0,30) = 7\%$

* Cálculo do valor presente da vantagem financeira do leasing em relação à compra:

Capítulo 2 – Orçamentação de capital: métodos e critérios de avaliação...   59

$$V_{L-C} = VO - \sum_{t=1}^{L} \frac{R_t(1-T) + T \times D_t}{(1+i^*)^t}$$

$$= \$\,800.000 - \left[\frac{\$\,236.663,64}{1,07} + \frac{\$\,236.663,64}{(1,07)^2} + \frac{\$\,236.663,64}{(1,07)^3} + \frac{\$\,236.663,64}{(1,07)^4}\right]$$

$$\underbrace{\qquad\qquad\qquad\qquad\qquad\qquad\qquad}_{\$\,236.663,64 \ \times \ a_{\overline{4}|\,7\%}}$$

$$= \$\,800.000 - \$\,236.663,64 \times 1,808018 = -\$\,1.630 < 0$$

Como V_{L-C} é negativo, deve-se selecionar a alternativa *compra financiada*.

Uma maneira alternativa de analisar as opções seria calcular o VPL do fluxo incremental, tal como foi visto na Seção 2.7, para alternativas mutuamente exclusivas. A alternativa *compra* (100% financiada) considera que o montante do financiamento será igual ao valor da operação, o mesmo que será reembolsado em 4 prestações pela Tabela Price. Admitamos que, se a empresa tomar um financiamento convencional para comprar o bem, provavelmente pagará juros de mercado (i) de 10% a.a. O esquema de reembolso é mostrado no quadro a seguir.

Quadro de amortização do financiamento — Tabela Price ($ mil)

Ano	Saldo devedor	Amortização	Juros	Prestação
0	800,00	—	—	—
1	627,62	172,38	80,00	252,38
2	438,01	189,61	62,76	252,38
3	229,43	208,58	43,80	252,38
4	—	229,43	22,94	252,38

Do ponto de vista da arrendatária pessoa jurídica, o quadro seguinte apresenta os fluxos relevantes à análise comparativa entre as alternativas mutuamente exclusivas *leasing financeiro* e *compra financiada*:

Fluxo de caixa incremental (em $ 1.000)

	Ano 0	Ano 1	Ano 2	Ano 3	Ano 4
Leasing financeiro					
Contraprestações pagas pelo leasing		−252,38	−252,38	−252,38	−252,38
Efeitos fiscais					
das contraprestações pagas pelo leasing (a)		75,71	75,71	75,71	75,71
Fluxo líquido do leasing (L)		−176,66	−176,66	−176,66	−176,66
Compra financiada					
Financiamento tomado (b)	800,00				
Compra do equipamento (c)	−800,00				
Prestações pagas sobre o financiamento		−252,38	−252,38	−252,38	−252,38

(continua)

(continuação)

	Ano 0	Ano 1	Ano 2	Ano 3	Ano 4
Efeitos fiscais					
da depreciação do equipamento (d)		60,00	60,00	60,00	60,00
dos juros nas prestações do financiamento (e)		24,00	18,83	13,14	6,88
Fluxo líquido da compra (C)		**−168,38**	**−173,55**	**−179,24**	**−185,50**
Fluxo de caixa incremental (L–C)	**0,00**	**−8,29**	**−3,12**	**2,57**	**8,83**

(a) A operação de leasing proporciona vantagens fiscais à arrendatária, uma vez que esta pode deduzir como despesa, para efeitos fiscais, a totalidade das prestações, inclusive amortização do principal e juros. Esse benefício fiscal é igual à prestação vezes a alíquota de IR: $ 252.376,64 × 0,30 = $ 75.713. **(b)** e **(c)** têm o mesmo valor, pois o leasing está sendo comparado com a alternativa *compra 100% financiada*; assim, o valor do financiamento tomado deverá ser considerado igual ao valor da operação. **(d)** A depreciação não é um desembolso de caixa, mas, por ser considerada despesa operacional, tem um efeito fiscal. Se o equipamento fosse comprado, a propriedade seria da arrendatária, e caberia a ela depreciar o ativo e ganhar o benefício fiscal embutido na depreciação. Esse benefício fiscal é igual à quota de depreciação vezes a alíquota de IR: $0,30 × $ 800.000 / 4 = $ 60.000. **(e)** No caso da alternativa *compra financiada*, unicamente os juros embutidos nas prestações do financiamento são dedutíveis para efeitos fiscais; esse benefício fiscal é igual aos juros de cada período vezes a alíquota de IR.

Avaliação econômica do contrato

A escolha do fator de desconto dos fluxos de caixa incrementais é muito importante para conseguirmos uma avaliação consistente. Considerando que os fluxos de caixa sejam líquidos do imposto de renda, e que o leasing financeiro seja de fato uma forma de financiamento, tal como é também a alternativa comparável (compra 100% financiada), a taxa de desconto apropriada é a taxa marginal de juros (após imposto de renda) da empresa arrendatária, isto é, $i^* = i(1 - T)$, onde i é a taxa marginal de juros de mercado e T é a alíquota de imposto de renda e contribuição social.

Como se trata de alternativas mutuamente exclusivas, a decisão será tomada por meio do VPL do fluxo de caixa incremental (fluxo L–C do quadro anterior), usando-se como fator de desconto a taxa i^*:

$$\text{VPL}_{L-C}(7\%) = \$\,0 - \frac{\$\,8.290}{(1,07)} - \frac{\$\,3.120}{(1,07)^2} + \frac{\$\,2.570}{(1,07)^3} + \frac{\$\,8.830}{(1,07)^4} = -\$\,1.630 < 0$$

⇒ A alternativa compra financiada domina financeiramente o leasing

Como o VPL do fluxo incremental (VPL_{L-C}) é negativo, podemos concluir que se deve selecionar a alternativa *compra*, pois um VPL_{L-C} negativo indica que essa alternativa representa a maior vantagem financeira em termos de valor presente. Uma vez que, optando-se por qualquer uma das alternativas (leasing ou compra financiada), a totalidade do valor da operação (valor do bem) seria financiada, o risco financeiro anula-se quando a comparação é feita com base no fluxo de caixa incremental (fluxo L–C no quadro anterior). Assim, a análise considerou que as duas alternativas expõem a empresa ao mesmo risco financeiro. Foi assumido, também, que os efeitos fiscais das contraprestações do leasing, dos juros do financiamento e da depreciação seriam auferidos instantaneamente, ou seja, no instante em que as despesas ocorressem. Se esse não foi o caso, a defasagem do efeito fiscal deve ser levada em conta na montagem do quadro do fluxo incremental. No exemplo, por simplicidade, o prazo do leasing era igual à vida útil do bem. Se esse não for o caso, a comparação das alternativas deve ser efetuada pelo prazo do contrato de leasing.

2.10 Justificativa e racionalidade econômica do uso do VPL como critério decisório

Nas seções anteriores deste capítulo, foram amplamente discutidos e analisados os diversos métodos e critérios usados na tomada de decisões de investimento de capital. Nesta seção, apresentaremos a justificativa racional do uso do método de valor presente líquido (VPL) no processo de seleção e análise econômica. A análise a seguir supõe que: a) o mercado de capitais é eficiente, b) há uma taxa de desconto (K) que equilibra o mercado financeiro, c) não há diferença entre taxa de aplicação e taxa de captação, d) os agentes econômicos maximizam a utilidade de consumo presente, em relação ao consumo futuro, e) não existe inflação, f) os ativos financeiros são livres de risco, g) o custo de oportunidade do capital é a taxa de juros dada por oferta e demanda de fundos, h) há oportunidades de investimento em ativos reais (projetos), i) consideram-se unicamente dois períodos, hoje (período 0) e futuro (período 1).

Um mercado de capitais eficiente é aquele que reúne as seguintes condições:

- O acesso individual e corporativo é livre e não há custos de transação.
- As informações sobre as aplicações financeiras são livres e a custo nulo.
- O mercado é integrado por muitos participantes sem que nenhum deles tenha poder monopólico.
- Os participantes têm expectativas homogêneas quanto a retorno e risco das aplicações.

A existência de um mercado de capitais eficiente por meio do qual empresas e indivíduos podem aplicar e levantar capitais ajuda na tomada de decisões racionais de investimento e de financiamento, pois nesse mercado as taxas de desconto que permitem apreçar os títulos são ditadas pelo próprio mercado. Desse modo, a suposição de mercado eficiente torna a análise econômica uma tarefa técnica que independe de gostos e preferências individuais.

Para justificar a racionalidade do uso do VPL como critério de decisão, comecemos admitindo que uma empresa disponha de um orçamento de \$ 750 (Q_0) e que seu problema seja determinar quanto desse capital será dedicado ao consumo presente (C_0), em gastos operacionais, e quanto será dedicado ao investimento (I) em atividades produtivas (projetos). Por simplicidade, vamos supor que a empresa tenha a possibilidade de investir em três projetos de um único período de duração, nos quais o investimento seja efetuado no início do ano e o fluxo de caixa seja realizado ao término desse ano. O quadro a seguir apresenta os projetos em ordem decrescente de rentabilidade (TIR):

Projeto	Investimento	Fluxo de caixa	TIR
T	\$ 200	\$ 400	100%
U	\$ 150	\$ 270	80%
V	\$ 400	\$ 520	30%

A análise a seguir tem por objetivo determinar a decisão ótima de investimento e de consumo; em outras palavras, quanto deve ser investido em ativos reais (projetos) e em consumo presente.

A figura a seguir mostra a chamada *curva de produtividade*, que representa as diversas combinações possíveis de consumo presente (C_0) e consumo futuro (C_1), dado o capital inicialmente disponível (Q_0) e dadas as oportunidades de investimento nos projetos T, U e V:

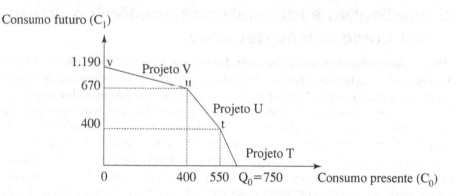

Essa figura mostra que, se o projeto T for executado, a empresa atingirá o ponto t. Como o projeto T requer um investimento de $ 200, ficariam ainda disponíveis $ 550 ($ 750 – $ 200) para serem rateados entre consumo presente e investimento nos outros dois projetos restantes. A figura mostra que esse investimento ($ 200) permitirá um consumo futuro igual ao fluxo de caixa gerado pelo projeto T ($ 400). Se, além de investir no projeto T, a empresa implantar também o projeto U, alcançará o ponto u e terá de sobra $ 400 ($ 750 – $ 200 – $ 150) para serem rateados entre consumo presente e investimento. Investindo-se em T e U (ponto u da figura), o investimento total acumulado será de $ 350 ($ 200 + $ 150). Esse investimento permitirá um consumo futuro de $ 670, igual à soma dos fluxos de caixa dos projetos T e U ($ 400 + $ 270). Por último, se a empresa investir também no projeto V, o investimento acumulado em projetos totalizará $ 750 ($ 200 + $ 150 + $ 400), o ponto v na figura será alcançado, e o capital inicialmente disponível ($ 750) terá se esgotado. No ponto v não haverá consumo presente, pois a totalidade do capital já terá sido investida em projetos. Esse nível de investimento ($ 750) possibilitará um consumo futuro de $ 1.190, dado pela soma dos fluxos de caixa dos três projetos ($ 400 + $ 270 + $ 520).

2.10.1 A decisão ótima de investimento

Em teoria econômica, as preferências do agente quanto a consumo presente (C_0) e consumo futuro (C_1) são representadas pelas chamadas *curvas de indiferença*. O gráfico a seguir representa um mapa das curvas de indiferença possíveis:

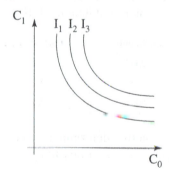

As curvas de indiferença representam as preferências em relação a diversos pacotes de consumo presente e futuro. Não há mudanças de utilidade ao longo de uma mesma curva de indiferença, pois todas as combinações possíveis de consumo presente e futuro ao longo de uma mesma curva têm a mesma utilidade. Curvas de indiferença mais altas correspondem a padrões de consumo presente e futuro mais altos, ou seja, quanto mais alta a curva, maior utilidade ela representa para o agente. A inclinação negativa das curvas de indiferença significa que o aumento do consumo presente (C_0) só é possível diminuindo-se o consumo futuro (C_1), e vice-versa.

Admitindo-se a possibilidade de perfeita divisibilidade para os projetos, a função de produtividade que representa as oportunidades de investimento em ativos reais (projetos) pode ser representada por uma curva contínua (Q_0–v) em que a inclinação (tangente) em um dado ponto representa a *rentabilidade marginal do investimento*. Como os projetos estão ordenados pela TIR, podemos observar que a inclinação da curva de produtividade diminui à medida que avançamos do ponto Q_0 rumo ao ponto v. O investimento ótimo será determinado pelo ponto de tangência entre a curva de produtividade e a curva de indiferença que representa os gostos e preferências da empresa ou indivíduo. A figura a seguir mostra a curva de produtividade (Q_0–v), o mapa de curvas de indiferença (I_1, I_2), a decisão ótima de investimento (I) e o *pacote* de consumo presente e futuro (c^*):

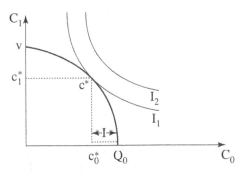

Na situação mostrada, em que o agente (empresa ou indivíduo) se defronta com a possibilidade de investir em investimentos produtivos (projetos ou ativos reais), a decisão ótima de investimento dependerá das preferências, uma vez que é determinada pelo ponto de tangência entre a curva de produtividade e a curva de indiferença (que representa as preferências). Assim, a política ótima de investimento é: consumir c_0^* no presente período e investir $I = Q_0 - c_0^*$ em projetos. O investimento I gerará renda suficiente para, no próximo período, permitir um consumo c_1^*. A forma contínua da curva de produtividade, que representa as oportunidades em projetos ou ativos reais, é possível pela suposição implicitamente admitida de perfeita divisibilidade dos projetos — ou seja, admite-se que os projetos possam ser fracionados. Essa suposição é bastante razoável em um contexto de mercado de capitais em que não é necessário comprar a empresa toda para ser seu proprietário, basta comprar um lote de ações.

2.10.2 Separação das decisões de investimento e de financiamento

Na seção anterior foi analisado o caso de ser possível investir apenas em ativos reais (projetos). Nesta seção, além dessa possibilidade, será incluída na análise a possibilidade de aplicar ou tomar capital no mercado de capitais. Iniciaremos a análise desse caso calculando o valor máximo que o agente poderia consumir hoje (VP), que será igual ao consumo presente (C_0) mais o valor presente do consumo futuro:

$$VP = C_0 + \frac{C_1}{(1 + K)}$$

onde K é o custo de oportunidade do capital que, em um contexto de mercado perfeito e sem incerteza, seria igual ao rendimento das aplicações sem risco. A partir dessa equação, podemos destacar a seguinte equação linear, que relaciona consumo presente e consumo futuro:

$$C_1 = VP(1 + K) - C_0(1 + K)$$

A equação acima é chamada *linha de mercado de capitais* (*LMC*). No contexto de que estamos tratando, essa linha representa as diversas combinações dos fluxos de caixa presente e futuro que resultam no mesmo VP.

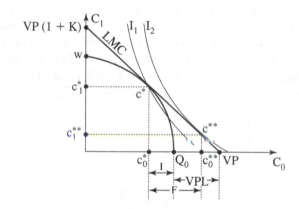

A inclinação da curva de produtividade em determinado ponto representa a rentabilidade marginal do projeto, enquanto a inclinação da LMC dependerá do custo de oportunidade do capital. Na figura anterior podemos notar que, ao longo do trecho c^*–Q_0, a inclinação da curva é maior que a inclinação da LMC, o que significa que nesse trecho a rentabilidade marginal do projeto é maior que o custo de oportunidade do capital. No segmento c^*–w a situação é inversa, pois a rentabilidade do projeto é menor que o custo de oportunidade do capital, portanto não deveria haver investimento em projetos nesse trecho. Assim, a decisão ótima de investimento no projeto será determinada pela tangência entre a LMC e a curva de produtividade (a intersecção se dá no ponto c^*). Nesse ponto, a rentabilidade marginal do projeto se iguala ao custo de oportunidade do capital. A decisão de investimento é única e independe das preferências do indivíduo, pois no ponto c^* não existe tangência entre a curva de produtividade e a curva de indiferença. O valor presente líquido (VPL) do projeto está representado pelo segmento Q_0–VP, sendo maximizado quando a decisão de investimento é tomada.

Tomada a decisão de investimento, o valor máximo que o agente poderia consumir hoje (VP) é igual ao consumo presente mais o consumo futuro trazido a valor atual:

$$VP = c_0^* + \frac{c_1^*}{(1 + K)}$$

Como: $c_0^* = Q_0 - I \Rightarrow VP = Q_0 - I + \underbrace{\frac{c_1^*}{(1 + K)}}_{VPL} - Q_0 + VPL$

Tal como foi definido, c^* é o ponto ótimo de investimento, pois é nesse ponto que o VPL dos projetos se maximiza. A decisão de investir a quantia I no projeto aumenta o valor de VP exatamente no montante do valor presente líquido (VPL) do projeto. Ou seja, projetos com VPL positivo aumentam o valor de mercado da empresa justamente em uma quantia igual ao VPL do projeto.

Observa-se na última figura que, uma vez definida e tomada a decisão de investimento (investir I e consumir c_0^*), a empresa poderá alcançar uma curva de indiferença mais alta (I_2). Para isso, é necessário que, além de investir no projeto, seja possível investir também no mercado de capitais. Por exemplo: se depois de decidir investir I no projeto a empresa tomasse um financiamento igual a F (segmento $c_0^* - c_0^{**}$), conseguiria situar-se no ponto de tangência entre a curva de indiferença I_2 e a LMC (ou seja, no ponto c^{**}). Dessa maneira, a empresa teria conseguido redefinir seus padrões de consumo presente e futuro, que passariam a ser, respectivamente, c_0^{**} e c_1^{**}. Notamos que, por meio desse financiamento, a utilidade aumentará, pois no ponto c^{**} ela é maior que no ponto c^*. O ponto c^{**} representa a decisão de financiamento, que depende basicamente das preferências do indivíduo, pois decorre do ponto de tangência entre uma curva de indiferença (que representa preferências) e a LMC.

A separação das decisões de investimento e de financiamento é de crucial importância em finanças, conforme preconiza o *teorema de separação*: as decisões de investimento e de financiamento são separadas, pois a decisão de investimento não considera preferências individuais, enquanto a decisão de financiamento é tomada considerando essas preferências. Assim, na decisão econômica de investimento, o sucesso ou insucesso de um projeto será determinado unicamente por seu próprio potencial intrínseco de geração de renda econômica, independentemente da forma como será financiado. A existência de um mercado de capitais eficiente permite ao indivíduo tomar decisões de investimento sem considerar explicitamente as decisões de financiamento.

Exemplo 2.27

Uma empresa dispõe de um capital de $ 2.500 e deve decidir quanto investir em projetos e quanto consumir em despesas operacionais. O quadro a seguir apresenta as oportunidades de investimento em projetos, por ordem alfabética, e ordenados pela TIR.

Projeto	Investimento	Lucro	TIR	Projeto	Investimento	TIR
A	$ 200	$ 260	30%	J	$ 200	80%
B	$ 300	$ 450	50%	C	$ 100	75%
C	$ 100	$ 175	75%	E	$ 200	55%
D	$ 500	$ 525	5%	B	$ 300	50%
E	$ 200	$ 310	55%	A	$ 200	30%
F	$ 100	$ 110	10%	G	$ 200	15%
G	$ 200	$ 250	25%	I	$ 100	15%
H	$ 300	$ 300	0%	F	$ 100	10%
I	$ 400	$ 460	15%	D	$ 500	5%
J	$ 200	$ 360	80%	H	$ 300	0%

Gestão de investimentos e geração de valor

Admita-se que os prazos dos projetos sejam de um período só, que o custo de oportunidade do capital seja de 20% e que a empresa possa aplicar ou tomar empréstimos no mercado de capitais a essa taxa.

a) Em quais projetos a empresa investirá?

A empresa somente investirá em projetos que tenham uma TIR maior ou igual ao custo do capital; ou seja, unicamente nos projetos: J, C, E, B, A e G.

b) Qual será o montante total investido em projetos?

Como a empresa investirá somente nos projetos J, C, E, B, A e G, o investimento total será a soma dos investimentos individuais em cada um deles. Essa quantia representa a decisão de investimento: I = \$ 200 + \$ 100 + \$ 200 + \$ 300 +\$ 200 + \$ 200 = \$ 1.200.

c) Quanto gastará em consumo (gastos operacionais) hoje?

Como a empresa investirá \$ 1.200 em projetos, a diferença entre esse valor e o capital inicial poderá ser gasta em consumo hoje:

$$c_0^* = Q_0 - I = \$\,2.500 - \$\,1.200 = \$\,1.300$$

d) De quanto disporá a empresa para consumo futuro?

A empresa disporá para consumo futuro do lucro proporcionado pelos seis projetos considerados:

$$c_0^* = \$\,360 + \$\,175 + \$\,310 + \$\,450 + \$\,260 + \$\,250 = \$\,1.805$$

e) Qual o valor máximo que a empresa poderá gastar em consumo hoje?

Tomada a decisão de investimento, o valor máximo que o indivíduo poderá consumir hoje (VP) é igual ao consumo presente mais o consumo futuro trazido a valor atual. Portanto:

$$VP = c_0^* + \frac{c_1^*}{(1 + K)} = \$\,1.300 + \frac{\$\,1.805}{1,20} = \$\,2.804,17$$

f) Qual o VPL do investimento?

O VPL é igual ao valor presente dos lucros futuros menos o investimento inicial:

$$VPL = -I + \frac{c_1^*}{(1 + K)} = -\$\,1.200 + \frac{\$\,1.805}{1,20} = \$\,304,17$$

$$\text{ou:} \quad VPL = VP - Q_0 = \$\,2.804,17 - \$\,2.500 = \$\,304,17$$

g) Tomada a decisão de investir \$ 1.200 em projetos, como a empresa poderia gastar hoje \$ 1.500 em gastos operacionais (consumo presente)? Como isso afetaria seu consumo futuro?

Após a decisão de investimento, o consumo presente ótimo é de \$ 1.300. Para poder consumir \$ 1.500 a empresa teria de financiar a diferença:

Capítulo 2 – Orçamentação de capital: métodos e critérios de avaliação... 67

$$\text{Financiamento} = \$\,1.500 - c_0^* = \$\,1.500 - \$\,1.300 = \$\,200$$

No período seguinte, ela precisaria reembolsar esse financiamento acrescido dos respectivos juros. Logo, o consumo futuro diminuiria exatamente nessa quantia:

$$\text{Novo consumo futuro} = c_1^* - \$\,200 \times (1{,}20) = \$\,1.805 - \$\,240 = \$\,1.565$$

Exemplo 2.28

Uma empresa dispõe de um capital de \$ 80 para investir em projetos (ativos reais) e consumir em gastos operacionais. Admita-se que o conjunto de oportunidades de investimento em projetos seja representado pela curva de produtividade: $C_1 = 2.000\,(C_0)^{-1}$, e que as preferências da empresa sejam definidas pela função de utilidade: $U(C_0, C_1) = (C_0)^2 + 2C_0C_1$. Admitindo que os projetos tenham um horizonte temporal de um período só e que o custo de oportunidade do capital seja de 1%, determinar as decisões ótimas de investimento e de financiamento.

A decisão ótima de investimento em projetos e o consumo presente e futuro são definidos quando a rentabilidade marginal dos projetos se iguala ao custo do capital; ou seja, no ponto de tangência entre a curva de produtividade e a linha de mercado de capitais (ponto c^*). Assim, igualando os coeficientes angulares da LMC e da curva de produtividade, chega-se à decisão ótima de investimento.

• Coeficiente angular da linha de mercado de capitais:

$$C_1 = VP\,(1 + K) - C_0(1 + K) \Rightarrow (1 + K) = -(1{,}01)$$

• Coeficiente angular da curva de produtividade:

$$C_1 = 2.000\,(C_0)^{-1} \Rightarrow dC_1 / dC_0 = -2.000\,(C_0)^{-2}$$

• Igualando ambos os coeficientes angulares:

$$-2.000\,(C_0)^{-2} = -(1{,}01) \quad \Rightarrow \quad c_0^* = \$\,44{,}50$$

$$\text{e} \quad c_1^* = 2.000\,(c_0^*)^{-1} = 2.000 \times (44{,}50)^{-1} = \$\,44{,}95$$

$$I = Q_0 - c_0^* = \$\,80 - \$\,44{,}50 = \$\,35{,}50$$

Tomada a decisão de investir \$ 35,50 no projeto, o valor máximo que a empresa poderá consumir hoje (VT) será igual ao consumo presente mais o consumo futuro trazido a valor atual:

$$VP = c_0^* + \frac{c_1^*}{(1 + K)} = \$\,44{,}50 + \frac{\$\,44{,}95}{1{,}01} = \$\,89$$

- Valor presente líquido (VPL) do projeto:

$$VPL = -I + \frac{c_1^*}{(1 + K)} = -\$\,35,50 + \frac{\$\,44,95}{1,01} = \$\,9$$

$$\text{ou:} \quad VPL = VP - Q_0 = \$\,89 - \$\,80 = \$\,9$$

Ao longo de uma mesma função de utilidade, não há mudanças no nível de utilidade para diferentes pacotes de consumo presente e futuro. Assim, a diferencial total da função de utilidade pode ser igualada a zero, de modo que obtenhamos a inclinação ou o coeficiente angular da função de utilidade:

$$dU = \frac{dU}{dC_0}\,dC_0 + \frac{dU}{dC_1}\,dC_1 = 0 \;\Rightarrow\; dC_1/dC_0 = -\frac{dU/dC_0}{dU/dC_1}$$

A decisão de financiamento depende das preferências, sendo definida pelo ponto de tangência entre a função de utilidade com a linha de mercado de capitais (ponto c^{**}). Logo, podemos igualar os coeficientes angulares da LMC e da função de utilidade:

$$-\frac{dU/dC_0}{dU/dC_1} = -(1 + K)$$

$$-\frac{2c_0^{**} + 2c_1^{**}}{2c_0^{**}} = -1,01$$

$$\Rightarrow c_1^{**} = 0,01c_0^{**}$$

A decisão de financiamento não altera o valor máximo que a empresa poderá consumir hoje (VP); ou seja, o ponto que define essa decisão também deve estar ao longo da LMC:

$$VP = \$\,89$$

$$c_0^{**} + \frac{c_1^{**}}{(1 + K)} = \$\,89$$

$$c_0^{**} + \frac{0,01\,c_0^{**}}{1,01} = \$\,89 \quad\Rightarrow\quad c_0^{**} = \$\,88,13 \qquad c_1^{**} = 0,01 \times \$\,88,13 = \$\,0,88$$

Para alcançar esse novo nível de consumo, a empresa deverá tomar um financiamento igual à diferença entre o novo nível de consumo presente (c^{**}) e o nível de consumo presente determinado quando a decisão de investimento foi tomada (c^*):

$$\text{Financiamento} = c_0^{**} - c_0^* = \$\,88,13 - \$\,44,50 = \$\,43,63$$

A decisão de financiamento melhora a situação da empresa em termos de utilidade, pois ela alcançará uma função de utilidade mais alta. Entretanto, o financiamento tomado no período presente deverá ser devolvido no período futuro acrescido dos juros respectivos, diminuindo, dessa forma, o nível de consumo no período futuro:

$$c_1^{**} = c_1^* - (\text{Financiamento}) \times 1,01 = \$\,44,95 - \$\,44,07 = \$\,0,88$$

Graficamente:

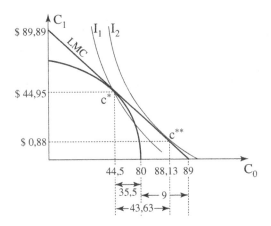

2.11 Limitações do VPL na análise de projetos com flexibilidades estratégicas e gerenciais

Por sua falta de flexibilidade para adaptar e revisar decisões futuras em resposta aos cenários futuros, o VPL é criticado porque assume implicitamente um 'cenário esperado' de fluxos de caixa, presumindo um comportamento passivo do gestor e uma estratégia operacional estática (por exemplo, iniciar um projeto de imediato e operá-lo continuamente em uma escala base, até o final de sua vida útil esperada). Esse pressuposto não se confirma na realidade, em que existem mudanças, incerteza e interações competitivas. Conforme novas informações chegam e a incerteza sobre o mercado vai se desfazendo, a gerência tem chances valiosas de alterar a estratégia de operação inicial, podendo capitalizar oportunidades ou reagir para evitar perdas. É possível, por exemplo, tomar decisões de diferir, expandir, contrair ou abandonar o projeto, entre outras.

Alguns autores sugerem uma adaptação do critério do VPL tradicional (chamado também de *estático* ou *passivo*), adicionando-lhe o valor das flexibilidades gerenciais. O VPL com essas adições é chamado de *VPL expandido* ou *estratégico*. Na mesma direção, outros autores ressaltam a importância da irreversibilidade e da possibilidade de adiamento na maioria dos investimentos do mundo real. Uma literatura cada vez mais extensa tem mostrado que a habilidade de adiar um investimento irreversível pode afetar profundamente a decisão de investir. Isso mina a teoria do VPL tradicional; logo, o fundamento teórico do padrão de modelos neoclássicos de investimento.

Vários autores salientam que, se há a possibilidade de adiar o momento do investimento, isso acrescenta valor ao projeto. Manter viva a opção de investimento dependerá de valer ou não a pena matá-la (investindo no projeto). O custo de oportunidade de investir, acrescido do valor de manter a opção de investimento viva, pode ser alto, e regras ou critérios de investimento que ignorem isso podem estar errados. Como esse custo de oportunidade é altamente sensível à incerteza sobre o valor futuro do projeto, se mudarem as condições econômicas que afetam o risco e aumentar a volatilidade dos fluxos de caixa, isso poderá ter grande impacto no dispêndio do investimento, mais forte, por exemplo, que o de uma mudança na taxa de juros ou na política tributária. Tal sensibilidade diferenciada pode ajudar a explicar por que a teoria neoclássica de investimentos (que tem como base o VPL) tem fornecido previsões excessivamente otimistas da efetividade da taxa de juros e de políticas de impostos que visam estimular investimentos.

A teoria clássica da orçamentação de capital manda rejeitar projetos com VPL negativo, mas muitas vezes as flexibilidades inerentes ao projeto podem tornar o VPL positivo, tornando atrativo o projeto. A mensuração dessas flexibilidades e as regras de investimento são tratadas pela *teoria das opções reais*, que será abordada no Capítulo 5.

3

Estrutura do fluxo de caixa para análise e avaliação econômica de investimentos de capital

- Fluxo de caixa incremental
- Considerações na montagem do fluxo de caixa
- Fluxo de caixa livre
- Fluxo dos acionistas
- Decisões econômicas e decisões financeiras: o teorema de separação
- Variáveis e custos econômicos na determinação do fluxo de caixa incremental
- Fluxos de caixa e o tratamento adequado da inflação
- Fluxos de caixa e a avaliação em moeda forte
- Decisões de investimento em moeda nacional e em moeda estrangeira
- Montagem do fluxo de caixa para avaliação econômica de projetos de investimento
- Fluxo de caixa e projeção das demonstrações financeiras
- Capacidade de pagamento do financiamento
- Receita mínima de equilíbrio econômico

O *fluxo de caixa* resume as entradas e saídas efetivas de dinheiro ao longo do tempo, permitindo, dessa forma, conhecer a rentabilidade e a viabilidade econômica do projeto. Nesse sentido, os fluxos de caixa representam a *renda econômica* gerada pelo projeto ao longo de sua vida útil. Eles não são sinônimo de lucros contábeis, pois podem ocorrer mudanças nesses lucros sem que haja qualquer mudança correspondente nos fluxos de caixa. O fluxo de caixa é a principal matéria-prima para estimar o valor de uma empresa, medir a rentabilidade de um projeto de investimento, planejar as operações ou estabelecer a capacidade de pagamento de uma dívida.

3.1 Fluxo de caixa incremental

Os *fluxos de caixa incrementais* são a base para o cálculo dos índices que permitem efetuar a avaliação econômica dos projetos de investimento, pois, por meio do desconto desses fluxos, pode ser estabelecida a viabilidade econômica do projeto. Basicamente, os fluxos de caixa incrementais são os efeitos positivos ou negativos no caixa em decorrência dos movimentos de fundos provocados pelo investimento. Ou seja, são os fundos diferenciais comprometidos (receitas e custos) resultantes da decisão de investir. Esses fundos devem ser estimados em uma base depois de impostos e ser reconhecidos pelo regime de caixa, independentemente do regime de competência de exercícios da contabilidade.

O raciocínio econômico subjacente a qualquer desembolso de capital está estritamente ligado às mudanças adicionais, que são o resultado direto da decisão de investir. Em outras palavras, está ligado à diferença entre a situação atual dos negócios e a situação decorrente da decisão tomada, na forma de investimentos, receitas, custos e despesas adicionais. Desse modo, apenas os fluxos incrementais são relevantes para a decisão de prosseguir ou não com o projeto. Caso um fluxo de caixa ocorra independentemente de o projeto ser empreendido ou não, ele não será um fluxo incremental e, portanto, será irrelevante para a decisão de investimento.

A análise econômica é um processo relativo e não absoluto. Está vinculada às alternativas e às diferenças entre elas. Caso um investimento resulte em novas receitas, mas ao mesmo tempo reduza algumas receitas já existentes, apenas o impacto líquido será relevante na análise econômica. Qualquer custo ou despesa que permaneça constante antes e depois do investimento, assim como qualquer transação contábil relacionada à decisão, mas que não afete os fluxos de caixa, não é relevante, pois não é incremental.

3.2 Considerações na montagem do fluxo de caixa

A análise de projetos de investimento e a montagem do fluxo de caixa necessário para a avaliação econômica não são uma ciência exata; entretanto, se o analista seguir alguns princípios e convenções comumente aceitos, o resultado obtido será mais satisfatório. A seguir listamos alguns dos principais aspectos a ser considerados na montagem do fluxo de caixa.

1. Os fluxos de caixa devem ser estimados em base incremental. Em outras palavras, os únicos fluxos relevantes são aqueles decorrentes da aceitação do projeto.
2. Os custos de oportunidade associados a recursos previamente possuídos devem ser alocados com base no melhor uso alternativo do bem.
3. Devem ser consideradas as mudanças nos requerimentos de capital de giro, visto que elas são incrementais e afetam a decisão.
4. Os efeitos fiscais (economias de imposto) e qualquer outro efeito derivado da aceitação do projeto devem ser considerados.
5. Os efeitos derivados do projeto devem ser incluídos (impacto do projeto em outros setores da empresa).
6. Os custos passados já gastos (custos afundados) não serão recuperados se o projeto não for empreendido. Logo, por não serem valores incrementais, não devem ser incluídos no fluxo de caixa.
7. Os custos não indiretamente atribuídos ao projeto devem ser alocados somente se forem incrementais.
8. Os fluxos devidos ao financiamento não devem ser incluídos no fluxo de caixa livre para avaliação da viabilidade econômica do investimento de capital.
9. Os efeitos da inflação nos fluxos de caixa e na avaliação devem receber tratamento adequado.
10. O valor residual ou de liquidação do projeto deve ser estimado de modo consistente.

3.3 Fluxo de caixa livre

A avaliação econômica de um projeto de investimento busca determinar sua *rentabilidade intrínseca*, ou seja, seu potencial de geração de renda econômica sem inclusão dos fluxos decorrentes da forma como será financiado. Assim, essa avaliação deve ser efetuada com base no chamado *fluxo de caixa livre (FCL)*, que, basicamente, reflete as atividades operacionais do projeto. O FCL é o fluxo disponível para todos os provedores de capital, seja por endividamento ou por participação acionária. Em sua forma mais simples, o FCL é o fluxo gerado pelas operações, líquido de impostos, menos os dispêndios de capital necessários para assegurar a permanência e o crescimento do projeto (reinvestimento), e menos as mudanças no capital de giro operacional. Deve ser ajustado para depreciação e outras despesas não-caixa que, por não representar desembolsos de caixa, devem ser somados novamente depois de considerado seu efeito fiscal:

$$FCL = \text{Lucro operacional depois de impostos} - \text{Dispêndios de capital}$$
$$- \text{Mudanças no capital de giro} + \text{Depreciação}$$

Uma denominação comumente adotada para o lucro operacional depois de impostos é o *Nopat (net operational profit after taxes)*:

$$FCL = \text{Nopat} - \text{Dispêndios de capital}$$
$$- \text{Mudanças no capital de giro} + \text{Depreciação}$$

onde: $\text{Nopat} = \text{Ebit} \times (1 - T) = \text{Lajir} \times (1 - T)$.

Lajir é a abreviação de *lucro antes de juros e imposto de renda* (em inglês, Ebit, *earnings before interest and taxes*), e T é a alíquota de imposto de renda e contribuição social sobre o lucro (IR/CS), que pode ser efetivamente atribuível às operações da empresa. Para condizer com a definição de fluxo de caixa livre, a taxa de desconto aplicada a esse fluxo deve refletir o custo de oportunidade de todos os provedores de capital, ponderado pela contribuição relativa de cada provedor no capital total investido no projeto. A isso chamamos *custo médio ponderado do capital* (o custo do capital será tratado no Capítulo 9 deste livro).

3.4 Fluxo dos acionistas

A inclusão dos fluxos financeiros decorrentes da forma como o projeto será financiado e dos impactos fiscais desses fluxos transforma o fluxo de caixa livre (FCL) em um fluxo denominado *fluxo dos acionistas (FDA)*. O FDA permite estimar a rentabilidade do projeto do ponto de vista do capital próprio (do ponto de vista dos acionistas):

$$FDA = \text{FCL} + \text{Financiamentos} - \text{Prestações do financiamento}$$
$$+ \text{Benefício fiscal do financiamento}$$

Para condizer com a definição de fluxo dos acionistas (FDA), a taxa de desconto aplicada a esse fluxo deve refletir o custo de oportunidade dos provedores do capital próprio (dos acionistas).

3.5 Decisões econômicas e decisões financeiras: o teorema de separação

Como vimos na Seção 2.10 do capítulo anterior, na análise da viabilidade econômica de um projeto de investimento os fluxos financeiros não devem ser incluídos, pois as decisões de investimento e de financiamento são separadas, sendo esse um conceito fundamental em finanças, conhecido como *teorema de separação*: *o sucesso ou insucesso do projeto deve ser determinado considerando unicamente seu próprio potencial de geração de renda econômica, independente da forma como será financiado.*

Como também já vimos, a separação das decisões de investimento e de financiamento é possível pela existência de um mercado de capitais eficiente, por meio do qual empresas e indivíduos podem aplicar e levantar capitais, e pela existência de oportunidades de investimento em atividades produtivas (projetos). A existência desses fatores permite que a decisão de investimento seja tomada independentemente das preferências particulares das empresas ou indivíduos, tornando-a uma tarefa técnica que independe de gostos e preferências individuais.

Imaginemos que uma empresa pretenda executar um projeto de investimento financiado por meio de um empréstimo a juros de 13,86%. O custo de oportunidade do capital para o projeto é de 25% e sabe-se que essa empresa poderia conseguir financiamentos no mercado a juros de 10%. O diagrama a seguir representa o investimento, o financiamento e o fluxo de caixa com o financiamento incorporado:

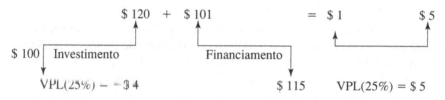

Além de ser um mau projeto de investimento (VPL negativo), ele ainda apresenta uma proposta ruim de financiamento, pois os juros pagos estão acima dos juros de mercado. No entanto, quando são somadas as duas propostas (de investimento e de financiamento), milagrosamente as coisas mudam, pois o mau financiamento adiciona $ 9 ao VPL do projeto (que passa de –$ 4 para +$ 5). É claro que existem vários erros na avaliação desse projeto, pois não se pode esperar obter uma coisa boa ao cometer dois erros seguidos: um de investimento e outro de financiamento. O principal erro é que, enquanto o projeto de investimento é de risco, ou seja, a receita de $ 120 é incerta, o financiamento não tem risco, pois o débito deverá ser pago com certeza. Assim, fica claro que foram misturados fluxos de caixa com risco diferente. O procedimento correto seria descontar os fluxos de caixa de acordo com taxas adequadas a seus riscos específicos — os fluxos do projeto a 25% e os fluxos do financiamento a 10%. Dessa maneira, em vez de contribuir para que o projeto alcançasse um VPL de $ 9, o financiamento ampliaria suas perdas, pois o VPL resultante seria de –$ 7,6:

$$(-\$ 100 + \$ 120 / 1,25 + 101 - \$ 115 / 1,10 = -\$ 7,6)$$

Neste ponto é oportuno mencionar a *terceira lei de Brealey e Myers*:[1] "Você pode ganhar muito mais dinheiro com o lado esquerdo do balanço (conta de ativos) do que com o

---

[1] R. Brealey e S. Myers, *Princípios de finanças empresariais*, 3. ed. Lisboa: McGraw-Hill, 1992, p. 464.

Capítulo 3 – Estrutura do fluxo de caixa para análise e avaliação econômica...   75

lado direito (conta de passivos)". Em outras palavras, "existe mais valor a ser ganho com boas decisões de investimento do que com boas decisões financeiras".

Admitamos que um projeto de investimento de $ 100.000 deva gerar um fluxo de caixa livre de $ 120.000 em um ano. Oitenta por cento do investimento será financiado por meio de um empréstimo contratado a juros efetivos de 15% a.a., a ser quitado em parcela única um ano depois. Considerando que o custo do capital (custo médio ponderado) seja de 18% a.a. e que a rentabilidade do capital próprio (acionistas) seja de 30% a.a., determinar a viabilidade econômica e financeira do projeto.

O quadro a seguir mostra os fluxos de caixa e sua respectiva TIR:

	Ano 0	Ano 1	TIR
Fluxo de caixa livre (FCL)	–$ 100.000	$ 120.000	20% a.a.
Fluxo financeiro	+$ 80.000	–$ 92.000	
Fluxo dos acionistas (FDA)	–$ 20.000	$ 28.000	40% a.a.

Podemos observar que o FCL não inclui os fluxos decorrentes do financiamento, pois a decisão econômica de investir não deve ser afetada pela forma como o projeto será financiado, ou seja, os fluxos financeiros não devem influenciar a decisão econômica de investir ou não. Isso, como já mencionado na seção anterior, chama-se *teorema de separação*. O FCL do ano zero ($ 100.000) representa o aporte total de capital, ou seja, a soma dos aportes dos acionistas (capital próprio) e dos credores (financiamento), e o FCL do ano 1, o retorno decorrente desse aporte total. Conseqüentemente, a taxa interna de retorno do FCL (TIR_E) representará a rentabilidade do ponto de vista do projeto como um todo (do ponto de vista dos acionistas e dos credores). Como a TIR_E é maior que o custo do capital (20% > 18%), o projeto será viável do ponto de vista econômico, ou seja, ele é intrinsecamente bom para a empresa como um todo.

Por outro lado, podemos notar também que o FDA do ano zero ($ 20.000) representa unicamente o aporte líquido de capital próprio (dos acionistas), e o do ano 1, o retorno decorrente desse aporte. Logo, a taxa interna de retorno do FDA (TIR_F) representará a rentabilidade do projeto do ponto de vista de quem aporta o capital próprio (acionistas). Como a TIR_F é maior que o custo do capital próprio, ou seja, maior que o retorno mínimo exigido pelos proprietários (40% > 30%), o projeto mostra também ser viável do ponto de vista do capital próprio.

3.6 Análise das diversas variáveis e custos econômicos na determinação do fluxo de caixa incremental

Para montar o fluxo de caixa, é necessário entender as variáveis e os custos econômicos pertinentes à tomada de decisões do investimento de capital. É preciso dominar o conceito dos diversos fatores envolvidos, tais como efetos de oportunidade, custos afundados, valor de liquidação ou residual, horizonte de tempo em que serão feitas as projeções do fluxo de caixa etc., e saber como tratar cada um deles.

3.6.1 Horizonte de tempo das projeções

O fluxo de caixa é construído para um período de tempo que não é necessariamente igual à vida técnica útil dos ativos. Por exemplo, se as máquinas para a fabricação de certo produto duram 10 anos sob circunstâncias normais de uso, por que necessariamente projetar o fluxo para esse prazo? Pode ocorrer que, depois do segundo ano, o mercado mude e não exista mais demanda pelo produto. Em suma, não há relação entre vida útil dos ativos físicos e renda econômica obtida em determinada atividade de produção.

Em geral, o fluxo de caixa é projetado durante o período necessário para que a volatilidade dos fluxos de caixa se estabilize, o que ocorre quando as vendas passam a crescer a uma taxa constante, e as exigências de novos dispêndios de capital sejam de tal magnitude que somente garantam a continuidade do projeto e rendam unicamente seu custo de oportunidade. Esse período, chamado *período de previsão explícita*, normalmente é definido em função de:

- Risco do projeto: quanto maior o risco, menor tenderá a ser o período de previsão explícita, pois, em ambientes de maior incerteza, menos relevantes serão os fluxos mais distantes.
- Período de estabilidade: quanto maior a fase de investimento e crescimento do projeto, maior será o período de previsão explícita.
- Outros fatores, como prazo de concessões, regulamentação econômica etc.

O fluxo de caixa é organizado em períodos de tempo iguais e os valores em geral são lançados ao fim de cada período. Normalmente, o prazo de projeção é dividido em anos, embora isso dependa do grau de precisão das informações disponíveis.

3.6.2 Valor residual do projeto

O *valor residual* ou *de liquidação* de um projeto é quanto se imagina hoje que o empreendimento valerá ao fim do período de previsão explícita. Esse valor pode ser determinado seguindo uma abordagem patrimonial ou por meio do cálculo do valor presente do valor de continuidade.

Na abordagem patrimonial, o valor residual pode ser estimado das seguintes maneiras:

- pelo valor de liquidação física dos bens;
- pelo custo de reposição dos bens tangíveis do projeto, ou seja, pela soma de recursos financeiros que seriam necessários para constituir um novo projeto, idêntico ao existente;
- pelo valor contábil do patrimônio líquido, obtido a partir dos registros contábeis;
- pelo valor de mercado de empresas similares que estejam sendo negociadas.

A abordagem patrimonial do valor residual ignora a existência de ativos intangíveis, como recursos humanos, reputação, capital intelectual etc., que contribuem para a capacidade do projeto de gerar renda econômica superior à dos concorrentes.

Já na abordagem do valor de continuidade, o valor residual pode ser estimado pelo desconto de uma perpetuidade que começa no período posterior ao de previsão explícita. Esse valor, chamado *valor de continuidade*, é estimado na data de término do período de previsão explícita. No Capítulo 12, será tratada com maior profundidade a abordagem do valor de continuidade e o valor residual da empresa.

3.6.3 Custos de oportunidade

Os *custos de oportunidade* referem-se a quanto se deixa de ganhar, em prol do investimento, se, em vez de aplicados no projeto, os recursos fossem investidos em alternativas de risco similar. Eles são um reflexo da escassez de recursos, pois, se estes fossem ilimitados, não haveria custos de oportunidade. Existem dois fatores escassos por excelência: o tempo e o dinheiro. Diariamente observa-se que as pessoas têm de decidir como gastar melhor seu tempo e seu dinheiro. Se alguém dispõe de duas horas vagas durante o dia, e tem diferentes alternativas para gastá-las, como ir ao cinema, fazer esportes, dormir, estudar etc., é lógico que a pessoa vai escolher a opção que lhe traga maior benefício. Entretanto, a decisão tomada — ir ao cinema, por exemplo — tem um custo adicional ao custo da entrada. Esse custo adicional é o custo de oportunidade determinado pela melhor opção disponível seguinte.

Um exemplo de custo de oportunidade é o *salário alternativo*, ou seja, o salário que se deixa de receber por dedicar-se a determinada atividade. Por exemplo, se um economista recém-formado decide constituir sua própria empresa e dedicar-se integralmente à sua administração, o salário que poderia ganhar se procurasse um emprego no mercado de trabalho pode ser visto como um custo de oportunidade. Outros exemplos que podem ser citados são os custos de oportunidade associados à alocação de recursos previamente possuídos pela empresa, tais como terrenos, equipamentos, edifícios, mão-de-obra etc. Esses custos devem ser considerados no fluxo de caixa e na análise econômica de acordo com seu melhor uso alternativo. Por exemplo, se os edifícios já eram propriedade da empresa antes da aceitação do projeto, o custo de oportunidade adequado poderia ser seu aluguel a valores de mercado.

Alguns custos de oportunidade são difíceis de quantificar, especialmente aqueles relacionados a variáveis qualitativas (aqueles que expressam uma qualidade não mensurável). Estes geram uma ampla variedade de custos de oportunidade, que mudam ao longo do tempo e dependem das preferências dos indivíduos. Imaginemos que, por exemplo, uma pessoa deva escolher entre um emprego que lhe oferece um salário mensal de $ 3.000 e outro que lhe oferece $ 2.400. Admitamos que o último emprego seja em uma empresa localizada mais perto da residência da pessoa, permitindo-lhe a satisfação de almoçar todo dia em casa com a família. Ao determinar os custos vinculados à decisão, a *satisfação* de almoçar em casa não deve ser incluída, pois não é mensurável. Assim, a análise deve ser realizada com base exclusivamente em medidas observáveis e mensuráveis, tais como o salário alternativo ou o custo de transporte e almoço. Entretanto, essas características intangíveis não devem ser *a priori* desconsideradas, sobretudo se puderem ser quantificadas de alguma forma. Em projetos de investimento, muitas vezes os fatores intangíveis podem ser modelados e quantificados pela teoria de opções reais (Capítulo 5).

3.6.4 Custos afundados (*sunk costs*)

Os custos inevitáveis, também chamados *custos afundados*, correspondem a fatores irrecuperáveis ou sem alternativa de uso (custo de oportunidade igual a zero). Imaginemos, por exemplo, que uma pessoa tenha comprado um boleto de entrada para uma apresentação de teatro, e o boleto seja pessoal e intransferível. Nesse caso, a pessoa não pode vender o boleto nem pedir a devolução do dinheiro. Assim, o dinheiro que ela pagou pelo boleto é um custo irrecuperável, inevitável, ou custo afundado. Indo ou não ao teatro, ela não poderá recuperar o dinheiro gasto.

Entretanto, se o boleto não fosse pessoal e intransferível e pudesse ser revendido na porta do teatro, seu valor não seria mais um custo afundado. Por outro lado, se a pessoa aceitasse um convite para ir ao cinema no mesmo dia da apresentação de teatro, não poderia ir ao teatro para revender o boleto. Nesse caso, o dinheiro gasto na compra do boleto de entrada do teatro seria um custo evitável, que, portanto, representaria o custo de oportunidade de aceitar o convite para ir ao cinema.

Um erro freqüente é deixar-se levar pelos custos afundados e tomar decisões pensando em *aproveitar* o dinheiro já gasto no passado, sem considerar outras opções que proporcionem maior benefício. Um exemplo claro é dado por aquelas pessoas que querem continuar com seu negócio, apesar de ele gerar perdas e não ter perspectivas futuras, pelo simples fato de ter anteriormente investido seu capital nele.

Se, por exemplo, como parte do processo de avaliação de um projeto foram pagos $ 300.000 a uma empresa de consultoria pelo estudo de viabilidade, esse gasto é irrecuperável; portanto, um custo afundado. A decisão de gastar os $ 300.000 no estudo foi por si mesma uma decisão de orçamentação de capital, perfeitamente relevante até tornar-se um custo afundado. Outros exemplos que podem ser mencionados como custos afundados são os relacionados aos gastos em pesquisa e desenvolvimento de um novo processo de produção, os gastos na pesquisa de mercado relativa a um novo produto etc. Nesse último caso, a decisão presente a respeito do investimento necessário para implementar os resultados da pesquisa não deveria ser afetada por tais gastos. O que conta é se o investimento necessário para explorar os resultados da pesquisa se justifica ou não por seus próprios méritos.

Não existem bases na análise econômica que justifiquem recuperações de dispêndios já feitos e que não podem ser recuperados em parte ou no total. As decisões passadas simplesmente não são consideradas nas compensações econômicas da decisão de investimento presente. A razão básica para isso é que tais custos irrecuperáveis, até mesmo aqueles relacionados de algum modo à decisão, não podem ser alterados pela realização do novo investimento. Assim, a regra fundamental a ser lembrada é que investimentos e fluxos de caixa passados são irrecuperáveis, e que apenas os fluxos de caixa presentes e futuros afetam a decisão de continuar ou abandonar um projeto. As decisões econômicas são sempre prospectivas e devem envolver apenas o que pode ser modificado pelos agentes decisores. Esse é o teste essencial de relevância para qualquer elemento a ser incluído na análise econômica, pois infelizmente sempre há a tentação de incluir os custos afundados na tomada de decisões.

A rigor, nem todo gasto passado representa um custo afundado, pois também existem os chamados *custos sepultados*. Esses custos correspondem à parte das obrigações contraídas no passado ainda pendentes de liquidação. Essa parte pendente de pagamento ou liquidação é considerada um custo sepultado, a menos que possa ser cancelada. Os custos sepultados diferem dos custos afundados por serem relevantes no processo decisório.

Imaginemos, por exemplo, que uma pessoa tenha tomado um empréstimo para comprar um automóvel a ser usado como instrumento de trabalho. Suponhamos que, faltando ainda 5 prestações para liquidar o empréstimo, a pessoa pense em trocar o automóvel por uma motocicleta. As prestações do empréstimo já pagas até aquela data representam um custo afundado, irrelevante no processo decisório de trocar ou não o automóvel pela motocicleta. Mas, ao avaliar a decisão de troca, a pessoa deve considerar as prestações ainda pendentes, pois possivelmente serão pagas com os benefícios advindos da troca do automóvel pela motocicleta. Os benefícios financeiros decorrentes da troca devem possibilitar a liquidação da dívida anteriormente contraída e ainda por pagar. Assim, a dívida pendente de pagamento representa um custo sepultado, relevante no processo decisório da troca.

Alguns exemplos históricos servem para mostrar a importância de determinar adequadamente os custos de oportunidade e os custos afundados no processo decisório. Vejamos um caso que ocorreu na década de 1970. Naquela época, a empresa norte-americana Lockheed tomou a decisão de fabricar uma aeronave comercial batizada de L-1011 TriStar para concorrer com o 747 da Boeing e o DC-10 da McDonell Douglas. De acordo com as previsões utilizadas pelos analistas de projetos da Lockheed, o mercado absorveria no máximo 775 unidades de aeronaves daquele porte nos 10 anos seguintes. Desse total, estimava-se que a Lockheed ficaria com algo em torno de 270 a 310 aeronaves, o que representava 35% a 40% do mercado. Os analistas de projetos da empresa, mediante análise das projeções de receitas e despesas, concluíram que seria necessária a venda de, no mínimo, 200 unidades da aeronave para que fosse garantida a rentabilidade do projeto. A essa altura, a Lockheed contabilizava pedidos em carteira que totalizavam 180 unidades do modelo. Dessa forma, acreditava-se que o objetivo de venda de 200 unidades seria facilmente atingido, o que culminou na continuidade do projeto.

Tomada a decisão, a empresa alocou recursos de aproximadamente US$ 1 bilhão para o desenvolvimento do projeto. Tudo parecia perfeito. Era um céu de brigadeiro para a Lockheed. Entretanto, os analistas da empresa cometeram um erro imperdoável: não consideraram o custo de oportunidade do capital empregado no projeto, que naquela época (em um cálculo bem conservador) estava em torno de 10% a.a. Caso houvesse essa percepção, o número de unidades necessárias para que o projeto apresentasse viabilidade econômico-financeira seria de mais ou menos 510, e não as 200 previstas de forma equivocada. Como era improvável que a empresa conseguisse vender 510 unidades da aeronave, provavelmente o projeto seria abandonado.

Ao investir no TriStar, a Lockheed tinha a intenção de diversificar sua produção fora do mercado militar, sua principal atividade até então. Contudo, não tinha nenhuma vantagem competitiva em relação a seus concorrentes. Em mercados altamente competitivos, é muito difícil a sobrevivência de empresas que tenham pequenas fatias de mercado, porque a empresa que domina o mercado acaba exterminando os pequenos concorrentes.

A análise incorreta do projeto de investimento levou a Lockheed a consumir recursos desenvolvendo a aeronave; posteriormente, a empresa solicitou e obteve aval do governo dos Estados Unidos para levantar um empréstimo bancário que permitisse completar o projeto, em um processo bastante controverso. A empresa e seus defensores argumentavam que o aval do governo era justo, pois seria uma loucura abandonar um projeto em que já se tinha investido quase US$ 1 bilhão. Alguns críticos da Lockheed contrapunham que seria igualmente uma loucura prosseguir em um projeto que não oferecia perspectivas de rentabilidade satisfatória para esse US$ 1 bilhão. Ambos os grupos incorreram no erro da chamada *falácia dos custos afundados*; dado o insucesso do projeto, o US$ 1 bilhão não era recuperável, logo não era relevante na análise e no processo decisório. Finalmente, a empresa acabou abandonando o mercado após a fabricação de algumas unidades do modelo L-1011 TriStar. Na atualidade, o domínio da produção de aeronaves de grande porte para a aviação comercial é exercido pela Boeing e pela Airbus Industries, esta última constituída por um consórcio de empresas européias que receberam vultosos subsídios de seus países na fase de consolidação no mercado.

3.6.5 Efeitos derivados

Muitas vezes os fluxos de caixa de um projeto de investimento são obtidos em detrimento (ou em prol) de outros projetos já existentes. A perda (ou ganho) em outros projetos ocasionada pela decisão de investir é comumente chamada *efeito derivado* ou *colateral*. Suponhamos que uma empresa que possui uma única linha de produção do produto A pretenda construir uma segunda linha para produzir também o produto B. Se houver migração de clientes do produto A para o B, com a conseqüente transferência parcial dos lucros da primeira linha para a segunda, esse efeito deverá ser considerado na decisão de investir na segunda linha de produção, pois nem todo o fluxo de caixa projetado para essa linha de produção será incremental. Ou seja, nem todo o fluxo de caixa projetado provirá do próprio potencial de geração de renda econômica do projeto. Nesse caso, parte do fluxo provirá desse potencial, e parte não. Parte do fluxo projetado será incremental e parte não o será.

3.6.6 Dispêndios de capital

Qualquer conseqüência potencial da decisão inicial de investir deve ser considerada como parte da proposta de investimento. Assim, os dispêndios de capital a serem feitos enquanto o projeto durar e que constituem a base para seu contínuo funcionamento devem ser incluídos no fluxo de caixa livre. Muitas vezes, esses dispêndios são suficientemente previsíveis e passíveis de ser estimados. Um exemplo de dispêndio de capital são os investimentos necessários para uma reforma de grande porte dos equipamentos, ou uma expansão da fábrica que permita manter o negócio lucrativo e competitivo.

3.6.7 Depreciação, amortização e exaustão

A análise de investimentos envolve a utilização de dados coletados nos registros contábeis, mas nem todos esses dados são relevantes. Convenções contábeis que não envolvam fluxos de caixa devem ser vistas com extrema precaução. No caso da depreciação, da amortização de intangíveis e da exaustão, deve ser incluído no fluxo econômico unicamente seu impacto fiscal, pois elas representam despesas não-caixa. Em algumas situações, na falta de mais informações, pode ser utilizada a depreciação linear como valor aproximado da depreciação econômica dos ativos. Pelo princípio contábil da consistência, espera-se que a empresa mantenha durante a vida útil do bem o mesmo critério de depreciação que adotou desde o início. Há vários métodos de depreciação, mas, na prática, o método linear que estabelece um percentual anual fixo para a depreciação é o mais utilizado.

3.6.8 Investimento líquido

O *investimento inicial líquido* é definido como a mudança líquida nos fundos comprometidos com um projeto. O investimento inicial de um projeto deverá incluir — caso existam — os seguintes valores, entre outros:

- gastos referentes à aquisição dos ativos necessários à implantação do projeto;
- gastos com transporte e seguros dos ativos;
- gastos necessários para colocar os ativos em condições de uso (inclusive impostos);
- aumento do capital de giro necessário para a operacionalização do projeto;
- fluxo de caixa proveniente da venda dos equipamentos antigos, nos casos de substituição de equipamentos (inclusive impostos decorrentes da venda).

Por exemplo, tomando o caso da substituição de um equipamento antigo por um novo, devem ser considerados os seguintes fluxos: o dispêndio inicial com o equipamento novo, a recuperação de caixa devido à venda do equipamento antigo que será dado como baixa, e o imposto a pagar (recuperar) na venda do equipamento substituído se houver ganho (perda) de capital. Se o equipamento a ser substituído for invendável, mesmo tendo um valor contábil declarado, o único elemento relevante será a economia de impostos na perda de capital enfrentada nessa situação.

Aquisição de ativos

São os desembolsos que ocorrem devido à compra de ativos, tangíveis ou intangíveis, imprescindíveis ao funcionamento do projeto. Alguns exemplos comuns são os investimentos em máquinas, edifícios, terrenos, móveis, marcas registradas, patentes etc.

A aquisição de ativos tangíveis em geral se refere a ativos fixos, que são bens móveis ou imóveis normalmente sujeitos a uma vida útil. Esses ativos são adquiridos uma única vez ao início do negócio e/ou cada vez que seja necessária a reposição de um equipamento, não fazendo parte do funcionamento corrente da empresa. Os ativos tangíveis enfrentam a depreciação própria de seu uso. Um caso especial são os terrenos, pois muito poucas atividades produtivas podem ocasionar a depreciação deles; portanto, seu valor contábil mantém-se constante ao longo do tempo.

Os ativos intangíveis são outro tipo de ativo fixo no qual a empresa pode investir. Entretanto, embora tenham um valor determinado, esses ativos não são visíveis ou materiais. Como exemplos, podemos mencionar as patentes e as marcas registradas ou os direitos de franquia. Esses ativos estão sujeitos a amortização, equivalente à depreciação dos ativos fixos tangíveis.

Valorização ou desvalorização de ativos

Uma das regras básicas na avaliação de investimentos de capital é o princípio de separação, segundo o qual não se devem agregar projetos. Isso explica por que a valorização ou desvalorização de ativos não deve ser considerada na montagem do fluxo econômico, a menos que o projeto esteja gerando tal efeito.

Para ilustrar a idéia, vamos supor que se fez um investimento na compra de um terreno para instalar uma fábrica de eletrodomésticos. Se o terreno estiver localizado em uma região de expansão urbana, com boa valorização imobiliária, ele poderá em 5 anos valer o dobro de seu valor de aquisição. Se usarmos como valor de liquidação do terreno o dobro de seu valor de aquisição, a rentabilidade do projeto aumentará. Mas essa agregação de projetos (fabricação de eletrodomésticos + especulação imobiliária com terrenos) dificulta sabermos de qual deles provém a renda econômica, e a alta rentabilidade resultante dessa agregação não reflete a verdadeira rentabilidade do projeto propriamente dito. É por causa da valorização do terreno que o projeto se torna rentável? Se ganhamos mais com a valorização do terreno do que com a produção de eletrodomésticos, então para que investir no projeto? Não seria melhor aplicar os recursos em especulação imobiliária, que rende mais?

Mesmo se especularmos uma valorização do terreno, fato que não depende em absoluto do projeto, tal valorização não deve ser incluída no fluxo de caixa livre. A valorização do terreno reduz relativamente a rentabilidade do projeto, pois o custo de oportunidade de usar esse ativo aumenta. No máximo, o analista pode mencionar que, além dos ganhos obtidos na fabricação de eletrodomésticos, haverá também ganhos adicionais no investimento em ter-

Gestão de investimentos e geração de valor

renos. Contudo, esses ganhos têm uma dinâmica própria e serão independentes do projeto propriamente dito.

3.6.9 Capital de giro

O *capital de giro* origina-se da necessidade de enfrentar a defasagem que normalmente existe entre os processos de produção e de vendas. Serve fundamentalmente para financiar a operação do negócio até que sejam recebidos os ingressos gerados pelas atividades produtivas. Se a empresa vender parte de sua produção a crédito, deverá contar com um fundo que lhe permita manter as operações durante o tempo que os clientes levam para pagar suas compras. Igualmente, em certas situações, as operações estão expostas a sazonalidades, sendo necessário manter *reservas* (estoques) com a finalidade de não alterar o programa de produção e o processo produtivo. Dado que o fluxo de caixa só deve considerar entradas e saídas efetivas de dinheiro, somente devem ser consideradas as *mudanças nos requerimentos de capital de giro* (aumento ou diminuição). Essas mudanças ocorrem tanto no início do negócio quanto cada vez que há uma variação na produção.

Na estruturação do fluxo de caixa livre, o capital de giro, por representar um comprometimento de recursos muito similar ao dispêndio feito em equipamentos e instalações, poderá ser tratado como um fluxo recuperável ao término da vida econômica do projeto (ao término do período de previsão explícita). Se for viável esperar liquidar todos os estoques e contas a receber ao término desse período, então esses fundos (líquidos das contas a pagar) poderão ser considerados uma entrada de caixa naquele momento ou seja, uma recuperação de capital. Se presumirmos que alguma fração desse capital seja irrecuperável, ou que por algum motivo não possa ser recuperada ao término do período de previsão explícita, o montante a ser lançado deverá ser somente a parcela recuperável.

Componentes do capital de giro

Sob o ponto de vista contábil, o capital de giro é definido simplesmente como a diferença entre o ativo e o passivo circulante. Assim, o capital de giro é aquela parte do ativo corrente financiada pelo passivo não corrente, ou pelo patrimônio líquido da empresa.

Geralmente, o capital de giro é composto de:

- Dinheiro e valores negociáveis: respondem pela necessidade de manter a liquidez necessária à operação do negócio.
- Contas por cobrar: são financiamentos de curto prazo concedidos aos clientes.
- Contas por pagar: são financiamentos de curto prazo concedidos pelos provedores à empresa.
- Inventários: são reservas de mercadorias necessárias para que a empresa responda a algum aumento súbito da demanda; podem estar compostos por produtos terminados, por produtos em processo, ou por matéria-prima e insumos.

Exemplo 3.1

Um pequeno agricultor estuda a possibilidade de investir em um projeto dedicado à produção de sementes especiais. O investimento principal será o pagamento antecipado do aluguel do terreno por 4 anos, o que implica um investimento inicial de $ 12.000. A colheita será feita a cada 4 meses, produzindo uma receita quadrimestral de $ 3.200 ($ 9.600/ano) e implicando gastos operacionais de $ 500/mês ($ 6.000/ano). Supondo

Capítulo 3 – Estrutura do fluxo de caixa para análise e avaliação econômica... 83

que o projeto tenha uma vida útil igual ao período de aluguel do terreno, estruturar o fluxo de caixa livre.

Com as informações anteriores, podemos montar o seguinte fluxo de caixa:

	Ano 0	Ano 1	Ano 2	Ano 3	Ano 4
Investimento	−$ 12.000				
Receitas líquidas (a)		$ 9.600	$ 9.600	$ 9.600	$ 9.600
− Gastos operacionais (b)		−$ 6.000	−$ 6.000	−$ 6.000	−$ 6.000
Mudanças no capital de giro (c)	−$ 2.000				$ 2.000
Fluxo de caixa livre (FCL)	**−$ 14.000**	**$ 3.600**	**$ 3.600**	**$ 3.600**	**$ 5.600**

(a) $3 \times \$ 3.200$. (b) $12 \times \$ 500$. (c) $4 \times \$ 500$.

A necessidade de um investimento inicial de $ 2.000 em capital de giro corresponde aos gastos operacionais dos primeiros 4 meses antes da primeira colheita. Esse capital possibilita o início das operações. Uma vez realizada a primeira colheita, os ingressos dela provenientes serão utilizados para cobrir os gastos operacionais da segunda, ou seja, repõe-se o capital de giro inicial. Esse processo repete-se sucessivamente. Dessa maneira, o investimento em capital de giro é realizado somente no ano 0, já que os ingressos recebidos pelas vendas permitirão sua reposição, não sendo necessário efetuar novos investimentos em capital de giro. Ao fim da vida útil do projeto, o capital de giro será recuperado por seu valor inicial.

Métodos de projeção das mudanças do capital de giro

Existem várias formas de projetar as necessidades de capital de giro. A opção por uma ou por outra dependerá das informações disponíveis e da precisão requerida. Dentre os principais métodos, podemos destacar: o método do capital de giro como porcentagem das vendas, o método do período de defasagem e o método contábil.

Método do capital de giro como porcentagem das vendas

As vendas reais e projetadas têm grande influência sobre a quantidade de capital de giro necessária, pois ocasionam um aumento espontâneo no nível de ativos e passivos circulantes da empresa. É por isso que um método para estimar as mudanças no capital de giro consiste em considerá-lo uma porcentagem do incremento das vendas. A porcentagem atribuída depende do giro e do índice de rotação das principais operações do negócio.

Esse critério é aceito devido à relação existente entre montante das vendas, variações nos níveis de produção e crédito concedido nas vendas. Assim, um aumento nas vendas implicará maior investimento em capital de giro. Vejamos o seguinte exemplo ilustrativo.

Exemplo 3.2

Vamos supor que a empresa agroindustrial Agrosem S.A. pretenda comprar, processar e vender ao público sementes produzidas por pequenos agricultores como o do exemplo anterior. A produção da empresa acompanhará a colheita de sementes, processando-as também 3 vezes ao ano (em abril, agosto e dezembro). Diferentemente dos pequenos

Gestão de investimentos e geração de valor

agricultores, a empresa deve oferecer ao mercado ao longo do ano uma quantidade constante de sementes processadas. Por essa razão, deve manter estoques para as épocas em que não houver colheita. A empresa projeta realizar vendas mensais de $ 15.000 que, segundo estimativas, devem aumentar em 50% a partir do terceiro ano. Os gastos em sementes equivalem a 50% das vendas. Adicionalmente, a empresa deve incorrer em gastos operacionais calculados em cerca de 10% das vendas. Dado que a colheita das sementes é quadrimestral, estima-se que as mudanças de capital de giro equivalham a aproximadamente 20% das mudanças nas vendas. A vida útil do projeto é de 4 anos. Pede-se projetar o fluxo de caixa.

Com as informações anteriores, podemos montar o seguinte fluxo de caixa:

	Ano 0	Ano 1	Ano 2	Ano 3	Ano 4
Receitas líquidas (a)		$ 180.000	$ 180.000	$ 270.000	$ 270.000
– Matéria-prima (b)		–$ 90.000	–$ 90.000	–$ 135.000	–$ 135.000
– Gastos operacionais (c)		–$ 18.000	–$ 18.000	–$ 27.000	–$ 27.000
Mudanças no capital de giro (d)	–$ 36.000		–$ 18.000		$ 54.000
Fluxo de caixa livre (FCL)	**–$ 36.000**	**$ 72.000**	**$ 54.000**	**$ 108.000**	**$ 162.000**

(a) Receitas líquidas para os anos 1 e 2: $ 15.000 × 12 = $ 180.000; para os anos 3 e 4: ($ 15.000 × 1,50) × 12 = $ 270.000. **(b)** Matéria-prima = 0,50 × Receitas. **(c)** Gastos operacionais = 0,10 × Receitas. **(d)** Mudanças do capital de giro em t = 0,20 × (Receitas$_{t+1}$ – Receitas$_t$).

No quadro, as mudanças nos requerimentos de capital de giro foram consideradas fluxos antecipados, ou seja, considera-se que esses gastos sejam incorridos no início dos respectivos anos. Assim, no início do ano 1 (final do ano 0) requer-se 20% de $ 180.000 (aumento das vendas do ano 0 ao ano 1). No ano 1 não há mudanças no capital de giro, porque não há alteração nas vendas entre os anos 1 e 2. No ano 2 requer-se 20% de $ 90.000 (aumento das vendas do ano 2 ao ano 3). Ao término da vida útil do projeto, o capital de giro é recuperado ($ 36.000 + $ 18.000).

Método do período de defasagem

A segunda forma de calcular as mudanças nos requerimentos de capital de giro é o método do período de defasagem. Esse método considera a diferença de tempo entre o momento em que o dinheiro é desembolsado para cobrir os gastos operacionais e o momento em que efetivamente ingressa o dinheiro proveniente das vendas. Essa diferença de tempo constitui o *período de defasagem*, que, basicamente, reflete o período durante o qual o negócio não contará com a liquidez necessária para continuar operando, se somente forem considerados os gastos e os ingressos operacionais.

Se optarmos por esse método, será útil separar as contas que compõem o capital de giro, a fim de avaliar melhor as necessidades reais de financiamento das operações. É conveniente, portanto, analisar separadamente o caixa, as contas a cobrar e as contas a pagar. Essa separação pode ser realizada com base nas informações contidas nas demonstrações financeiras da empresa ou do setor. A partir delas, podem ser calculados os coeficientes de rotação e o período de defasagem que cada uma das contas relevantes gera: estoques, contas a pagar e contas a receber. A seguir, analisamos os indicadores necessários para calcular o coeficiente de rotação de capital de giro e, conseqüentemente, as necessidades de capital de giro:

Prazo médio de rotação de estoques

$$\text{Prazo médio de rotação de estoques} = \frac{360 \times \text{Estoques médios}}{\text{Custo dos produtos vendidos}}$$

Esse indicador mede o tempo que o processo de transformação demora, desde o momento em que a matéria-prima e os insumos são comprados, até o momento em que o produto final é terminado. Quanto maior for esse índice, maior será o prazo durante o qual os diversos produtos permanecerão estocados e, conseqüentemente, mais elevadas serão as necessidades de investimento em estoques.

Esse indicador afere, na realidade, a eficiência com que os estoques são administrados e a influência que exercem sobre o retorno global da empresa ou do projeto. Em outras palavras, um maior prazo médio de rotação de estoques acarreta a necessidade de maiores investimentos no ativo, constituindo, em conseqüência, um fator redutor de seu retorno. A identidade, quando multiplicada por 360, fornece o prazo em dias. Desejando-se saber o prazo em meses, basta multiplicar a expressão por 12. Essa observação é válida também para os demais prazos.

Prazo médio de pagamento

$$\text{Prazo médio de pagamento} = \frac{360 \times \text{Contas por pagar médias}}{\text{Compras anuais a prazo}}$$

Esse indicador mede o tempo decorrido entre a compra da matéria-prima e dos insumos e o momento em que o dinheiro é pago. Revela o tempo médio (expresso em meses ou dias) que a empresa tarda em pagar a seus fornecedores (compras a prazo). Desde que os encargos atribuídos às compras a prazo não excedam a taxa inflacionária verificada (ou as taxas de juros de mercado, se estas estiverem eventualmente aquém da inflação), torna-se atraente à empresa apresentar um prazo de pagamento mais elevado. Com isso, ela pode financiar suas necessidades de capital de giro com recursos menos onerosos (na realidade, com fundos a custo real negativo).

Prazo médio de cobrança

$$\text{Prazo médio de cobrança} = \frac{360 \times \text{Contas por cobrar médias}}{\text{Vendas anuais a prazo}}$$

Esse indicador mede o tempo decorrido entre a realização das vendas e o momento em que o dinheiro é recebido. Inversamente ao indicador anterior, o prazo médio de cobrança revela o tempo médio (em meses ou dias) que a empresa despende até receber suas vendas realizadas a prazo. É preciso ressaltar que a empresa deverá abreviar, sempre que possível, o prazo de recebimento de suas vendas. Com isso, poderá manter recursos disponíveis para outras aplicações mais rentáveis por prazos maiores, além de elevar o giro de seus ativos, o que determinará maior nível de rentabilidade. Em contextos inflacionários, ainda, o custo de manter recursos aplicados em itens realizáveis é agravado pelas perdas que a inflação impõe a esses ativos monetários.

O volume total das aplicações em valores a receber poderá ser reduzido mediante o desconto de duplicatas nos bancos comerciais. Uma dinamização maior dessas operações depende da necessidade de liquidez imediata da empresa e, sobretudo, do custo efetivamente cobrado por essas instituições financeiras.

Ciclo operacional de caixa

O *ciclo operacional de caixa* consiste na soma algébrica do prazo médio de rotação de estoques com o prazo médio de cobrança:

Ciclo operacional de caixa = Prazo médio de rotação de estoques + Prazo médio de cobrança

Período de defasagem de caixa

Para determinar o período de defasagem total entre as entradas e saídas de caixa, é necessário subtrair do ciclo operacional o prazo médio de pagamento. Na realidade, é a partir deste último momento que se inicia o período de defasagem:

Período de defasagem = Ciclo operacional de caixa − Prazo médio de pagamento

Assim, algebricamente, o período de defasagem de caixa é a soma dos três prazos que acabamos de definir (prazo médio de rotação de estoques, prazo médio de pagamento e prazo médio de cobrança), sendo, portanto, igual à duração do período entre os desembolsos efetivos de caixa para pagar os recursos produtivos (matérias-primas e mão-de-obra) e seus próprios recebimentos de caixa com a venda dos produtos; ou, em outras palavras, à duração do período entre o pagamento da mão-de-obra e das matérias-primas e o recebimento de contas a receber. O período de defasagem de caixa é, então, igual à duração média do período em que uma unidade monetária fica retida em ativos circulantes. Tal período pode ser encurtado das seguintes maneiras:

- reduzindo-se o prazo médio de rotação de estoques pelo processamento e venda mais rápida das mercadorias;
- reduzindo-se o prazo médio de cobrança por meio da aceleração das cobranças;
- alongando-se o prazo médio de pagamento, por meio da desaceleração dos pagamentos da própria empresa.

Se for possível tomar essas medidas *sem aumentar os custos ou reduzir as vendas*, é o que deve ser feito.

Coeficiente de rotação de capital de giro

O *coeficiente de rotação de capital de giro* indica quantas vezes por ano gira o capital de giro. Deve equivaler ao número de períodos de defasagem contidos em um ano:

$$\text{Coeficiente de rotação de CG} = \frac{360}{\text{Período de defasagem de caixa}}$$

Mudanças no capital de giro

A partir do coeficiente de rotação de capital de giro, podemos concluir o seguinte:

$$\text{Capital de giro} = \frac{\text{Custos e gastos operacionais}}{\text{Coeficiente de rotação do capital de giro}}$$

$$\text{Mudanças no capital de giro}_{t-1} = \text{Capital de giro}_t - \text{Capital de giro}_{t-1}$$

O problema com o método do período de defasagem está na dificuldade de estimar, de modo adequado, o coeficiente de rotação a ser utilizado no cálculo do capital de giro necessário. Assim, esse método só pode ser usado em dois casos. Primeiro, quando se avalia um novo projeto dentro de uma empresa já em funcionamento e se dispõe do coeficiente de rotação médio da empresa, aplicável ao novo projeto. Segundo, quando se dispõe de informação sobre o coeficiente de rotação médio de outra empresa dedicada à mesma atividade, ou do coeficiente de rotação médio do setor.

No cálculo dos indicadores, deve-se evitar, sempre que possível, o uso de uma média aritmética que envolva unicamente dois valores extremos (saldo inicial mais saldo final dividido por dois). Apesar de esse critério ser praticamente o único viável para o analista externo, o qual baseia sua análise nas demonstrações de final de exercício publicadas pelas empresas, incentiva-se o uso de um número maior de valores para o cálculo da média. O ideal seria uma média baseada nos 12 últimos valores mensais, mas para isso seria necessário ter acesso aos balancetes mensais de verificação, o que nem sempre é possível na prática. Vejamos o seguinte exemplo ilustrativo.

Exemplo 3.3

Considerando os dados da empresa agroindustrial Agrosem S.A. do exemplo anterior, e com as seguintes informações extraídas de suas demonstrações financeiras e de suas operações, pede-se montar o fluxo de caixa que inclua as mudanças nos requerimentos do capital de giro.

Informações das demonstrações financeiras — Agrosem S.A.	
Receitas líquidas	$ 180.000
Custo dos produtos vendidos	$ 120.000
Vendas anuais a prazo	$ 75.000
Contas por cobrar médias	$ 25.000
Contas por pagar médias	$ 48.000
Estoques médios	$ 35.000
Compras anuais a prazo	$ 120.000

Com essas informações, podemos calcular os seguintes índices:

* Prazo médio de rotação de estoques $= \dfrac{360 \times \text{Estoques médios}}{\text{Custo dos produtos vendidos}} = \dfrac{360 \times 35.000}{120.000} = 105$ dias

* Prazo médio de cobrança $= \dfrac{360 \times \text{Contas por cobrar médias}}{\text{Vendas anuais a prazo}} = \dfrac{360 \times 25.000}{75.000} = 120$ dias

* Prazo médio de pagamento $= \dfrac{360 \times \text{Contas por pagar médias}}{\text{Compras anuais a prazo}} = \dfrac{360 \times 48.000}{120.000} = 144$ dias

* Ciclo operacional = Prazo médio de rotação de estoques + Prazo médio de cobrança $= 105 + 120 = 225$ dias

* Período de defasagem = Ciclo operacional − Prazo médio de pagamento $= 225 - 144 = 81$ dias

* Coeficiente de rotação do capital de giro $= \dfrac{360}{\text{Período de defasagem}} = \dfrac{360}{81} = 4,44$

Com as informações sobre receitas, matéria-prima e gastos operacionais da empresa (estimados no Exemplo 3.2), podemos usar o coeficiente de rotação do capital de giro para montar o seguinte fluxo de caixa:

	Ano 0	Ano 1	Ano 2	Ano 3	Ano 4
Receitas líquidas		$ 180.000	$ 180.000	$ 270.000	$ 270.000
– Matéria-prima		–$ 90.000	–$ 90.000	–$ 135.000	–$ 135.000
– Gastos operacionais		–$ 18.000	–$ 18.000	–$ 27.000	–$ 27.000
– Capital de giro necessário (a)		–$ 24.324	–$ 24.324	$ 36.487	–$ 36.487
Mudanças no capital de giro (b)	–$ 24.324		–$ 12.163		$ 36.487
Fluxo de caixa livre (c)	**–$ 24.324**	**$ 72.000**	**$ 59.837**	**$ 108.000**	**$ 144.487**

(a) Capital de giro necessário para os anos 1 e 2 : (Gastos operacionais + Matéria-prima) / Coeficiente de rotação = ($ 18.000 + $ 90.000) / 4,44 = $ 24.324; capital de giro necessário para os anos 3 e 4: ($ 27.000 + $ 135.000) / 4,44 = $ 36.487. (b) Mudanças no capital de giro no período t = Capital de giro necessário em t + 1 – Capital de giro necessário em t. (c) FCL_t = Receita em t – Matéria-prima em t – Gastos operacionais em t – Mudanças no capital de giro em t.

No quadro anterior, as mudanças no capital de giro são consideradas fluxos antecipados (de início de período). Os demais fluxos são postecipados (de final de período).

Método contábil

Esse método tem como base a definição contábil de capital de giro:

$$Capital\ de\ giro = Ativo\ circulante - Passivo\ circulante$$

O método objetiva apresentar de maneira desagregada a composição das contas que originam as necessidades de capital de giro, para, desse modo, estimar suas mudanças em cada período. Esse método exige que as demonstrações financeiras (demonstrativo de resultados e balanço patrimonial) sejam projetadas para os anos de vida útil do projeto — uma tarefa árdua quando a vida útil é extensa. É mais difícil ainda empregar esse método quando se trata de um projeto novo, pois não se dispõe de informações a respeito dele nas demonstrações financeiras dos anos anteriores, que deveriam servir como base para estimar as demonstrações futuras. Se for possível projetar essas informações, esse método será o que mais se aproxima das necessidades reais de capital de giro, pois oferece maior detalhamento acerca das contas que originam tais necessidades.

Exemplo 3.4

No quadro a seguir, mostra-se um extrato do balanço patrimonial projetado da empresa Agrosem:

Ativo circulante		Passivo circulante	
Caixa	$ 1.200	Empréstimos de curto prazo	$ 2.000
Estoques	$ 36.000	Contas a pagar	$ 13.000
Contas a cobrar	$ 12.500		
Total	**$ 49.700**	**Total**	**$ 15.000**

Capítulo 3 – Estrutura do fluxo de caixa para análise e avaliação econômica... **89**

Segundo o método contábil, qual é o valor projetado do capital de giro inicial?

Pelos dados do balanço patrimonial da empresa, o capital de giro inicial pode ser estimado pela diferença entre o ativo circulante e o passivo circulante:

$$\text{Capital de giro inicial} = \text{Ativo circulante} - \text{Passivo circulante}$$
$$= \$ 49.700 - \$ 15.000 = \$ 34.700$$

3.7 Fluxos de caixa e o tratamento adequado da inflação

A inflação tem um impacto importante no processo de análise de investimentos e orçamentação de capital. É possível um projeto ser aceito na ausência de inflação e ser rejeitado se forem considerados os efeitos da inflação nos fluxos de caixa e nas taxas de desconto apropriadas para atualizar esses fluxos.

Muitas vezes, a análise de uma alternativa de investimento envolve fluxos em *valores constantes* (moeda de hoje) e fluxos em *valores correntes* (moeda das respectivas datas). Fluxos em valores constantes são sinônimo de *fluxos reais*, enquanto fluxos em valores correntes são sinônimo de *fluxos nominais*. Para sermos consistentes nos cálculos, os fluxos de caixa em valores correntes devem ser descontados a uma taxa de desconto nominal, enquanto os fluxos em valores constantes devem ser descontados a uma taxa real.

Comumente, a taxa de desconto é expressa em termos nominais, mas a taxa real pode ser estimada a partir dessa taxa nominal e da projeção inflacionária, por meio da seguinte identidade de cálculo:

$$(1 + \text{Taxa nominal}) = (1 + \text{Taxa real}) \times (1 + \text{Inflação projetada})$$

$$(1 + K_N) = (1 + K_r) \times (1 + I) \quad \Rightarrow \quad K_r = \frac{(1 + K_N)}{(1 + I)} - 1$$

Consideremos uma alternativa que requeira um investimento inicial de \$ 100 e renda um fluxo de caixa nominal de \$ 150 daqui a um período. Se o custo real do capital for de 10% e a inflação projetada de 8%, o cálculo do VPL pode ser feito de duas maneiras: descontando-se o fluxo de caixa em termos reais a uma taxa real ou descontando-se o fluxo nominal a uma taxa nominal. Vejamos os cálculos.

- Descontando-se o fluxo de caixa em termos reais a uma taxa real:

$$\text{VPL} = -\$ 100 + \frac{\$ 150 / 1,08}{1,10} = \$ 26,26$$

- Descontando-se o fluxo nominal a uma taxa nominal:

$$\text{VPL} = -\$ 100 + \frac{\$ 150}{1,10 \times 1,08} = \$ 26,26$$

Constata-se que, em ambos os modos de cálculo, o resultado é o mesmo, o que pode nos induzir a imaginar que análises em termos nominais e reais sempre dão o mesmo resultado de VPL. Esse seria o caso em um contexto de efeito inflacionário neutro, em que preços e custos fossem afetados por igual pela inflação. Entretanto, na realidade, dada a complexi-

Gestão de investimentos e geração de valor

dade do processo inflacionário, isso não acontece, obrigando o analista a trabalhar com diversos índices de atualização monetária, cada qual adequado a um dos diversos componentes do fluxo de caixa.

Vejamos alguns exemplos de aplicação do tratamento inflacionário nos fluxos de caixa.

Exemplo 3.5

Considerando uma taxa nominal de 14% a.a. e uma inflação projetada de 4% a.a., provar que, se os fluxos de caixa nominais (moeda corrente) forem convertidos em fluxos reais (moeda constante), o VPL do projeto não será afetado, sendo usada uma taxa de desconto apropriada.

- Análise em valores correntes:

Fluxo de caixa em valores correntes (fluxo nominal)

Ano 0	Ano 1	Ano 2
−$ 1.000	$ 600	$ 650

$$\text{VPL}(14\%) = -\$\,1.000 + \frac{\$\,600}{1,14} + \frac{\$\,650}{(1,14)^2} = \$\,26,47$$

Os fluxos de caixa nominais são realizados em datas futuras e estabelecidos em moeda das datas respectivas (moeda corrente). Logo, o VPL foi calculado com a taxa nominal.

- Análise em valores constantes:

Fluxo de caixa em valores constantes (fluxo real)

Ano 0	Ano 1	Ano 2
−$ 1.000	$ 600 / 1,04 = $ 576,92	$ 650 / (1,04)² = $ 600,96

- Custo real do capital:

$$K_r = \frac{1 + K_N}{1 + I} - 1 = \frac{1,14}{1,04} - 1 = 9,62\% \text{ a.a.}$$

- Valor presente líquido:

$$\text{VPL}(9,62\%) = -\$\,1.000 + \frac{\$\,576,92}{1,0962} + \frac{\$\,600,96}{(1,0962)^2} = \$\,26,47$$

Os fluxos de caixa em valores constantes são realizados em datas futuras, mas estabelecidos em moeda constante (moeda de hoje). Foram determinados deflacionando-se os fluxos nominais pela taxa de inflação projetada. O VPL foi calculado com a taxa real.

Exemplo 3.6

Uma empresa pretende investir $ 100.000 em um projeto para produzir um novo produto. Dispõe-se das seguintes informações: investimento = $ 100.000, vida útil do projeto = 3 anos, custo do capital (K_N) = 12% a.a. (taxa nominal), preço unitário hoje (P) = $ 10/unidade, produção (Q) = 6.000 unidades/ano (constante), custos totais de produção (CT) = $ 10.000/ano, taxa de inflação projetada: 10% a.a. (constante).

Considerando que o preço do produto e os custos acompanharão a inflação projetada e que a produção permanecerá constante, analisar a viabilidade econômica do projeto por meio de uma análise em valores constantes e em valores correntes. Por simplicidade, assumir que o fluxo de caixa seja basicamente igual às receitas menos os custos totais e que não haja efeitos fiscais.

Análise em valores constantes (a preços de hoje)

$$\text{Fluxo de caixa} = \text{Receitas} - \text{Custos totais}$$
$$= P \times Q - CT$$
$$= \$ 10/\text{unidade} \times 6.000 \text{ unidades/ano} - \$ 10.000/\text{ano} = \$ 50.000/\text{ano}$$

Custo real do capital:

$$K_r = \frac{1 + K_N}{1 + I} - 1 = \frac{1,12}{1,10} - 1 = 1,8182\% \text{ a.a.}$$

O fluxo de caixa expresso em valores constantes deve ser descontado ao custo real do capital:

$$VPL(1,8182\%) = -\$ 100.000 + \$ 50.000 \times a_{\overline{3}|\,1,8182\%}$$
$$= -\$ 100.000 + \$ 50.000 \times 2,89413 = \$ 44.706 > 0$$

Análise em valores correntes (a preços das respectivas datas)

Nesse caso, os fluxos de caixa devem refletir o poder aquisitivo da moeda. Supondo que os preços e custos acompanhem a inflação, o quadro a seguir apresenta o fluxo de caixa em valores correntes (fluxo nominal).

Fluxo de caixa em valores correntes (fluxo nominal)

	Ano 1	Ano 2	Ano 3
+ Receitas (P × Q)	$10 \times 1,1 \times \$ 6.000 = \$ 66.000$	$10 \times (1,1)^2 \times \$ 6.000 = \$ 72.600$	$10 \times (1,1)^3 \times \$ 6.000 = \$ 79.860$
− Custo total (CT)	$-\$ 10.000 \times 1,1 = -\$ 11.000$	$-\$ 10.000 \times (1,1)^2 = -\$ 12.100$	$-\$ 10.000 \times (1,1)^3 = -\$ 13.310$
FCL	**$ 55.000**	**$ 60.500**	**$ 66.550**

Fluxos de caixa a preços correntes devem ser descontados ao custo nominal (aparente) do capital:

$$VPL(12\%) = -\$ 100.000 + \frac{\$ 55.000}{(1,12)} + \frac{\$ 60.500}{(1,12)^2} + \frac{\$ 66.550}{(1,12)^3} = \$ 44.706 > 0$$

Constata-se que, em ambas as formas de análise, seja em valores correntes, seja em valores constantes, o VPL é o mesmo. Isso se deve à suposição de que tanto os custos quanto os preços acompanharão por igual a inflação (efeito inflacionário neutro).

Exemplo 3.7

Uma empresa pretende investir $ 5.000.000 em uma planta para produzir 45.000 unidades/ano de bobinas elétricas. O preço atual de venda das bobinas é de $ 125/unidade, e espera-se um incremento de 9% a.a. nesse preço. O custo total de produção é de $ 70/unidade, sendo esperado um incremento de 2% a.a. Considerando uma inflação projetada de 6% a.a., um custo do capital (taxa nominal) de 11% a.a. e uma vida útil para o projeto de dois anos, calcular o VPL com base no fluxo nominal e no fluxo real. Não considerar valor residual nem efeitos fiscais.

Fluxo de caixa em valores correntes (fluxo nominal)

	Ano 0	Ano 1	Ano 2
− Investimento	−$ 5.000.000		
+ Receitas		$45.000 \times \$ 125 \times (1,09) = \$ 6.131.250$	$45.000 \times \$ 125 \times (1,09)^2 = \$ 6.683.062,50$
− Custos		$-45.000 \times \$ 70 \times (1,02) = -\$ 3.213.000$	$-45.000 \times \$ 70 \times (1,02)^2 = -\$ 277.260,00$
FCL	**$ 5.000.000**	**$ 2.918.250**	**$ 3.405.802,50**

- Valor presente líquido do fluxo nominal:

$$\text{VPL}(11\%) = -\$ 5.000.000,00 + \frac{\$ 2.918.250,00}{(1,11)} + \frac{\$ 3.405.802,50}{(1,11)^2} = \$ 393.280$$

Fluxo de caixa em valores constantes (fluxo real)

Ano 0	Ano 1	Ano 2
−$ 5.000.000	$\$ 2.918.250 / 1,06 = \$ 2.753.066$	$\$ 3.405.802,50 / (1,06)^2 = \$ 3.031.152$

- Custo real do capital e cálculo do VPL do fluxo real.

$$K_r = \frac{1 + K_N}{1 + I} - 1 = \frac{1,11}{1,06} - 1 = 4,7170\% \text{ a.a.}$$

$$\text{VPL}(4,7170\%) = -\$ 5.000.000,00 + \frac{\$ 2.753.066,04}{(1,047170)} + \frac{\$ 3.031.152,10}{(1,047170)^2} = \$ 393.279$$

Exemplo 3.8

Considerando um custo do capital de 2% a.a. (taxa real) e uma inflação projetada de 8% a.a., analisar pelo critério da TIR a viabilidade econômica do seguinte projeto de investimento.

Fluxo de caixa em valores correntes (fluxo nominal)

Ano 0	Ano 1	Ano 2	Ano 3
−$ 100	$ 40	$ 50	$ 60

- Taxa interna de retorno:

$$-\$ 100 + \frac{\$ 40}{1 + \text{TIR}} + \frac{\$ 50}{(1 + \text{TIR})^2} + \frac{\$ 60}{(1 + \text{TIR})^3} = 0 \Rightarrow \text{TIR} = 21,65\% \text{ a.a.}$$

A TIR calculada com base no fluxo nominal (valores correntes) deve ser comparada com o custo nominal do capital.

- Custo nominal do capital: $K_N = (1 + K_r) \times (1 + I) - 1 = 1,02 \times 1,08 - 1 = 10,16\%$ a.a.

Como $(\text{TIR} = 21,65\%) > (K_N = 10,16\%)$, a alternativa de investimento é economicamente viável.

Exemplo 3.9

Uma empresa têxtil pretende ampliar sua linha de produção de tecidos de algodão. Dispõe de duas alternativas: comprar um equipamento convencional (alternativa A) ou um equipamento mais moderno com comando de controle numérico (alternativa B). A produção inicial conseguida com ambos os equipamentos será de 10.000 m²/ano de tecidos, mas com o equipamento com comando numérico (alternativa B) espera-se um aumento na produção da ordem de 12% a.a. No caso do equipamento convencional (alternativa A), dadas as suas modestas características operacionais, não se esperam ganhos por produtividade. A vida útil de ambos os equipamentos é de 6 anos. A alternativa A tem um valor de liquidação igual a 20% do custo inicial, e a alternativa B, de 25%. A liquidação será no ano seguinte ao do término da vida útil. No caso da alternativa A, 100% do investimento requerido será despendido em 2002. No caso da alternativa B, 60% será despendido em 2002 e o restante em 2003. O custo de oportunidade do capital é de 20% a.a. (taxa nominal) e a inflação projetada para o período é de 6% a.a. O quadro a seguir resume as informações relevantes sobre as alternativas.

	Alternativa A	Alternativa B
Custo do equipamento	$ 100.000	$ 130.000
Ano(s) do dispêndio de capital (%)	2002 (100%)	2002 (60%); 2003 (40%)
Ano de início das operações	2003	2003
Vida útil	6 anos	6 anos
Valor de liquidação (residual)	20%	25%
Gastos operacionais	$ 30.000/ano	$ 25.000/ano
Crescimento dos gastos operacionais	0%	5% a.a.
Produção inicial em 2003 (m²/ano)	10.000	10.000
Taxa de crescimento da produção	0%	12% a.a.
Preço unitário de venda (preço de 2002)	$ 6/m²	$ 5/m²

Considerando que todos os valores encontram-se a preços de 2002, pede-se efetuar a análise econômica das alternativas em termos reais (a preços constantes de 2002) sem considerar efeitos fiscais.

Os quadros a seguir mostram a montagem do fluxo de caixa livre (fluxo econômico) das alternativas A e B durante o período de projeção.

Gestão de investimentos e geração de valor

Fluxo de caixa livre (FCL) a preços constantes de 2002

Alternativa A	2002	2003	2004	2005	2006	2007	2008	2009
Produção (m²)		$ 10.000	$ 10.000	$ 10.000	$ 10.000	$ 10.000	$ 10.000	
Preço unitário ($/m²)		$ 6	$ 6	$ 6	$ 6	$ 6	$ 6	
Investimento	−$ 100.000							$ 20.000
Receitas		$ 60.000	$ 60.000	$ 60.000	$ 60.000	$ 60.000	$ 60.000	
− Gastos operacionais		−$ 30.000	−$ 30.000	−$ 30.000	−$ 30.000	−$ 30.000	−$ 30.000	
FCL	**−$ 100.000**	**$ 30.000**	**$ 30.000**	**$ 30.000**	**$ 30.000**	**$ 30.000**	**$ 30.000**	**$ 20.000**

Alternativa B	2002	2003	2004	2005	2006	2007	2008	2009
Produção (m²)		$ 10.000	$ 11.200	$ 12.544	$ 14.049	$ 15.735	$ 17.623	
Preço unitário ($/m²)		$ 5	$ 5	$ 5	$ 5	$ 5	$ 5	
Investimento	−$ 78.000	−$ 52.000						$ 32.500
Receitas		$ 50.000	$ 56.000	$ 62.720	$ 70.245	$ 78.675	$ 88.115	
− Gastos operacionais		−$ 26.250	−$ 27.563	−$ 28.941	−$ 30.388	−$ 31.907	−$ 33.502	
FCL	**−$ 78.000**	**−$ 28.250**	**$ 28.437**	**$ 33.779**	**$ 39.857**	**$ 46.768**	**$ 54.613**	**$ 32.500**

Considerando que o fluxo de caixa livre (FCL) está em valores de 2002 (a preços de 2002), ou seja, é um fluxo real, a taxa de desconto apropriada para o cálculo do VPL deve ser a taxa real. O cálculo da taxa real e do VPL das alternativas é feito a seguir.

- Taxa real: $(1 + 0,20) / (1 + 0,06) - 1 = 13,2076\%$ a.a.
- $VPL_A (13,2076\%) = \$ 27.629,27$
- $VPL_B (13,2076\%) = \$ 31.517,41$

Conclui-se que devemos selecionar a alternativa B, pois tem o maior VPL.

3.8 Fluxos de caixa e avaliação em moeda forte

É um erro imaginar que, quando a inflação é alta, a única avaliação consistente será aquela efetuada em alguma moeda forte, por exemplo, o dólar. A maioria das pessoas acredita que o uso de moedas fortes proporciona a melhor base para analisar a rentabilidade dos investimentos, mas isso não é necessariamente verdadeiro. Deve-se considerar que mesmo o dólar e outras moedas estrangeiras também estão sujeitos a depreciação. Muitas vezes, em situações de inflação alta, a desvalorização cambial da moeda nacional não acompanha necessariamente a inflação. É possível que, em tais situações, a inflação seja menor que o rendimento das aplicações em moeda nacional, mas também pode ocorrer que a rentabilidade em dólar seja negativa. Convém entender que, quando um fluxo de caixa é expresso em termos reais (valores constantes), ele pode ser equivalente a um fluxo expresso em dólares. O seguinte exemplo ilustra esses conceitos.

Capítulo 3 – Estrutura do fluxo de caixa para análise e avaliação econômica... 95

Exemplo 3.10

Considerando efeitos inflacionários e cambiais, analisar um projeto que requeira um investimento de $ 100 e dure somente 2 anos. Os fluxos de caixa em termos reais são: $ 200 e $ 300, respectivamente, para o primeiro e o segundo anos. Vamos supor também que a taxa de inflação da moeda nacional e sua taxa de desvalorização diante do dólar sejam as mesmas e iguais a 100% a.a.

O seguinte quadro mostra os fluxos de caixa do projeto e as TIRs respectivas.

	Ano 0	Ano 1	Ano 2	TIR
Fluxo de caixa real em moeda nacional	–$ 100	$ 200	$ 300	200%
Índice de preços	1,0	$1,0 \times (1 + 1,0) = 2,0$	$2,0 \times (1 + 1,0) = 4,0$	
Fluxo de caixa nominal em moeda nacional	$–$ 100 \times 1,0 = –$ 100$	$$ 200 \times 2,0 = $ 400$	$$ 300 \times 4,0 = $ 1.200$	
Tipo de câmbio	1,0	$1,0 \times (1 + 1,0) = 2,0$	$2,0 \times (1 + 1,0) = 4,0$	
Fluxo de caixa real em dólar	$–$ 100 / 1,0 = –US$ 100$	$$ 400 / 2,0 = US$ 200$	$$ 1.200 / 4,0 = US$ 300$	200%

Observação: Inflação = 100% a.a.; desvalorização da moeda nacional diante do dólar = 100% a.a.

Observa-se no quadro que, para uma inflação de 100% a.a., os índices de preços serão, respectivamente, 1, 2 e 4. Assumindo-se que o tipo de câmbio hoje seja $ 1 = US$ 1 e não existe inflação em dólar, os tipos de câmbio serão, respectivamente, 1, 2 e 4. Dessa maneira, o fluxo de caixa real em dólares será igual ao fluxo real em moeda nacional. Igualmente, a TIR dos fluxos reais em moeda nacional e a TIR em dólar serão as mesmas.

Se a inflação da moeda nacional for maior que sua desvalorização diante do dólar, o fluxo de caixa real em dólar será maior que o fluxo de caixa real em moeda nacional. Por outro lado, se a inflação da moeda nacional for menor que sua desvalorização diante do dólar, o fluxo de caixa real em dólar será menor que o fluxo de caixa real em moeda nacional. O quadro abaixo mostra a primeira dessas duas situações.

	Ano 0	Ano 1	Ano 2	TIR
Fluxo de caixa nominal em moeda nacional	–$ 100	$ 400	$ 1.200	
Índice de preços	1,0	$1,0 \times (1 + 1,5) = 2,5$	$2,5 \times (1 + 1,5) = 6,25$	
Fluxo de caixa real em moeda nacional	$–$ 100 / 1,0 = –$ 100$	$$ 400 / 2,5 = $ 160$	$$ 1.200 / 6,25 = $ 192$	140%
Tipo de câmbio	1,0	$1,0 \times (1 + 1,0) = 2,0$	$2,0 \times (1 + 1,0) = 4,0$	
Fluxo de caixa real em dólar	$–$ 100 / 1,0 = –US$ 100$	$$ 400 / 2,0 = US$ 200$	$$ 1.200 / 4,0 = US$ 300$	200%

Observação: Inflação = 150% a.a.; desvalorização da moeda nacional diante do dólar = 100% a.a.

Nesse quadro, vemos que a TIR do fluxo real em moeda nacional (140%) é menor que a TIR do fluxo real em dólar (200%), o que mostra claramente que, quando as taxas de inflação e de desvalorização cambial da moeda nacional são diferentes, uma avaliação em dólar e outra em moeda nacional têm resultados diferentes.

3.9 Decisões de investimento em moeda nacional e em moeda estrangeira

Algumas vezes apresentam-se situações em que se deve efetuar uma análise comparativa de oportunidades de investimento no país e no exterior. Esse tipo de análise está sujeita ao tipo de câmbio que relaciona as moedas dos países, à taxa de inflação nacional e à taxa de desvalorização cambial da moeda nacional diante da moeda estrangeira. O seguinte exemplo ilustra o tipo de tratamento que deve ser dado a essas situações.

Exemplo 3.11

Uma pessoa pretende investir $ 500.000 nos próximos 2 anos. Dispõe de duas opções de investimento: a) um depósito a prazo fixo em um banco de Miami que rende juros de 6% a.a. em *dólares* correntes; b) um depósito a prazo fixo em *reais* em um banco do Rio de Janeiro que rende três pontos percentuais acima da inflação anual. Projeta-se uma inflação anual de 9% nesse prazo no Brasil e espera-se que o real enfrente um ritmo de desvalorização diante do dólar de 7% a.a. nos próximos 2 anos. Atualmente, as moedas se relacionam de acordo com este câmbio: $ 2,0 = US$ 1,0. Pede-se determinar a melhor opção de investimento.

O quadro seguinte mostra a análise da primeira alternativa.

	Ano 0	Ano 2
Reais	$ 500.000	$ 643.205 (d)
Tipo de câmbio	2,0	2,2898 (c)
Dólares	US$ 250.000 (a)	US$ 280.900 (b)
Rentabilidade nominal anual		13,42% a.a. (e)
Rentabilidade real anual		4,06% a.a. (f)

(a) $ 500.000 / 2,0. **(b)** US$ 250.000 $\times (1,06)^2$. **(c)** 2,0 $\times (1,07)^2$. **(d)** US$ 280.900 $\times$ 2,2898. **(e)** $(643.205 / 500.000)^{1/2} - 1$. **(f)** 1,1342 / 1,09 − 1.

E este, o da segunda alternativa.

	Ano 0	Ano 2
Reais	R$ 500.000	R$ 627.200 (a)
Rentabilidade nominal anual		12,00% a.a. (b)
Rentabilidade real anual		2,75% a.a. (c)

(a) $ 500.000 $\times (1,12)^2$. **(b)** $(\$ 627.200 / \$ 500.000)^{1/2} - 1$. **(c)** 1,12/1,09 − 1.

Conclui-se, portanto, que a melhor alternativa é aplicar em Miami (para quem puder, é claro), pois a rentabilidade real é superior à do investimento no banco carioca.

3.10 Montagem do fluxo de caixa para avaliação econômica de projetos de investimento

Nesta seção veremos como é estruturado o fluxo de caixa livre (FCL), para efeitos de avaliação econômica, e como são agregados os fluxos do financiamento a fim de obter o fluxo do acionista (FDA), para efeitos de avaliação do ponto de vista do capital próprio. O processo será certamente mais bem entendido por meio de exemplos ilustrativos, que nos servirão para apresentar e discutir diferentes detalhes, conceitos, princípios e idéias relacionados à estruturação do fluxo de caixa para análise econômica.

3.10.1 Fluxo de caixa em problemas de substituição de equipamentos

É bastante comum na orçamentação de capital encontrarmos o problema clássico da substituição de equipamentos. Nesta seção, por meio de exemplos ilustrativos, apresentaremos a estrutura analítica necessária para uma decisão econômica nessa situação. Vejamos os seguintes exemplos de aplicação em que, por simplicidade, considera-se que o investimento inicial seja efetuado de uma vez só, logo no início do primeiro ano (ano 0).

Exemplo 3.12

Uma empresa da área de mineração que explora uma concessão mineral encontrou recentemente sérios problemas operacionais. Atualmente, a empresa estuda uma solução para os problemas, a fim de poder explorar a jazida até a exaustão final. Com esse objetivo, ao custo de $ 0,3 milhão, contratou uma empresa de consultoria para estudar o problema e propor uma solução técnico-econômica. A solução proposta pela consultoria consiste na substituição da atual unidade de moagem de minério por uma unidade moderna, ao custo de $ 36 milhões. Essa nova unidade poderá ser operada eficientemente pelo prazo máximo de 20 anos; entretanto, dependendo das condições econômicas, a unidade poderá também ser substituída antes desse prazo e vendida no mercado de ativos usados por um valor 10% maior que seu valor contábil da época. Se a nova unidade não for adquirida, a exploração da jazida deverá terminar no prazo máximo de 4 anos, pois os atuais equipamentos, dada a sua obsolescência tecnológica, inviabilizam a exploração comercial além desse prazo. De acordo com os livros contábeis da empresa, o equipamento atual tem um valor contábil de $ 2 milhões, depreciáveis em 2 anos, mas pode ser vendido hoje por $ 3 milhões.

O estudo indicou que, para instalar a nova unidade de moagem, será necessário alugar um galpão maior que o atualmente usado. O aluguel desse galpão aumentará os gastos de aluguel da empresa em $ 0,7 milhão/ano. Igualmente, segundo o estudo, será necessário alugar mais 2 faixas transportadoras de minério, ao custo total de $ 0,6 milhão/ano, e mais 5 caminhões pesados, ao custo total de $ 0,2 milhão/ano.

Atualmente a empresa produz 400.000 toneladas/ano de minério, vendido em sua totalidade ao preço de $ 500/tonelada. O estudo mostrou que a nova unidade de moagem trará um ganho de produtividade, permitindo que a empresa diminua seus custos operacionais em $ 4 milhões/ano. O ganho de produtividade acarretará um aumento na produção e nas vendas da ordem de 5% sobre a produção atual, já a partir do primeiro ano de funcionamento da nova unidade. Devido a essa maior produção, espera-se um aumento nas necessidades anuais de capital de giro da ordem de 15% sobre o aumento das receitas de vendas.

Setenta por cento do custo da nova unidade de moagem será financiado pelo Hannover Bank Trust Co. por meio de um contrato de financiamento amortizável em 15 anos, segundo a Tabela Price, à taxa de juros efetiva de 15% a.a. Segundo o estudo de viabilidade e as próprias características de risco do projeto, o custo do capital adequado para a análise econômica é de 20% a.a. Os proprietários da empresa aceitariam aplicar recursos próprios no projeto somente se a rentabilidade desse capital fosse de no mínimo 25% a.a. A empresa de mineração está situada em uma alíquota de IR de 30%.

Considerando efeitos fiscais instantâneos, montar os quadros de fluxo de caixa e efetuar a análise de viabilidade econômico-financeira do empreendimento.

Horizonte de planejamento e valor de liquidação

Observa-se que as duas alternativas serão comparáveis somente durante os próximos 4 anos, o que corresponde ao tempo em que a empresa ainda poderá operar se não comprar a nova unidade de moagem. Mesmo que o novo equipamento continue funcionando após o quarto ano, a comparação econômica para a decisão de substituição poderá ser feita apenas durante 4 anos. Depois disso, não haverá alternativa, e uma decisão terá de ser tomada naquele momento. O fluxo diferencial só poderá ser definido se ambas as alternativas existirem ao mesmo tempo. Como depois de 4 anos a unidade antiga não estará mais disponível, não podemos analisar a situação depois do quarto ano sem ter de fazer alguma suposição sobre a duração restante da nova unidade de moagem. Existem, portanto, dois modos de analisar o problema.

a) Podemos limitar a análise ao término do quarto ano e lançar nesse ano um valor residual ou valor de liquidação da nova unidade, pois ela poderia operar perfeitamente durante outros 16 anos. Na prática, no caso de equipamentos, muitas vezes considera-se o valor contábil como valor residual ou de liquidação. O valor contábil é utilizado porque é fácil de obter, não gera lucros nem prejuízos tributáveis e também porque a necessidade de precisão dos valores finais é reduzida pelo impacto exponencial do processo de desconto dos valores dos últimos anos. Mas, se o valor dos ativos for bastante previsível, o valor de venda estimado (ajustado para qualquer conseqüência de imposto) deverá ser lançado como valor de recuperação.

b) Pode-se também supor que a unidade antiga seja substituída por uma nova unidade daqui a 4 anos, e que outras substituições semelhantes possam ser feitas de 20 em 20 anos. O problema dessa abordagem é que ela abre muitas possibilidades em conseqüência das múltiplas opções de substituição. É provável que o próprio processo de desconto faça com que as estimativas para os últimos anos se tornem praticamente nulas.

Considerando cada aspecto, a menos que haja razões suficientes para conjeturar várias suposições de substituição, a forma de estabelecer o horizonte de planejamento ou prazo de comparação descrito no item *a* é mais direta e menos subjetiva.

Assim, uma vez que a análise se limitará ao quarto ano, naquele momento deverá ser lançado um valor referente à recuperação (liquidação) da nova unidade. Segundo o enunciado do problema, esse valor será 10% maior que o valor contábil da época. Esse valor deverá, ainda, ser ajustado para qualquer conseqüência de imposto decorrente da liquidação da nova unidade no quarto ano.

Fluxo de caixa

O quadro a seguir mostra o fluxo de caixa durante os 4 primeiros anos, que é o tempo em que podemos comparar as alternativas:

	Fluxo de caixa ($ milhão)					
Item	Ano 0	Ano 1	Ano 2	Ano 3	Ano 4	Liquidação
Investimentos						
Investimento inicial líquido	–33,3 (a)					30,82 (b)
Aumento das receitas (c)		**10,0**	**10,0**	**10,0**	**10,0**	
Custos e economias operacionais						
Economia de custos operacionais		4,0	4,0	4,0	4,0	
– Aumento de aluguel de galpão		–0,7	–0,7	–0,7	–0,7	
– Aluguel de faixa transportadora		–0,6	–0,6	–0,6	–0,6	
– Aluguel de caminhões		–0,2	–0,2	–0,2	–0,2	
– Depreciação incremental (d)		–0,8	–0,8	–1,8	–1,8	
Lucro antes de juros e IR (Lajir)		**11,7**	**11,7**	**10,7**	**10,7**	
– Imposto de renda (30%)		–3,51	–3,51	–3,21	–3,21	
Mudanças do capital de giro	–1,5 (e)					+1,5 (f)
+ Depreciação incremental		0,8	0,8	1,8	1,8	
Fluxo de caixa livre (FCL)	**–34,8**	**8,99**	**8,99**	**9,29**	**9,29**	**32,32**
Financiamento	25,2 (g)					–22,56 (h)
– Prestações pagas (i)		–4,31	–4,31	–4,31	–4,31	
+ Benefício fiscal dos juros pagos (j)		1,13	1,11	1,08	1,05	
Fluxo dos acionistas (FDA)	**–9,6**	**5,81**	**5,79**	**6,06**	**6,03**	**9,76**

(a) Investimento inicial líquido: a venda da unidade antiga é conseqüência direta da decisão de substituí-la. O investimento inicial líquido será igual ao preço da nova unidade menos o valor recebido pela venda da unidade antiga, mais o imposto a pagar pelo ganho de capital decorrente dessa venda:

Custo da nova unidade .... $ 36,0 milhões
Valor recebido pela venda do equipamento antigo .... ($ 3,0) milhões
Imposto a pagar pelo ganho de capital na venda: 0,30 × ($ 3,0 − $ 2,0) .... $ 0,3 milhão
Investimento inicial líquido .... $ 33,3 milhões

O ganho de capital é calculado pela diferença entre o valor de venda do equipamento antigo e seu valor contábil ($ 3,0 − $ 2,0).

(b) Valor residual do investimento (liquidação): o valor de liquidação ou valor residual da nova unidade a ser lançado ao término do quarto ano será 10% maior que o valor contábil da época, ajustado para imposto sobre ganhos de capital na venda:

Caixa pela venda da nova unidade: 1,10 × ($ 36 − 4 × $ 36 / 20) .... $ 31,68 milhões

Imposto pelo ganho de capital na venda:

IR × Ganho de capital = 0,30 × ($ 31,68 − $ 28,8) .... ($ 0,86) milhão
Valor residual ou de liquidação da nova unidade .... $ 30,82 milhões

O ganho de capital é calculado pela diferença entre o valor de venda (no ano 4) do novo equipamento e seu valor contábil nesse ano [\$ 31,68 − (36 − 4 × \$ 36 / 20)].

(c) A receita incremental decorrente da aquisição da unidade mais moderna será de 5% sobre o atual faturamento: 0,05 × 400.000 ton./ano × \$ 500/t = \$ 10 milhões/ano.

(d) A depreciação incremental em cada ano é igual à depreciação anual da nova unidade menos a depreciação anual da unidade antiga:

Ano 1: (\$ 36 / 20 − \$ 2 / 2) = \$ 0,80 milhão   Ano 3: (\$ 36 / 20 − 0) = \$ 1,80 milhão
Ano 2: (\$ 36 / 20 − \$ 2 / 2) = \$ 0,80 milhão   Ano 4: (\$ 36 / 20 − 0) = \$ 1,80 milhão

A depreciação é somada posteriormente por se tratar de um fluxo não-caixa.

(e) Mudanças do capital de giro (15% sobre o incremento das receitas):

Ano 1: 0,15 × (\$ 10 − 0) = \$ 1,5 milhão   Ano 3: 0,15 × (\$ 10 − \$ 10) = 0
Ano 2: 0,15 × (\$ 10 − \$ 10) = 0   Ano 4: 0,15 × (\$ 10 − \$ 10) = 0

(f) O capital de giro é recuperado ao término do quarto ano (liquidação).

(g) Financiamento (70% do valor da nova unidade) = 0,7 × \$ 36 = \$ 25,2 milhões.

(h) O quadro a seguir mostra a Tabela Price do financiamento para os primeiros 4 anos.

	Ano 0	Ano 1	Ano 2	Ano 3	Ano 4
Saldo devedor	25,20	24,67	24,06	23,36	22,56
Juros (15%)		3,78	3,70	3,61	3,50
Amortização		0,53	0,61	0,70	0,81
Prestação		4,31	4,31	4,31	4,31

Admite-se que ao término do período de comparação (quarto ano) o financiamento venha a ser liquidado, sendo pago o saldo devedor dessa época (\$ 22,56 milhões).

(i) Considerando o prazo e a taxa de juros contratada, a prestação do financiamento é calculada da seguinte forma:

$$\text{Prestação} = \$ 25,20 \times \left[\frac{(1,15)^{15} \times 0,15}{(1,15)^{15} - 1} \right] = \$ 4,31 \text{ milhões/ano}$$

(j) O benefício fiscal é calculado multiplicando-se os juros de cada período da Tabela Price pela alíquota de IR (30%). O valor pago à empresa de consultoria (\$ 0,3 milhão) é um custo afundado (veja a Secção 3.6.4) que não entra no fluxo de caixa incremental. O capital de giro é lançado no início de cada ano, pois se supõe que seja necessário justamente nesse instante.

Avaliação econômica (perspectiva da empresa)

$$-\$ 34,8 + \frac{\$ 8,99}{(1 + TIR_E)} + \frac{\$ 8,99}{(1 + TIR_E)^2} + \frac{\$ 9,29}{(1 + TIR_E)^3} + \frac{\$ 9,29 + \$ 32,32}{(1 + TIR_E)^4}$$

$$\Rightarrow (TIR_E = 25,72\%) > 20\%$$

Como a taxa interna de retorno do FCL (TIR_E) é maior que o custo do capital (25,72% > 20%), o projeto será viável do ponto de vista econômico, ou seja, o projeto é intrinsecamente bom para a empresa como um todo. A análise da viabilidade econômica mede o potencial de geração de renda econômica do empreeendimento.

Avaliação financeira (perspectiva dos acionistas)

$$-\$ 9,6 + \frac{\$ 5,81}{(1 + TIR_F)} + \frac{\$ 5,79}{(1 + TIR_F)^2} + \frac{\$ 6,06}{(1 + TIR_F)^3} + \frac{\$ 6,03 + \$ 9,76}{(1 + TIR_F)^4}$$

$$\Rightarrow (TIR_F = 61,33\%) > 25\%$$

Capítulo 3 – Estrutura do fluxo de caixa para análise e avaliação econômica...

A análise da viabilidade financeira do projeto é um passo posterior à análise da viabilidade econômica. Logo, depois de analisar a viabilidade econômica, deve-se analisar se o projeto gera renda suficiente para pagar também os compromissos assumidos no financiamento e se remunera adequadamente o capital próprio. Para tanto, é necessário incluir os fluxos relativos ao financiamento tomado, o que resultará no fluxo dos acionistas (FDA). A TIR calculada sobre o fluxo dos acionistas (TIR_F) mede a rentabilidade do capital próprio, devendo ser comparada com o custo do capital próprio (K_{cp}), taxa que não incorpora em seu cálculo custos associados ao financiamento. Como a TIR_F é maior que o custo do capital próprio (61,335% > 25%), o projeto será viável também do ponto de vista dos acionistas. O custo do capital e assuntos correlatos serão tratados no Capítulo 9.

Exemplo 3.13

Uma empresa estuda a substituição de uma máquina antiga por uma nova. Estima-se que a máquina a ser substituída ainda possa ser usada por mais 5 anos antes de tornar-se imprestável, e que seu valor contábil seja de $ 15.000, depreciável linearmente em $ 3.000/ano. Caso seja substituída, a máquina antiga poderá ser vendida no mercado de máquinas usadas por $ 18.000. A máquina nova custa $ 300.000, tem vida útil de 10 anos e será depreciada linearmente. Admite-se que possa ser usada até o término de sua vida útil, ou possa ser vendida antes por um valor equivalente a seu valor contábil na data da venda. No quadro seguinte, temos informações sobre capacidade, custos, necessidade de mão-de-obra direta, matéria-prima usada, despesas de vendas e preço de venda do produto produzido, para ambos os equipamentos:

Máquina	Capacidade de produção (unidades/ano)	Mão-de-obra (número de operários necessários)	Matéria-prima ($/unidade)	Despesas fixas em vendas ($/ano)	Preço de venda do produto fabricado ($/unidade)
Nova	100.000	3	0,5	6.000	3,00
Antiga	80.000	5	0,7	4.000	2,50

O custo de mão-de-obra por operário é de $ 6.000/ano. Considerando uma alíquota de IR de 30%, efeitos fiscais instantâneos e um custo do capital de 15%, montar o fluxo de caixa e efetuar a análise econômica.

Horizonte de planejamento

As duas alternativas serão comparáveis somente durante os próximos 5 anos, período durante o qual a máquina antiga ainda poderá operar.

Fluxo de caixa livre (fluxo econômico)

O quadro a seguir mostra o fluxo de caixa livre incremental durante os 5 primeiros anos da máquina nova (tempo de comparação).

Item	Fluxo de caixa ($)						
	Ano 0	Ano 1	Ano 2	Ano 3	Ano 4	Ano 5	Liquidação
Investimento	–282.900 (a)						130.000 (b)
Aumento de receitas (c)		100.000	100.000	100.000	100.000	100.000	

(continua)

(continuação)

	Fluxo de caixa ($)						
Item	Ano 0	Ano 1	Ano 2	Ano 3	Ano 4	Ano 5	Liquidação
Custos							
Economia de mão-de-obra (d)		12.000	12.000	12.000	12.000	12.000	
Economia de matéria-prima (e)		6.000	6.000	6.000	6.000	6.000	
– Despesa de vendas (f)		–2.000	–2.000	–2.000	–2.000	–2.000	
– Depreciação incremental (g)		–27.000	–27.000	–27.000	–27.000	–27.000	
Lucro antes de juros e IR (Lajir)		89.000	89.000	89.000	89.000	89.000	
– Impostos (30%)		–26.700	–26.700	–26.700	–26.700	–26.700	
+ Depreciação incremental (h)		27.000	27.000	27.000	27.000	27.000	
Fluxo de caixa livre (FCL)	**–282.900**	**89.300**	**89.300**	**89.300**	**89.300**	**89.300**	**150.000**

(a) Investimento inicial líquido:

Custo da máquina nova .... $ 300.000
Caixa pela venda da máquina antiga .... $ (18.000)
Imposto a pagar pelo ganho de capital na venda da máquina antiga $ 900
Investimento inicial líquido .... $ 282.900

O ganho de capital é calculado pela diferença entre o valor de venda da máquina antiga e seu valor contábil atual ($ 18.000 − $ 15.000). O imposto a pagar incidirá sobre esse valor: $0,3 \times \$ 3.000 = \$ 900$.

(b) Valor residual (liquidação): o valor de liquidação a ser lançado ao término do quinto ano será igual ao valor contábil dessa época, ajustado para imposto sobre ganhos de capital na venda. No caso, não há imposto a pagar, pois o valor de venda é igual ao valor contábil:

Caixa pela venda da máquina nova: ($ 300.000 − 5 × $ 300.000 / 10) ...... $ 150.000
Imposto pelo ganho de capital na venda: 0,30 × ($ 150.000 − $ 150.000)   (0)
Valor residual ou de liquidação da máquina nova .... $ 150.000

(c) 100.000 unidades × $ 3,0/unidade − 80.000 unidades × $ 2,5/unidade = $ 100.000/ano. **(d)** (5 operários − 3 operários) × $ 6.000/operário = $ 12.000/ano. **(e)** 80.000 unidades × $ 0,7/unidade − 100.000 unidades × $ 0,5/unidade = $ 6.000/ano. **(f)** $ 4.000/ano − $ 6.000/ano = −$ 2.000/ano. **(g)** ($ 300.000/10 − $ 3.000)=$ 27.000/ano. **(h)** A depreciação é somada novamente por não ser um fluxo de caixa.

Avaliação econômica (perspectiva da empresa)

Pelo VPL:

$$VPL(15\%) = -\$ 282.900 + \frac{\$ 89.300}{(1,15)} + \frac{\$ 89.300}{(1,15)^2} + \frac{\$ 89.300}{(1,15)^3} +$$

$$+ \frac{\$ 89.300}{(1,15)^4} + \frac{\$ 89.300}{(1,15)^5} + \frac{\$ 150.000}{(1,15)^5} = \$ 91.024$$

Pela TIR:

$$-\$ 282.900 + \frac{\$ 89.300}{(1 + TIR_E)} + \frac{\$ 89.300}{(1 + TIR_E)^2} + \frac{\$ 89.300}{(1 + TIR_E)^3} +$$

$$+ \frac{\$\,89.300}{(1 + \mathrm{TIR_E})^4} + \frac{\$\,89.300}{(1 + \mathrm{TIR_E})^5} + \frac{\$\,150.000}{(1 + \mathrm{TIR_E})^5} = 0$$

$$\Rightarrow (\mathrm{TIR_E} = 25{,}95\%) > 15\% \Rightarrow \text{projeto economicamente viável}$$

3.10.2 Incrementalidade do fluxo de caixa e os efeitos fiscais

Por questões didáticas e visando mostrar melhor o sentido de *incrementalidade* e demonstrar os efeitos fiscais dos diversos fluxos, nesta seção daremos um tratamento mais explícito aos efeitos fiscais dos fluxos, criando uma rubrica especial chamada *efeitos fiscais*.

O quadro a seguir mostra os resultados antes e depois do aumento da despesa de depreciação da empresa Hipotética S.A.

Situação antes do aumento da depreciação Empresa Hipotética S.A.	($)	Situação depois aumento da depreciação Empresa Hipotética S.A.	($)
Receitas	200	Receitas	200
– Custos	–80	– Custos	–80
– Depreciação	–10	– Depreciação	–20
– Despesas operacionais	–10	– Despesas operacionais	–10
– Juros	–10	– Juros	–10
Lucro antes de IR (Lair)	**90**	**Lucro antes de IR (Lair)**	**80**
– Imposto de renda (30%)	–27	– Imposto de renda (30%)	–24
Lucro líquido	**63**	**Lucro líquido**	**66**

Repare que um aumento de $ 10 na depreciação acarreta uma diminuição de $ 3 no imposto de renda a pagar. Essa diminuição do IR é simplesmente o resultado da multiplicação da alíquota de IR pelo aumento da despesa (0,30 × $ 10). Ou seja, o efeito fiscal ocasionado pelo aumento da despesa diminui em $ 3 o imposto de renda da empresa.

Como ilustração, no exemplo a seguir faremos a montagem do fluxo de caixa separando os efeitos fiscais em uma rubrica única, chamada *efeitos fiscais*. Essa abordagem é diferente da usada nos dois exemplos anteriores, mas os fluxos de caixa encontrados deverão ser os mesmos.

Exemplo 3.14

Uma empresa industrial estuda a substituição de um motor a energia elétrica por outro a gás natural. O motor a energia elétrica pode ser usado por mais 4 anos antes de tornar-se imprestável. Atualmente, seu valor contábil é de $ 8.000 e pode ser depreciado linearmente em 4 anos; contudo, o motor será vendido por $ 9.000 no mercado de equipamentos usados no momento da compra do novo equipamento. O motor a gás natural custa $ 24.000 e poderá operar e ser depreciado ao longo de 8 anos. Admite-se que esse motor novo possa ser vendido por 20% a mais que seu valor contábil, se for alienado antes do término de sua vida útil. Em comparação com o motor a energia elétrica, o motor a gás natural gerará uma economia operacional de $ 9.500/ano. A alíquota de IR da empresa é 30%, o custo do capital (custo médio ponderado do capital) é de 13% a.a. e o custo do capital próprio (retorno esperado pelos acionistas) é de 45%. Pede-se: montar o fluxo de caixa incremental e analisar a viabilidade econômica e financeira do projeto, sabendo que 40% do valor do novo equipamento será financiado por meio de um empréstimo, a ser pago em 3 prestações anuais pela Tabela Price, com juros de 15% a.a.

Horizonte de planejamento e valor de liquidação

Como a máquina antiga pode operar por unicamente mais 4 anos e a vida útil da nova é de 8 anos, os dois investimentos serão comparáveis somente durante os 4 primeiros anos. Assim, a comparação econômica para a decisão de substituição será feita apenas durante os primeiros 4 anos.

Fluxo de caixa

No quadro a seguir, apresentamos o fluxo de caixa livre (FCL) e o fluxo dos acionistas (FDA), explicitando e separando o efeito fiscal de cada fluxo.

Fluxo de caixa ($)						
Item	Ano 0	Ano 1	Ano 2	Ano 3	Ano 4	Liquidação
Fluxos de investimento						
Compra do equipamento a gás natural	–24.000					14.400 (g)
Venda do equipamento a energia elétrica	9.000					
Fluxos operacionais						
+ Diminuição dos custos operacionais		9.500	9.500	9.500	9.500	
Efeitos fiscais						
– da venda do equipamento elétrico	–300 (a)					
– da venda do equipamento a gás natural						–720 (b)
– da diminuição dos custos operacionais (c)		–2.850	–2.850	–2.850	–2.850	
+ da depreciação incremental (d)		300	300	300	300	
Fluxo de caixa livre (FCL)	**–15.300**	**6.950**	**6.950**	**6.950**	**6.950**	**13.680**
Financiamento tomado	9.600 (e)					
– Prestações pagas pelo financiamento		–4.205	–4.205	–4.205		
+ Benefício fiscal dos juros (f)		432	308	165		
Fluxo dos acionistas (FDA)	**–5.700**	**3.177**	**3.053**	**2.910**	**6.950**	**13.680**

(a) Imposto sobre ganho de capital na venda do equipamento antigo = ($ 9.000 – $ 8.000) × 0,30. **(b)** Imposto sobre ganho de capital na venda do equipamento novo = ($ 14.400 – $ 12.000) × 0,30. **(c)** $ 9.500 × 0,30. **(d)** ($ 24.000 / 8 – $ 8.000 / 4) × 0,30 = $ 300. **(e)** Financiamento tomado (40% do valor do novo equipamento) = 0,40 × $ 24.000. **(f)** Benefício fiscal dos juros = 0,30 × Juros de cada período. **(g)** O valor de liquidação da máquina nova no quarto ano é 20% maior que seu valor contábil nesse ano: 1,2 × $ 12.000.

Quadro de amortização do financiamento — Tabela Price ($)				
Ano	Saldo devedor	Amortização	Juros	Prestação
0	9.600			
1	6.835	2.765	1.440	4.205
2	3.656	3.180	1.025	4.205
3		3.656	549	4.205

Avaliação econômica (perspectiva da empresa)

Pelo VPL:

$$VPL(13\%) = -\$\,15.300 + \frac{\$\,6.950}{(1,13)} + \frac{\$\,6.950}{(1,13)^2} + \frac{\$\,6.950}{(1,13)^3} + \frac{\$\,6.950}{(1,13)^4} + \frac{\$\,13.680}{(1,13)^4} = \$\,13.762,78 > 0$$

Pela TIR:

$$-\$\,15.300 + \frac{\$\,6.950}{(1 + TIR_E)} + \frac{\$\,6.950}{(1 + TIR_E)^2} + \frac{\$\,6.950}{(1 + TIR_E)^3} + \frac{\$\,6.950}{(1 + TIR_E)^4} + \frac{\$\,13.680}{(1 + TIR_E)^4} = 0$$

$$\Rightarrow (TIR_E = 44,01\%) > 13\% \Rightarrow \text{projeto economicamente viável}$$

A TIR_E é comparada com o custo médio ponderado do capital.

Avaliação financeira (perspectiva dos acionistas)

Cálculo da TIR:

$$-\$\,5.700 + \frac{\$\,3.177}{(1 + TIR_F)^1} + \frac{\$\,3.053}{(1 + TIR_F)^2} + \frac{\$\,2.910}{(1 + TIR_F)^3} + \frac{\$\,6.950}{(1 + TIR_F)^4} + \frac{\$\,13.680}{(1 + TIR_F)^4} = 0$$

$$\Rightarrow (TIR_F = 73,25\%) > 45\% \Rightarrow \text{projeto financeiramente viável}$$

A TIR_F é comparada com o custo do capital próprio.

3.11 Fluxo de caixa e projeção das demonstrações financeiras

Sabe-se que, na avaliação de investimentos de capital, o fator relevante é o fluxo de caixa, porém outras demonstrações financeiras também são úteis no processo de análise. É necessário, portanto, projetar algumas peças contábeis, tais como os balanços patrimoniais e os demonstrativos de resultados do exercício (DRE) para os anos de vida útil do projeto.

Na projeção das demonstrações financeiras é importante considerar os seguintes pontos:

- o comportamento da empresa no passado, em particular a antigüidade das rubricas de geração espontânea: contas a cobrar, contas a pagar e estoques; essa informação servirá para projetar os saldos de tais contas no futuro;
- o impacto implícito de fixar uma projeção para as vendas;
- a taxa de juros média que se espera pagar e a projeção das despesas que a dívida gerará no futuro;
- a proporção que as diversas contas da demonstração de resultados representam em relação às vendas, e como se prevê que essa proporção se comporte no futuro;
- as rubricas que não são de geração espontânea, como bens de uso, investimentos transitórios, outros ativos e passivos etc.;
- qualquer fato que possa afetar o funcionamento da empresa no futuro.

Por último, vale lembrar que uma boa previsão sempre vai requerer experiência e bom juízo por parte do analista. Vejamos o seguinte exemplo integrado.

Exemplo 3.15

A empresa Ferro S.A. estuda a possibilidade de entrar no setor de aços especiais. Para tanto, pretende investir $ 20 milhões na ampliação de seu setor de laminação. O investimento implica um gasto na compra de terrenos, construção de edifícios e compra de máquinas e equipamentos, além da composição de um capital de giro inicial. O horizonte de planejamento do projeto é de 2 anos, e as vendas projetadas são, respectivamente, de $ 30 milhões e $ 60 milhões para o primeiro e o segundo ano. Os dois quadros a seguir apresentam diversas informações sobre os itens do investimento inicial e sobre os custos de fabricação e despesas operacionais.

($ mil)

Item de investimento	Valor de aquisição	Depreciação anual	Valor contábil ao término de 2 anos	Valor de liquidação ao término de 2 anos
Edifícios	4.000	1.000	2.000	2.000
Máquinas	8.000	1.000	6.000	6.000
Equipamentos	3.000	1.500	0	0
Terrenos	2.000	—	2.000	2.000
Capital de giro inicial	3.000	—	—	3.000

($ mil)

	Ano 1	Ano 2
Custos de fabricação (CF)		
Mão-de-obra	4.000	8.000
Matéria-prima	2.000	4.000
Gastos indiretos de fabricação	1.000	1.000
Despesas operacionais (DO)		
Administrativos	1.000	1.000
Vendas	2.000	2.000
Total	10.000	16.000

Do investimento total requerido, $ 12 milhões serão financiados por meio de um empréstimo a juros efetivos de 20% a.a., reembolsável em 2 anos pelo sistema de amortização constante (SAC). O resto ($ 8 milhões) virá de capital próprio aportado pelos acionistas. Admita-se que os edifícios, máquinas, equipamentos e terrenos possam ser vendidos em qualquer época por um valor equivalente a seu valor contábil na data em questão. Considere, por fim, uma alíquota de IR de 50%. Pede-se montar: a) o fluxo dos requerimentos de capital de giro, b) o fluxo de caixa livre (FCL), c) o fluxo de financiamento líquido, d) as demonstrações financeiras projetadas (balanço patrimonial e demonstrativo de resultados do exercício).

a) Requerimentos de capital de giro:

Para o cálculo dos requerimentos de capital de giro, devem ser consideradas unicamente as mudanças nessa rubrica. Supõe-se que as operações da empresa exijam que, em cada ano, o estoque e as contas a cobrar representem, respectivamente, 5% e 10% das vendas, e as contas a pagar, 15% da soma dos custos de fabricação e despesas operacionais (sem depre-

Capítulo 3 – Estrutura do fluxo de caixa para análise e avaliação econômica... **107**

ciação). Considerando as informações anteriores, o quadro a seguir mostra a demonstração das mudanças do capital de giro.

Demonstração das mudanças do capital de giro da empresa Ferro S.A. ($ mil)				
Item	Ano 0	Ano 1	Ano 2	Liquidação
Receitas operacionais (RO)		30.000	60.000	
Custo de fabricação (CF) + Despesas operacionais (DO)		10.000	16.000	
– Contas a cobrar (10% de RO)		–3.000	–6.000	
– Estoques (5% de RO)		–1.500	–3.000	
+ Contas a pagar (15% de CF + DO)		1.500	2.400	
Capital de giro		–3.000	–6.600	
Mudanças do capital de giro		–3.000	–3.600	6.600

b) Fluxo de caixa:

O que determina o horizonte de planejamento (período de previsão explícita) não é a vida útil dos equipamentos, mas o período em que o projeto vai gerar renda econômica, que nesse caso admite-se seja de 2 anos. O quadro a seguir apresenta o fluxo de caixa do projeto para os 2 anos que constituem o horizonte de planejamento.

Fluxo de caixa da empresa Ferro S.A. ($ mil)				
Item	Ano 0	Ano 1	Ano 2	Liquidação
Receitas operacionais		30.000	60.000	
Investimento inicial				
– Terrenos	–2.000			2.000
– Edifícios	–4.000			2.000
– Máquinas	–8.000			6.000
– Equipamentos	–3.000			0
– Capital de giro inicial (a)	–3.000			3.000
Custos de fabricação				
– Mão-de-obra		–4.000	–8.000	
– Matéria-prima		–2.000	–4.000	
– Gastos indiretos de fabricação		–1.000	–1.000	
Despesas e gastos operacionais				
– Administrativos		–1.000	–1.000	
– Vendas		–2.000	–2.000	
Depreciação de:				
– edifícios (b)		–1.000	–1.000	
– máquinas (c)		–1.000	–1.000	
– equipamentos (d)		–1.500	–1.500	

(continua)

(continuação)

Fluxo de caixa da empresa Ferro S.A. ($ mil)				
Item	Ano 0	Ano 1	Ano 2	Liquidação
Lucro antes de juros e IR (Lajir) (e)		16.500	40.500	
– Imposto de renda (50%) (f)		−8.250	−20.250	
+Depreciação (g)		3.500	3.500	
Mudanças do capital de giro (h)		−3.000	−3.600	6.600 (i)
Fluxo de caixa livre (FCL)	−20.000	8.750	20.150	19.600
+Financiamento tomado	12.000			
– Prestações pagas pelo financiamento		−8.400	−7.200	
+Benefício fiscal dos juros (j)		1.200	600	
Fluxo dos acionistas (FDA)	−8.000	1.550	13.550	19.600

(a) Capital de giro inicial (caixa) em 31 de dezembro do ano 0.

(b) Depreciação anual $= \dfrac{\text{Custo de aquisição} - \text{Valor contábil ao término}}{\text{Prazo de depreciação}} = \dfrac{\$\,4.000 - \$\,2.000}{2}$

(c) ($ 8.000 – $ 6.000) / 2. **(d)** ($ 3.000 – 0) / 2. **(e)** Receitas – Custos de fabricação – Despesas e gastos operacionais. **(f)** Como os ativos são vendidos por seu valor contábil, não existe ganho de capital nem imposto a pagar na liquidação final dos terrenos, máquinas e equipamentos. **(g)** A depreciação é somada novamente, pois se trata de uma despesa não-caixa. **(h)** Veja o quadro da demonstração das mudanças do capital de giro. **(i)** Supõe-se que o capital de giro seja totalmente recuperável ao término do período. **(j)** 0,5 × (Juros de cada ano).

c) Fluxo de financiamento líquido:

Quadro de amortização do financiamento — Sistema (SAC) ($ mil)				
Ano	Saldo devedor	Amortização	Juros	Prestação
0	12.000			
1	6.000	6.000	2.400	8.400
2	0	6.000	1.200	7.200

d) Demonstrações financeiras projetadas:

Os quadros a seguir mostram os demonstrativos de resultados (DRE) e os balanços patrimoniais projetados para os 2 anos de vida econômica do projeto. Estude-os com cuidado, observando e entendendo a relação entre os fluxos dos quadros anteriores e essas demonstrações financeiras projetadas.

Demonstrativo de resultados do exercício (DER) da empresa Ferro S.A. ($ mil)			
	Ano 0	Ano 1	Ano 2
Receitas		30.000	60.000
– Custos de fabricação		−7.000	−13.000
– Despesas operacionais		−3.000	−3.000
– Depreciação		−3.500	−3.500
– Despesas financeiras (*)		−2.400	−1.200

(continua)

Capítulo 3 – Estrutura do fluxo de caixa para análise e avaliação econômica... **109**

(continuação)

Demonstrativo de resultados do exercício (DER) da empresa Ferro S.A. ($ mil)			
	Ano 0	Ano 1	Ano 2
Lucro antes de IR (Lair)		14.100	39.300
– Impostos (50%)		−7.050	−19.650
Lucro líquido		7.050	19.650

(*) Juros sobre o empréstimo tomado.

Balanço patrimonial da empresa Ferro S.A. ($ mil)							
	Ano 0	Ano 1	Ano 2		Ano 0	Ano 1	Ano 2
Ativo				**Passivo e patrimônio líquido**			
Circulante							
Caixa	3.000 (a)	4.550 (b)	18.100 (c)				
Contas a cobrar		3.000	6.000	**Circulante**			
Estoques		1.500	3.000	Contas a pagar		1.500	2.400
Permanente				**Exigível de longo prazo**			
Terrenos	2.000	2.000	2.000	Financiamentos (d)	12.000	6.000	0
Edifícios	4.000	4.000	4.000	**Patrimônio líquido**			
– Depreciação acumulada		−1.000	−2.000	Capital (e)	8.000	8.000	8.000
Máquinas	8.000	8.000	8.000	Lucros retidos (f)		7.050	26.700
– Depreciação acumulada		−1.000	−2.000				
Equipamentos	3.000	3.000	3.000				
– Depreciação acumulada		−1.500	−3.000				
Total	**20.000**	**22.550**	**37.100**	**Total**	**20.000**	**22.550**	**37.100**

(a) O capital de giro inicial é colocado em caixa. **(b)** $ 22.550 – $ 18.000 (Total de passivo e patrimônio líquido – Ativo total sem caixa). **(c)** $ 37.100 – $ 19.000. **(d)** Saldo devedor do financiamento em cada ano. **(e)** Capital próprio aportado pelos acionistas = Investimento – Financiamento = $ 20.000 – $ 12.000. **(f)** Supõe-se que os lucros de cada ano sejam retidos integralmente.

3.12 Capacidade de pagamento do financiamento

Quando se quer saber qual é a estrutura de financiamento adequada para um projeto ou para uma empresa, é preciso analisar se o fluxo de caixa será capaz de pagar as despesas financeiras fixas decorrentes dos financiamentos. Quanto maior for o valor das emissões de títulos e mais curto seu prazo de vencimento, maiores serão as despesas financeiras fixas. Antes de assumir o compromisso de arcar com despesas financeiras fixas, uma empresa deve analisar seus fluxos de caixa futuros esperados, pois esses fluxos é que vão possibilitar o pagamento de tais despesas. A incapacidade de arcar com as despesas financeiras pode levar

Gestão de investimentos e geração de valor

à insolvência financeira. Quanto maiores e mais estáveis os fluxos de caixa futuros espera-dos, maior será a capacidade de endividamento da empresa.

3.12.1 Índices de cobertura e risco financeiro

Uma das maneiras de sabermos qual é a capacidade de endividamento de um projeto ou de uma empresa são os *índices de cobertura*. No cálculo desses índices, geralmente é usado o lucro antes dos juros, do imposto de renda, da depreciação e da amortização (Ebitda, em inglês) como medida aproximada do fluxo de caixa disponível para a cobertu-ra das obrigações do serviço da dívida. O índice de cobertura mais usado talvez seja a razão entre o Ebitda e os juros sobre os empréstimos.

Vamos supor que o Ebitda de uma empresa seja de $ 6 milhões e que os juros sobre os empréstimos sejam de $ 1,5 milhão. A razão seria, portanto, igual a 4. Ela nos mostra que o Ebitda pode cair 75% e, mesmo assim, a empresa continuará tendo condições de cobrir o pa-gamento de juros. Um índice de cobertura de apenas 1 indica que o lucro dá *apenas* para pagar os juros. Embora as generalizações acerca do que possa ser um índice de cobertura de juros apropriado sejam difíceis, normalmente um índice abaixo de 3 causa preocupação. Mas as circunstâncias são variadas, pois, em um setor altamente estável, um índice de cobertura relativamente baixo pode ser apropriado, ao passo que não o será em um setor sujeito a muitas variações cíclicas.

A razão Ebitda/juros nada nos diz a respeito da capacidade da empresa de reembolsar o principal. Como a incapacidade de amortizar o principal representa uma inadimplência juridicamente equivalente à incapacidade de pagar os juros, vale a pena calcular um índice de cobertura de todo o serviço da dívida. Esse índice é:

$$\text{Índice de cobertura do serviço da dívida} = \frac{\text{Ebitda}}{\text{Juros} + \dfrac{\text{Amortização do principal}}{1 - \text{Alíquota de imposto de renda}}}$$

No cálculo de tal índice é feito um ajuste para cima nas amortizações do principal: elas são divididas por 1 menos a alíquota de IR. O motivo desse ajuste é que o Ebitda representa os lucros antes do imposto de renda, e como as amortizações não são dedutíveis para efeitos fiscais temos de ajustá-las, para que sejam compatíveis com o Ebitda.

Considerando um Ebitda de $ 4 milhões por ano, amortizações de $ 1 milhão por ano e alíquota de imposto de renda de 40%, o índice de cobertura do serviço da dívida seria:

$$\text{Índice de cobertura do serviço da dívida} = \frac{4 \text{ milhões}}{1,5 \text{ milhão} + \dfrac{1 \text{ milhão}}{1 - 0,4}} = 1,26$$

Um índice de cobertura de 1,26 significa que o Ebitda pode cair apenas 20,64% [1 – (1 / 1,26)]. Se a queda for maior, o lucro que serve de cobertura será insuficiente para pagar o serviço da dívida. É óbvio que, quanto mais próximo de 1, pior será a situação caso os demais fatores não variem. Entretanto, mesmo com um índice de cobertura abaixo de 1, uma empresa ainda pode cumprir com suas obrigações se for possível rene-gociar parte de seus empréstimos por ocasião dos vencimentos. E insistimos: um índice de cobertura do serviço da dívida de 1,26 pode ser adequado para determinada empresa e, ao mesmo tempo, inadequado para outras. Não há regras práticas exatas que nos indiquem se um índice de serviço da dívida está bom ou ruim. Isso varia de acordo com diversos fatores.

Um projeto ou empresa com fluxos de caixa estáveis pode assumir compromissos financeiros fixos relativamente maiores que empresas ou projetos com fluxos sazonais. Isso explica por que as companhias de serviços (energia elétrica, por exemplo) têm índices de cobertura baixos em comparação com os índices de cobertura de empresas industriais. Embora o arrendamento financeiro (leasing financeiro) não seja um endividamento propriamente dito, seu efeito sobre os fluxos de caixa é exatamente igual ao efeito ocasionado pelo pagamento de juros e do principal de um empréstimo (discutimos o leasing no capítulo anterior). Portanto, os pagamentos contraídos nos contratos de leasing financeiro devem ser incluídos no cálculo do índice de cobertura, sem necessidade de ajuste nas amortizações, pois, no caso do leasing, elas são dedutíveis para efeitos fiscais.

Os índices de cobertura atuais devem ser comparados com os índices passados e com os projetados. Essa comparação chama-se *análise de tendência* e mostra se está havendo melhora ou piora no índice de cobertura ao longo do tempo. Devem ser comparados, também, com os índices de empresas semelhantes e com os do setor.

A idéia por trás dessas comparações é tentar isolar o risco empresarial o máximo possível. O que se quer, em última análise, é fazer generalizações acerca do volume apropriado de endividamento que a empresa ou projeto pode ter em sua estrutura de capital. Por outro lado, embora os índices de cobertura sejam um valioso instrumento de análise por meio dos quais podemos tirar algumas conclusões relativas à estrutura de capital apropriada, eles estão sujeitos a certas limitações e não devem ser usados como único meio de determinação de uma estrutura de capital.

O quadro a seguir mostra o cálculo do Ebitda da empresa Ferro S.A., mencionada no Exemplo 3.15.

Demonstrações do Ebitda da empresa Ferro S.A. ($ mil)				
Item	Ano 0	Ano 1	Ano 2	Liquidação
Receitas operacionais		30.000	60.000	
Investimento				
– Terrenos	−2.000			2.000
– Edifícios	−4.000			2.000
– Máquinas	−8.000			6.000
– Equipamentos	−3.000			
– Capital de giro inicial	−3.000			3.000
Custos de fabricação				
– Mão-de-obra		−4.000	−8.000	
– Matéria-prima		−2.000	−4.000	
– Gastos indiretos de fabricação		−1.000	−1.000	
Custos operacionais				
– Administrativos		−1.000	−1.000	
– Vendas		−2.000	−2.000	
Mudanças do capital de giro		−3.000	−3.600	6.600
Ebitda	−20.000	17.000	40.400	19.600

Como ilustração do cálculo dos índices de cobertura do serviço da dívida, o quadro a seguir mostra o fluxo do financiamento relacionado ao projeto e os índices de cobertura do serviço da dívida.

Fluxos de financiamento e índices de cobertura da empresa Ferro S.A. ($ mil)			
Item	Ano 0	Ano 1	Ano 2
Empréstimo	12.000		
Amortização, juros e efeitos fiscais			
− Amortização		−6.000	−6.000
− Juros		−2.400	−1.200
+ Benefício fiscal dos juros		1.200	600
Índices de cobertura (*)		**1,29**	**3,21**

$$(*)\ \dfrac{Ebitda}{Juros\ líquidos\ +\ \dfrac{Amortização\ do\ principal}{1 - Alíquota\ de\ IR\ (50\%)}}; Ano\ 1: \dfrac{\$\ 17.000}{\$\ 1.200 + \dfrac{\$\ 6.000}{1 - 0,50}}; Ano\ 2: \dfrac{\$\ 40.400}{\$\ 600 + \dfrac{\$\ 6.000}{1 - 0,50}}.$$

3.13 Receita mínima de equilíbrio econômico

Muitas vezes torna-se necessário conhecermos a receita mínima de equilíbrio econômico do empreendimento, de modo que possamos ter uma idéia preliminar sobre a viabilidade do negócio. Dispor da receita mínima de equilíbrio é importante, sobretudo quando ainda não se dispõe de informações completas, que tornem possível a total estruturação do fluxo de caixa e cálculo do custo do capital requerido para a avaliação econômica. Deve-se ressaltar que o cálculo da receita mínima de equilíbrio é um auxílio adicional no processo de tomada de decisões. Geralmente, é útil na tomada de decisões de empreendimentos pequenos, em que talvez não seja possível uma análise mais aprimorada com base na projeção e desconto de fluxos de caixa.

Os procedimentos aplicados ao exemplo seguinte mostram de que modo pode ser calculada uma receita mínima de equilíbrio econômico para um empreendimento.

Exemplo 3.16

Recentemente, um engenheiro inscreveu-se no plano de demissão voluntária (PDV) da empresa em que trabalhava. Recebeu da companhia $ 150.000 em benefícios trabalhistas, valor que aplicou imediatamente em um fundo de renda fixa que rende 13% a.a. No momento, o engenheiro estuda a possibilidade de comprar um terreno e alguns equipamentos para montar um negócio de reciclagem de lixo industrial. O investimento requerido será coberto pelos recursos que recebeu do PDV, somados a um empréstimo que pretende levantar em um banco. Esse empréstimo será tomado a juros efetivos de 10% a.a. e amortizado em 8 parcelas iguais de $ 10.000 cada. Para o transporte e a movimentação do material, o engenheiro pretende usar um caminhão e um trator de esteiras de sua propriedade. Se alugasse esses equipamentos a terceiros, poderia auferir a valores de mercado $ 12.000/ano. Se o engenheiro não fosse se dedicar ele próprio à administração do negócio, poderia empregar-se no mercado de trabalho por um salário médio de $ 80.000/ano. Considerando as informações anteriores, determinar a receita mínima de equilíbrio econômico que torna o projeto viável economicamente.

O quadro a seguir apresenta outras informações sobre o empreendimento e resume os cálculos necessários para estimar a receita mínima de equilíbrio econômico inicial.

Aplicação dos recursos	$ 230.000	Custos operacionais e financeiros anuais	$ 188.000
Licenças e alvarás de funcionamento	$ 5.000	Energia elétrica	$ 10.000
Terrenos e equipamentos adquiridos	$ 200.000	Mão-de-obra	$ 60.000
Capital de giro inicial necessário	$ 25.000	Matéria-prima	$ 100.000
		Juros do empréstimo (a)	$ 8.000
		Amortização do empréstimo	$ 10.000
Origem dos recursos	$ 230.000	Custos de oportunidade anuais	$ 111.500
Capital próprio proveniente do PDV	$ 150.000	Salário alternativo do engenheiro	$ 80.000
Empréstimo bancário	$ 80.000	Aluguel do caminhão e trator de esteiras	$ 12.000
		Rendimento do capital próprio (b)	$ 19.500

(a) $0,1 \times \$ 80.000$. **(b)** $0,13 \times \$ 150.000$.

- Cálculo da receita mínima de equilíbrio para iniciar o negócio:

$$\text{Receita mínima} = \text{Custos operacionais e financeiros} + \text{Imposto de renda} + \text{Custos de oportunidade}$$

$$R_{mín} = \$ 188.000 + 0,3 \times [R_{mín} - \text{Despesas}] + \text{Custos de oportunidade}$$

$$R_{mín} = \$ 188.000 + 0,3 \times [R_{mín} - (\$ 188.000 - \$ 10.000)] + \$ 111.500 \Rightarrow R_{mín} = \$ 351.571$$

As despesas são iguais aos custos operacionais e financeiros menos a amortização do empréstimo, que não é uma despesa. Os custos de oportunidade não entram no cálculo do imposto de renda.

Admita-se que, após 3 anos de funcionamento do negócio, o engenheiro receba uma proposta para trabalhar em uma empresa de construção civil com um salário de $ 140.000/ano. Se ele desistir de continuar com o empreendimento para aceitar a proposta, poderá recuperar somente 70% do capital inicialmente investido em terrenos e equipamentos e 100% do capital de giro inicial, mas terá de quitar à vista o saldo devedor do empréstimo ($ 50.000). Admita-se que, devido à diminuição do risco do negócio, a partir do quarto ano de funcionamento o custo de oportunidade do capital próprio diminua de 20% para 15% a.a. Pede-se determinar a receita mínima de equilíbrio econômico capaz de fazer o engenheiro continuar com o negócio e rejeitar a oferta de emprego.

O quadro abaixo apresenta os valores e cálculos necessários à análise pedida.

Origem dos recursos (liquidação)	$ 165.000	Custos operacionais e financeiros anuais	$ 185.000
Licenças e alvarás (a)	0	Energia elétrica	$ 10.000
Liquidação de terrenos e equipamentos (b)	$ 140.000	Mão-de-obra	$ 60.000
Liquidação do capital de giro	$ 25.000	Matéria-prima	$ 100.000

(continua)

(continuação)

		Juros do empréstimo (d)	$ 5.000
		Amortização do empréstimo	$ 10.000
Aplicação dos recursos (liquidação)	**$ 165.000**	**Custos de oportunidade anuais**	**$ 169.250**
Capital próprio disponível (c)	$ 115.000	Salário alternativo perdido	$ 140.000
Quitação do saldo devedor do empréstimo	$ 50.000	Aluguel do caminhão e trator de esteiras	$ 12.000
		Rendimento do capital próprio disponível (e)	$ 17.250

(a) Custo irrecuperável (*sunk cost*). **(b)** $0,70 \times \$ 200.000$. **(c)** $\$ 165.000 - \$ 50.000$. **(d)** $0,10 \times \$ 50.000$. **(e)** $0,15 \times \$ 115.000$.

- Cálculo da receita mínima de equilíbrio para continuar no negócio:

$$\text{Receita mínima} = \text{Custos operacionais e financeiros} + \text{Imposto de renda} + \text{Custos de oportunidade}$$

$$R_{mín} = \$ 185.000 + 0,3 \times [R_{mín} - (\$ 185.000 - \$ 10.000)] + \$ 169.250 \Rightarrow R_{mín} = \$ 431.071$$

A receita mínima de equilíbrio econômico que justifica que o engenheiro não aceite a proposta para trabalhar na empresa de construção civil e continue administrando o negócio é de $ 431.071/ano.

PARTE 3

TÓPICOS ESPECIAIS NA ANÁLISE DE PROJETOS DE INVESTIMENTO

CAPÍTULO 4
Técnicas para análise e otimização de projetos de investimento

CAPÍTULO 5
Técnicas mais avançadas na avaliação e gestão de projetos de investimento: o potencial aplicativo da teoria das opções

4

Técnicas para análise e otimização de projetos de investimento[1]

- Análise de sensibilidade
- Análise de cenários
- Método da certeza equivalente
- Simulação de Monte Carlo
- Árvores de decisão
- Técnicas de inteligência artificial e algoritmos genéticos
- Conceitos de competitividade e cooperação: a teoria dos jogos

Nos capítulos anteriores, em que tratamos dos métodos convencionais da análise econômica de investimentos, os valores estimados de custos e receitas foram calculados como se fossem previsões não tendenciosas. Assim, o trabalho dos gestores estaria limitado basicamente a avaliar o risco, escolher a taxa de desconto apropriada e calcular o valor presente dos fluxos de caixa.

Na prática, porém, a tarefa dos gestores vai muito além disso. Na análise e avaliação de um projeto, é necessário entender por que um empreendimento pode falhar. Uma vez conhecidos os possíveis pontos de falha, pode-se decidir se vale ou não a pena tentar reduzir a incerteza existente por meio de investimento em informação. Por exemplo, investindo em pesquisa de mercado para esclarecer dúvidas sobre a aceitação dos consumidores em relação a um produto, investindo em um novo teste tecnológico para confirmar a qualidade e a durabilidade de um produto ou implementando uma planta piloto para testar tecnologias ainda não muito conhecidas. Se o projeto tiver um valor presente líquido (VPL) negativo, quanto mais cedo isso for identificado, melhor. Mesmo que se decida executá-lo com a informação disponível, não será bom ser pego de surpresa se algo não caminhar da forma esperada: o gestor do projeto vai querer saber quais os sinais de perigo e as ações (e os custos delas) que podem ser tomadas.

Neste capítulo serão tratadas as técnicas usadas no planejamento e no controle de um projeto de investimento, de modo que o gestor possa ter uma visão melhor da sensibilidade do empreendimento às mudanças nas principais variáveis, tanto dentro de cenários previstos quanto de imprevistos.

---

[1] Alguns tópicos deste capítulo tiveram a colaboração do colega Marco Antônio G. Dias, professor da PUC-Rio.

Para conseguir uma análise econômica de investimentos de capital robusta, deve-se examinar o impacto das diversas fontes de risco sobre o VPL do projeto. Isso pode ser feito por meio de algumas técnicas, entre as quais citamos:

- análise de sensibilidade;
- análise de cenários;
- método da certeza equivalente;
- simulação de Monte Carlo;
- árvores de decisão;
- inteligência artificial e algoritmos genéticos;
- competitividade, cooperação e teoria dos jogos;
- análise e avaliação das opções reais.

A estimativa do valor esperado de uma variável e, especialmente, a detecção de quais variáveis mais afetam a qualidade de um produto ou a rentabilidade de um projeto podem ser conseguidas por meio das técnicas de *análise de sensibilidade* e da *simulação de Monte Carlo*. Já a análise dos investimentos seqüenciais que revelam parte da incerteza pode ser feita usando-se *árvores de decisão* e, principalmente, a *teoria das opções reais*.

4.1 Análise de sensibilidade

Como na projeção dos fluxos de caixa de um projeto geralmente temos de trabalhar com inúmeras variáveis ou fatores, torna-se importante identificar quais variáveis têm um peso maior na determinação de tais fluxos. Nessa tarefa, a análise de sensibilidade permite identificar as variáveis críticas no processo de projeção e determinação dos fluxos de caixa, de modo que se possa avaliar o projeto considerando diversas hipóteses sobre o comportamento dessas variáveis. Ou seja, na análise de sensibilidade tenta-se isolar os fatores que, permanecendo todo o resto igual, induzem a mudanças significativas no VPL do projeto e na decisão de investimento.

A análise de sensibilidade pode ser unidimensional ou multidimensional. Será *unidimensional* se os efeitos de cada variável forem medidos separadamente, e *multidimensional* se forem analisados os efeitos de diversas variáveis ao mesmo tempo. Atualmente, o avanço da informática permite realizar análises de sensibilidade em cenários que representem um fenômeno econômico determinado, o qual provoque movimentos em mais de uma variável de cada vez. Por exemplo, um cenário com maior liberdade comercial e de mercado, em contraposição a outro mais restritivo. Provavelmente, em cada cenário as condições de mercado para os produtos e insumos do projeto, assim como as do mercado de capitais por meio do qual ele será financiado, serão diferentes.

Os parâmetros com grande impacto no projeto devem receber atenção especial por parte do gestor. Merecem estudos mais aprofundados ou investimentos preliminares em informação, a fim de que se reduza a incerteza antes da aprovação do projeto. Os parâmetros com menor impacto não clamam por tanta atenção.

Na estimativa dos fluxos de caixa para a análise de sensibilidade é necessário lembrar a distinção entre valor esperado (*média*), valor mais popular ou provável (*moda*) e valor médio entre o máximo e o mínimo (*mediana*), para a distribuição de probabilidades de determinado parâmetro. Se a distribuição de probabilidades é assimétrica (distribuição log-normal, por exemplo), a moda, a mediana e a média[2] constituem valores distintos. Muitas vezes, a infor-

---

[2] O valor esperado de um fluxo de caixa é a média ponderada (pelas probabilidades) dos possíveis valores desse fluxo de caixa.

mação fornecida para determinado parâmetro é o valor mais provável, não necessariamente o valor da média (valor esperado). Contudo, no cálculo do VPL deve-se trabalhar com fluxos de caixa esperados, e não com fluxos de caixa mais prováveis ou intermediários.

Uma variação da análise de sensibilidade é a chamada *análise de ponto de nivelamento* (ou de *break-even*), que verifica até que ponto um parâmetro pode variar antes de o VPL se tornar negativo. Por exemplo, o ponto de nivelamento da variável *preço do produto* será o preço em que não se obtém nem lucro nem prejuízo (o ponto em que VPL = 0).

4.2 Análise de cenários

Um problema comum na análise de sensibilidade é a correlação entre as variáveis. Por exemplo, uma situação de grande volume de vendas provavelmente estará associada a um preço menor para o produto. Para minimizar esse problema, surgiu uma variante da análise de sensibilidade, chamada *análise de cenários*, na qual, em vez de se variar apenas um parâmetro de cada vez, tem-se um conjunto de parâmetros que formam cada cenário. Em cada um desses cenários, são atribuídos determinados valores aos parâmetros, de forma que haja consistência entre esses valores e o cenário respectivo. Por meio de várias análises de sensibilidade podem ser identificadas as variáveis-chave que, em cada cenário, determinam o sucesso ou insucesso do projeto.

Exemplo 4.1

A empresa Metalúrgica Bisso S.A. pretende substituir um equipamento tecnologicamente desatualizado, sem valor residual e totalmente depreciado. O engenheiro de produção da planta propõe a compra de um novo equipamento, orçado em $ 20.000, com vida útil e prazo de depreciação de 4 anos sem valor residual. O engenheiro justifica a substituição do equipamento com base nos seguintes argumentos:

- Atualmente a planta produz 5.000 unidades/ano; com o novo equipamento, espera-se um incremento anual da ordem de 3% na produção, já a partir do primeiro ano.

- Dada a melhor tecnologia do novo equipamento, os custos de mão-de-obra direta e de energia elétrica serão reduzidos em 40% e 20%, respectivamente.

O departamento de custos da empresa calculou os seguintes custos unitários correntes, com suas respectivas projeções de incremento anual:

Item	Custo	Incremento anual projetado
Mão-de-obra direta	$ 2,0/unidade	6% a.a.
Matéria-prima direta	$ 1,0/unidade	8% a.a.
Energia elétrica	$ 0,5/unidade	10% a.a.
Outros custos	$ 1,3/unidade	5% a.a.
Despesas de vendas	$ 2,5/unidade	7% a.a.
Vendas – produção	5.000 unidades/ano	3% a.a.
Preço unitário de venda	$ 10/unidade	0% a.a.
Depreciação	$ 6.000/ano	0% a.a.

Observação: Alíquota de IR/CS = 34%.

120 — Gestão de investimentos e geração de valor

Pede-se: a) Montar a planilha de fluxos de caixa do projeto, incorporando os custos e suas projeções de mudanças, e avaliá-lo economicamente. Considerar um custo do capital de 15% a.a. e assumir que a totalidade da produção será vendida. b) Fazer uma análise de sensibilidade do projeto, tentando identificar algumas variáveis críticas.

a) Planilha do fluxo de caixa e avaliação econômica do projeto:

A seguinte planilha mostra os fluxos de caixa do projeto sem o equipamento (S) e com o equipamento (C) e calcula o FCL incremental (C – S).

Fluxos de caixa ($)

	Custo unitário		Ano 1		Ano 2		Ano 3		Ano 4	
	S	C	S	C	S	C	S	C	S	C
Vendas			5.000	5.150	5.000	5.305	5.000	5.464	5.000	5.628
Receita de vendas			50.000	51.500	50.000	53.045	50.000	54.636	50.000	56.275
Custo das mercadorias vendidas										
– Mão-de-obra direta	2,0	1,2	–10.600	–6.551	–11.236	–7.152	–11.910	–7.809	–12.625	–8.526
– Matéria-prima direta	1,0	1,0	–5.400	–5.562	–5.832	–6.187	–6.299	–6.883	–6.802	–7.656
– Energia elétrica	0,5	0,4	–2.750	–2.266	–3.025	–2.567	–3.328	–2.909	–3.660	–3.296
– Outros custos	1,3	1,3	–6.825	–7.030	–7.166	–7.603	–7.525	–8.222	–7.901	–8.892
Lucro bruto			24.425	30.091	22.741	29.536	20.939	29.014	19.012	27.906
– Despesa de vendas	2,5	2,5	–13.375	–12.875	–14.311	–13.261	–15.313	–13.659	–16.385	–14.069
– Depreciação			0	–6.000	0	–6.000	0	–6.000	0	–6.000
Lucro antes de juros e IR (Lajir)			11.050	11.216	8.430	10.274	5.626	9.155	2.627	7.837
– Imposto de renda			–3.757	–3.814	–2.866	–3.493	–1.913	–3.113	–893	–2.664
Lucro após IR			7.293	7.403	5.563	6.781	3.713	6.042	1.734	5.172
+ Depreciação			0	6.000	0	6.000	0	6.000	0	6.000
Fluxo de caixa livre (FCL)			7.293	13.403	5.563	12.781	3.713	12.042	1.734	11.172
FCL incremental (C – S)				6.110		7.218		8.329		9.439

- Cálculo do valor presente líquido incremental:

$$\text{VPL}_{C-S} = -\$\,20.000 + \frac{\$\,6.110}{(1,15)} + +\frac{\$\,7.218}{(1,15)^2} + \frac{\$\,8.329}{(1,15)^3} + \frac{\$\,9.439}{(1,15)^4} = \$\,1.643 > 0$$

Como o VPL incremental é positivo, a substituição do equipamento se justifica do ponto de vista econômico.

b) Análise de sensibilidade do projeto:

A análise de sensibilidade tenta identificar as variáveis críticas na avaliação do projeto. Para esse objetivo, podemos recalcular o VPL mudando os valores das diversas variáveis; assim, observaremos quais têm maior influência no aumento ou na diminuição do VPL. O quadro seguinte, elaborado a partir de uma planilha eletrônica, mostra as mudanças que ocorrem no VPL incremental quando alteramos diversas variáveis, uma de cada vez.

Mudança	VPL recalculado	Mudança do VPL: em valor	em %
As vendas aumentam até 5.500 unidades/ano, já no primeiro ano, e permanecem constantes nesse nível.	$ 2.540	$ 897	54,60%
A mão-de-obra direta decresce a $ 1,4/unidade, e não a $ 1,2/unidade como esperado.	–$ 679	–$ 2.322	–141,33%
Os custos de energia elétrica incrementam 20% a.a., e não 10% a.a. como esperado.	$ 1.823	$ 180	10,96%

Os resultados da análise de sensibilidade mostram que a variável crítica é a mão-de-obra direta. Portanto, o projetista deve ser cuidadoso ao projetá-la. Conforme vimos, uma forma de aprimorar a análise de sensibilidade é usar a metodologia de cenários, em que o analista leva em conta os cenários que podem ocorrer no futuro.

Exemplo 4.2

Efetuar uma análise de sensibilidade para um projeto hipotético que requer um investimento de $ 150, depreciável em 10 anos. Suponhamos que o departamento de marketing tenha apresentado as seguintes informações sobre o mercado, a participação da empresa nesse mercado, o preço unitário de venda, o custo variável e o custo fixo para 3 cenários possíveis (pessimista, otimista e esperado).

| Variável | Cenário | | |
	Pessimista	Otimista	Esperado
Mercado	900 unidades/ano	1.100 unidades/ano	1.000 unidades/ano
Participação	4%	16%	10%
Vendas projetadas	36 unidades/ano	176 unidades/ano	100 unidades/ano
Preço unitário	$ 3,5/unidade	$ 3,8/unidade	$ 3,75/unidade
Custo variável	$ 3,6/unidade	$ 2,75/unidade	$ 3/unidade
Custo fixo total	$ 40/ano	$ 20/ano	$ 30/ano

A partir dessas informações, o quadro a seguir mostra o fluxo de caixa esperado para o período de 10 anos e o VPL de cada cenário.

| Cenários | | Pessimista | Otimista | Esperado |
	Ano 0	Do ano 1 ao 10	Do ano 1 ao 10	Do ano 1 ao 10
Investimento	–$ 150			
Receitas		$ 126,00	$ 668,80	$ 375,00
– Custo variável total		–$ 129,60	–$ 484,00	–$ 300,00
– Custo fixo total		–$ 40,00	–$ 20,00	–$ 30,00
– Depreciação		–$ 15,00	–$ 15,00	–$ 15,00

(continua)

(continuação)

Cenários		Pessimista	Otimista	Esperado
	Ano 0	Do ano 1 ao 10	Do ano 1 ao 10	Do ano 1 ao 10
Lucro antes de juros e IR (Lajir)		−$ 58,60	$ 149,80	$ 30,00
− Imposto de renda (50%)		$ 0,00	−$ 74,90	−$ 15,00
+ Depreciação		$ 15,00	$ 15,00	$ 15,00
Fluxo de caixa livre (FCL)	−$ 150	−$ 43,60	$ 89,90	$ 30,00
VPL (10%)		−$ 417,90	$ 402,40	$ 34,34

O cálculo do VPL considerou uma taxa de desconto de 10% a.a. No caso do cenário esperado:

$$VPL_{esperado} = -\$\,150 + \sum_{t=1}^{10} \frac{\$\,30}{(1,10)^t} = \$\,34,34$$

Como o VPL do cenário esperado é positivo, uma decisão apressada poderia recomendar o investimento. Entretanto, algumas dúvidas podem surgir a partir das estimativas do cenário esperado:

* Será que o mercado absorve 1.000 unidades?
* Será que a empresa conseguirá abocanhar 10% desse mercado?
* Se os concorrentes lançarem um produto de maior qualidade ou menor preço, o que ocorrerá?
* Será que o custo variável ficará realmente em torno de $ 3 por unidade?

Uma vez que as previsões dos fluxos de caixa podem falhar a ponto de o projeto vir a apresentar prejuízo, como ocorre no cenário pessimista, torna-se necessário determinar quais variáveis têm maior peso ou impacto nas previsões desse cenário, e isso pode ser feito por meio de uma análise de sensibilidade. No quadro a seguir, calcula-se o VPL do cenário pessimista mudando uma variável de cada vez e mantendo as outras constantes.

Mudança no cenário pessimista	VPL recalculado	Mudança do VPL: em valor	em %
Diminuição de 20% na participação do mercado	−$ 413,48	−$ 4,42	−1,06%
Aumento de 20% no custo variável unitário	−$ 577,18	−$ 159,28	−38,11%
Aumento de 20% no custo fixo unitário	−$ 467,06	−$ 49,16	−11,76%

Observando a tabela, pode-se concluir que os parâmetros que mais podem colocar em risco o sucesso econômico do projeto são aumentos inesperados nos custos variáveis e fixos, já que nesses casos o VPL assume os maiores valores negativos.

Exemplo 4.3

Uma pessoa pretende investir em um negócio de fabricação de refrigerantes. O maior problema para tomar a decisão de investimento é a incerteza associada à evolução das vendas. Como auxílio à decisão, a pessoa estimou 2 cenários possíveis: um otimista e outro pessimista. O quadro a seguir mostra para os próximos 6 anos a evolução das vendas, dos preços unitários e dos custos fixos e variáveis.

Cenário	Ano 1	Ano 2	Ano 3	Ano 4	Ano 5	Ano 6
Otimista (vendas em unidades)	10.000.000	13.000.000	14.000.000	15.500.000	16.000.000	18.000.000
Pessimista (vendas em unidades)	8.000.000	8.050.000	7.900.000	7.850.000	8.500.000	10.000.000
Preço de venda por unidade	$ 0,9	$ 1,0	$ 1,2	$ 1,2	$ 1,4	$ 1,5
Custos fixos anuais	$ 900.000	$ 900.000	$ 900.000	$ 900.000	$ 900.000	$ 900.000
Custos variáveis unitários	$ 0,4	$ 0,5	$ 0,6	$ 0,6	$ 0,6	$ 0,7

Supondo igual probabilidade de ocorrência para os dois cenários, pede-se determinar o fluxo de caixa médio e o desvio padrão dos fluxos de caixa para cada cenário.

O quadro a seguir detalha o cálculo do fluxo de caixa para o cenário pessimista:

	Ano 1	Ano 2	Ano 3	Ano 4	Ano 5	Ano 6
Vendas (unidades)	8.000.000	8.050.000	7.900.000	7.850.000	8.500.000	10.000.000
Receitas totais	$ 7.200.000	$ 8.050.000	$ 9.480.000	$ 9.420.000	$ 11.900.000	$15.000.000
– Custos totais	–$ 4.100.000	–$ 4.925.000	–$ 5.640.000	–$ 5.610.000	–$ 6.000.000	–$ 7.900.000
Fluxo de caixa	$ 3.100.000	$ 3.125.000	$ 3.840.000	$ 3.810.000	$ 5.900.000	$ 7.100.000

O quadro a seguir mostra os fluxos de caixa para os dois cenários:

Cenário	Ano 1	Ano 2	Ano 3	Ano 4	Ano 5	Ano 6
Otimista	$ 4.100.000	$ 5.600.000	$ 7.500.000	$ 8.400.000	$ 11.900.000	$ 13.500.000
Pessimista	$ 3.100.000	$ 3.125.000	$ 3.840.000	$ 3.810.000	$ 5.900.000	$ 7.100.000

O quadro a seguir apresenta a variabilidade dos fluxos de caixa de um ano para o outro:

Cenário	Ano 1	Ano 2	Ano 3	Ano 4	Ano 5	Ano 6
Otimista		36,59%	33,93%	12,00%	41,67%	13,45%
Pessimista		0,81%	22,88%	–0,78%	54,86%	20,34%

O quadro a seguir mostra a variabilidade média e o desvio padrão das variabilidades:

Cenário	Variabilidade média	Desvio padrão
Otimista	27,53%	27,61%
Pessimista	19,62%	44,98%

Observa-se que o desvio padrão mostra maior dispersão das projeções no cenário pessimista.

Exemplo 4.4

Uma indústria pretende ampliar sua produção. Efetuar uma análise de cenários e de sensibilidade admitindo as seguintes premissas para três cenários diferentes: cenário esperado, cenário pessimista e cenário otimista.

			Cenários	
Variável	Definição	Esperado	Pessimista	Otimista
I_0	Investimento inicial	$ 160.000.000	$ 160.000.000	$ 160.000.000
P	Preço de venda	$ 350/unidade	$ 344/unidade	$ 370/unidade
M	Tamanho do mercado (unidades/ano)	2.000.000	2.000.000	2.000.000
CFT	Custo fixo total	$ 60.000.000	$ 63.000.000	$ 58.000.000
n	Duração do projeto (anos)	15	15	15
CV	Custo variável unitário	$ 120/unidade	$ 130/unidade	$ 118/unidade
α	Participação no mercado (*market share*)	20%	18%	22%
T	Alíquota de imposto de renda	34%	34%	34%
D	Taxa de depreciação anual (1/15)	6,67%	6,67%	6,67%
K	Custo do capital	12%	12%	12%

No quadro a seguir é feita uma projeção do fluxo de caixa anual e calculado o VPL para cada cenário.

	Cenário		
	Esperado	Pessimista	Otimista
Receita (M × α × P)	$ 140.000.000	$ 123.840.000	$ 162.800.000
– Custo fixo total (CTF)	–$ 60.000.000	–$ 63.000.000	–$ 58.000.000
– Custo variável total (M × α × CV)	–$ 48.000.000	–$ 46.800.000	–$ 51.920.000
– Depreciação (I_0 × D)	–$ 10.666.667	–$ 10.666.667	–$ 10.666.667
Lucro antes de juros e IR (Lajir)	$ 21.333.333	$ 3.373.333	$ 42.213.333
– Imposto de renda (34%)	–$ 7.253.333	–$ 1.146.933	–$ 14.352.533
Lucro operacional após imposto	$ 14.080.000	$ 2.226.400	$ 27.860.800
+ Depreciação (I_0 × D)	$ 10.666.667	$ 10.666.667	$ 10.666.667
Fluxo de caixa livre (FCL)	**$ 24.746.667**	**$ 12.893.067**	**$ 38.527.467**
$VPL = -I_0 + FCL \times \left[\dfrac{(1,12)^{15} - 1}{(1,12)^{15} \times 0,12} \right]$	$ 8.546.193	–$ 72.187.070	$ 102.405.355

No quadro a seguir são calculados o VPL e sua variação percentual, mudando (20%) uma variável de cada vez, e mantendo-se constantes os valores das outras variáveis.

	VPL esperado	VPL pessimista	VPL otimista
Preço de venda (–20%)	–$ 117.318.583 (–1.473%)	–$ 183.523.455 (–154%)	–$ 43.957.399 (–143%)
Custo fixo total (+20%)	–$ 45.395.854 (–631%)	–$ 128.826.219 (–79%)	$ 50.261.376 (–51%)
Participação de mercado (–20%)	–$ 74.164.945 (–968%)	–$ 141.448.658 (–96%)	$ 2.720.452 (–97%)
Custo variável unitário (+20%)	–$ 34.607.444 (–505%)	–$ 114.261.8679 (–59%)	$ 55.727.503 (–46%)

Observação: Entre parênteses mostra-se a variação percentual do VPL devido à mudança da variável.

Analisando o quadro anterior, observa-se que o VPL é mais sensível a diminuições inesperadas no preço de venda e na participação de mercado do que a mudanças inesperadas em outras variáveis. Cabe ressaltar que essa análise não define o significado de otimista-pessimista, pois não usa probabilidades. O trabalho técnico em análise econômica de investimentos de capital exige transformar possibilidades em probabilidades. A análise também não considera a possibilidade de ocorrer variáveis interdependentes. Nesse caso, talvez fosse necessário fazer uma análise de cenários ou análise de sensibilidade conjunta.

4.3 Método da certeza equivalente

Já sabemos que uma maneira de analisar um investimento de capital é calcular seu VPL; para tanto, atualizamos os fluxos de caixa esperados usando como fator de desconto o custo do capital. Uma segunda forma seria aplicar o *método da certeza equivalente*, que transforma os fluxos de caixa esperados em fluxos sem risco, por meio de um artifício que basicamente expurga o componente aleatório (incerteza) dos fluxos de caixa esperados. Assim, eles se tornam fluxos certos, que podem então ser descontados usando como fator de desconto a taxa livre de risco.

Imaginemos que uma pessoa tenha direito a receber uma dívida de $ 100,00 daqui a um período, mas o recebimento da quantia não seja totalmente certo. Vamos supor, ainda, que o devedor proponha trocar essa dívida com pagamento incerto por outra de $ 95,46, mas com pagamento garantido e totalmente certo. A pessoa somente aceitaria a troca se a quantia proposta lhe satisfizesse, e se achasse justo e racional sacrificar $ 4,54 ($ 100 – $ 95,46) para garantir o recebimento futuro, evitando a incerteza.

No diagrama a seguir, $\overline{C}$ representa a quantia com recebimento incerto, e EC representa a quantia certa (chamada equivalente certo) a ser dada em troca. Os diagramas mostram também o cálculo do valor presente das referidas quantias, a um custo do capital de 10% e uma rentabilidade de 5% para as aplicações sem risco.

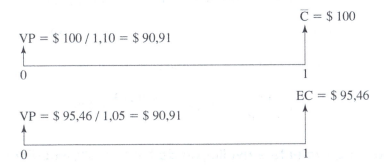

Como $\overline{C}$ é um recebimento incerto, a taxa de desconto usada foi o custo de oportunidade do capital, que considera sua exposição ao risco. A quantia certa foi descontada à taxa livre de risco, pois, como tem seu recebimento garantido, ela não apresenta risco. Dado que a pessoa aceitaria a troca se ficasse igualmente satisfeita, as duas quantias devem proporcionar a mesma satisfação monetária em termos de valor presente. Logo, podemos igualar os dois valores presentes e, a seguir, destacar o valor da quantia certa:

$$\frac{\overline{C}}{1+K} = \frac{EC}{1+R_f} \Rightarrow EC = \overline{C} \times A = \$\,100{,}00 \times \frac{1{,}05}{1{,}10} = \$\,95{,}46$$

Gestão de investimentos e geração de valor

onde o fator A é a relação das taxas de desconto:

$$A = \left(\frac{1 + R_f}{1 + K}\right) = \frac{1,05}{1,10}$$

O fator A, que permite converter um fluxo de caixa esperado em um fluxo de caixa certo, é chamado *coeficiente de certeza equivalente*. Esse coeficiente varia entre 0 e 1. Para determinar o valor da quantia certa, basta multiplicar o fluxo de caixa esperado pelo coeficiente correspondente à época em que a quantia é recebida. Basicamente, o método da certeza equivalente subtrai o prêmio de risco do fluxo de caixa esperado, transformando-o, assim, em um fluxo certo, que pode ser descontado à taxa livre de risco.

Exemplo 4.5

Um projeto requer investimento inicial de $ 800, financiado integralmente com recursos próprios, tem duração de um período e deve gerar um fluxo de caixa esperado de $ 1.000. Usando o método da certeza equivalente, determinar o prêmio de risco e avaliar economicamente o projeto. Sabe-se que o custo do capital é de 14,8% e a taxa livre de risco, 5%.

Dados: $I = \$\ 800, \overline{C} = \$\ 1.000, K = 14,8\%, R_f = 5\%, t = 1$.

- Cálculo do fluxo equivalente certo:

$$EC = \overline{C} \times A = \overline{C} \times \left(\frac{1 + R_f}{1 + K}\right)^t = \$\ 1.000 \times \left(\frac{1,05}{1,148}\right) = \$\ 914,63$$

- Prêmio de risco:

O prêmio de risco é a diferença entre o fluxo incerto e o fluxo equivalente certo:

$$\text{Prêmio de risco} = \overline{C} - EC = \$\ 1.000 - \$\ 914,63 = \$\ 85,37$$

- Cálculo do valor presente líquido e avaliação econômica:

$$VPL = -I + \frac{EC}{1 + R_f} = -\$\ 800 + \frac{\$\ 914,63}{1,05} = \$\ 71,08 > 0$$

4.3.1 Certeza equivalente e avaliação de fluxos multiperiódicos

No exemplo anterior, uma vez que o horizonte temporal tem apenas um período, o método da certeza equivalente coincide com o método convencional de desconto de fluxos de caixa esperados. Ou seja, os dois métodos são equivalentes para projetos de um período só. Comprovemos essa afirmação calculando o VPL pelos dois métodos:

$$VPL = -I + \frac{EC}{1 + R_f} = -\$\ 800 + \frac{\$\ 914,63}{1,05} = \$\ 71,08$$

$$VPL = -I + \frac{\overline{C}}{1 + K} = -\$\ 800 + \frac{\$\ 1.000}{1,148} = \$\ 71,08$$

Capítulo 4 – Técnicas para análise e otimização de projetos de investimento 127

Considerando que os dois métodos — o do VPL e o da certeza equivalente — devem dar o mesmo resultado, tem-se que:

$$\text{Para o período t: } \frac{\overline{C}}{(1 + K)^t} = \frac{A_t \times \overline{C}}{(1 + R_f)^t} \Rightarrow A_t = \left(\frac{1 + R_f}{1 + K}\right)^t$$

$$\text{Para o período t + 1: } \frac{\overline{C}}{(1 + K)^{t+1}} = \frac{A_{t+1} \times \overline{C}}{(1 + R_f)^{t+1}} \Rightarrow A_{t+1} = \left(\frac{1 + R_f}{1 + K}\right)^{t+1}$$

Como o custo do capital (K) é constante no tempo e $K > R_f$, deve-se ter que $A_{t+1} > A_t$, pois:

$$A_{t+1} = A_t\left(\frac{1 + R_f}{1 + K}\right)$$

Então, podemos deduzir que o uso de um fator de desconto (custo do capital) constante para atualizar os fluxos de caixa esperados exige que os fatores de certeza equivalente decresçam com o tempo a uma razão constante. Essa é uma hipótese implícita nos métodos de desconto de fluxos de caixa esperados.

Exemplo 4.6

Um projeto requer investimento inicial de $ 800, financiado integralmente com recursos próprios, tem duração de 4 anos e deve gerar um fluxo de caixa esperado de $ 350/ano. Calcular o VPL, usando o método da certeza equivalente e o método convencional de desconto dos fluxos de caixa esperados. Sabe-se que o custo do capital é de 14,8% e a taxa livre de risco, 5%.

Dados: I = $ 800, N = 4 anos, $\overline{C}_t$ = $ 350, K = 14,8%, R_f = 5%.

Ano (t)	Fluxo de caixa ($\overline{C}_t$)	Fator de conversão $A_t = [(1 + R_f)/(1 + K)]^t$	Decréscimo do fator A_t	Fluxo equivalente certo $(EC_t = \overline{C}_t \times A_t)$
0	–$ 800	$[1,05 / 1,148]^0 = 1,00000$		–$ 800,00
1	$ 350	$[1,05 / 1,148]^1 = 0,91463$	9,33%	$ 320,12
2	$ 350	$[1,05 / 1,148]^2 = 0,83656$	9,33%	$ 292,80
3	$ 350	$[1,05 / 1,148]^3 = 0,76514$	9,33%	$ 267,80
4	$ 350	$[1,05 / 1,148]^4 = 0,69983$	9,33%	$ 244,94

- VPL dos fluxos:

$$VPL = -I + \sum_{t=1}^{4} \frac{\overline{C}_t}{(1 + K)^t} = -\$ 800 + \$ 350 \times a_{\overline{4}| 14,8\%}$$

$$-\$ 800 + 350 \times 2,86657 = \$ 203,30$$

$$VPL = -I + \sum_{t=1}^{4} \frac{EC_t}{(1 + R_f)^t} = -\$ 800 + \$ 320,12 / (1,05) + \dots + \$ 244,94 / (1,05)^4 = \$ 203,30$$

4.3.2 Deve ou não ser usada uma taxa de desconto constante quando o risco varia ao longo do tempo?

Nos dois exemplos anteriores verificou-se que os dois métodos, desconto de fluxos de caixa e método da certeza equivalente, proporcionam resultados idênticos. Isso permite extrair algumas importantes conclusões sobre como risco e tempo se relacionam.

Por sua própria natureza, o método convencional de desconto de fluxos de caixa esperados faz o ajuste para tempo e risco em um único procedimento. Entretanto, como tempo e risco são variáveis separadas, devemos ser cuidadosos ao combiná-los. Se descontarmos um fluxo de caixa esperado usando um fator de desconto constante, implicitamente estaremos assumindo que o risco não muda ao longo do tempo. Essa pode ser uma suposição inadequada para muitos projetos que, ao longo do tempo, ocasionam mudanças operacionais ou de outro tipo na empresa. Alguns projetos podem no início ser mais sensíveis a fatores macroeconômicos e de mercado, e menos sensíveis nos anos posteriores, quando estão mais consolidados. Nesse tipo de situação, não é adequado descontar todos os fluxos de caixa do projeto a uma única taxa de desconto; melhor seria estimar taxas de desconto apropriadas para cada período de tempo.

Como isso não é, porém, tarefa muito simples, na maioria das vezes, dadas as dificuldades para calcular várias taxas de desconto, os analistas utilizam uma taxa de desconto constante, mas essa é uma simplificação operacional que tem seu custo. Em geral, estará justificado o uso de uma taxa de desconto constante somente se o fator A_t diminuir ao longo do tempo a uma razão constante. No exemplo anterior, o fator A_t decrescia a uma razão constante de 9,33%, o que justificaria o uso de uma taxa de desconto constante.

Vamos supor, agora, que a empresa Turbo S.A. esteja estudando um empreendimento de alto risco: instalar uma fábrica com capacidade de processamento de 100.000 t/ano. Consideremos que a empresa fez a avaliação econômica do empreendimento e concluiu que o projeto era ruim. Admita-se, ainda, que a empresa, por não ter muito conhecimento sobre a tecnologia a ser empregada na fábrica, decida inicialmente fazer um investimento a fundo perdido na instalação de uma planta piloto experimental, com capacidade de processamento de somente 1.000 t/ano.

Se a planta piloto experimental comprovar a viabilidade do empreendimento, poderemos então nos perguntar qual foi o erro cometido na avaliação inicial. O erro estava basicamente na natureza do risco no tempo. O empreendimento era muito arriscado, mas será que o seria o tempo todo? Uma vez implementada a planta piloto, parte do risco inicial foi revelada e resolvida; em conseqüência, a taxa de desconto dos fluxos de caixa do empreendimento caiu, fazendo com que o VPL passasse de negativo a positivo. Logo, o empreendimento passou a se mostrar atrativo. Em outras palavras, a planta piloto experimental diminuiu o risco do projeto e a taxa de desconto, alterando a decisão final sobre o empreendimento. Analisemos essas afirmações por meio do exemplo numérico a seguir.

Exemplo 4.7

Admita-se que a empresa Turbo S.A. deva efetuar um desembolso (em t = 0) de $ 900.000 na instalação da planta piloto experimental. Caso essa planta tenha sucesso (60% de chances), a empresa poderá investir (em t = 1) $ 4.000.000 na construção da fábrica, que gerarão um fluxo de caixa econômico de $ 600.000/ano em perpetuidade.

Os fluxos de caixa esperados são:

- Ano 0: $\bar{C}_0$ = –$ 900.000, investidos na planta piloto experimental.
- Ano 1: Há 60% de chances de a planta experimental indicar que se deva prosseguir com a construção da fábrica; nesse caso, o investimento será de $ 4.000.000. Logo, há 40% de chances de não se prosseguir com a construção da fábrica e, nesse caso, o investimento será zero. Logo, o fluxo de caixa esperado é: $\bar{C}_1$ = 0,60 × (–$ 4.000.000) + 0,40 × (0) = –$ 2.400.000 para t = 1.
- Ano t > 1: Há 60% de chances de a planta experimental indicar que se deva prosseguir com a construção da fábrica, hipótese em que o fluxo de caixa (perpetuidade) será de $ 600.000. Há 40% de chances de não se prosseguir com a construção da fábrica, hipótese em que o fluxo de caixa será zero. Logo, o fluxo de caixa esperado é: $\bar{C}_t$ = 0,60 × ($ 600.000) + 0,40 × (0) = $ 360.000 para t = 2, 3, ... ∞.

Admita-se que, por não ter muito conhecimento sobre a tecnologia a ser empregada na fábrica, considerada de alto risco, a empresa decida usar uma taxa de desconto de 30%, em vez da de 8% normalmente utilizada em outros projetos. Logo, o VPL do empreendimento será aproximadamente:

$$VPL = -\$ 900.000 - \$ 2.400.000 / 1,30 + \$ 360.000 / \$ 0,30 = -\$ 1.546.154 < 0$$

Verifica-se que o empreendimento é aparentemente ruim. Qual foi o erro cometido na avaliação?

O experimento na planta piloto revela e elimina uma fração do risco. Se o experimento fracassar, não haverá risco nenhum, pois o projeto será abandonado. Se for um sucesso, haverá um risco normal e, nesse caso, a taxa de desconto adequada deverá ser a taxa usual de 10%:

- Sucesso: VPL = –$ 4.000.000 + $ 360.000 / 0,08 = $ 500.000 (probabilidade de 60%)
- Fracasso: VPL = 0 (probabilidade de 40%)
- VPL esperado = 0,60 × $ 500.000 + 0,40 × $ 0 = $ 300.000 > 0

Uma lição pode ser extraída: na análise, deve-se tomar o cuidado de separar os componentes do projeto. Nesse exemplo, as decisões são claramente separáveis — uma consiste em instalar a planta piloto experimental e a outra em prosseguir com a instalação da fábrica tomando como base os resultados obtidos na planta piloto experimental. A planta piloto experimental diminui o risco do projeto e a taxa de desconto, alterando a decisão final sobre o empreendimento.

4.4 Simulação de Monte Carlo

Nos casos em que não se dispõe de uma expressão, fórmula analítica ou equação matemática que expresse totalmente determinado fenômeno, muitas vezes é usado um procedimento chamado *simulação de Monte Carlo* (*SMC*). Em essência, esse método nos permite 'simular' caminhos para a evolução do fenômeno, até encontrarmos uma aproximação satisfatória que o explique.

Quando é utilizada uma fórmula matemática para determinar o valor de uma variável, o resultado encontrado representa uma resposta exata, mas nem sempre reflete fielmente a realidade. Já quando é utilizada a SMC, o objetivo não é encontrar um resultado exato e único, mas a distribuição de valores que melhor descreve o comportamento do fenômeno estudado.

Por simular situações incertas a fim de determinar valores esperados para variáveis não conhecidas, a SMC pode ser definida como um método de ensaios estatísticos, em que os valores são estabelecidos por meio de uma seleção aleatória, na qual a probabilidade de escolher determinado resultado entre todos os possíveis é obtida a partir de uma amostragem aleatória de identificação de eventos. Na simulação, os fatores não conhecidos com certeza são chamados *variáveis aleatórias*, cujo comportamento é descrito por uma distribuição de probabilidades.

A técnica de simulação de Monte Carlo está associada a diversos ramos da ciência. Sua utilização como ferramenta de análise teve impulso na Segunda Guerra Mundial, durante as pesquisas da bomba atômica. Desde então, vem sendo aplicada em diversas áreas, como pesquisa operacional, física nuclear, química, biologia e medicina. Em finanças, é indicada para lidar com problemas de orçamentação de capital, avaliação de carteiras de investimento, *hedging* com futuros, opções reais e financeiras, gerenciamento de risco sobre taxa de juros, cálculo de *value at risk*, medição de risco de mercado e de crédito etc.

O método de SMC vem sendo cada vez mais utilizado devido ao rápido avanço na área computacional, que permite a execução de simulações complexas em curto espaço de tempo. É útil na resolução de problemas multidimensionais — ou seja, à medida que aumenta o número de variáveis das quais os resultados dependem, a SMC mostra-se uma ferramenta poderosa.

Quando aplicada à análise de projetos de investimentos, a SMC ajuda a estimar as distribuições de probabilidade dos diferentes fatores que condicionam as decisões, tais como: tamanho do mercado, preços, investimento requerido, custos fixos e variáveis, vida útil dos equipamentos, valor residual ou de recuperação, taxa de crescimento do mercado etc. O processo começa com a conversão de números aleatórios em observações das variáveis, a fim de determinar uma distribuição de probabilidade que se aproxime da distribuição real da variável.

Os principais passos na simulação de um projeto de investimento são:

1. Estabelecer todas as variáveis e equações necessárias para modelar os fluxos de caixa dos projetos (por exemplo: Receita bruta = Preço × Vendas etc.). Essas equações devem refletir as interdependências entre as variáveis.
2. Especificar as probabilidades de erro de previsão para cada parâmetro, assim como a magnitude de cada erro de previsão. Podem-se usar distribuições probabilísticas para cada parâmetro.
3. Fazer combinações aleatórias entre valores das distribuições de erros de previsão das variáveis; em seguida, calcular os fluxos de caixa resultantes. Repetir esse procedimento um número muito grande de vezes até obter uma figura mais precisa da distribuição dos resultados possíveis — por exemplo, do VPL ou da TIR do projeto.

Uma das vantagens da SMC é que ela nos força a especificar explicitamente as interdependências entre as variáveis, mostrando de que forma essas variáveis estão correlacionadas e ajudando a verificar o que ocorre com o projeto (VPL) quando as variáveis determinantes sofrem mudanças aleatórias. Pode servir, por exemplo, para mostrar de que modo vendas e margem de lucro movem-se juntas. Enfim, a SMC amplia o entendimento do projeto, possibilitando aumentar a qualidade da análise.

A simulação de Monte Carlo é útil para responder a perguntas do seguinte tipo:

- Qual o nível de incerteza técnica do projeto?
- Qual a probabilidade de o projeto ter um retorno de pelo menos 20%?

Capítulo 4 – Técnicas para análise e otimização de projetos de investimento · 131

- Qual a probabilidade de o projeto apresentar um VPL negativo?
- Qual a redução da probabilidade de VPL negativo se investirmos antes em informações para reduzir a incerteza do parâmetro analisado?

Por outro lado, a SMC tem algumas desvantagens, pois pode tomar muito tempo e tornar-se onerosa para o problema analisado. Afinal, realismo significa maior complexidade. A entrada de dados e o estabelecimento das relações entre as variáveis podem ser complicados, sendo muitas vezes necessário tomar cuidado com as correlações entre as variáveis com grande peso no resultado.

Em geral, a modelagem da SMC é sofisticada e envolve um processo de aprendizagem para a melhoria contínua. A apresentação dos resultados para os tomadores de decisão é bem desafiadora. O gestor normalmente é obrigado a delegar a tarefa da simulação a um especialista por não ter nem o tempo nem o conhecimento necessários, e isso pode fazer diminuir sua confiança nos resultados quando for tomar a decisão final.

Muitas vezes, quando se domina uma técnica existe uma tendência natural de querer superdimensionar sua utilidade, chegando-se inclusive a querer aplicá-la além de suas possibilidades. Por exemplo, uma prática difundida em alguns setores da indústria e defendida em alguns textos universitários é usar a SMC para obter a distribuição de VPLs como medida de risco de um projeto. Entretanto, essa prática não é adequada e é, inclusive, criticada por conceituados livros de finanças, como o de Brealey e Myers[3], que afirmam:

> O gestor financeiro, tal como um detetive, tem que usar todas as pistas. A simulação deve ser encarada como uma das muitas maneiras de obter informações sobre os fluxos de caixa esperados e o risco. Mas a decisão final de investimento envolve um único número, o VPL.

Ou seja, propor distribuição de VPLs como medida de risco de um projeto não tem sentido. Quando se fala de decisão de investimento, supõe-se uma decisão ótima entre investir ou não. A distribuição de probabilidades resultante da simulação não diz nada sobre otimização; afinal, a técnica de SMC é apenas uma ferramenta de simulação de probabilidades, e não uma ferramenta de otimização sob incerteza. Por isso, usá-la para determinar taxas de desconto, com o objetivo de tomar uma decisão ótima em ambiente de incerteza, é, no mínimo, uma compreensão inadequada dessa técnica e de suas possibilidades. A SMC tampouco faz qualquer distinção entre risco diversificável e não diversificável (que geram efeitos distintos na taxa de desconto), nem entre incerteza técnica e incerteza econômica, as quais, como será visto, têm efeitos opostos na decisão de investimento.

Argumentam Brealey e Myers que a SMC deve ser usada para entender o projeto, verificar quais riscos técnicos o afetam mais, definir se vale a pena ou não investir em informação adicional e, finalmente, fazer previsões dos fluxos de caixa. Feito isso, pode-se então proceder ao desconto dos fluxos de caixa com a taxa ajustada ao risco do projeto.

Com o avanço da microcomputação e com os vários softwares de simulação disponíveis no mercado, a tarefa mais difícil hoje não é a simulação em si, mas a entrada adequada de dados, a montagem do modelo e a interpretação dos resultados obtidos.[4] Atualmente, existem disponíveis no comércio vários softwares muito eficientes e úteis no processo de simulação, como o @Risk® e o Crystal Ball®

A fim de mostrar a mecânica do processo de simulação de Monte Carlo, vejamos os três exemplos seguintes.

---

[3] R. Brealey e S. Myers, *Princípios de finanças empresariais*, 3. ed. Lisboa: McGraw-Hill, 1992, p. 228.
[4] Deve-se ter em mente o princípio Elsa: 'entrando lixo sairá asneira'.

Exemplo 4.8

Uma empresa pretende montar uma nova linha de produção dedicada à fabricação de sorvetes. A empresa conhece seus custos unitários e totais, porém não tem informação sobre os preços de venda adequados nem sobre a demanda para o produto. De acordo com as estimativas de uma empresa de consultoria contratada, a demanda deverá aumentar nos próximos anos na ordem de 20% a.a., e os preços, na ordem de 10% a.a. A empresa de consultoria montou, por meio de estudos de mercado, as seguintes distribuições de probabilidade para cada variável:

Preço de venda	Probabilidade	Demanda	Probabilidade
$ 1,60	0,20	100.000 unidades/ano	0,35
$ 2,00	0,25	140.000 unidades/ano	0,45
$ 2,40	0,30	180.000 unidades/ano	0,15
$ 2,80	0,15	220.000 unidades/ano	0,05
$ 3,20	0,10		

Usando o método de simulação de Monte Carlo, determinar o preço e a demanda esperada para os primeiros 4 anos do projeto.

Passo 1 — o primeiro passo consiste em montar as distribuições cumulativas das variáveis, atribuindo-lhes faixas de números representativos entre 0 e 99. A atribuição desses números guarda proporção com a distribuição cumulativa. Nos dois quadros a seguir, apresentam-se as probabilidades cumulativas e a faixa representativa respectiva para as variáveis preço de venda e demanda:

Preço de venda	Probabilidade	Probabilidade cumulativa	Faixa representativa
$ 1,60	0,20	0,20	0-19
$ 2,00	0,25	0,45	20-44
$ 2,40	0,30	0,75	45-74
$ 2,80	0,15	0,90	75-89
$ 3,20	0,10	1,00	90-99

Demanda	Probabilidade	Probabilidade cumulativa	Faixa representativa
100.000 unidades/ano	0,35	0,35	0-34
140.000 unidades/ano	0,45	0,80	35-79
180.000 unidades/ano	0,15	0,95	80-94
220.000 unidades/ano	0,05	1,00	95-99

Por exemplo, a demanda de 100.000 unidades/ano tem uma distribuição cumulativa entre 0,00 e 0,35, portanto seus números representativos devem estar situados dentro da faixa representativa, compreendida entre 0 e 34. No caso da demanda de 140.000 unidades/ano, sua distribuição cumulativa situa-se entre 0,35 e 0,80, portanto seus números representa-

Capítulo 4 – Técnicas para análise e otimização de projetos de investimento   133

tivos devem estar situados dentro da faixa representativa compreendida entre 35 e 79, e assim sucessivamente.

Passo 2 — em seguida, deve ser usada uma tabela de números aleatórios, daquelas comumente apresentadas em textos de estatística, ou geradas por algum programa de cômputo estatístico que possua gerador de números aleatórios. Uma tabela típica é mostrada a seguir.

Tabela de números aleatórios										
23 15	21 34	65 10	09 45	86 30	53 69	05 26	23 84	67 35	28 35	76 49
05 54	65 43	87 56	19 06	45 80	61 30	47 93	20 05	21 34	29 56	91 08
14 87	75 86	65 23	20 21	02 53	73 54	02 35	07 34	12 30	26 85	87 30
38 97	12 35	12 34	65 34	12 35	12 34	96 43	13 56	38 97	12 35	12 23
97 31	96 43	13 56	23 84	67 35	65 35	10 24	09 67	22 56	23 15	21 34
11 74	10 24	09 67	20 05	21 34	23 67	29 56	03 45	98 56	05 54	65 43
43 36	25 70	23 78	01 23	42 51	08 34	26 85	67 45	98 67	12 35	12 34
93 80	94 29	32 73	45 67	22 89	12 34	21 34	12 32	06 30	14 87	53 69
49 54	84 12	28 35	23 56	09 67	13 56	75 86	65 23	20 21	38 97	61 30
36 76	90 43	29 56	03 45	23 78	23 45	53 69	65 43	87 56	97 31	73 54
07 09	65 18	26 85	67 45	23 84	67 35	61 30	75 86	65 23	96 43	13 56
43 31	73 54	79 08	26 23	20 05	21 34	73 54	26 85	87 30	10 24	09 67

A tabela pode ser usada em qualquer direção, desde que se mantenha um padrão uniforme. Cada número aleatório indica o resultado de determinado experimento e, de acordo com sua coincidência com os números representativos das variáveis, podem-se determinar o preço e a demanda que correspondem a cada experimento. Na prática, pela lei dos grandes números, seria recomendável usar um mínimo de 100 experimentos para obter resultados de boa qualidade, mas por limitações de espaço usaremos apenas 10 experimentos.

Para este exemplo usaremos as duas primeiras colunas da tabela: a primeira para os experimentos do preço e a segunda para os experimentos da demanda. Assim, o número 23, primeiro número da primeira coluna, situa-se na faixa representativa de 20-44 dos preços, portanto esse primeiro experimento resulta em um preço de $ 2. O número 05, segundo número da primeira coluna da tabela, está na faixa representativa de 0-19 dos preços, portanto esse segundo experimento resulta em um preço de $ 1,60. Deve-se seguir o mesmo procedimento até alcançar os 10 experimentos previstos.

No caso da demanda, o número 15, primeiro número da segunda coluna, situa-se na faixa representativa de 0-34 da demanda, portanto esse primeiro experimento resulta em uma demanda de 100.000. O número 54, segundo número da segunda coluna, está na faixa representativa de 35-79 da demanda, resultando em uma demanda de 140.000. Desse modo vamos criando os valores das distribuições de probabilidade das duas variáveis. O quadro a seguir apresenta os valores das variáveis *preço* e *demanda* para as 10 simulações ou experimentos realizados.

Preços		Demanda	
Número aleatório	Valor ($)	Número aleatório	Valor (unidade/ano)
23	2,0	15	100.000
05	1,6	54	140.000
14	1,6	87	180.000
38	2,0	97	220.000
97	3,2	31	100.000
11	1,6	74	140.000
43	2,0	36	140.000
93	3,2	80	180.000
49	2,4	54	140.000
36	2,0	76	140.000

Passo 3 — com base nos resultados do quadro anterior, podemos elaborar quadros de freqüência que definam a distribuição de probabilidades das variáveis. Para isso, criamos faixas representativas capazes de abarcar as observações de preços e demanda do passo anterior. Nesse caso, dado que foram realizados apenas 10 experimentos, criamos unicamente 4 faixas representativas.

Faixa representativa de preços ($)	Observações	Probabilidade	Probabilidade acumulada
1,60-1,99	3	0,30	0,30
2,00-2,39	4	0,40	0,70
2,40-2,79	1	0,10	0,80
2,80-3,20	2	0,20	1,00
Faixa representativa de demanda (unidades/ano)	Observações	Probabilidade	Probabilidade acumulada
100.000-129.999	2	0,20	0,20
130.000-159.999	5	0,50	0,70
160.000-189.999	2	0,20	0,90
190.000-220.000	1	0,10	1,00

Por exemplo, no caso do preço há 3 observações situadas na faixa $ 1,60-$ 1,99, o que representa uma probabilidade de 0,3 (3 observações em 10 experimentos). Há 4 observações na faixa $ 2,00-$ 2,39, o que representa uma probabilidade de 0,4 (4 observações em 10 experimentos), e assim sucessivamente. No caso da demanda, há 2 observações situadas na faixa 100.000-129.999, o que representa uma probabilidade de 0,2 (2 observações em 10 experimentos). Há 5 observações na faixa 130.000-159.999, representando uma probabilidade de 0,5 (5 observações em 10 experimentos), e assim sucessivamente.

Observando os dois últimos quadros, podemos determinar a probabilidade de que uma variável se encontre abaixo de determinado valor. Por exemplo, a probabilidade de que o preço esteja abaixo de $ 2,80 é de 80%, e a probabilidade de que a demanda esteja abaixo de 190.000 unidades/ano é de 90%.

Passo 4 — calculamos, finalmente, o valor esperado das variáveis (preço e demanda), multiplicando os valores médios das faixas representativas pela probabilidade da respectiva faixa:

Faixas representativas ($)	Valor médio da faixa ($)	Probabilidade	Valor médio × Probabilidade
1,60-1,99	1,80	0,30	1,80 × 0,30 = 0,54
2,00-2,39	2,20	0,40	2,20 × 0,40 = 0,88
2,40-2,79	2,60	0,10	2,60 × 0,10 = 0,26
2,80-3,20	3,00	0,20	3,00 × 0,20 = 0,60

Preço esperado: 2,28

Faixas representativas (unidades/ano)	Valor médio da faixa (unidades/ano)	Probabilidade	Valor médio × Probabilidade
100.000-129.999	115.000	0,20	115.000 × 0,20 = 23.000
130.000-159.999	145.000	0,50	145.000 × 0,50 = 72.500
160.000-189.999	175.000	0,20	175.000 × 0,20 = 35.000
190.000-220.000	205.000	0,10	205.000 × 0,10 = 20.500

Demanda esperada: 151.000

Lembrando que os preços aumentarão 10% ao ano, e a demanda, 20%, o quadro a seguir apresenta os preços e a demanda, projetados para os 4 anos seguintes:

Ano	Preço projetado ($)	Demanda projetada (unidades/ano)
1	2,28	151.000
2	2,28 × (1,10) = 2,5080	151.000 × (1,20) = 181.200
3	2,28 × $(1,10)^2$ = 2,7588	151.000 × $(1,20)^2$ = 217.440
4	2,28 × $(1,10)^3$ = 3,0347	151.000 × $(1,20)^3$ = 260.928

Exemplo 4.9

Uma empresa montou o seguinte modelo de fluxo de caixa para um projeto de investimento que pretende implementar:

$$FCL_t = [P - (DPu + CVu)] \times Q - CF$$

onde:

FCL_t = fluxo de caixa livre no ano t;
P = preço unitário de venda;
DPu = despesa unitária de produção;
CVu = custo de produção unitário variável;
Q = produção (unidades);
CF = custos fixos.

Os quadros seguintes mostram as probabilidades subjetivas atribuídas às variáveis.

Preço unitário (P)		Despesa unitária de produção (DPu)		Custo de produção unitário variável (CVu)		Produção (unidades) (Q)	
Valor ($)	Probabilidade	Valor ($)	Probabilidade	Valor ($)	Probabilidade	Valor	Probabilidade
230	0,4	34	0,7	67	0,5	12.000	0,6
280	0,3	40	0,3	75	0,3	15.000	0,3
320	0,2			84	0,2	18.000	0,1
350	0,1						

O custo do capital é de 10% a.a. e o investimento requerido é de $ 10.000.000, sem valor residual. A vida útil do projeto é de 11 anos. Os custos fixos são da ordem de $ 500.000/ano. Efetuar uma simulação de Monte Carlo com apenas 10 simulações (experimentos) e analisar a viabilidade econômica do projeto.

Passo 1 — distribuições das variáveis com atribuição de faixas representativas entre 0 e 99:

Preço (P)				Despesa unitária de produção (DPu)			
Valor ($)	Prob.	Prob. acumulada	Faixa	Valor ($)	Prob.	Prob. acumulada	Faixa representativa
230	0,4	0,4	0-39	34	0,7	0,7	0-69
280	0,3	0,7	40-69	40	0,3	1,0	70-99
320	0,2	0,9	70-89				
350	0,1	1,0	90-99				

Custo de produção variável (CVu)				Produção (Q)			
Valor ($)	Prob.	Prob. acumulada	Faixa	Valor	Prob.	Prob. acumulada	Faixa representativa
67	0,5	0,5	0-49	12.000	0,6	0,6	0-59
75	0,3	0,8	50-79	15.000	0,3	0,9	60-89
84	0,2	1,0	80-99	18.000	0,1	1,0	90-99

Passo 2 — criação das distribuições de probabilidades das variáveis usando a tabela de números aleatórios para 10 simulações:

P		DPu		CVu		Q	
Número aleatório	Valor ($)	Número aleatório	Valor ($)	Número aleatório	Valor ($)	Número aleatório	Valor
23	230	15	34	09	67	84	15.000
05	230	54	34	31	67	90	18.000
14	230	87	40	21	67	65	15.000
38	230	97	40	65	75	73	15.000
97	350	31	34	75	75	34	12.000
11	230	74	40	12	67	43	12.000
43	280	36	34	96	84	86	15.000

(continua)

(continuação)

P		DPu		CVu		Q	
Número aleatório	Valor ($)	Número aleatório	Valor ($)	Número aleatório	Valor ($)	Número aleatório	Valor
93	350	80	40	10	67	35	12.000
49	280	54	34	25	67	43	12.000
36	230	76	40	94	84	24	12.000

A tabela de números aleatórios foi usada por colunas. A primeira coluna para o preço unitário (P), a segunda para a despesa unitária de produção (DPu), a continuação da segunda e a terceira para o custo de produção variável unitário (CVu) e a continuação da terceira e a quarta para a produção (Q).

Passo 3 — construção do quadro de freqüências:

Preço (P)			Despesa unitária de produção (DPu)		
Faixa ($)	Observações	Probabilidade	Faixa ($)	Observações	Probabilidade
230-279	6	0,6	34-39	5	0,5
280-329	2	0,2	40-45	5	0,5
330-379	2	0,2			

Custo de produção variável (CVu)			Produção (Q)		
Faixa ($)	Observações	Probabilidade	Faixa	Observações	Probabilidade
67-72	6	0,6	12.000-14.000	5	0,5
73-78	2	0,2	15000-16.000	4	0,4
79-84	2	0,2	17.000-18.000	1	0,1

Passo 4 — cálculo dos valores esperados das variáveis, por meio da multiplicação dos valores médios das faixas pela probabilidade da respectiva faixa:

- Preço esperado (P) = $ 254,50 × 0,60 + $ 304,50 × 0,20 + $ 354,50 × 0,2 = $ 284,50.
- Despesa unitária esperada de produção (DPu) = $ 36,50 × 0,50 + $ 42,50 × 0,50 = $ 39,50.
- Custo de produção variável unitário esperado (CVu) = $ 69,50 × 0,60 + $ 75,50 × 0,20 + $ 81,50 × 0,20 = $ 73,10.
- Produção esperada (Q) = 13.000 × 0,50 + 15.500 × 0,40 + 17.500 × 0,10 = 14.450 unidades.

Passo 5 — cálculo do fluxo de caixa livre, cálculo do VPL e análise econômica do projeto:

- Fluxo de caixa livre:

$$FCL_t = [P - (DPu + CVu)]\, Q - CF$$
$$= [\$\, 284,50 - (\$\, 39,50 + \$\, 73,10)] × 14.450 - \$\, 500.000 = \$\, 1.983.955$$

Gestão de investimentos e geração de valor

- Valor presente líquido:

$$VPL = -\$\,10.000.000 + \$\,1.983.955 \times \left[\frac{(1,10)^{11} - 1}{(1,10)^{11} \times 0,10}\right] = \$\,2.885.909 > 0$$

Decisão: como o VPL é positivo, o projeto está justificado economicamente.

Exemplo 4.10

Uma pessoa estuda a possibilidade de investir em uma planta para fabricação de ração animal. No quadro a seguir, mostram-se algumas informações do empreendimento.

Custo de oportunidade do capital (K)	15% a.a.
Vida útil do projeto	10 anos
Investimento requerido	$ 150.000
Custos fixos anuais (CF)	$ 100.000/ano

Sabe-se que o investimento, a vida útil, os custos fixos e o custo de oportunidade do capital são constantes e não devem variar. Por outro lado, o preço de venda (P), a quantidade produzida (Q) e os custos variáveis (CV) podem variar e ser vistos como variáveis aleatórias, com os seguintes resultados possíveis e probabilidades associadas:

Preço de venda (P)		Custo variável unitário (CVu)		Quantidade produzida (Q)	
Valores possíveis	Probabilidade associada	Valores possíveis	Probabilidade associada	Valores possíveis	Probabilidade associada
$ 2,20	0,15	$ 0,98	0,10	87.400	0,15
$ 2,25	0,25	$ 1,02	0,15	93.850	0,40
$ 2,30	0,40	$ 1,05	0,35	109.000	0,35
$ 2,40	0,12	$ 1,07	0,23	112.000	0,10
$ 2,45	0,08	$ 1,10	0,17		

Admita-se que a quantidade vendida seja igual à produzida. Com as informações dadas e por meio de uma simulação de Monte Carlo, estimar a distribuição do valor presente líquido, seu valor esperado e seu desvio padrão.

Passo 1 — identificar as variáveis aleatórias determinantes: quantidade produzida (Q), preço de venda (P) e custo variável unitário (CVu).

Passo 2 — identificar os possíveis resultados e probabilidades associadas às variáveis aleatórias determinantes e atribuir-lhes um número representativo:

Preço de venda (P)	Probabilidade associada	Probabilidade acumulada	Faixa representativa
$ 2,20	0,15	0,15	0-14
$ 2,25	0,25	0,40	15-39

(continua)

(continuação)

Preço de venda (P)	Probabilidade associada	Probabilidade acumulada	Faixa representativa
$ 2,30	0,40	0,80	40-79
$ 2,40	0,12	0,92	80-91
$ 2,45	0,08	1,00	92-99

Custo variável unitário (CVu)	Probabilidade associada	Probabilidade acumulada	Faixa representativa
$ 0,98	0,10	0,10	0-9
$ 1,02	0,15	0,25	10-24
$ 1,05	0,35	0,60	25-59
$ 1,07	0,23	0,83	60-82
$ 1,10	0,17	1,00	83-99

Quantidade produzida (Q)	Probabilidade associada	Probabilidade acumulada	Faixa representativa
87.400	0,15	0,15	0-14
93.850	0,40	0,55	15-54
109.000	0,35	0,90	55-89
112.000	0,10	1,00	90-99

Passo 3 — identificar a função a ser simulada. Essa função é a margem de lucro anual, que depende basicamente da quantidade vendida (Q), do preço de venda unitário (P) e do custo variável unitário (CVu): Margem = Q × (P – CVu).

Passo 4 — realizar um conjunto de 15 experimentos a partir da seguinte tabela de números aleatórios.

14	36	24	37	22	31	35	31	6	10
15	60	18	37	70	79	21	19	36	46
26	87	20	76	32	46	32	99	43	24
48	18	7	46	16	89	54	66	26	6
10	81	43	74	27	78	79	46	63	86
10	5	74	3	45	24	2	56	85	73
83	55	27	28	81	26	5	97	67	39
41	69	52	48	51	67	35	6	28	65
68	71	11	69	22	42	31	39	11	1
19	26	1	16	27	26	59	26	81	47
95	94	14	11	25	60	43	11	54	10
51	47	40	13	93	77	80	88	75	3
63	60	30	11	42	17	9	51	56	83
89	92	85	0	39	41	92	38	51	82
81	19	88	80	91	39	50	53	64	36

(continua)

(continuação)

47	14	21	17	95	61	64	85	86	58
53	61	99	2	63	55	36	13	87	46
44	81	20	96	20	28	72	8	95	83
12	98	27	42	4	83	6	78	1	9
27	32	75	15	64	3	99	77	83	4
19	92	26	37	90	70	40	32	57	58
28	62	49	62	31	62	14	92	22	4
99	7	7	49	91	69	33	86	4	1
17	46	23	45	27	57	61	29	96	60
15	1	89	66	21	90	78	65	58	12
37	28	16	48	89	72	29	7	84	99
73	22	57	93	20	42	99	97	83	73
83	77	9	8	54	72	64	66	8	57
37	32	97	73	60	11	58	43	34	25
73	77	41	40	96	78	98	94	72	42

O quadro a seguir mostra os 15 experimentos efetuados a partir das colunas da tabela de números aleatórios, de modo alternado: o primeiro número para P, o segundo para Q e o terceiro para CVu, e assim sucessivamente.

Experimento	P		Q		CVu		Margem de lucro: Q × (P – CVu)
	N. aleat.	Valor	N. aleat.	Valor	N. aleat.	Valor	
1	14	$ 2,20	15	93.850	26	$ 1,05	$ 107.928
2	48	$ 2,30	10	87.400	10	$ 1,02	$ 111.872
3	83	$ 2,40	41	93.850	68	$ 1,07	$ 124.821
4	19	$ 2,25	95	112.000	51	$ 1,05	$ 134.400
5	63	$ 2,30	89	109.000	81	$ 1,07	$ 134.070
6	47	$ 2,30	53	93.850	44	$ 1,05	$ 117.313
7	12	$ 2,20	27	93.850	19	$ 1,02	$ 110.743
8	28	$ 2,25	99	112.000	17	$ 1,02	$ 137.760
9	15	$ 2,25	37	93.850	73	$ 1,07	$ 110.743
10	83	$ 2,40	37	93.850	73	$ 1,07	$ 124.821
11	36	$ 2,25	60	109.000	87	$ 1,10	$ 125.350
12	18	$ 2,25	81	109.000	5	$ 0,98	$ 138.430
13	55	$ 2,30	69	109.000	71	$ 1,07	$ 134.070
14	26	$ 2,25	94	112.000	47	$ 1,05	$ 134.400
15	60	$ 2,30	92	112.000	19	$ 1,02	$ 143.360

Passo 5 — cálculo do valor esperado da função simulada (margem):

Faixa (margem de lucro) ($)	Valor médio da faixa ($)	Freqüência	Probabilidade	Valor médio da faixa × probabilidade ($)
107.000-117.000	112.000,00	4	26,67% (4/15)	29.870
117.001-124.000	115.500,50	1	6,67% (1/15)	7.704
124.001-131.000	127.500,50	3	20,00% (3/15)	25.500
131.001-138.000	134.500,50	5	33,33% (5/15)	44.829
138.001-145.000	141.500,50	2	13,33% (2/15)	18.862
		15	Margem esperada:	126.765

Passo 6 — cálculo do fluxo de caixa livre, cálculo do VPL e análise econômica do projeto:

$$FCL_t = \text{Margem esperada} - CF = \$ 126.765 - \$ 100.000 = \$ 26.765$$

$$VPL = -\$ 150.000 + \$ 26.765 \times \left[\frac{(1,15)^{10} - 1}{(1,15)^{10} \times 0,15} \right] = -\$ 15.673 < 0$$

Decisão: como o VPL é negativo, o projeto não se justifica economicamente.

4.4.1 Simulação de Monte Carlo usando a planilha Excel®

Na prática, muitas vezes a simulação de Monte Carlo é efetuada por meio de planilhas eletrônicas, pois a quantidade de cálculos envolvidos excede facilmente a capacidade humana de operação manual. Nesta seção, aplicaremos a planilha Excel na simulação de projetos de investimento.

Na versão em português do Excel, uma variável aleatória pode ser gerada pela função ALEATÓRIO() e, na versão em inglês, pela função RAND(). Essa função produz números aleatórios entre 0 e 1, todos com a mesma probabilidade de ocorrência. Por exemplo, em uma planilha, a fórmula 12+5*ALEATÓRIO() resultará em uma distribuição de números aleatórios fracionários ou inteiros entre 12 e 17. Com a fórmula INT(12+5*ALEATÓRIO()), geraremos uma distribuição de números aleatórios inteiros entre 12 e 17. Em geral, se necessitamos de uma distribuição de números aleatórios entre x e y, podemos usar a fórmula: INT(x+(y– x+1) *ALEATÓRIO()).

A distribuição mais conhecida é a distribuição normal, que como se sabe tem papel extremamente importante na estatística, em problemas analíticos, nas finanças e na simulação. No Excel, para gerar uma variável aleatória normal com média igual a 100 e desvio padrão igual a 10, usamos a fórmula: = DIST.NORM (ALEATÓRIO (),100,10). Além da distribuição normal, o Excel permite também associar as variáveis que formam o fluxo de caixa a outras distribuições de probabilidade, tais como a distribuição log-normal, a distribuição gama, beta, hipergeométrica, exponencial, qui-quadrada, binomial negativa etc.

Para ilustrar o procedimento a ser seguido na simulação via planilha Excel, no Exemplo 4.11 será analisado um projeto de investimento. De início, ele será analisado deterministicamente (na planilha "INICIAL"), logo depois será efetuada uma única simulação (na planilha "DEMANDA ALEATÓRIA") considerando as vendas como a única variável aleatória. Por fim, serão efetuadas automaticamente 100 simulações (na planilha "100 SIMULAÇÕES").

Exemplo 4.11

Uma empresa pretende investir em um projeto de expansão. Os dados e valores envolvidos são os seguintes:

Investimento requerido	$ 300.000	Custo variável	60% da receita
Preço unitário de venda	$ 28.000	Custo do capital	10% a.a.
Custos fixos anuais	$ 14.000	Alíquota de IR	30%
Depreciação anual	$ 8.000	Vendas (unidades/ano)	15
Vida útil	4 anos	Valor residual	0

A planilha "INICIAL", mostrada a seguir, apresenta o fluxo de caixa convencional e a TIR do projeto (17,39%). A planilha "DEMANDA ALEATÓRIA" realiza um primeiro experimento (simulação) supondo que as vendas sejam a única variável aleatória do fluxo de caixa e que, em qualquer ano, essa variável possa assumir apenas valores aleatórios inteiros (os valores 13, 14, 15, 16 ou 17) com a mesma probabilidade de ocorrência para cada valor. Nessa planilha, a fórmula INT(12+5*ALEATÓRIO()) representa a distribuição discreta uniforme da variável *vendas*, e cada célula da linha *vendas* é calculada de acordo com essa fórmula.

B22		= =TIR(B20:F20;10)				
	A	B	C	D	E	F
1	Suposições					
2	Investimento	300000				
3	Preço unitário de venda	28000				
4	Custos fixos	14000				
5	Depreciação/ano	8000				
6	Custo variável	60%	da receita			
7	Custo do capital	10%				
8	Alíquota de I.R	30%				
9	Vendas/ano	15				
10						
11			Ano 0	Ano 1	Ano 2	Ano 3	Ano 4
12	Vendas		15	15	15	15
13	Receita		420000	420000	420000	420000
14	Custos fixos		-14000	-14000	-14000	-14000
15	Custo variável		-252000	-252000	-252000	-252000
16	Depreciação		-8000	-8000	-8000	-8000
17	Lucro antes de I.R		146000	146000	146000	146000
18	Imposto de renda		-43800	-43800	-43800	-43800
19	Lucro após I.R		102200	102200	102200	102200
20	Fluxo de caixa	-300000	110200	110200	110200	110200
21						
22	TIR	17,39%				

INICIAL / DEMANDA ALEATÓRIA / ESTAT.DESCR. / 100

C12		= =INT(12+5*ALEATÓRIO())				
	A	B	C	D	E	F
1	Suposições					
2	Investimento	300000				
3	Preço unitário de venda	28000				
4	Custos fixos	14000				
5	Depreciação/ano	8000				
6	Custo variável	60%	da receita			
7	Custo do capital	10%				
8	Alíquota de I.R	30%				
9	Vendas/ano	15				
10						
11			Ano 0	Ano 1	Ano 2	Ano 3	Ano 4
12	Vendas		14	13	16	12
13	Receita		392000	364000	448000	336000
14	Custos fixos		-14000	-14000	-14000	-14000
15	Custo variável		-235200	-218400	-268800	-201600
16	Depreciação		-8000	-8000	-8000	-8000
17	Lucro antes de I.R		134800	123600	157200	112400
18	Imposto de renda		-40440	-37080	-47160	-33720
19	Lucro após I.R		94360	86520	110040	78680
20	Fluxo de caixa	-300000	102360	94520	118040	86000
21						
22	TIR	12,93%				

INICIAL / **DEMANDA ALEATÓRIA** / ESTAT.DESCR. / 100

O primeiro experimento (simulação) mostra uma TIR de 12,93%, que em relação à TIR determinística (17,39%) apresenta uma diminuição de quase 30%. Como uma única simulação é pouco representativa, pode-se pressionar a tecla F9 e efetuar mais simulações manualmente. Esse procedimento também pode ser feito de modo automático.

A planilha "100 SIMULAÇÕES", mostrada a seguir, apresenta as TIRs para 14 simulações efetuadas automaticamente pelo Excel.

SIMULAÇÃO	TIR
1	16,52%
2	15,47%
3	18,69%
4	16,54%
5	12,50%
6	11,14%
7	17,91%
8	13,34%
9	13,05%
10	15,83%
11	12,83%
12	17,96%
13	16,99%
14	16,54%

4.4.2 Simulação de Monte Carlo usando o software @Risk®

Por sua pouca flexibilidade, o Excel não é a ferramenta mais eficiente para efetuar a simulação. Atualmente, encontram-se à venda vários softwares de simulação mais eficientes e úteis, tais como o @Risk® e o Crystal Ball®. Sua grande vantagem é a apresentação mais simples e amigável, sobretudo quando os modelos são complexos e existe mais de uma variável aleatória com distribuições de probabilidade diferentes.

O @Risk®, por exemplo, roda no ambiente Excel e permite vincular as variáveis que geram o risco a 37 diferentes distribuições de probabilidade, além de oferecer diversos gráficos, estatísticas descritivas, análise de sensibilidade e outros auxílios muito úteis no processo de análise e tomada de decisão em condições de incerteza. A Palisade Corporation, desenvolvedora do software, disponibiliza em seu site Web (www.palisade.com) uma versão de prova gratuita (*free trial*).

4.5 Árvores de decisão

As *árvores de decisão* são uma importante ferramenta que considera as decisões seqüenciais ao longo do tempo. É um meio de mostrar a anatomia de uma decisão de investimento, assim como a interação entre decisão presente, eventos possíveis, atitudes de competidores e possíveis decisões futuras e suas conseqüências. As árvores de decisão abordam, enfim, dois elementos fundamentais para uma análise de investimentos reais: *investimento seqüencial* e *incerteza*.

A figura a seguir ilustra uma árvore de decisão, com duas decisões seqüenciais de investimento.

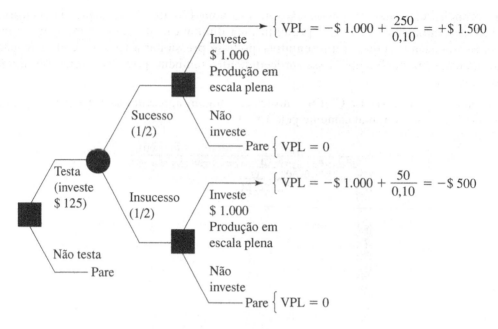

Os pontos de decisão de investimento (*nós de decisão*) são representados por quadrados, enquanto os pontos de inclusão da incerteza (*nós de chance*) são representados por círculos. Na árvore da figura, qual é o valor do VPL e qual a decisão ótima de investimento?

Para responder a essa pergunta primeiro se deve calcular o VPL na árvore de trás para a frente (*backward induction*), eliminando os ramos não ótimos ('podando' a árvore), isto é, os ramos que um gerente racional não seguiria por ter um VPL esperado negativo. Essa 'poda' da árvore é, na verdade, um processo de otimização; por isso, ao contrário da simulação de Monte Carlo, a árvore de decisão é uma ferramenta de otimização de decisões.

A árvore da figura apresenta um problema típico de decisão em dois estágios. O exemplo consiste em decidir se deve ou não ser feito um investimento de $ 1.000 em determinado projeto. Inicialmente é realizado um investimento de $ 125 em uma planta piloto, para fazer testes de mercado que permitam reduzir a incerteza sobre o projeto. Após os testes, apresentam-se dois cenários possíveis com a mesma probabilidade (50%): sucesso e insucesso. No primeiro cenário, investem-se $ 1.000 e obtêm-se uma receita líquida anual perpétua de $ 250 e um VPL de +$ 1.500. No segundo cenário, investem-se $ 1.000 e obtêm-se uma receita líquida anual perpétua de apenas $ 50 e um VPL de –$ 500.

A análise é feita de trás para a frente:

- No ramo de baixo (insucesso), em que o teste revelou, antes de se executar o projeto, uma baixa demanda, não vale a pena construir a fábrica, pois teríamos um VPL negativo (–$ 500) investindo $ 1.000 e nulo não investindo nada.
- No ramo de cima (sucesso), em que o teste revelou, antes de se executar o projeto, uma alta demanda pelo produto, vale a pena investir na fábrica, uma vez que o VPL de investir é positivo ($ 1.500) e maior do que o VPL da outra opção (de não investir na fábrica, que tem VPL zero). O gerente racional vai escolher investir, dado que o teste foi positivo.

- Agora falta decidir se vale ou não a pena investir $ 125 na planta piloto. Para isso devemos calcular o VPL esperado, e isso só poderá ser feito com o cálculo dos VPLs dos cenários que se abrem com essa decisão, ou seja, com a análise de trás para a frente feita anteriormente e com as 'podas' já realizadas. Assim, sabe-se que, em caso de sucesso (50% de chance), o VPL valerá $ 1.500 e, em caso de insucesso (50% de chance), valerá zero. Logo, o VPL esperado no instante zero será:

$$VPL = -\$ 125 + [(0,5 \times \$ 1.500) + (0,5 \times \$ 0)] / 1,1 = +\$ 557$$

Logo, o investimento na planta piloto deve ser feito. Observe que, em uma simulação em que a 'poda' (otimização) não tivesse sido feita, o valor de VPL negativo do ramo de baixo teria sido considerado (em vez do valor 'racional' ou otimizado, que é zero) e o VPL da planta piloto teria sido menor (em alguns casos poderia até ser negativo, levando os gestores a não fazer o projeto, o que teria sido um erro).

O método de calcular de trás para a frente (*backward induction*) foi importante para mostrar também um ponto geral: se a decisão de hoje afeta o que será feito amanhã, então para agir racionalmente hoje é necessário analisar previamente a decisão de amanhã. É como acontece com um jogador de xadrez que, para fazer uma jogada, tem de prever algumas jogadas mais à frente, isto é, as conseqüências do lance feito.

Para completar a análise do exemplo, falta responder a uma pergunta: e se em vez de fazer o teste piloto a empresa partisse logo para a fabricação do produto em larga escala? Essa opção seria claramente pior, pois, além de se arriscar a ter uma perda de $ 500, a empresa perceberia que o VPI sem o teste é menor.

$$VPL_{\text{sem teste}} = (0,5 \times \$ 1.500) + [0,5 \times (-\$ 500)] = \$ 500 < \$ 557$$

Esse exemplo foi bastante simplificado. Na verdade, poderíamos considerar vários cenários (em vez de apenas dois ramos da árvore) ou mesmo uma distribuição de probabilidade contínua (fruto de uma simulação) e a seguir torná-la discreta em, por exemplo, quatro cenários diferentes.

Também poderiam ser consideradas outras flexibilidades gerenciais (opções) — por exemplo, uma opção de expansão da capacidade de produção no terceiro ano, caso o mercado esteja aquecido, e uma opção de abandono em caso de recessão (ou da entrada de um produto substituto melhor) no terceiro ano e/ou posteriormente. Assim, essas árvores podem se tornar bastante complexas quando se procura representar todos os pontos de decisão relevantes, assim como os eventos possíveis em cada instante.

Quanto mais complexo for o processo decisório, mais complexa será a árvore. Existem softwares profissionais que minimizam esse problema de manuseio de grandes árvores ao colocar ramos da árvore em várias planilhas distintas e uma árvore geral que aponta para esses vários ramos.

A árvore de decisão tem a vantagem de explicitar as opções gerenciais disponíveis, o que ajuda a entender o processo decisório, desenvolvendo a intuição de negócios. Além disso, ela se aproxima mais da realidade do que técnicas mais tradicionais, que nada consideram em termos de flexibilidade operacional.

O fato de a taxa apropriada de desconto não ser constante na presença de flexibilidades gerenciais (opções reais) é uma dificuldade para o uso das árvores de decisão em sua forma tradicional, uma vez que deveríamos usar diferentes taxas para descontar diferentes ramos da árvore.[5] Os *métodos gradeados*, como o *método binomial*, podem ser vistos como árvores de decisão que usam conceitos da *teoria das opções em tempo discreto*. O uso de uma taxa de desconto constante e livre de risco (método da certeza equivalente, ou da *neutralidade ao risco*) só é viável devido ao uso da medida especial de probabilidade chamada *martingale*. Assim, a teoria das opções em tempo discreto deu um novo suporte teórico às árvores de decisão e estendeu seu uso na prática.

4.6 Técnicas de inteligência artificial, redes neurais e algoritmos genéticos

A *inteligência artificial* (*IA*) é um conjunto de técnicas de programação destinadas a resolver determinados tipos de problema. Procura, por meio de programas computacionais, imitar as estratégias de resolução de problemas empregadas pelo ser humano.[6] Alguns sistemas de IA baseiam-se no conhecimento, como os chamados *sistemas especialistas*, em que o conhecimento é do tipo *dedutivo*, ou seja, é obtido a partir de regras preestabelecidas.

Os sistemas especialistas levam esse nome porque tentam reproduzir as regras e os processos de raciocínio de profissionais *especialistas* em determinada atividade, a qual deve ser bem compreendida e estar claramente definida (não pode haver divergências ou subjetividade nas soluções dos problemas). A técnica tem aplicações diversas em diagnóstico, interpretação e previsão (inferir soluções de problemas a partir de observações), assim como no monitoramento e no controle de processos (prever, reparar e monitorar um sistema), dentre outras. Apesar de os sistemas especialistas não terem tido o alcance que se imaginava no início, existem nichos de aplicação e grandes empresas que os empregam na prática.

Já nas chamadas *redes neurais*, o conhecimento é do tipo *indutivo*, ou seja, é extraído de experiências. Redes neurais são funções generalizadas que permitem associar informações de entrada a informações de saída. São representadas por uma arquitetura composta por um conjunto de elementos de processamento altamente interconectados, similar à estrutura do cérebro humano, conforme ilustrado na figura a seguir.

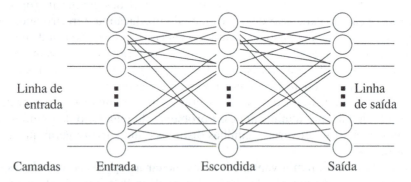

Cada neurônio artificial recebe diversas entradas, pondera (atribui pesos a) essas entradas e envia ou não um sinal para a frente. Cada neurônio tem uma *função soma* (com

---
[5] A teoria das opções em tempo contínuo permite abordar o problema sem essa desvantagem, mas à custa de uma maior complexidade matemática na formulação do modelo.
[6] O termo *inteligência artificial* foi proposto em 1956 por J. MacCarthy, da Universidade de Stanford.

Capítulo 4 – Técnicas para análise e otimização de projetos de investimento   147

os pesos), para fazer uma soma ponderada dos sinais de entrada, e uma *função transmissão*, para enviar o sinal para a rede. A rede retém conhecimento por meio do estudo, da observação e da experiência.

As redes neurais aprendem graças à observação de grande número de exemplos de determinado problema, junto com a solução de cada um deles. É por isso que elas têm de ser treinadas e, depois disso, podem usar tais conhecimentos para responder a situações novas, ponderando vários fatores, mesmo que o exemplo usado no treinamento não seja exatamente igual à situação encontrada na prática. Enquanto os computadores tradicionais testam uma hipótese por vez (*processamento seqüencial*), o neurocomputador testa todas as hipóteses em paralelo (*processamento paralelo*), assim como aprende (em vez de meramente executar programas) e descobre relações ou regras por meio da entrada de dados e exemplos.

Existem softwares comerciais de redes neurais que podem ser rodados em microcomputadores, o que permite usar a técnica em diversas aplicações práticas. As redes neurais têm aplicações em diversos ramos de atividade, tais como predição meteorológica e oceanográfica, processamento de sinais de radar, diagnóstico de máquinas e de homens, reconhecimento de voz, reconhecimento de imagem, identificação geológica por meio de sinais sísmicos etc. As melhores aplicações são aquelas em que se dispõe de grandes massas de dados e em que é difícil identificar padrões.

Na área econômica e de finanças, as redes neurais podem ser aplicadas de diversas maneiras. É possível, por exemplo, avaliar preços no mercado imobiliário em função das características do imóvel, usando como dados de entrada o bairro, a rua, se é de frente ou de fundos, altura do andar, número de cômodos, de banheiros, garagem, dependências, vista, idade, segurança do prédio, outras facilidades do prédio, piscina, sauna etc. Como saída obtém-se o preço de venda ou o valor de aluguel.

Outro uso possível é prever a oscilação das cotações no mercado acionário. Para isso, treina-se a rede usando como dados de entrada as séries históricas de preços da ação, índices financeiros e econômicos da empresa, índices econômicos nacionais etc., obtendo-se, como dados de saída, a estimativa do preço futuro ou a tendência de variação do valor da ação.

As redes neurais também são usadas para análise de risco de crédito, isto é, para saber qual o risco de fornecer crédito a uma empresa solicitante. Usam-se como dados de entrada os índices de balanço da empresa nos últimos anos, seu histórico de negócios e todos os fatores julgados relevantes para determinar padrões de risco de crédito, tendo como saída o grau de avaliação do risco.

Por fim, as redes neurais também podem ser usadas como ferramenta auxiliar no cálculo de opções financeiras, ou no cálculo de opções reais. Contudo, como o atual estágio dessa técnica na área de análise econômica de projetos é ainda embrionário, ela deve ser sempre vista como uma ferramenta auxiliar, e não como um novo paradigma de análise.

O *algoritmo genético* (*AG*), por sua vez, é uma importante técnica de busca adaptativa inspirada no princípio darwiniano da evolução das espécies. Com efeito, baseia-se na seleção natural e na reprodução genética, por meio da troca aleatória de informações. É uma técnica de otimização peculiar, que se dá pela sobrevivência do mais adaptado: como se fossem espécies vivas, as melhores soluções sobrevivem (com direito a recombinações genéticas, como mutação, reprodução etc.), enquanto as piores sucumbem. As soluções vão evoluindo, ao longo das gerações, sendo selecionadas soluções cada vez melhores. A solução ótima nem sempre é encontrada; nesse caso, escolhe-se a que esteja mais perto do ótimo.

Essa técnica deve ser aplicada preferencialmente a problemas complexos de otimização, tais como:

- problemas com muitos parâmetros, variáveis e opções;
- problemas com condições e restrições difíceis de modelar matematicamente;
- problemas com grandes espaços de busca;
- problemas de otimização combinatória complexa.

Com o AG, a informação obtida em determinado estágio da busca é usada para influenciar a direção futura de busca. Cada solução é um *organismo*, e o conjunto de possíveis soluções em determinado estágio da evolução é chamado de *população*. Os AGs básicos são constituídos dos seguintes passos:

1. O AG cria aleatoriamente uma população inicial (por exemplo: 100) de organismos, isto é, um conjunto de soluções quaisquer, que devem estar longe do ótimo, mas algumas soluções devem ser melhores do que outras.
2. Ordenam-se os organismos para verificar o grau relativo de ajuste ou adaptação das soluções em relação à função objetivo que deve ser otimizada (por exemplo, as soluções com os menores custos vêm em primeiro lugar).
3. São selecionados 'pais' que vão se reproduzir, gerando novas soluções (descendentes).
4. Avalia-se a população da nova geração para manter as melhores soluções (inclusive em comparação com a população anterior) e descartar as piores.
5. Volta-se ao item 3 e continua-se até que a taxa de melhoria entre as gerações caia muito, ou até um tempo preestabelecido de computação, ou ainda até que se acredite que o melhor organismo (solução) encontrado em certa geração atenda aos objetivos.

Os AGs são sistemas não-lineares complicados, que geralmente demandam muito tempo de processamento computacional. Possuem diversas aplicações em análise de investimentos, seja no mercado financeiro (otimização de carteiras, estratégia de melhor *timing* no mercado de ações etc.), seja em aplicações de análise de projetos (determinação da melhor quantidade de poços de petróleo para explotar determinada jazida, por exemplo). Ainda existem grandes desafios a vencer em AG, mas, por permitir a otimização de sistemas complexos, essa técnica tem despertado grande atenção na área de análise econômica.

Outro assunto muito atual é a *teoria do caos*. Essa teoria encontra nichos de aplicações, especialmente derivadas da distribuição de *fractais* usados em computação gráfica. Mas ela também tem aplicações na modelagem probabilística de reservatórios de petróleo e em meteorologia. No mercado financeiro, a teoria do caos se aplica, embora seu uso ainda seja visto com reservas e os estudos estejam em um estágio embrionário.

As aplicações da teoria do caos estão mais na linha de descrição e explicação de problemas do que na linha de previsão, devido à dificuldade de prever sistemas caóticos, uma vez que eles dependem de condições iniciais.

Alguns aspectos da teoria do caos não são tão recentes como muitos supõem. A teoria avançada das funções não-lineares foi desenvolvida por Volterra em 1913; depois, Wiener aplicou essas idéias à análise de processos estocásticos e desenvolveu o que hoje se conhece como *caos homogêneo*.[7] Em 1938, Wiener provou uma das propriedades desse processo (chamada de *propriedade de representação caótica*) para o caso do movimento browniano.

---

[7] R.B. Ghanem, *Stochastic finite elements: a spectral approach*. Berlim: Springer Verlag, 1991.

4.7 Conceitos de competitividade e cooperação: a teoria dos jogos

Segundo Porter, as mudanças que estão se processando na natureza da competição e a pressão crescente da globalização fazem do investimento o fator mais importante da vantagem competitiva. Esse economista afirma, ainda, que os problemas competitivos enfrentados por várias empresas norte-americanas, especialmente na década de 1980, são sintomas de um problema maior, que é a operação de todo o sistema de investimento de capital.

Porter argumenta que muitas empresas norte-americanas investem pouquíssimo em ativos intangíveis e em capacidades requeridas para a competitividade, tais como pesquisa e desenvolvimento, treinamento e desenvolvimento de habilidades de funcionários, sistemas de informações, desenvolvimento organizacional e relações com clientes e fornecedores. Ao mesmo tempo, muitas delas desperdiçam capital em investimentos com benefícios financeiros ou sociais limitados, como fusões e aquisições de empresas oriundas de outros ramos de negócios.

Executivos de grandes empresas queixam-se que as pressões do mercado por resultados de curto prazo têm reduzido os investimentos de longo prazo. Contudo, esses problemas variam segundo o setor industrial, ou mesmo segundo a empresa. Após criticar várias das propostas de reformas e regulações que vêm sendo veiculadas, Porter faz algumas proposições para a melhoria de todo o sistema: o objetivo seria criar um sistema no qual os gestores de projetos fizessem investimentos que maximizassem o valor de longo prazo de suas empresas. Para isso, ele propõe mudanças em cinco áreas:

- melhorar o ambiente macroeconômico, ampliando o suprimento de capital e aumentando a estabilidade (redução de incerteza), o que incentivará o investimento;
- expandir a verdadeira propriedade das empresas, atualmente muito limitada, encorajando acionistas externos a assumir maiores riscos e a ter um papel mais ativo e construtivo nas companhias, assim como incentivando diretores, gerentes, funcionários e até mesmo clientes e fornecedores a se tornar importantes proprietários das empresas;
- alinhar os objetivos de detentores de capital, corporações, diretores, gerentes, funcionários, clientes, fornecedores e sociedade, que compartilham interesses comuns de longo prazo, por meio de um sistema de incentivos;
- melhorar a qualidade das informações usadas no processo de decisão, pois elas afetam as opções de investimento, garantindo acesso às informações que reflitam o verdadeiro desempenho corporativo, bem como usando mais as avaliações qualitativas desse desempenho e as capacidades da companhia;
- fomentar modos mais produtivos de interação e influência entre detentores de capital, corporações e unidades operacionais.

Porter afirma também que as vantagens competitivas de uma empresa podem ser divididas em dois tipos básicos: *menores custos que os rivais* e *habilidade de diferenciação*. Segundo ele, as fontes de vantagem competitiva centram-se nas atividades da empresa, que podem ser arranjadas em cadeias de valores, inseridas em um sistema de valor. Essas atividades também usam e criam informações. Sem reinvestimento, depreciam-se (perdem valor com o tempo) não somente os ativos tangíveis da empresa (ativos físicos e financeiros), como também os ativos intangíveis, sejam internos (recursos humanos e tecnologia) ou externos (imagem externa da empresa, relacionamentos externos etc.).

O autor ensina que a obtenção de uma desejada posição competitiva depende de dois fatores:

- das *condições iniciais*, isto é, reputação, habilidades e atividades atuais (resultados da história da empresa);
- das *decisões gerenciais*, as quais são tomadas sob incerteza, mantendo investimentos em ativos e em habilidades.

Porter indica, por fim, as cinco *forças competitivas* que reduzem a lucratividade média de longo prazo de um setor:

- rivalidade entre os competidores existentes;
- ameaça de entrada de novas empresas;
- ameaça de produtos ou serviços substitutos;
- poder de barganha de fornecedores;
- poder de barganha dos clientes.

Na análise de oportunidades de investimento, devem-se considerar essas cinco forças competitivas, mas também a sociedade como um todo (leis, meio ambiente etc.) e as oportunidades de cooperação, identificando-se os chamados *complementadores*, que são empresas ou entidades capazes de complementar um negócio, agregando-lhe valor.

Um caso clássico de complementaridade se dá no setor de computadores, com o hardware e o software. Equipamentos mais rápidos estimulam o consumidor a fazer *upgrades* para softwares mais poderosos, e softwares mais poderosos o motivam a fazer o *upgrade* do seu computador.

Encontramos outro exemplo de complementaridade no setor de automóveis, no que diz respeito a bancos e companhias de seguros. Afinal, boa parte da venda de automóveis depende de financiamento, surgindo assim uma oportunidade de cooperação entre o setor e os bancos (menciona-se que, na última década, algumas fábricas de automóveis lucraram mais fazendo empréstimos do que fabricando automóveis). Do mesmo modo, seguros de novos carros são um complemento que gera oportunidades de parceria com companhias seguradoras.

A falta de complementos pode explicar o pouco sucesso que a Fiat e a Alfa Romeo tiveram nos Estados Unidos: os consumidores sabiam que era difícil encontrar peças de reposição para os modelos dessas marcas, assim como mecânicos qualificados. Essas empresas esqueceram (ou não deram a devida atenção ao fato) que esses complementos são fatores importantes para o sucesso. Resultado: não investiram o suficiente, não fizeram parcerias, e acabaram tendo de abandonar o mercado norte-americano.

Para os teóricos da competição, por trás desses exemplos de complementaridade está o conceito de rede de valor, que pode ser explicado pela teoria dos jogos. A *rede de valor* é uma representação dos *jogadores* de um negócio e das interdependências entre eles. Clientes, fornecedores, competidores e complementadores têm de ser considerados quando se tomam decisões importantes, como as decisões de investimento.

A *teoria dos jogos* é um importante instrumento para compreender as decisões estratégicas em ambientes competitivos e cooperativos. Em 1994, três eminentes pesquisadores dessa teoria ganharam o prêmio Nobel de economia: J. Nash, que desenvolveu a teoria do equilíbrio em jogos, J. Harsanyi, com a teoria dos jogos com informação incompleta sobre a ação de competidores, e R. Selten, com a teoria de equilíbrio perfeito em subjogos. Há uma excelente introdução à teoria dos jogos no livro *Pensando estrategicamente*, de Dixit e Nalebuff,[8] que em linguagem amena ajuda a desenvolver o pensamento estratégico.

---

[8] A. Dixit e B. J. Nalebuff, *Pensando estrategicamente*. São Paulo: Atlas, 1994.

Uma distinção entre os jogos comuns e os jogos de negócios é que, nesses últimos, existe a possibilidade de haver mais de um vencedor (trata-se dos jogos cooperativos, ou *ganha-ganha*). O equilíbrio nesses jogos é alcançado quando cada jogador está fazendo o melhor possível, dadas as ações dos demais. Esse tipo de equilíbrio é chamado de *equilíbrio de Nash*.

A teoria da orçamentação de capital, inclusive a teoria das opções reais, considera apenas a maximização de riqueza dadas as condições de preço e custo, não importando o que as outras empresas possam fazer ou estejam fazendo. Com a teoria dos jogos, inclui-se a ação de outras empresas como um dos fatores para a tomada de decisão ótima.

Tal teoria distingue dois tipos de jogos: *jogos não cooperativos* e *jogos cooperativos*. Nos primeiros, tem-se um ambiente puramente competitivo, em que as decisões estratégicas devem levar em conta previsões acerca das ações dos competidores. Um jogo é não cooperativo se os jogadores não se comunicam para fazer arranjos, pactos ou contratos. Por outro lado, um jogo é cooperativo se os jogadores podem se comunicar e formalizar contratos, como ocorre nas chamadas joint-ventures ou nas *parcerias*, cada vez mais freqüentes entre as empresas.

Nos jogos cooperativos, a empresa aproveita oportunidades de maximização de riqueza, alcançadas por meio de atividades cooperativas com outras empresas ou entidades. Freqüentemente, o sucesso de uma empresa depende do sucesso de outra(s) empresa(s) ou entidade(s). Essa é a essência, nem sempre bem compreendida, dos jogos cooperativos, que é útil para modelar relações e contratos entre empresas nos negócios em que existe ganho de valor com a entrada do *complementador*. Também é pouco compreendido o duplo papel das empresas: duas organizações podem competir em um negócio e ser parceiras em outro.

Aqui é oportuno introduzir um tipo de incerteza que em vários casos é relevante: a *incerteza estratégica*. Na maioria das situações reais existem informações incompletas sobre a ação de competidores em determinado negócio. Por exemplo, na licitação de determinada concessão, para estipular o valor proposto não basta que a empresa avalie os custos e receitas do negócio; é necessário também considerar qual oferta será feita pelo concorrente, de forma que a proposta seja competitiva e permita ganhar a licitação (com a menor diferença possível de preços em relação à segunda colocada).

Quando existem informações incompletas sobre a ação dos concorrentes, é necessário usar *métodos probabilísticos bayesianos* (*jogos de informação incompleta*). A literatura existente sobre teoria dos jogos para ambientes determinísticos de preços e custos é vasta, mas estudos que consideram o efeito da incerteza sobre esses preços e custos (*teoria dos jogos estocásticos*) são bem mais recentes, e muitos deles ainda estão em andamento. Pesquisas que combinam a teoria das opções reais e a teoria dos jogos, a fim de modelar as decisões de investimento, têm crescido e devem demandar cada vez mais interesse de gerentes sofisticados, preocupados em ter ferramentas avançadas para a tomada de decisão em ambientes de incerteza, de competição e de oportunidades de cooperação.

5

Técnicas mais avançadas na avaliação e gestão de projetos de investimento: o potencial aplicativo da teoria das opções

- A importância das opções reais na avaliação econômica
- Opções reais e flexibilidade gerencial
- A teoria das opções na valoração de ativos reais
- Contribuição da teoria de opções reais na avaliação e gestão de projetos de investimento
- Opções financeiras
- O modelo de Black-Scholes
- Visão do projeto como uma opção real
- Uso da teoria das opções para valorar projetos

As técnicas de avaliação econômica de projetos que usam o fluxo de caixa descontado (FCD) derivam de modelos originalmente desenvolvidos para o ambiente de certeza que mais tarde foram adaptados para o de incerteza. No início, a taxa de desconto do fluxo de caixa representava apenas o valor do dinheiro no tempo, tendo depois recebido um 'ajuste ao risco'. Na época, inegavelmente, as teorias que se fundamentavam em *modelos de equilíbrio de mercado* representavam uma evolução, sendo a mais notável delas o *capital asset pricing model* (CAPM), surgido em 1964-65. Essa teoria introduziu importantes conceitos (válidos até hoje, mas insuficientes), como o de *risco diversificável* e *risco não diversificável*, e relacionou *risco* e *retorno* medindo o prêmio de risco de um ativo em relação ao mercado, por meio da covariância do retorno desse ativo em relação ao retorno do mercado como um todo.

5.1 A importância das opções reais na avaliação econômica[1]

A mais tradicional das técnicas que usam o FCD é o valor presente líquido (VPL). Tudo o mais constante, projetos com VPL positivo sinalizariam uma alocação mais eficiente dos recursos. Não é difícil entender a preferência por esse método: ele é amplamente difundido e aplicado no campo das finanças empresariais.

---

[1] O leitor interessado em aprofundar seus conhecimentos sobre opções reais e temas afins pode consultar o site Web de Marco Antônio G. Dias (http://www.puc-rio.br/marco.ind), uma valiosa fonte de informações sobre o assunto.

Capítulo 5 – Técnicas mais avançadas na avaliação e gestão de projetos... 153

A *teoria neoclássica do investimento*, cuja síntese mais expressiva é o q de Tobin, fornece apoio teórico ao método do VPL. Ao longo da última década, entretanto, a eficiência dos métodos baseados no FCD vem sendo fortemente questionada. Diversos autores, como Dixit e Pindyck,[2] por exemplo, argumentam que sua aplicação pode induzir a decisões de investimento equivocadas. A razão é que tais métodos ignoram duas características importantes das decisões:

- a irreversibilidade, ou seja, o fato de que o investimento é um valor que o investidor não consegue recuperar em caso de arrependimento;
- a possibilidade de adiamento da decisão de investir.

Essas características, juntamente com a incerteza sobre o futuro, fazem com que a oportunidade de investimento seja análoga a uma opção financeira. Na presença de incerteza, uma empresa com uma oportunidade de investimento irreversível carrega uma opção: ela tem o direito — mas não a obrigação — de comprar um ativo (o projeto) no futuro, a um determinado preço de exercício (o investimento).

Se investir, ela exercerá, ou 'matará', essa opção de investir. O problema é que a opção de investir tem um valor que deve ser contabilizado como custo de oportunidade no momento em que a empresa investe. Esse valor pode ser bastante elevado, e regras de investimento que o ignoram, tais como os métodos tradicionais de desconto de fluxos de caixa, podem conduzir a erros significativos.

Em contraste, a teoria e as técnicas da abordagem de opções reais reconhecem o valor da opção de investir, o que significa que, na presença de incerteza, empresas com uma oportunidade de investimento irreversível só terão incentivo para investir de imediato se o valor de seu projeto for suficientemente superior ao custo do investimento ou, de modo equivalente, se a TIR for suficientemente superior ao custo do capital. Caso contrário, elas preferirão adiar o projeto. Quanto maior for a incerteza sobre o futuro, maior será o valor da opção de espera e menor o incentivo para investir.

Há diversas razões para introduzir a abordagem de opções reais na análise de projetos de investimento. Primeiro, ela permite a identificação do melhor momento para investir ou, alternativamente, permite estimar a taxa de retorno requerida para o investimento imediato. Essa taxa de retorno, em geral, será bastante superior à estimada pelos métodos tradicionais. Segundo, a análise dos projetos passa a considerar não apenas a taxa de retorno — que aponta a melhor alternativa para a aplicação dos recursos, considerando-se que o investimento será realizado imediatamente —, mas também o valor do mesmo projeto em diferentes cenários. Nesse sentido, a abordagem de opções permite que a análise se beneficie de um conjunto de informações mais amplo. Terceiro, ao expandir o conjunto de informações relevantes, a abordagem de opções viabiliza um tratamento mais completo da incerteza. O nível de incerteza passa a afetar não apenas o valor presente do projeto, mas também o valor da opção de investir no futuro e, consequentemente, a melhor data para investir ou, alternativamente, a taxa de retorno requerida para investir de imediato. Os efeitos de variáveis como taxa de juros, taxa de câmbio, oferta de crédito e regulação econômica na decisão de investir podem também ser avaliados sob um paradigma mais completo. Quarto, a abordagem de opções é bastante flexível e pode ser aplicada à análise de praticamente qualquer projeto. Podem, por exemplo, ser construídos modelos ou realizadas simulações

---

[2] A.K. Dixit e R.S. Pindyck, *Investment under uncertainty*. Nova Jersey: Princeton University Press, 1994.

numéricas para analisar projetos caracterizados por mercados mais ou menos competitivos, pela incerteza de custos ou pela regulamentação, e com investimento em vários estágios.

Muitas vezes, os problemas que envolvem a aplicação de opções à análise de investimentos são resolvidos recorrendo-se a técnicas de programação dinâmica ou de valorização de opções. Em certos casos, a aplicação das técnicas do cálculo estocástico possibilita a derivação de soluções analíticas para o valor da opção e o valor do projeto. Em outros, essa derivação é difícil, e devem ser usadas simulações numéricas.

Por levar em consideração a flexibilidade gerencial e as considerações estratégicas, a *teoria das opções reais* revolucionou o processo de tomada de decisões de investimentos nas corporações. Em um mercado mundial cheio de incertezas e em constante mutação, a existência de flexibilidade gerencial, no âmbito operacional, e de estratégias de adaptação tornou-se vital para capitalizar, com sucesso, as oportunidades favoráveis de investimento no futuro e, ao mesmo tempo, limitar as possíveis perdas advindas de um desenvolvimento adverso do mercado.

A teoria das opções reais consegue explicar certas decisões de investimento e avaliações subjetivas que encontramos no mundo empresarial e que, pela ótica dos métodos tradicionais, parecem inexplicáveis. Isso porque, ao contrário dos métodos tradicionais de desconto de fluxos de caixa — que supõem uma postura passiva da gerência diante dos acontecimentos futuros e, portanto, podem falhar na presença de irreversibilidade ou de incerteza —, essa metodologia leva em consideração que a gerência vai atuar no futuro para maximizar o valor da empresa, em qualquer estado da natureza (situação possível) que venha a ocorrer durante a vida útil de um projeto.

5.2 Opções reais e flexibilidade gerencial

O que faz de um investimento um custo irreversível é o fato de o projeto, uma vez implantado, ser específico de um setor. O investimento torna-se, assim, parcialmente irrecuperável. Isso porque, quando os equipamentos não têm uso alternativo, normalmente só é possível recuperar uma parte do investimento. Parte dos custos dos equipamentos que são comuns a outros setores, tais como caminhões, computadores etc., também é parcialmente irreversível, porque logo após comprados têm seu preço de revenda reduzido, mesmo se não forem usados.

Uma segunda característica dos investimentos está relacionada ao fato de que o exercício da oportunidade de investimento em geral pode ser postergado. A possibilidade de postergar o investimento afeta profundamente a tomada de decisão, o que debilita a teoria convencional dos modelos de investimento, invalidando a regra do VPL como tem sido usado.

Contudo, as empresas nem sempre têm a oportunidade de retardar os investimentos. Há projetos que, quando não implantados imediatamente, perdem sua razão de ser. Para os que podem ser postergados, a espera tem um custo, que é a perda do fluxo de caixa previsto. Além disso, existe o risco de outras empresas se adiantarem e ocuparem o espaço de mercado. Todavia, esses custos podem ser ponderados contra o benefício de esperar por novas informações. Em um cenário em que não houvesse incerteza quanto a preços, custos de produção e demanda, bastaria calcular o VPL para diversas datas futuras e determinar a data de implantação do projeto para o maior valor do VPL.

A regra convencional de decisão de investir em projetos com VPL positivo é incorreta para investimentos que podem ser postergados e são irreversíveis. Nesse caso, é necessário considerar como custo o *valor da espera*, o que implica que a regra passa a ser: investir quando o VPL exceder o valor da espera. Nesse contexto, a classificação pelo método convencional do VPL para priorização de projetos possivelmente fornecerá uma carteira que não otimizará o valor da empresa. Isso porque poderá preterir projetos que, por não poderem ser postergados, são prejudicados na comparação com os VPLs obtidos no método convencional.

5.3 A teoria das opções na valoração de ativos reais

A teoria das opções foi inicialmente desenvolvida para estimar o valor das opções financeiras de compra do tipo europeu.[3] Hoje, sua aplicação vem sendo estudada na valoração das opções embutidas em ativos reais, uso em que ela tem revelado aspectos importantes quanto ao significado do valor da espera (valor da opção de postergação) nas decisões de investimento.

Uma oportunidade de investimento irreversível e postergável é análoga a uma opção financeira de compra, que dá a seu proprietário o direito, por algum tempo específico, de pagar um preço de exercício e receber uma ação. Assim, um projeto visto como oportunidade de investimento equivale a uma opção de investir o custo do projeto, para receber o projeto implantado e produzindo. Fazendo-se uma analogia com o mercado financeiro, o preço de exercício da opção seria o investimento necessário à implantação do projeto, de imediato ou no futuro. Como a opção de compra de ações, essa opção de investir é valorada em particular porque o valor futuro do empreendimento é incerto, ou seja, o valor do projeto implantado, obtido pelo investimento, é incerto.

No vencimento de uma opção financeira, haverá exercício se o valor da ação for maior que o preço de exercício da opção. Se esse valor for menor que o preço de exercício, não haverá exercício, e o investidor perderá somente o que gastou para obter a oportunidade de investir em ações, que foi o custo da opção de compra. Em analogia com as opções financeiras, nas opções sobre ativos reais a oportunidade de investir tem certo valor, denominado *valor da espera* ou *valor da opção de postergação*. Como o fluxo de caixa proveniente do projeto, caso este seja implantado, é incerto, também será incerto o valor do projeto. Quanto maior o valor do projeto, maior será seu VPL e maior também será a possibilidade de exercer a opção de investir. Quando uma empresa exerce sua opção de investir, essa decisão 'mata' a possibilidade de aguardar por novas informações que revelem todo o risco (ou parte dele) associado ao projeto.

Finalmente, nesse contexto, o exercício da opção de investir representa um custo de oportunidade que deve ser incluído como parte do investimento. Como resultado, a regra do VPL deve ser modificada para: o valor do empreendimento deve exceder seus custos por um montante igual ou maior ao valor de manter viva a opção de investir.

5.4 Contribuição da teoria de opções reais na avaliação e gestão de projetos de investimento

Em geral, existe incerteza quanto ao desdobramento futuro dos eventos na economia; logo, é sempre possível que acontecimentos hoje imprevistos materializem-se no futuro e exerçam influência sobre o retorno esperado dos projetos de investimento. Durante a vida

---

[3] A *call* européia é uma opção de compra que dá direito à aquisição de um lote de ações do mercado financeiro, por um preço determinado, na data de vencimento do contrato. A *call* americana somente difere da *call* européia por poder ser exercida em qualquer data anterior à data de vencimento do contrato.

útil de um projeto, fatos inesperados na época da análise de sua viabilidade econômica pelo método tradicional podem acontecer, como flutuações na oferta ou na demanda, variações nos custos ou nos preços, alterações nas taxas de juros ou nos impostos, a descoberta de uma nova tecnologia de produção, a entrada de um novo concorrente no mercado e um novo plano macroeconômico do governo.

Projetos industriais normalmente possuem certo grau de flexibilidade operacional e financeira. No futuro, a ocorrência desses acontecimentos hoje imprevistos pode ser explorada, caso seja benéfica, ou minimizada, caso seja maléfica. Em geral, a flexibilidade existente no gerenciamento dos projetos não é capturada pelos métodos tradicionais de análise de investimento, pois esses métodos supõem uma postura passiva da gerência diante dos eventos futuros. Utilizando a teoria das opções, pode-se capturar parte dessa flexibilidade gerencial, intrínseca ao mundo real, por meio de modelos que contemplem a existência de uma série de opções reais que podem ser exercidas quando for conveniente à empresa, explicitando, assim, uma postura ativa da gerência diante de eventos futuros.

Desse modo, a posse de um projeto ou oportunidade de investimento pode ser considerada a posse de um conjunto de opções e avaliada como tal. Essas opções reais à disposição de uma empresa variam de acordo com o negócio em consideração. Entre as mais comuns estão: a opção de modificar a quantidade produzida e o mix de produtos, investir em expansão ou trocar a tecnologia de produção, suspender investimentos já programados ou acelerar a implantação de uma nova planta, fechar temporariamente ou mesmo abandonar o negócio.

5.4.1 As opções de esperar ou de investir

A existência de uma oportunidade de investimento que não seja do tipo 'agora ou nunca' oferece a seu detentor a opção de investir agora ou esperar para investir no futuro. Esperar para investir no futuro pode ser interessante quando as condições atuais são adversas ou quando é conveniente esperar pela chegada de novas informações.

Pode-se dizer que o detentor de uma dessas opções, analogamente ao detentor de uma opção financeira de compra do tipo americano, possui o direito, mas não a obrigação, de realizar o investimento dentro de determinado prazo. Exercendo a opção de investir, ele perde o valor dessa opção, visto que a espera é reversível, mas o investimento não, e recebe o fluxo de caixa advindo da oportunidade de investimento em consideração.

5.4.2 A opção de suspender temporariamente a produção

Durante a vida útil de um projeto, acontecimentos inesperados que influenciem negativamente seu desempenho podem acontecer. Alguns desses eventos podem até tornar o projeto economicamente inviável. Existindo flexibilidade operacional, pode-se nessa ocasião modificar, por exemplo, a política de produção, a fim de operar em uma escala compatível com uma nova realidade dos preços. Uma das medidas que podem ser adotadas pela gerência, visando diminuir as perdas, é a suspensão temporária da produção.

5.4.3 A opção de abandonar o negócio

A opção de abandonar o negócio pode ser vista como a opção de suspender em definitivo a produção, como uma resposta gerencial a um desenvolvimento adverso das condições de mercado inicialmente esperadas. Se estiver produzindo, a empresa pode exercer a opção de suspender temporariamente a produção ou a de abandonar o negócio. Caso a produção seja temporariamente suspensa, pode-se retomá-la ou abandonar definitivamente o

Capítulo 5 – Técnicas mais avançadas na avaliação e gestão de projetos... 157

negócio. Contudo, depois de exercida a opção de abandono não há mais retorno. Assim, a opção de abandonar possui valor.

5.4.4 A opção de investir em expansão

A opção de investir em expansão pode ser vista como uma possível resposta gerencial a um desenvolvimento favorável das condições de mercado. Existem projetos modulares que, desde sua implementação, levam embutidas opções de expandir sua capacidade de produção no futuro; entretanto, outros projetos são bem menos flexíveis quanto à capacidade de expansão. A necessidade de considerar ou não esse tipo de opção de expansão na análise depende, portanto, de cada tipo de projeto.

5.5 Opções financeiras

Uma *opção de compra* é um título que dá a seu possuidor o direito, mas não a obrigação, de comprar determinado ativo (ativo objeto relacionado à opção) mediante o pagamento de um preço preestabelecido (preço de exercício), em uma data específica ou até uma data específica (data do vencimento). Uma *opção de venda* é um título que dá a seu possuidor o direito, mas não a obrigação, de vender determinado ativo por um valor preestabelecido (preço de exercício) em determinada data ou até determinada data.

No mercado, normalmente se usam expressões em inglês para denominar as opções: uma opção de compra é chamada de *call*, e uma opção de venda é chamada de *put*. As opções são negociadas até a data do vencimento ou do exercício. Com relação à data em que podem ser exercidas, existem dois tipos de opções: as do *tipo americano*, que podem ser exercidas em qualquer data até o vencimento, e as do *tipo europeu*, que somente podem ser exercidas na data do vencimento.

5.5.1 Classificação das opções financeiras

As opções também podem ser classificadas conforme a relação entre seu preço de exercício e o preço do ativo objeto, ou seja, quanto à probabilidade de elas serem exercidas.

Dentro-do-dinheiro (*in-the-money*)
- Opção de compra: o preço do ativo objeto é maior que o preço de exercício.
- Opção de venda: o preço do ativo objeto é menor que o preço de exercício.

No-dinheiro (*at-the-money*)
- Opção de compra: o preço do ativo objeto é igual ao preço de exercício.
- Opção de venda: o preço do ativo objeto é igual ao preço de exercício.

Fora-do dinheiro (*out-of-money*)
- Opção de compra: o preço do ativo objeto é menor que o preço de exercício.
- Opção de venda: o preço do ativo objeto é maior que o preço de exercício.

5.5.2 Preço das opções financeiras

Se denominarmos de S o valor da ação objeto no mercado à vista sobre o qual a opção é lançada e de X o valor do preço de exercício da opção, então, no vencimento, se S for maior ou igual a X, o valor da opção de compra (*call*) será igual a S – X, ou zero se S for menor que X, pois nesse caso a *call* não é exercida. Então podemos escrever da seguinte forma os valores possíveis da opção de compra (*call*) no vencimento:

$$C = máx[(S - X),0]$$

Os valores possíveis da opção de venda (*put*) são:

$$P = máx[(X - S,0]$$

Vamos supor que no mercado de opções existam duas séries de opções de compra (*call*) e venda (*put*) da ação da empresa ABC. Vamos supor que essa ação esteja sendo negociada no mercado à vista a $ 140 e que o vencimento das duas séries de opções seja no dia 15/12/200x. A série Alfa possui preço de exercício de $ 150 e está sendo negociada hoje por $ 10. A série Beta possui preço de exercício de $ 160 e é negociada por $ 8. O quadro seguinte resume as informações das duas séries de opções para os casos da *call* e da *put*.

Série	Preço da ação no mercado à vista (S)	Preço de exercício da opção (X)	Data de vencimento da opção	Preço da *call*	Preço da *put*
Alfa	$ 140	$ 150	15/12/200x	$ 10	$ 4
Beta	$ 140	$ 160	15/12/200x	$ 8	$ 6

Se na data do vencimento (em 15/12/200x) a ação da empresa ABC, no mercado à vista, estiver sendo negociada ao valor de $ 155, o valor da opção de compra da série Alfa nessa data será de $ 5 ($ 155 – $ 150), isto é, o preço de mercado menos o preço de exercício. Por outro lado, se a ação da empresa ABC estiver abaixo de $ 150, a opção de compra nada valerá. Isso porque ninguém estaria disposto a pagar pelo ativo objeto um preço superior ao preço corrente de mercado.

No vencimento, o valor da opção de compra será:

$$C = máx[(S - X),0]$$

Admitamos, agora, que o preço da ação no vencimento seja de $ 168. Nesse caso, a opção de compra da série Alfa estará valendo:

$$C_{ALFA} = máx[(S - X_{ALFA}),0] = máx[($ 168 - $ 150),0] = $ 18$$

E a opção de compra da série Beta valerá:

$$C_{BETA} = máx[(S - X_{BETA}),0] = máx[($ 168 - $ 160),0] = $ 8$$

Se o preço da ação no mercado à vista fosse de $ 155 na data do vencimento, a opção de venda da série Alfa não valeria nada. Nenhum investidor racional exerceria o direito de vender o ativo objeto por $ 150 se no mercado à vista esse ativo vale $ 155. Podemos escrever, assim, que o valor da opção de venda é:

$$P = máx[(X - S),0]$$

Por conseguinte, as opções de venda (*put*) das séries Alfa e Beta valem, respectivamente:

$$P_{ALFA} = máx[(X_{ALFA} - S),0] = máx[($ 150 - $ 155),0] = $ 0$$

$$P_{BETA} = máx[(X_{BETA} - S),0] = máx[($ 160 - $ 155),0] = $ 5$$

No vencimento das opções, o preço da opção de compra da série Alfa é maior que o preço da série Beta. Como as duas séries possuem a mesma data de vencimento, a série que é negociada hoje com maior preço é aquela de preço de exercício menor. Isso porque é mais factível que o preço da ação no mercado à vista atinja o valor de $ 150 (preço de exercício da série Alfa) do que o valor de $ 160 (série Beta). Isto é, o preço de exercício da série Alfa será mais facilmente atingido, por isso o mercado atribui-lhe hoje um preço maior em relação à série Beta ($ 10 > $ 8).

Note que, com a opção de venda, ocorre o inverso. A opção de venda mais valiosa é aquela de maior preço de exercício. Qualquer pessoa avalia melhor a opção de venda de maior preço de exercício, pois, em caso de queda da ação no mercado à vista, o lucro será maior se comparado ao lucro de uma opção de venda de preço de exercício inferior. Se na data do vencimento o preço no mercado à vista da ação da empresa ABC for de $ 140, a opção de venda da série Alfa valerá $ 10, enquanto a da série Beta valerá $ 20.

Observe que a opção de venda terá movimento ascendente sempre que o preço da ação à vista for decrescente. Por outro lado, quando o preço da ação à vista for crescente, o valor da opção de venda declinará. Com a opção de compra acontece o inverso. Se o mercado à vista é de alta, a opção de compra aumenta de valor. Se o mercado é de queda, a opção de compra diminui de valor.

A questão central no que se refere à valoração de uma opção é sua natureza assimétrica. Em outras palavras, seu possuidor tem o direito de comprar ou vender o ativo, mas não tem a obrigação de fazê-lo caso não lhe seja vantajoso realizar a compra ou a venda. Essa é a diferença fundamental entre uma opção e um contrato futuro. Em um contrato futuro, o possuidor compra ou entrega o ativo na data definida a um preço preestabelecido. Seu lucro ou perda será a diferença entre o preço do ativo no mercado à vista e o valor acordado no momento da celebração do contrato futuro. Portanto, o contrato futuro envolve uma obrigação que tem de ser cumprida. Já no caso da opção, o possuidor exercerá seu direito apenas se lhe for conveniente.

5.5.3 Determinação do preço justo de uma opção de compra (call)

Vamos supor que exista hoje (em t = 0) uma ação sendo negociada no mercado à vista ao preço unitário de $ 10. Suponhamos, ainda, que no período seguinte (em t = 1) existam duas situações possíveis (dois estados da natureza). A primeira situação representa uma alta no mercado à vista, caso em que a ação atingirá o preço de $ 18. Considere que a probabilidade dessa alta seja igual a q. A outra situação representa uma queda, fazendo com que a ação atinja o preço de $ 6.

A figura a seguir mostra o que pode acontecer (em t = 1) com o valor da ação no mercado à vista, em cada uma dessas situações.

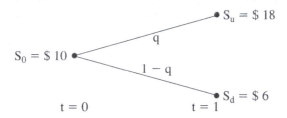

Representamos por S_u e S_d os preços da ação no mercado à vista nos casos de alta e de baixa do mercado, respectivamente. Vamos admitir que exista também um mercado de opções de compra sobre essa ação. Considere uma opção de compra lançada sobre a referida ação que possua preço de exercício (x) de $ 12 e data de vencimento em t = 1. Admitamos, ainda, que a taxa livre de risco seja de 8% a.a. (R_f = 8%) e que atualmente (em t = 0) a opção de compra esteja sendo negociada ao preço C_0. A figura a seguir mostra o que ocorrerá com o valor da opção (que hoje é negociada ao preço C_0) nas duas situações que podem acontecer em t = 1:

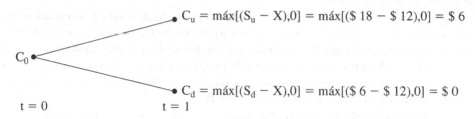

Representamos por C_u e C_d os valores da opção de compra (*call*) para os casos de alta e de baixa do mercado à vista, respectivamente. Em outras palavras, se o preço da ação no mercado à vista atingir $ 18 (na data do vencimento), a opção de compra será negociada nessa data a $ 6:

$$C_u = máx[(S_u - X), 0] = máx[(\$\,18 - \$\,12), 0] = \$\,6$$

Se o mercado à vista cair, a ação atingirá $ 6, e o valor da opção de compra será:

$$C_d = máx[(S_d - X), 0] = máx[(\$\,6 - \$\,12), 0] = \$\,0$$

O que desejamos saber é o valor da opção de compra (C_0) no momento atual (em t = 0). Ou seja: a qual preço o mercado estaria negociando essa opção de compra hoje? Para definir o preço justo da opção de compra, usaremos a *técnica da valoração neutra ao risco*. As etapas seguintes mostrarão como funciona tal técnica. Ela constitui um dos pontos mais importantes da teoria das opções.

Primeiro, vamos montar uma carteira e estabelecer a condição de que o retorno dessa carteira seja exatamente igual ao retorno da opção de compra. Essa carteira é formada pela compra de n ações no mercado à vista, ao preço de $ S_0 cada ação. Lastreados nesse ativo, vamos tomar emprestado um montante de $ B, pagando como juros a taxa livre de risco (R_f). Portanto, o valor de nossa carteira hoje é de $nS_0 - B$.

Vamos analisar o que ocorrerá com o valor da carteira no período seguinte (em t = 1). Se o mercado subir, o preço da ação será S_u, logo teremos nS_u como valor de nossas ações. Por outro lado, no período seguinte nossa dívida será acrescida dos juros, isto é, será igual a $(1 + R_f)B$. O valor da carteira será então $nS_u - (1 + R_f)B$. Se o mercado cair, pelas mesmas razões, o valor da carteira será $nS_d - (1 + R_f)B$. A figura a seguir mostra o que ocorrerá com a carteira que montamos nas duas situações previstas — alta e baixa no mercado à vista.

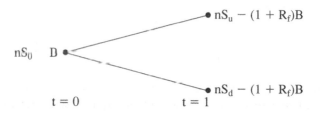

Se, com a carteira que foi montada, quisermos replicar o valor da opção de compra, o valor da carteira deverá ser o mesmo que o da opção em qualquer uma das duas situações previstas. Assim, podemos escrever as seguintes equações:

$$nS_u - (1 + R_f)B = C_u$$

$$nS_d - (1 + R_f)B = C_d$$

Resolvendo essas duas equações para n e B:

$$B = \frac{S_d C_u - S_u C_d}{(S_u - S_d)(1 + R_f)} \qquad n = \frac{C_u - C_d}{S_u - S_d}$$

Em nosso exemplo, temos:

$$n = \frac{\$\,6 - \$\,0}{\$\,18 - \$\,6} = 0,5 \qquad B = \frac{\$\,6 \times \$\,6 - \$\,18 \times \$\,0}{(\$\,18 - \$\,6) \times (1,08)} = 2,78$$

O sinal positivo de n indica que devemos comprar 0,5 ação no mercado à vista ao preço unitário de $ 10. O valor de B é igual a +$ 2,78, indicando que devemos levantar esse capital à taxa livre de risco (devemos tomar emprestado). Portanto, o valor da carteira hoje (em t = 0) é:

$$C_0 = nS_0 - B = (+0,5 \times \$\,10) - (+\$\,2,78) = \$\,2,22$$

Dado que a carteira montada replica exatamente os valores da opção de compra em qualquer situação que possa ocorrer em t = 1, então o valor da carteira em t = 0 ($ 2,22) será igual ao valor da opção de compra hoje. O valor de n é denominado *razão de hedge* ou *delta da opção*. Esse número representa a quantidade de ações necessárias para formar uma carteira que replique exatamente uma opção de compra. Em nosso exemplo, é necessário que a carteira seja constituída de 0,5 ação à vista do ativo objeto para reproduzir o risco de uma opção.

Note que fizemos os cálculos independentemente do valor da probabilidade (q e 1 – q) de ocorrer uma situação ou outra, pois a análise de valoração de opções é efetuada em uma estrutura neutra ao risco, e não de aversão ao risco. Assim, podemos escrever:

$$nS_u - (1 + R_f)B = 0,5 \times \$\,18 - 1,08 \times \$\,2,78 = \$\,6$$

$$nS_0 - B = \$\,2,22$$

$$nS_d - (1 + R_f)B = 0,5 \times \$\,6 - 1,08 \times \$\,2,78 = \$\,0$$

t = 0 \qquad t = 1

Conseguimos, portanto, encontrar o preço justo da opção de compra ($ 2,22). O ponto central dessa metodologia está no fato de que supusemos a impossibilidade de *arbitragem*, ou seja, a obtenção de lucro em operações que não envolvem risco. Quando montamos a carteira e consideramos que ela replicava uma opção de compra, igualamos os valores da opção e da carteira no instante t = 1. Ora, se a opção e a carteira possuem o mesmo valor em t = 1, então devem possuir o mesmo valor em t = 0. Caso contrário, alguém compraria a carteira (se tivesse valor inferior ao da opção) e venderia a opção. Assim, realizaria um lucro sem risco, pois no instante seguinte os dois ativos possuiriam o mesmo preço e a operação seria desfeita. A condição de não-arbitragem é o cerne da valoração das opções.

Consideremos agora a situação inversa. Se existir um mercado à vista e um mercado de opções, vamos comprar n ações no mercado à vista ao preço unitário S_0 e vender uma opção de compra no mercado de opções. A carteira será agora $nS_0 - C_0$. Sabe-se que esse valor é igual a $ B ($nS_0 - C_0 = B$).

No período seguinte, havendo alta ou baixa no mercado à vista, teremos o mesmo valor de $(1 + R_f)B$ para o empréstimo. Em nosso exemplo, o valor é $(1 + R_f)B = 1{,}08 \times 2{,}78 = \$ 3$:

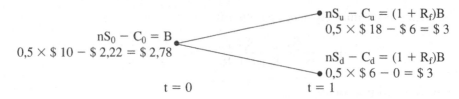

Dessa forma, fomos capazes de montar uma carteira sem risco. Haja o que houver, o valor final dessa carteira será $ 3. Tal técnica de determinação do valor de uma opção é denominada *valoração neutra ao risco*. Ela consiste em definir uma carteira e assumir a condição de que essa carteira reproduza o valor da opção em qualquer período. A carteira acima ($nS_0 - C_0$) tem como valor $ B e será remunerada à taxa dos ativos livres de risco (R_f), não importando o que ocorra no mercado à vista.

Ao valorar as opções usando a técnica de montar uma carteira e fazer com que ela replique o valor da opção, está se supondo implicitamente a condição de que não há possibilidade de realizar arbitragem operando com esses ativos. Como explicamos, *arbitrar* em finanças significa operar com lucro sem correr risco.

5.5.4 Relação entre opção de compra e opção de venda: paridade *call-put*

Na seção anterior, vimos como definir o preço justo de uma opção de compra. Agora vamos verificar a relação entre os preços das opções de compra (*call*) e de venda (*put*). Essa relação é denominada *paridade entre as opções de compra e de venda* (*call-put parity*). Vamos admitir que a opção de compra de valor C e a opção de venda de valor P, lançadas sobre um mesmo ativo objeto de valor S, tenham idêntico preço de exercício (X) e vencimento em T. Vamos admitir, também, que as duas opções sejam do tipo europeu. Nessa situação, na data inicial vale a seguinte relação:

$$P_0 + S_0 = C_0 + \frac{X}{(1 + R_f)^T}$$

ou seja, o valor de uma *put* mais o valor de uma ação é igual ao valor de um *call* mais o valor presente do preço de exercício das opções.

Para verificar a igualdade acima, vamos considerar duas carteiras A e B. Na carteira A, compra-se uma opção de venda por $ P_0 e uma ação por $ S_0:

$$\text{Carteira A:} \quad P_0 + S_0$$

Na carteira B, compra-se uma opção de compra por $ C_0 e levanta-se um empréstimo igual ao valor presente do preço de exercício das opções:

$$\text{Carteira B:} \quad C_0 + X / (1 + R_f)^T$$

O quadro a seguir mostra os valores possíveis das carteiras A e B na data de vencimento das opções, para os dois estados da natureza que podem ocorrer no vencimento; isto é, estando o valor da ação no mercado à vista menor ou igual ao preço de exercício da opção (sendo $S_T \leq X$), e estando o valor da ação no mercado à vista maior que o preço de exercício da opção (sendo $S_T > X$):

Estado da natureza no vencimento	Valor da carteira A	Valor da carteira B
$S_T \leq X$	$(X - S_T) + S_T$	X
$S_T > X$	S_T	$(S_T - X) + X$

O resultado acima mostra que, independentemente do estado da natureza, as duas carteiras têm o mesmo valor no vencimento. Logo, para evitar a possibilidade de arbitragem, as duas carteiras deverão ter o mesmo valor em qualquer instante de tempo que preceda a data de vencimento. Em conseqüência, para determinada data t, temos a relação entre a opção de compra e venda expressa pela equação:

$$P_t + S_t = C_t + X/(1 + R_f)^{T-t}$$

onde T–t é o prazo até o vencimento das opções. Assim, podemos dizer que uma opção de venda mais uma ação equivale a uma opção de compra mais o valor presente do preço de exercício da opção.

A paridade entre as opções de compra e de venda pode ser visualizada por meio de diagramas de posição referentes à data do vencimento.

Vamos supor que o titular monte uma carteira A comprando uma opção de venda (P) com preço de exercício de $ 12 e uma ação (S) no mercado à vista. Os diagramas a seguir mostram a situação para o titular da carteira A na data de vencimento da opção:

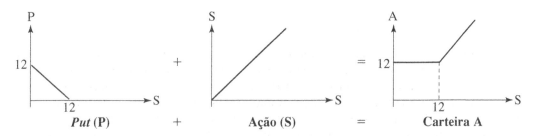

Vamos imaginar, agora, que o titular monte uma carteira B comprando uma opção de compra (C) com preço de exercício de $ 12 e tomando um empréstimo igual ao valor presente do preço de exercício. Abaixo vemos os diagramas de posição para o titular da carteira B na data de vencimento da opção:

Repare que, na data de vencimento das opções (um período na frente), o valor do empréstimo é igual ao próprio preço de exercício das opções:

$$\text{Valor do empréstimo no vencimento} = \text{Valor do empréstimo capitalizado} =$$

$$= \left[\frac{\$ X}{(1 + R_f)}\right] \times (1 + R_f) = \$ X = \$ 12$$

Como na data de vencimento o valor das carteiras A e B é o mesmo, temos então que os valores das carteiras hoje serão equivalentes:

$$\underbrace{\text{Carteira A}}_{P_0 + S_0} = \underbrace{\text{Carteira B}}_{C_0 + \dfrac{X}{(1 + R_f)}}$$

Por meio dessa equação, e com os dados do nosso exemplo numérico, podemos calcular o valor da opção de venda (*put*):

$$P_0 + S_0 = C_0 + \frac{X}{(1 + R_f)}$$

$$\Rightarrow P_0 = C_0 + \frac{X}{(1 + R_f)} - S_0 = \$ 2,22 + \frac{\$ 12}{1,08} - \$ 10 = \$ 3,33$$

Se as carteiras A e B tiverem o mesmo valor na data de vencimento das opções, terão também o mesmo valor em qualquer data precedente, pois estamos supondo impossibilidade de arbitragem.

5.6 O modelo de Black-Scholes

No início da década de 1970, iniciou-se a negociação de opções financeiras na Bolsa de Chicago. Havia uma corrida entre os estudiosos na busca de um modelo de equilíbrio que definisse o preço justo de uma opção. Em 1973, dois pesquisadores norte-americanos, Fischer Black e Myron Scholes, publicaram um trabalho inédito na área de finanças. Nele, definiam um modelo matemático que precificava uma opção do tipo europeu.

Logo, outro pesquisador, Robert Merton, progrediu no modelo de Black-Scholes e trouxe grande contribuição ao tema. Em 1997, esses três pesquisadores foram agraciados com o prêmio Nobel de Economia pelos estudos realizados na área da teoria das opções.

O modelo de Black-Scholes proporcionou uma revolução na área de finanças. Na verdade, ele usa conhecimentos avançados de cálculo estocástico, e não é nosso objetivo adentrar nessa área. Em essência, podemos dizer que o modelo pressupõe que o retorno das ações no mercado à vista siga uma distribuição normal. Todo o desenvolvimento matemático é feito em tempo contínuo. O modelo resultante é uma equação diferencial parcial de segunda ordem. Essa equação possui uma solução analítica que define o preço de uma opção de compra do tipo europeu em qualquer data que preceda o vencimento.

O valor da opção estabelecido nesse modelo é função de cinco variáveis. O quadro a seguir mostra essas variáveis e a simbologia usual que a literatura emprega para representá-las.

Variável	Símbolo
Preço hoje do ativo sobre o qual a opção foi lançada	S_0
Preço de exercício da opção	X
Tempo remanescente para o vencimento da opção	τ
Volatilidade do ativo sobre o qual a opção foi lançada	σ
Taxa livre de risco	R_f

A fórmula do modelo é apresentada a seguir e, apesar de parecer complicada, seu emprego é muito simples. O valor de uma opção de compra (*call*) do tipo europeu é definido por:

$$C = S_0 N(d_1) - Xe^{-R_f \tau} N(d_2)$$

$$d_1 = \frac{\ln(S_0/X) + \left(R_f + \frac{1}{2}\sigma^2 \right)\tau}{\sigma\sqrt{\tau}}$$

onde: $d_2 - d_1 - \sigma\sqrt{\tau}$ e $N(.)$ é a função normal acumulada cujo valor é tabelado e aparece na maioria dos livros de estatística e probabilidade. Assim, o preço de uma opção pode ser calculado para qualquer época que preceda a data do vencimento. A volatilidade do ativo sobre o qual a opção é lançada (preço da ação no mercado à vista) é um parâmetro que pode ser obtido a partir de dados históricos, isto é, a partir do comportamento da ação no passado. Métodos estatísticos são utilizados para essa finalidade.

5.7 Visão do projeto como uma opção real

A teoria das opções reais, ou simplesmente opções reais, é a denominação da literatura para a metodologia de avaliação de opções fundamentada na teoria das opções financeiras. Como já vimos, os projetos com os quais lidamos corriqueiramente se assemelham a opções financeiras. De fato, praticamente todo projeto traz embutida uma opção de investimento. Quando investimos em um projeto, estamos exercendo uma opção (pagando o valor do investimento) tal como faríamos no caso de uma opção financeira. Esse investimento nos dará a posse do projeto. O valor do projeto equivale ao valor da ação quando exercemos uma opção de compra financeira.

Da teoria clássica sabemos que o valor presente líquido (VPL) de um projeto é:

$$VPL = VP - I$$

onde VP representa o valor presente do fluxo de caixa gerado pelo projeto, e I representa o valor do investimento que propiciará a aquisição dos ativos que fazem parte do projeto. Aprendemos também que devemos investir em um projeto sempre que o valor presente (VP) for maior que o investimento (I).

Por outro lado, vimos também que o valor de uma opção de compra, na data do vencimento, é igual a $C = S_T - X$, onde S_T representa o valor da ação ou do ativo objeto, e X representa o preço de exercício da opção, ou seja, o valor que temos de desembolsar para adquirir o ativo.

As duas equações anteriores nos remetem à semelhança descrita: o valor presente (VP) representa o valor do ativo objeto (S_0), o investimento (I) equivale ao preço de exercício (X) e o valor presente líquido (VPL) equivale ao valor da opção de compra (C_0). Podemos descrever essa semelhança no quadro a seguir.

Projeto de produção	Variável	Opção de compra financeira
Valor presente dos fluxos de caixa do projeto	S_0	Preço da ação no mercado à vista
Investimento	X	Preço de exercício da opção
Tempo no qual a decisão de investir pode ser tomada	τ	Tempo remanescente para o vencimento
Valor do dinheiro no tempo	R_f	Taxa livre de risco
Variabilidade do valor do projeto	σ	Variabilidade dos preços da ação

Na data do vencimento, tanto a teoria clássica quanto a teoria das opções descrevem o valor do projeto pela equação: VPL = VP − I. As duas abordagens fornecem o mesmo resultado na data do vencimento, porém somente nesse instante de tempo. Então a pergunta que surge é: quando a teoria das opções diverge da teoria clássica? Em qualquer outro instante em que estivermos analisando um projeto de investimento, encontraremos resultados diferentes se usarmos uma abordagem ou outra.

Na maioria das vezes em que estamos realizando um estudo para a implantação de um projeto, temos em mente um período anterior à realização do investimento. Para esse período, a teoria clássica não fornece o mesmo resultado que a teoria das opções. Vejamos por que, nesse caso, o uso da teoria das opções é mais adequado que o da teoria clássica.

Na fase anterior à realização dos investimentos, existe a possibilidade de adiar a implantação do projeto. O adiamento do investimento é uma decisão gerencial oriunda de alguma nova informação a respeito do projeto. Postergar uma decisão é uma flexibilidade com a qual todos os gerentes gostariam de contar. Ou seja, essa flexibilidade tem valor aos olhos do tomador de decisão. Ela é uma fonte de valor. É sempre melhor fazer um investimento o mais tarde possível, desde que seja mantido o valor do ativo que desejamos adquirir.

Outra vantagem da possibilidade de adiamento está relacionada à mudança do cenário sob o qual a análise foi efetuada. Afinal, um fato novo pode aumentar ou diminuir o interesse na implantação do projeto. Em outras palavras, o valor do projeto pode sofrer alteração em função de mudanças relacionadas a ele. Caso estejamos prestes a implantar um projeto e notemos que a mudança do cenário aumenta seu valor, isso significa que continuamos bem posicionados e, provavelmente, anteciparemos o investimento (exercendo o direito de investir). Por outro lado, se o valor do projeto ficar reduzido pela mudança do cenário, poderemos até desistir de realizar o investimento. Essa desistência também será um bom negócio, pois do contrário estaríamos investindo em um mau projeto. Em resumo, a possibilidade de esperar é boa, pois nos traz a oportunidade de sempre decidir pelo lado bom, seja fazendo um bom projeto, seja evitando desenvolver um projeto ruim.

Um modelo de avaliação econômica é tanto mais completo quanto mais fielmente retratar as flexibilidades gerenciais oferecidas pelo empreendimento e disponíveis na tomada de decisão, como a possibilidade de adiar o investimento. A teoria clássica não atribui nenhum valor a essa flexibilidade, fornecendo um VPL em que está implícita a condição de investir 'agora ou nunca'. Já a abordagem pela teoria das opções leva em consideração a possibilidade de adiarmos o investimento, ou seja, considera que o investimento (exercício da opção de investir) pode ser feito em qualquer prazo até determinada data limite. Somente nessa data (no vencimento) as duas abordagens fornecem a mesma resposta.

5.8 Uso da teoria das opções para valorar projetos

O que vamos fazer nas etapas seguintes é estabelecer corretamente o valor de um projeto considerando a fonte extra de valor associada à possibilidade de postergar o investimento. Vamos mostrar como devem ser realizados os cálculos, de tal forma que incluam o valor da opção de adiar a implantação do projeto.

Já vimos que o VPL de um projeto é tradicionalmente escrito como:

$$VPL = VP - I$$

Para adequar a expressão acima à abordagem da teoria das opções, precisamos efetuar alguns ajustes, isto é, modificar um pouco a expressão de forma que ela possa retratar todos os ganhos extras devido à possibilidade de adiar o início do projeto.

A primeira fonte de valor advinda da possibilidade de adiar um investimento pode ser mensurada calculando-se o valor presente do investimento (valor presente do preço de exercício da opção de se investir no projeto).

$$VPI = \frac{I}{(1 + R_f)^t}$$

onde VPI representa o valor presente do investimento, e R_f, a taxa livre de risco. Descontamos o investimento à taxa livre de risco, pois estamos aferindo o quanto estaríamos ganhando se aplicássemos o recurso à taxa ofertada pelas letras do Tesouro.

Podemos expressar o ajuste no VPL como o quociente entre o valor presente dos fluxos de caixa gerados pelo projeto (VP) e o valor presente do investimento (VPI):

$$VPL_{ajustado} = \frac{VP}{\dfrac{I}{(1 + R_f)^t}}$$

A segunda fonte de valor advinda da postergação do investimento é a possibilidade de o ativo mudar de valor (mudança de cenário) enquanto ainda não decidimos pelo investimento. Uma maneira de incluir as possíveis flutuações no valor do ativo é quantificar sua incerteza.

A incerteza do ativo ou projeto está associada aos futuros retornos que ele pode ter. Caso se suponha que os retornos ficarão bem próximos do valor esperado, a incerteza é pequena. Quando os retornos estão afastados do valor esperado, dizemos que a incerteza é grande.

A grandeza que mede a dispersão das possíveis ocorrências em relação à média é o *desvio padrão* (σ). O desvio padrão total no período t é dado por $\sigma\sqrt{t}$. A seguir, como ilustração, apresentamos alguns exemplos bastante simplificados, para mostrar de que forma a teoria das opções pode nos ajudar a valorar intangíveis associados aos projetos de investimento.

Exemplo 5.1

Vamos supor que, de acordo com um estudo realizado, uma empresa do setor de exploração de minérios tenha constatado que tem a possibilidade de expandir sua fábrica daqui a exatamente dois anos, a fim de atender à demanda crescente do mercado. O quadro a seguir mostra o investimento e os fluxos econômicos desse projeto de expansão.

	Ano 0	Ano 1	Ano 2	Ano 3	Ano 4	Ano 5	Ano 6
Investimento			–$ 75				
Fluxo de caixa				$ 15	$ 20	$ 30	$ 15

Observação: A opção de expansão só poderá ser feita daqui a 2 anos (Ano 2).

Na abordagem tradicional, se supusermos que a taxa mínima de atratividade (custo do capital) ajustada ao risco do projeto seja de 6% a.a., o VPL do projeto será calculado da seguinte maneira:

$$VPL = -\frac{\$\,75}{(1,06)^2} + \frac{\$\,15}{(1,06)^3} + \frac{\$\,20}{(1,06)^4} + \frac{\$\,30}{(1,06)^5} + \frac{\$\,15}{(1,06)^6} = -\$\,5,32 > 0$$

Assim, podemos observar que, segundo a teoria clássica, o projeto seria economicamente inviável, pois o VPL é negativo. Entretanto, desse modo estaríamos avaliando o investimento sem levar em consideração que ele é uma opção, não uma obrigação. Ele pode não ser realizado, caso os acontecimentos futuros não lhe sejam favoráveis.

Imaginemos agora que, diante do resultado do VPL, o gestor do projeto perceba que algum valor superior ao que acabamos de calcular pode advir do fato de o projeto ofcrecer a possibilidade de scr executado ou não, pois representa uma opção, e não uma obrigação. Talvez ele esteja mentalmente valorando essa opção que, no entanto, não está retratada nos cálculos feitos de acordo com a teoria clássica. O gerente sabe também que a implantação deverá ser daqui a dois anos, caso não surja nenhuma informação que inviabilize sua execução. Assim, ele repara que a possibilidade de investir na expansão é similar a uma opção de compra (do projeto) do tipo europeu (só poderá ser exercida dentro de dois anos, se for o caso).

Considerando que a volatilidade (σ) desse projeto esteja correlacionada com a volatilidade dos preços do minério a ser explorado, e que essa seja de 21,21% a.a., então o parâmetro que contabiliza toda a incerteza relacionada aos fluxos de caixa do projeto é:

$$\sigma\sqrt{t} = 0,2121 \times \sqrt{2} \approx 0,30$$

Considerando uma taxa livre de risco de 5% a.a., o valor presente do investimento (VPI) necessário à expansão será dado por:

$$VPI = \frac{I}{(1 + R_f)^t} = \frac{\$\,75}{(1,05)^2} = \$\,68,03$$

A seguir, calculamos o valor presente (VP) dos fluxos de caixa à taxa livre de risco de 5%, pois, como já vimos, o valor das opções é calculado em um contexto de neutralidade ao risco:

$$VP = \frac{\$\,15}{(1,05)^3} + \frac{\$\,20}{(1,05)^4} + \frac{\$\,30}{(1,05)^5} + \frac{\$\,15}{(1,05)^6} = \$\,64,11$$

O quociente entre o valor presente dos fluxos de caixa gerados pelo projeto (VP) e o valor presente do investimento (VPI) é:

$$\frac{VP}{VPI} = \frac{\$\,64,11}{\$\,68,03} = 0,94$$

Capítulo 5 – Técnicas mais avançadas na avaliação e gestão de projetos... 169

A seguir, podemos consultar uma tabela comumente dada nos livros de finanças,[4] que simplifica a utilização da fórmula de Black-Scholes no apreçamento de opções. Esse tipo de tabela fornece o valor da opção em função do valor do projeto (VP). No eixo das abscissas, encontramos o quociente VP / VPI e, no eixo das ordenadas, o produto $\sigma\sqrt{t}$.

	Valor do projeto / Valor presente do investimento (VP / VPI)									
$\sigma\sqrt{t}$	0,40	0,45	0,50	0,55	0,60	......	0,94	1,02	1,04	......
0,05	0,0	0,0	0,0	0,0	0,0	......	0,30	3,1	4,5	......
0,10	0,0	0,0	0,0	0,0	0,0	......	1,70	5,0	6,1	......
....										
0,30	0,0	0,1	0,1	0,3	0,7	......	9,4	11,19	13,7	......
0,40	0,2	0,5	0,9	1,6	2,4	......	13,4	15,90	17,5	......

Podemos verificar na tabela que para $\sigma\sqrt{t} = 0{,}30$ e VP / VPI = 0,94, a opção de investir na expansão vale 9,4% do valor do projeto (VP). Portanto, o valor da opção será:

$$C_0 = (0{,}094) \times \$ 64{,}11 = \$ 6{,}03$$

O resultado que encontramos representa o valor do projeto com a opção de investir na expansão.

Você acaba de verificar que a possibilidade de executar ou não o projeto acrescenta-lhe valor, tornando-o mais atrativo do que parecia pela abordagem clássica. Aos olhos do gerente, essa avaliação econômica está mais compatível com a realidade, uma vez que sua intuição apontava para valores que não estavam retratados na abordagem clássica, que indicava a rejeição do projeto por ter um VPL negativo.

Temos aqui, portanto, um projeto em que a opção de investimento foi avaliada. É exatamente essa flexibilidade gerencial que a teoria das opções consegue determinar, sendo capaz de avaliar a flexibilidade gerencial e as opções que freqüentemente estão embutidas nos projetos de produção.

Exemplo 5.2

Vamos supor que o desenvolvimento de um campo de petróleo esteja sendo analisado sob o enfoque de duas alternativas, A e B. A avaliação econômica dessas alternativas está sendo realizada segundo dois cenários distintos de preços do petróleo no mercado internacional. O primeiro cenário considera pouca oferta do produto e, por conseguinte, preços elevados. Já o segundo cenário considera uma baixa demanda de petróleo e uma grande oferta, redundando em preços baixos. A probabilidade de ocorrência do cenário altista foi estimada em 25%, e a do cenário de preços baixos, em 75%.

---

[4] Por exemplo, a tabela 6 do apêndice do livro de R. Brealey e S. Myers, *Princípios de finanças empresariais*, 3. ed. Lisboa: McGraw-Hill, 1992.

A alternativa A envolve a instalação de unidades de produção que não poderão ser vendidas no caso de um cenário de preços desfavorável. O valor líquido dos fluxos de caixa descontados ao período 1 é de $ 150 milhões para o cenário altista e de $ 40 milhões para o cenário baixista. Na alternativa B, as instalações de produção poderão ser abandonadas e vendidas ao valor de $ 70 milhões (valor residual) caso ocorra o cenário pessimista de preços. O valor líquido dos fluxos de caixa descontados ao período 1 é de $ 140 milhões no cenário otimista e de $ 30 milhões no cenário pessimista.

Considerando que a taxa mínima de atratividade seja de 12% ao período, e a taxa livre de risco, de 5% ao período, escolher uma alternativa a ser adotada no desenvolvimento desse empreendimento.

Se analisarmos a alternativa B sem considerar a possibilidade de abandono, o simples cálculo do valor presente (em t = 0) dos fluxos de caixa das alternativas será suficiente para constatar que a adoção da alternativa A é mais vantajosa:

- Alternativa A:

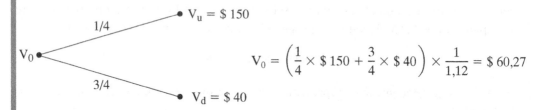

- Alternativa B:

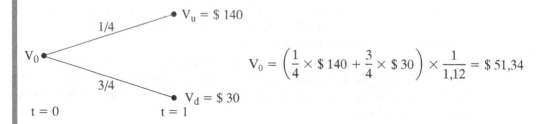

Contudo, a opção de abandono deve ser devidamente avaliada para a alternativa B. Buscaremos na teoria das opções os fundamentos para avaliar tal opção. É fácil notar que a opção de abandono nada mais é do que uma opção de venda (*put*), a ser exercida por $ 70 milhões (valor residual) caso se configure o cenário pessimista. Devemos reparar que, ao abandonar o projeto, o proprietário abre mão dos fluxos de caixa do cenário baixista. A análise da alternativa B com a opção de abandono (*put*) é mostrada a seguir.

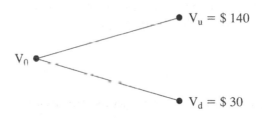

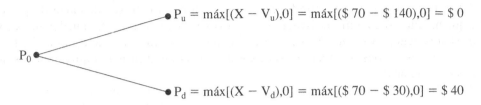

Assim, o valor presente (V_0) correto da alternativa B será igual ao valor do projeto sem a opção de abandono, mais o valor da opção de abandono (valor de uma *put*):

$$VP = \$\,51{,}34 + P_0$$

Logo, precisamos avaliar a *put*, pois dessa maneira estaremos valorando a opção de abandono do projeto. Nas seções anteriores, vimos como é fácil fazer tal avaliação. Primeiro calculamos a razão de *hedge*:

$$n = \frac{P_u - P_d}{V_u - V_d} = \frac{0 - \$\,40}{\$\,140 - \$\,30} = -\frac{4}{11}$$

O valor de B é dado por:

$$B = \frac{V_d P_u - V_u P_d}{(V_u - V_d)(1 + R_f)} = \frac{\$\,30 \times 0 - \$\,140 \times \$\,40}{\$\,110 \times \$\,1{,}05} = -\$\,48{,}48$$

O valor da *put* hoje (t = 0) é:

$$P_0 = nV_0 - B = \left(-\frac{4}{11}\right) \times \$\,51{,}34 - (-\$\,48{,}48) = +\$\,29{,}81$$

Assim, o valor presente correto da alternativa B é:

$$VP_B = \$\,51{,}34 + P_0 = \$\,51{,}34 + \$\,29{,}81 = \$\,81{,}15$$

Constata-se que, quando a opção de abandono é considerada corretamente, o valor presente da alternativa B (\$ 81,15) é superior ao da alternativa A (\$ 60,27). Isso mostra que a avaliação incorreta da opção de abandono pode levar à adoção da alternativa menos vantajosa.

Nos dois exemplos anteriores, as opções reais representaram situações típicas das opções do tipo europeu, que só podem ser exercidas no prazo final de sua maturação. Vamos agora mostrar outro exemplo de opção real. Trata-se da opção que define o momento de realizar o investimento, a denominada *opção de espera* ou *timing option*. Esse tipo de opção é o exemplo típico de uma opção americana. Nela, o proprietário pode realizar o investimento (exercício da opção de investir) em qualquer instante que preceda o vencimento.

A todo momento, o proprietário avalia se é mais vantajoso exercer a opção imediatamente ou esperar e exercê-la posteriormente. Quando decide investir, ele abre mão da possibilidade de espera, isto é, deixa de ganhar com as futuras variações do valor do ativo (projeto). Por outro lado, investindo, captura os valores dos fluxos de caixa do projeto. Note que há uma troca entre os benefícios de investir já ou esperar. Assim, devemos comparar os dois benefícios e verificar qual deles é maior, considerando que, ainda dentro da analogia com as opções financeiras, os fluxos de caixa de um projeto equivalem aos dividendos de uma ação.

Se os fluxos de caixa do projeto forem altos (altos dividendos, no caso de uma ação), o proprietário terá o interesse de apropriar-se desses fluxos efetuando o investimento (exercendo a opção de compra). Nesse caso, a opção é dita *deep in-the-money*. De outro modo, se os fluxos de caixa do projeto não forem elevados (dividendos não atrativos, no caso de uma ação), pode ser preferível aguardar e não realizar o investimento (exercer a opção) imediatamente. Ao aguardar, o proprietário estará abrindo mão dos fluxos de caixa e esperando uma oportunidade mais favorável. Novamente, a opção de esperar tem valor. O cálculo dessa opção vai definir qual deve ser a decisão do gerente. O exemplo a seguir ilustra o uso dessa opção de espera.

Exemplo 5.3

Consideremos um projeto que esteja sendo analisado sob dois cenários de preços. No cenário de preços altos (otimista — com probabilidade de 46,15% de ocorrer), o valor dos fluxos de caixa líquidos descontados ao período 1 (em t = 1) é de $ 280 milhões. No cenário de preços baixos (pessimista — com probabilidade de 53,85% de ocorrer), esse mesmo valor é de $ 150 milhões. O investimento no projeto é de $ 210 milhões. A taxa livre de risco é de 5% e a taxa mínima de atratividade é de 10% ao período. Vamos supor que lhe seja dado um prazo para realizar o investimento. Verificar se vale a pena esperar esse tempo.

Considerando-se as probabilidades dos cenários e a taxa mínima de atratividade, o valor esperado (em t = 0) do projeto é de $ 191 milhões:

$$V_0 = \frac{(0{,}4615 \times \$\, 280 + 0{,}5385 \times \$\, 150)}{1{,}10} = \$\, 191$$

Se o investimento precisasse ser efetuado hoje, sem possibilidade de ser adiado (agora ou nunca), o valor presente líquido do projeto seria:

$$VPL = V_0 - I = \$\, 191 - \$\, 210 = -\$\, 19$$

Dado o VPL negativo, você rejeitaria esse projeto se o investimento não pudesse ser adiado. Entretanto, você tem um prazo para decidir se investe ou não. Isso significa que lhe foi dada uma flexibilidade, e essa flexibilidade tem valor. Qual é esse valor? Em outras palavras, quanto você estaria disposto a pagar para ter o direito de adiar o investimento e somente investir no período seguinte?

Usando a teoria das opções, a situação do projeto e da opção de adiar o investimento pode ser esquematicamente representada por:

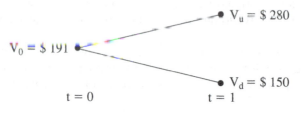

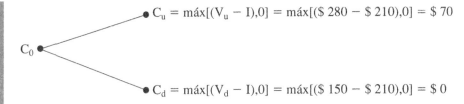

V_0 representa o valor do projeto hoje. V_u e V_d representam o valor do projeto nos cenários otimista e pessimista, respectivamente. I representa o valor de exercício da opção de investir no projeto (igual ao valor do investimento). Observa-se, pelo resultado, que o valor da opção de não investir agora, aguardando um período para fazê-lo, valerá $ 70 milhões (em t = 1) se acontecer o cenário otimista, ou zero se ocorrer o cenário pessimista.

Já aprendemos a valorar uma opção assim definida. Primeiro calculamos a razão de *hedge*:

$$n = \frac{C_u - C_d}{V_u - V_d} = \frac{\$\,70 - 0}{\$\,280 - \$\,150} = 0{,}54$$

Depois calculamos o valor de B, ou seja, do montante que tomamos emprestado à taxa livre de risco de 5%:

$$B = \frac{V_d C_u - V_u C_d}{(V_u - V_d)(1 + R_f)} = \frac{\$\,150 \times \$\,70 - \$\,280 \times 0}{(\$\,280 - \$\,150) \times (1{,}05)} = \$\,76{,}9$$

Tudo o que estamos fazendo é montar uma carteira e usar a condição de não-arbitragem. Assim, o valor da opção hoje será igual a:

$$C_0 = nV_0 - B = 0{,}54 \times \$\,191 - (+\$\,76{,}9) = \$\,26{,}24$$

Isso significa que o novo valor do projeto, considerando-se a opção de esperar, é de $ 26,24 milhões. Quanto você estaria disposto a pagar por essa opção de esperar? Exatamente a diferença entre o novo valor do projeto (já computado o valor da opção de espera) e o VPL na condição de investimento imediato, ou seja, $ 26,24 – (–$ 19) = $ 45,24 milhões.

PARTE 4

RISCO, RETORNO E EQUILÍBRIO NO MERCADO DE CAPITAIS

CAPÍTULO 6
Risco e retorno: diversificação e otimização de carteiras de investimento; desempenho de carteiras e gerenciamento de risco de mercado

CAPÍTULO 7
Equilíbrio no mercado de capitais: o modelo de apreçamento de ativos com risco (CAPM)

6

Risco e retorno: diversificação e otimização de carteiras de investimento; desempenho de carteiras e gerenciamento de risco de mercado

- O binômio risco-retorno
- A distribuição probabilística de retornos
- Risco e retorno esperado de ativos com risco
- A teoria das carteiras: o modelo de Markowitz
- O modelo de índice único
- Análise de desempenho de carteiras
- Gestão do riscos de mercado

Este capítulo apresenta as noções e os conceitos básicos sobre risco e incerteza, diversificação e otimização de carteiras. O entendimento desses conceitos é de fundamental importância no processo de apreçamento de ativos, assim como no processo de análise e decisões econômicas.

6.1 O binômio risco-retorno

A noção de risco associado à possibilidade de dano, perda ou estrago é intuitiva. Apesar de alguns autores fazerem uma distinção teórica entre risco e incerteza, na prática de finanças esses termos são muitas vezes usados com o mesmo significado. Fala-se em *risco* quando a variável aleatória tem uma distribuição de probabilidades conhecida, e em *incerteza* quando essa distribuição é desconhecida.

É sempre possível converter incerteza em risco por meio da introdução de probabilidades subjetivas. O termo *incerteza* tem uma conotação mais neutra, enquanto o termo *risco* tem freqüentemente conotação negativa, pois parece enfatizar o 'lado ruim' da incerteza. No caso de investimentos financeiros, as probabilidades são quase sempre subjetivas; por isso, os termos *risco* e *incerteza* são muitas vezes usados de forma intercambiável.

O termo *risco* é usual em mercados financeiros e em operações financeiras, mas não em decisões econômicas. Trata-se, na verdade, de uma definição informal sujeita a várias interpretações. Na análise de investimentos, o risco está associado à probabilidade de ganhar abaixo do esperado, tornando-se necessário medi-lo de forma consistente.

Em geral, os investimentos são avaliados em termos de taxas de retorno e, na medida em que não se possa determinar antecipadamente quais serão essas taxas, tem-se uma situação de incerteza. Ela será de risco se existir algum conhecimento sobre as possíveis taxas de retorno. Um investimento será considerado mais arriscado se apresentar faixa mais ampla de possíveis retornos, isto é, maior variabilidade de retornos. Apesar de não conhecer o retorno exato, o investidor tem como estimativa suas expectativas dos possíveis retornos. Ele pode esperar um retorno de 10% e reconhecer que, dependendo de certas condições, esse retorno poderia cair a zero ou alcançar a taxa de 20%. Com isso, o investidor define uma faixa de variabilidade de retornos de 0% a 20%, tendo cada hipótese determinada possibilidade de ocorrer. A faixa em que os retornos podem variar, e suas respectivas probabilidades de ocorrência, é conhecida como *distribuição probabilística de retornos*.

6.2 A distribuição probabilística de retornos

Consideremos as seguintes distribuições probabilísticas de retornos dos títulos A e B:

	Título A			Título B	
Evento	Probabilidade	Retorno	Evento	Probabilidade	Retorno
1	0,15	–2%	1	0,10	–5%
2	0,20	0%	2	0,40	10%
3	0,30	5%	3	0,40	20%
4	0,35	10%	4	0,10	35%

Podemos observar que a distribuição de B apresenta maior variabilidade, de –5% a 35%, comparada com a distribuição de A, –2% a 10%, o que significa que B é um investimento mais arriscado. Desde que a distribuição de probabilidades inclua todos os eventos possíveis, ela define o risco do investimento. Normalmente, associa-se aos retornos uma distribuição normal, pois ela tem propriedades estatísticas que facilitam os cálculos (a distribuição normal é totalmente definida pela média e pela variância de sua distribuição de probabilidades). Mas nada impede que outras distribuições de probabilidade sejam consideradas.

6.2.1 Medida do retorno de ações

A *remuneração* proporcionada por uma ação é a soma dos dividendos pagos mais os ganhos de capital (valorização da ação). O *retorno percentual* será, então, a remuneração dividida pelo preço inicial da ação. O diagrama a seguir ilustra os fluxos e o cálculo da remuneração e do retorno percentual obtidos na compra de um lote de 100 ações, ao preço de $ 37/ação, considerando que a ação tenha pagado dividendos de $ 1,95/ação e que tenha ocorrido um aumento do valor da ação para $ 39/ação ao término do prazo (1 ano).

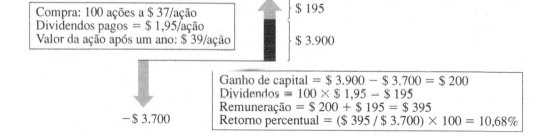

Mesmo sem a venda final do título, os ganhos de capital devidos à valorização da cotação das ações devem ser considerados no cálculo do retorno. Vamos supor que, um ano atrás, você tenha comprado um lote de 100 ações a \$ 25/ação e, nesse ano, tenha recebido dividendos de \$ 2/ação. No fim do ano, você as vendeu por \$ 30 cada. Quanto você ganhou?

Você investiu \$ 25 × 100 = \$ 2.500. No fim do ano suas ações valiam \$ 3.000 e você ganhou dividendos de \$ 200. Logo, sua remuneração total no ano foi de \$ 700 — isto é, \$ 200 + (\$ 3.000 – \$ 2.500) — e seu retorno percentual foi de 28% (\$ 700 / \$ 2.500).

6.2.2 Retornos históricos: acumulado, médio e geométrico

Retorno acumulado é o retorno que um investidor ganharia se mantivesse um investimento por um período de n anos. Caso o retorno durante o ano t seja R_t, o retorno acumulado ao término de n anos será o seguinte:

$$\text{Retorno acumulado} = (1 + R_1) \times (1 + R_2) \times (1 + R_3) \times \ldots \times (1 + R_n) - 1$$

Supondo os seguintes retornos anuais, temos:

Ano	Retorno
1	12%
2	−3%
3	8%

$$\text{Retorno acumulado} = (1 + 0,12) \times (1 - 0,03) \times (1 + 0,08) - 1 = 17,33\%$$

$$\text{Retorno médio geométrico} = \sqrt[3]{1,1733} - 1 = 5,47\% \text{ a.a.}$$

$$\text{Retorno médio aritmético} = (12\% - 3\% + 8\%) / 3 = 5,67 \text{ a.a.}$$

Os retornos históricos das ações no mercado de capitais podem ser resumidos pelo retorno médio e pelo desvio padrão:

$$\text{Retorno médio: } \overline{R} = \frac{R_1 + R_2 + R_3 + \ldots + R_n}{n}$$

$$\text{Desvio padrão dos retornos} : \sigma = \frac{[(R_1 - \overline{R})^2 + (R_2 - \overline{R})^2 + (R_3 - \overline{R})^2 + \ldots + (R_n - \overline{R})^2]^{1/2}}{n - 1}$$

6.2.3 Retorno de uma ação na presença de vários eventos durante o período

Em determinado período de tempo, uma ação pode conceder aos acionistas vários benefícios, tais como bonificações, dividendos, desdobramento de ações (*split*) e direitos de subscrição. Nesse caso, podemos estimar o retorno da ação observando a variabilidade de um índice composto por uma quantidade teórica de ações. Supondo que todos os recebimentos e benefícios concedidos ao acionista sejam reinvestidos na compra de mais ações, a quantidade teórica de ações vai aumentando. Em cada data do período considerado, o valor do índice será igual à quantidade teórica de ações vezes o preço da ação naquela data. O retorno da ação será, assim, igual ao valor do índice no final do período dividido pelo valor do índice no início menos 1 e multiplicado por 100.

Vamos supor que uma ação comprada por $ 25 tenha, em determinado ano, concedido aos acionistas uma bonificação de 50% e pagado dividendos de $ 2/ação, nessa ordem. Consideremos que o preço da ação tenha se mantido constante ao longo do ano, até o dia em que os dividendos foram pagos; no fim, o preço da ação no mercado após os eventos (após a bonificação e o pagamento de dividendos) foi de $ 23/ação.

O quadro a seguir mostra a evolução do índice para uma quantidade teórica inicial de 10 ações.

Preço da ação no mercado	Nova quantidade teórica de ações devido à bonificação	Nova quantidade teórica de ações devido aos dividendos	Quantidade teórica de ações	Valor do índice
$ 25/ação			10	$10 \times 25 = 250$
$ 25/ação	$10 \times (1 + 0{,}50) = 15$ ações		15	$15 \times 25 = 375$
$ 23/ação		$15 \times (1 + 2 / 23) = 16{,}3$ ações	16,3	$16{,}3 \times 23 = 375$

$$\text{Retorno da ação no ano} = \left(\frac{\text{Valor do índice final}}{\text{Valor do índice inicial}} - 1 \right) \times 100 = \left(\frac{375}{250} - 1 \right) \times 100 = 50\%$$

Uma bonificação de 50% significa que os detentores receberam 5 novas ações para cada 10 que possuíam. Considerou-se que a bonificação não alterou o valor das cotações de mercado e que o preço da ação após o pagamento dos dividendos (preço ex-dividendo) foi igual ao preço antes do pagamento menos o valor dos dividendos pagos ($ 25 − $ 2).

6.3 Risco e retorno esperado de ativos com risco

Comumente, na análise de investimentos, os ativos são caracterizados por seu retorno esperado e pela variabilidade de seus retornos possíveis em relação ao retorno esperado. O *retorno esperado* de um ativo com risco é seu retorno mais provável. É a média ou tendência central da distribuição probabilística dos retornos desse ativo. Pode ser estimado calculando-se a soma dos produtos dos retornos possíveis vezes as respectivas probabilidades de ocorrência:

$$\overline{R} = \sum_{i=1}^{n} pr_i \times R_i$$

onde pr_i é a probabilidade de ocorrência do retorno R_i e n é o número de eventos ou retornos possíveis.

Logo, para as distribuições probabilísticas de retornos dos títulos A e B vistos no início da Seção 6.2, os retornos esperados são os seguintes:

$$\overline{R}_A = 0{,}15 \times (-2\%) + 0{,}20 \times 0\% + 0{,}30 \times 5\% + 0{,}35 \times 10\% = 4{,}7\%$$

$$\overline{R}_B = 0{,}10 \times (\ 5\%) + 0{,}40 \times 10\% + 0{,}40 \times 20\% + 0{,}10 \times 35\% = 15\%$$

Uma medida estatística usada para medir o risco é o desvio padrão, que mede a dispersão da distribuição de retornos. Quanto maior for o desvio padrão, maior a dispersão das expectativas em torno da média ou retorno esperado e, conseqüentemente, maior o risco do

Capítulo 6 – Risco e retorno: diversificação e otimização de carteiras... **181**

investimento. Como os investidores são avessos ao risco e maximizam a rentabilidade, se puderem escolher entre dois investimentos com o mesmo retorno esperado, preferirão aquele de menor desvio padrão da distribuição de retornos, isto é, aquele de menor risco. E, entre dois investimentos com o mesmo risco (mesmo desvio padrão), preferirão aquele de maior retorno esperado. Caso tenhamos certeza sobre os resultados do investimento, ou seja, o conhecimento exato dos retornos, não haverá desvio padrão nem risco.

O desvio padrão (representado pela letra grega σ) é definido como a raiz quadrada do somatório dos produtos das probabilidades de ocorrência vezes os quadrados da diferença entre cada retorno possível e o retorno esperado:

$$\sigma = [\sum_{i=1}^{n} pr_i \times [R_i - \overline{R}]^2]^{1/2}$$

onde $\overline{R}$ é o retorno esperado (média) da distribuição. Logo, para as distribuições probabilísticas de retornos dos mesmos títulos A e B vistos na Seção 6.2, os desvios padrão são os seguintes:

$$\sigma_A = [0,15 \times (-2\% - 4,7\%)^2 + 0,20 \times (0\% - 4,7\%)^2 + 0,30 \times (5\% - 4,7\%)^2 + 0,35 \times (10\% - 4,7\%)^2]^{1/2} = 4,07\%$$

$$\sigma_B = [0,10 \times (-5\% - 15\%)^2 + 0,40 \times (10\% - 15\%)^2 + 0,40 \times (20\% - 15\%)^2 + 0,10 \times (35\% - 15\%)^2]^{1/2} = 10,00\%$$

Se o cálculo do desvio padrão for realizado com base na população dos retornos observados, e todos os retornos tiverem a mesma probabilidade de ocorrência (ou seja, forem *equiprováveis*), a variância populacional da distribuição de retornos (representada pela letra grega σ elevada ao quadrado) poderá ser estimada da seguinte forma:

$$\sigma^2 = \frac{1}{n} \sum_{i=1}^{n} (R_i - \overline{R})^2$$

Se o cálculo for realizado considerando-se apenas uma amostra da população, um estimador não tendencioso da variância amostral poderá ser calculado do seguinte modo:

$$\sigma^2 = \frac{1}{n-1} \sum_{i=1}^{n} (R_i - \overline{R})^2$$

O desvio padrão é simplesmente a raiz quadrada da variância.

Exemplo 6.1

A partir dos retornos e das probabilidades a seguir, estimar a média (retorno esperado) e o desvio padrão (risco) da distribuição.

Evento (i)	Probabilidade (pr_i)	Retorno (R_i) (%)	$pr_i \times R_i$	$pr_i (R_i - \overline{R}_i)^2$
1	0,20	–5	$0,20 \times (-5) = -1$	$0,20 \times (-5 - 19)^2 = 115,2$
2	0,60	20	$0,60 \times 20 = 12$	$0,60 \times (20 - 19)^2 = 0,6$
3	0,20	40	$0,20 \times 40 = 8$	$0,20 \times (40 - 19)^2 = 88,2$
			$\Sigma = 19\%$	$\Sigma = 204,0$

Gestão de investimentos e geração de valor

- Retorno esperado: $\overline{R}_i = \sum_{i=1}^{3} pr_i \times R_i = 19\%$

- Desvio padrão: $\sigma = \sqrt{\sum_{i=1}^{3} pr_i \times (R_i - \overline{R}_i)^2} = \sqrt{204} = 14,28\%$

Exemplo 6.2

Vamos supor que uma pessoa esteja participando de um jogo que consiste em lançar duas moedas uma única vez. A pessoa começa o jogo aplicando $ 100. Para cada cara que sair, a pessoa ganha $ 20 (ou seja, 20% da aplicação) e, para cada coroa, perde $ 10 (ou seja, 10% da aplicação). Assim, existem quatro resultados possíveis, igualmente prováveis:

- Cara + cara: ganha 40%.
- Cara + coroa: ganha 10%.
- Coroa + cara: ganha 10%.
- Coroa + coroa: perde 20%.

Existe uma chance de 1 em 4 (ou 0,25) de ganhar 40%; uma chance de 2 em 4 (ou 0,5) de ganhar 10%; e uma chance de 1 em 4 de perder 20%. O retorno esperado do jogo é simplesmente a média ponderada dos possíveis resultados:

$$\overline{R}_i = \sum_{i=1}^{3} pr_i \times R_i = (0,25 \times 40\%) + (0,5 \times 10\%) + (0,25 \times [-20\%]) = +10\%$$

A tabela a seguir mostra que a variância dos retornos é de 450, e o desvio padrão é de 21,21. Como o desvio padrão está na mesma unidade do retorno, pode-se dizer que a dispersão do jogo é de 21,21%.

Retorno (R_i)	Desvio do retorno $(R_i - \overline{R}_i)$	Quadrado do desvio $(R_i - \overline{R}_i)^2$	Probabilidade (pr_i)	Probabilidade × Quadrado do desvio $pr_i (R_i - \overline{R}_i)^2$
+40%	$40 - 10 = +30$	900	0,25	225
+10%	$10 - 10 = 0$	0	0,5	0
−20%	$-20 - 10 = -30$	900	0,25	225

				Variância: 450
				Desvio padrão $= \sqrt{450} = 21,51\%$

Em algumas situações, podemos expressar completamente o risco de um ativo escrevendo todos os possíveis resultados e suas respectivas probabilidades — ou seja, fazendo um *mapa de probabilidades*, tal como fizemos no jogo do lançamento das moedas. Contudo, para ativos reais isso é praticamente impossível, sendo necessário especificar o desvio padrão ou a variância para sintetizar todo o leque de possíveis resultados. Essas medidas são indicadores naturais de risco. Se o resultado do jogo das moedas fosse certo (se estivessem sendo usadas 'moedas de duas caras', por exemplo), o desvio padrão seria zero. O desvio padrão foi positivo porque não se sabe o que vai ocorrer; existem apenas probabilidades. Quanto maior a dispersão, maior será o desvio padrão.

Vamos supor agora, por exemplo, um jogo igual ao anterior, exceto pelo fato de que os ganhos e as perdas serão percentualmente maiores: a cada cara que sair, a pessoa ganhará $ 35 (35% da aplicação) e, a cada coroa, perderá $ 25 (25% da aplicação). Outra vez temos quatro possibilidades de retorno igualmente prováveis:

- Cara + cara: ganha 70%.
- Cara + coroa: ganha 10%.
- Coroa + cara: ganha 10%.
- Coroa + coroa: perde 50%.

Apesar de haver possíveis perdas ou ganhos mais extremados, o retorno esperado do jogo é o mesmo do jogo anterior, 10%, mas o desvio padrão aumenta para 42% por causa da maior dispersão dos resultados possíveis:

- Retorno esperado = $(0,25 \times 70\%) + (0,5 \times 10\%) + (0,25 \times [-50\%]) = +10\%$
- Desvio padrão = $[0,50 \times (10\% - 10\%)^2 + 0,25 \times (70\% - 10\%)^2 + 0,25$
  $\times (50\% - 10\%)^2]^{1/2} = 42\%$

6.4 A teoria das carteiras: o modelo de Markowitz

Carteira (*portfolio*, em inglês) é uma combinação de ativos, tais como investimentos, ações, obrigações, commodities, investimentos em imóveis, títulos com liquidez imediata ou outros ativos em que uma pessoa física ou jurídica possa investir e que possa manter. Basicamente, a finalidade de uma carteira é reduzir o risco por meio da diversificação.

As modernas técnicas de quantificação de risco tiveram sua semente no inovador trabalho de Harry Markowitz, que em 1959 publicou seu famoso livro *Portfolio selection: efficient diversification of investments*. Apesar de a idéia da diversificação de investimentos — refletida no dito popular "Não coloque todos os ovos em uma mesma cesta" — não ser algo novo, foi Markowitz quem a formalizou e a aplicou aos instrumentos financeiros. Ele partiu da premissa de que a decisão sobre a composição de uma carteira de investimentos está fundamentada apenas no valor esperado e no desvio padrão dos retornos da carteira, e que essa decisão é conseqüência de um processo de minimização de risco (minimização de desvio padrão). Markowitz ganhou o prêmio Nobel de Economia de 1990.

Visto que os investimentos com risco caracterizam-se pela média e pelo desvio padrão da distribuição probabilística dos retornos, esses parâmetros podem ser representados graficamente sobre dois eixos: retorno esperado e desvio padrão. Diz-se que um investimento ou ativo com risco *domina* outro quando, para o mesmo nível de risco, apresenta retorno esperado maior, ou quando, para o mesmo nível de retorno esperado, apresenta risco menor. Considerando um conjunto de ativos com risco, na figura a seguir, a curva representa o lugar em que devem se situar todas as combinações (carteiras) eficientes de ativos com risco possíveis de ser montadas.

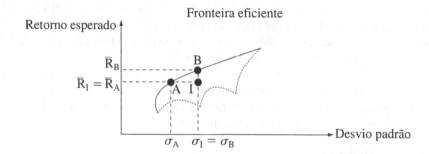

Algumas combinações podem se situar no espaço interno à curva (combinação I), mas serão ineficientes. Para dado nível de risco, uma combinação situada na superfície da curva (combinação B) domina qualquer outra situada no espaço interno (combinação I), pois proporciona retorno esperado maior.

O critério de eficiência pode ser ilustrado da seguinte forma: fixando-se o risco (imagine uma linha vertical), a carteira de maior retorno esperado seria a mais eficiente; ou, fixando-se o retorno esperado (imagine uma linha horizontal), a carteira de menor risco seria a mais eficiente. As carteiras que atendem a esses pré-requisitos de eficiência estão situadas na curva cheia chamada *fronteira eficiente*. Tais carteiras foram chamadas por Markowitz de *carteiras eficientes*.

Considerando-se o caso particular de três ativos (A, B e C), o princípio de dominância é ilustrado no seguinte gráfico, que representa o espaço risco-retorno:

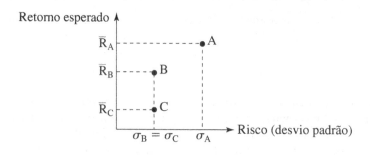

Se A, B e C representam ativos mutuamente exclusivos, fica claro que o ativo C não será escolhido, pois é dominado pelo ativo B, que, para o mesmo nível de risco, apresenta retorno esperado maior. Entretanto, a escolha entre B e A não é tão clara, pois dependerá das preferências do investidor quanto ao risco. A única afirmação *a priori* é que, para maiores riscos, o investidor exigirá maiores retornos. Em outras palavras, a exigência de um prêmio (retorno adicional) por assumir um risco maior torna a relação risco-retorno uma função crescente. Cada investidor tem uma função própria que depende basicamente de sua preferência quanto ao risco. Para o mercado, a cada momento determinado a relação risco-retorno representa os retornos requeridos para os diferentes níveis de risco.

6.4.1 Retorno e risco de carteiras de ativos

Os investidores normalmente não mantêm ativos isolados; em vez disso, formam carteiras por meio do agrupamento de ativos. O que ocorreria se combinássemos os ativos A e B do tópico anterior, com o objetivo de diversificação? Para responder a essa pergunta, é necessário considerar que o risco de uma carteira não é simplesmente a soma dos riscos (desvios padrão) individuais dos ativos; ele depende também da proporção em que cada ativo participa da carteira e da correlação entre os retornos desses ativos. Em outras palavras, para responder a essa pergunta é necessário levar em conta a *relação de dependência* entre os ativos.

Retorno observado e retorno esperado de uma carteira de ativos

O *retorno observado de uma carteira* de N ativos é uma média ponderada dos retornos observados (R_i) dos ativos individuais. O peso (X_i) aplicado a cada retorno corresponde à fração do valor da carteira aplicada naquele ativo:

$$R_C = \sum_{i=1}^{N} X_i \times R_i$$

O *retorno esperado da carteira* é o valor esperado (expectância) da equação anterior:

$$\overline{R}_c = E(R_C) = E\left(\sum_{i=1}^{N} X_i \times R_i\right) = \sum_{i=1}^{N} X_i \times E(R_i) = \sum_{i=1}^{N} X_i \times \overline{R}_i$$

Para o caso particular de dois ativos (N = 2):

$$\overline{R}_c = \sum_{i=1}^{N=2} X_i \times \overline{R}_i = X_1 \times \overline{R}_1 + X_2 \times \overline{R}_2$$

Variância (risco) da carteira

A *variância* de uma carteira de ativos é simplesmente a expectância dos quadrados dos desvios dos retornos observados em torno do retorno esperado: $\sigma_C^2 = E(R_C - \overline{R}_C)^2$.

Substituindo nessa última expressão as equações do retorno observado e do retorno esperado da carteira, temos:

$$\sigma_C^2 = E(R_C - \overline{R}_C)^2 = E\left(\sum_{i=1}^{N} X_i \times R_i - \sum_{i=1}^{N} X_i \times \overline{R}_i\right)^2 = E\left(\sum_{i=1}^{N} (R_i - \overline{R}_i)X_i\right)^2$$

Para o caso particular de dois ativos (N = 2):

$$\sigma_C^2 = E\left[\sum_{i=1}^{N=2} (R_i - \overline{R}_i)X_i\right]^2 = E[X_1^2(R_1 - \overline{R}_1)^2 + X_2^2(R_2 - \overline{R}_2)^2 + 2X_1X_2(R_1 - \overline{R}_1)(R_2 - \overline{R}_2)]$$

$$= X_1^2 E(R_1 - \overline{R}_1)^2 + X_2^2 E(R_2 - \overline{R}_2)^2 + 2X_1X_2 E(R_1 - \overline{R}_1)(R_2 - \overline{R}_2)$$

$$= X_1^2 \sigma_1^2 + X_2^2 \sigma_2^2 + 2X_1X_2 \sigma_{1,2}$$

onde:
X_1 = fração investida no ativo 1;
X_2 = fração investida no ativo 2;
σ_1^2 = variância do ativo 1;
σ_2^2 = variância do ativo 2;
$\sigma_{1,2}$ = covariância entre os ativos 1 e 2.

Generalizando para o caso de N ativos, temos:

$$\sigma_c^2 = \sum_{i=1}^{N} X_i^2 \sigma_i^2 + \sum_{i=1}^{N} \sum_{\substack{j=1 \\ j \neq i}}^{N} X_i X_j \sigma_{i,j}$$

Vale a pena analisar um pouco mais a fórmula tomando como exemplo o caso de três ativos:

$$\sigma_C^2 = \sum_{i=1}^{N=3} X_i^2 \sigma_i^2 + \sum_{i=1}^{N=3} \sum_{\substack{j=1 \\ j \neq i}}^{N=3} X_i X_j \sigma_{i,j}$$

$$\underbrace{X_1^2 \sigma_1^2 + X_2^2 \sigma_2^2 + X_3^2 \sigma_3^2} \quad \underbrace{2X_1 X_2 \sigma_{1,2} + 2X_1 X_3 \sigma_{1,3} + 2X_2 X_3 \sigma_{2,3}}$$

O símbolo $\neq$ indica que i deve ser diferente de j. Tem-se também que: $\sigma_{1,2} = \sigma_{2,1}$; $\sigma_{1,3} = \sigma_{3,1}$; $\sigma_{2,3} = \sigma_{3,2}$.

Covariância e coeficiente de correlação entre os ativos

Na expressão da variância da carteira integrada por dois ativos, apareceu o termo que se refere à covariância entre os retornos do ativo 1 e do ativo 2. Essa *covariância* é o valor esperado do produto de dois desvios: os desvios dos retornos dos ativos 1 e 2 em relação a seus retornos esperados (em relação à média). Enfim, a covariância mede como os retornos dos ativos variam em conjunto. Se eles apresentarem desvios positivos e negativos nos mesmos momentos, a covariância será um número positivo. Se os desvios positivos e negativos ocorrerem em momentos diferentes, a covariância será negativa. Caso os desvios negativos e positivos não estejam relacionados, a covariância tenderá a zero.

A ordem não é importante no cálculo da covariância, portanto: $\sigma_{i,j} = \sigma_{j,i}$. Dividindo a covariância pelo produto dos desvios padrão dos dois ativos, obtém-se uma medida estatística com as mesmas propriedades da covariância, mas situada dentro do intervalo –1 a +1. Essa medida chama-se *coeficiente de correlação*. Assim, sendo $\sigma_{i,j}$ a covariância entre os títulos i e j, define-se o coeficiente de correlação por: $\rho_{i,j} = \dfrac{\sigma_{i,j}}{\sigma_i \sigma_j}$.

O coeficiente de correlação é representado pela letra grega rho (ρ). Vale ressaltar que a divisão da covariância pelo produto dos desvios padrão não modifica suas propriedades; simplesmente a normaliza para que assuma valores entre –1 e +1.

6.4.2 Correlação de retornos e ganhos por diversificação

O risco (desvio padrão) de uma carteira não é uma média dos riscos (desvios padrão) dos títulos que a integram, pois a diversificação o reduz. Ela não é capaz, contudo, de eliminar totalmente o risco, como veremos nesta seção. A seguir analisaremos como a diversificação contribui para a diminuição do risco da carteira.

Na seção anterior, vimos que, para o caso de N ativos, a variância da carteira é dada por:

$$\sigma_C^2 = \sum_{i=1}^{N} X_i^2 \sigma_i^2 + \sum_{i=1}^{N} \sum_{\substack{j=1 \\ j \neq i}}^{N} X_i X_j \rho_{i,j} \sigma_i \sigma_j \qquad \text{onde: } \sigma_{i,j} = \rho_{i,j} \sigma_i \sigma_j$$

A fim de entender como devem ser escolhidos os ativos e como essa escolha influencia o risco da carteira, analisemos o caso particular de dois ativos (N = 2). Nesse caso, a variância da carteira é dada por:

$$\sigma_C^2 = X_1^2\sigma_1^2 + X_2^2\sigma_2^2 + 2X_1X_2\rho_{1,2}\sigma_1\sigma_2$$

Observe que a variância da carteira é função da correlação entre os retornos dos ativos integrantes, medida pelo coeficiente de correlação (ρ), que varia entre –1 e +1. No caso de $\rho_{1,2}$ = +1, os ativos sobem ou descem juntos e, quando $\rho_{1,2}$ = –1, um ativo cai quando o outro sobe. O caso de $\rho_{1,2}$ = 0 significa independência entre os ativos.

Pode-se diminuir a variância da carteira combinando os ativos de modo apropriado (diversificando). Essa diminuição dependerá basicamente da correlação entre os ativos que compõem a carteira. Por exemplo, uma correlação negativa perfeita ($\rho_{1,2}$ = –1) implicará a maior diminuição de variância possível, já que o último termo na expressão da variância da carteira será um valor negativo ($2X_1X_2\rho_{1,2}\sigma_1\sigma_2 < 0$). Para $\rho_{1,2}$ = 0 o termo é nulo e, para $\rho_{1,2}$ = +1, o termo é positivo. Logo, a maior diminuição de risco será conseguida quando a correlação entre os ativos for igual a –1.

No mercado de ações é muito difícil encontrar correlações perfeitamente positivas, negativas ou nulas. Quase sempre elas são positivas ou ligeiramente negativas. Assim, podemos concluir desta análise que o grau em que o risco de uma carteira formada por dois ativos pode ser reduzido depende da correlação entre os retornos dos ativos. Quanto mais negativa for essa correlação, maior será a diminuição da variância da carteira.

6.4.3 Diversificação de carteiras: risco diversificável e risco de mercado

Tal como foi visto e analisado nas seções anteriores, a variância de uma carteira integrada por dois ativos é:

$$\sigma_C^2 = X_1^2\sigma_1^2 + X_2^2\sigma_2^2 + 2X_1X_2\sigma_{1,2}$$

Podemos expressar matricialmente essa variância da seguinte maneira:

$$\sigma_C^2 = X_1^2\sigma_1^2 + X_2^2\sigma_2^2 + 2X_1X_2\sigma_{1,2} = \begin{bmatrix} X_1 & X_2 \end{bmatrix} \begin{bmatrix} \sigma_{1,1} & \sigma_{1,2} \\ \sigma_{2,1} & \sigma_{2,2} \end{bmatrix} \begin{bmatrix} X_1 \\ X_2 \end{bmatrix}$$

$$= \begin{bmatrix} X_1 & X_2 \end{bmatrix} \begin{bmatrix} \sigma_1^2 & \sigma_{1,2} \\ \sigma_{2,1} & \sigma_2^2 \end{bmatrix} \begin{bmatrix} X_1 \\ X_2 \end{bmatrix}$$

onde:

$\sigma_{1,1} = \sigma_1^2$

$\sigma_{2,2} = \sigma_2^2$

Para o caso geral de N ativos:

$$\sigma_C^2 = \sum_{i=1}^{N} X_i^2\sigma_i^2 + \sum_{i=1}^{N}\sum_{\substack{j=1 \\ j\neq i}}^{N} X_iX_j\sigma_{i,j}$$

Matricialmente:

$$\sigma_C^2 = [X_1, X_2, ..., X_N] \underbrace{\begin{bmatrix} \sigma_1^2 & \sigma_{1,2} & \sigma_{1,3}\cdots\sigma_{1,N} \\ \sigma_{2,1} & \sigma_2^2 & \sigma_{2,3}\cdots\sigma_{2,N} \\ \vdots & \vdots & \vdots \ddots \vdots \\ \sigma_{N,1} & \sigma_{N,2} & \sigma_{N,3}\cdots\sigma_N^2 \end{bmatrix}}_{\Omega \,=\, \text{matriz de variâncias-covariâncias}} \begin{bmatrix} X_1 \\ X_2 \\ \vdots \\ X_N \end{bmatrix}$$

σ_i^2 = variância do ativo i $\sigma_{i,j}$ = covariância entre i e j

A *matriz de variâncias-covariâncias* (Ω) é uma matriz quadrada composta ao todo por N^2 elementos. Como sua diagonal está formada pelas variâncias dos ativos (N variâncias), o número de covariâncias será igual ao número total de elementos da matriz menos o número de variâncias, isto é, $N^2 - N$ covariâncias.

Caso montantes iguais sejam aplicados em cada ativo, em uma carteira de N ativos a proporção aplicada em cada um deles será igual a 1 / N. Aplicando essas proporções à equação da variância da carteira, obtemos:

$$\sigma_C^2 = \sum_{i=1}^{N} X_i^2 \sigma_i^2 + \sum_{i=1}^{N}\sum_{\substack{j=1\\j\neq 1}}^{N} X_i X_j \sigma_{i,j} = \sum_{i=1}^{N} \left(\frac{1}{N}\right)\left(\frac{1}{N}\right)\sigma_i^2 + \sum_{i=1}^{N}\sum_{\substack{j=1\\j\neq 1}}^{N} \left(\frac{1}{N}\right)\left(\frac{1}{N}\right)\sigma_{i,j}$$

E, colocando essa expressão em um formato mais apropriado, temos:

$$\sigma_C^2 = \left(\frac{1}{N}\right)\sum_{i=1}^{N}\frac{\sigma_i^2}{N} + \left(\frac{N-1}{N}\right)\sum_{i=1}^{N}\sum_{\substack{j=1\\j\neq i}}^{N}\frac{\sigma_{i,j}}{N(N-1)}$$

A soma de todas as variâncias da matriz (soma dos elementos da diagonal da matriz) dividida pelo número de variâncias (dividida por N) é igual à variância média da carteira: $\overline{\sigma_i}^2 = \sum_{i=1}^{N}\frac{\sigma_i^2}{N}$. Igualmente, a soma de todas as covariâncias da matriz dividida pelo número de covariâncias — dividida por N (N – 1) — é igual à covariância média da carteira:

$$\overline{\sigma}_{i,j} = \sum_{i=1}^{N}\sum_{\substack{j=1\\j\neq i}}^{N}\frac{\sigma_{i,j}}{N(N-1)}$$

Logo, temos que a variância da carteira pode ser expressa da seguinte maneira:

$$\sigma_C^2 = \left(\frac{1}{N}\right)\overline{\sigma}_i^2 + \left(\frac{N-1}{N}\right)\overline{\sigma}_{i,j}$$

$$= \left(\frac{1}{N}\right) \times \text{Variância média} + \left(\frac{N-1}{N}\right) \times \text{Covariância média}$$

onde $\overline{\sigma}_i^2$ e $\overline{\sigma}_{i,j}$ são, respectivamente, a variância e a covariância média da carteira. O primeiro termo dessa expressão refere-se ao *risco diversificável*, que pode ser eliminado no processo de diversificação, enquanto o segundo refere-se ao *risco de mercado*, que não pode ser diminuído pelo aumento progressivo do número de títulos na carteira.

Se a quantidade de ativos da carteira é bastante alta (se N tende ao infinito), a variância dela aproxima-se (de forma assintótica) da covariância média, pois no limite $(1/N) = 0$ e $[(N-1)/N] = 1$:

$$\sigma_C^2 = \text{Lim}_{N \to \infty} \left\{ \underbrace{\left(\frac{1}{N}\right)}_{0} \times \text{Variância média} + \underbrace{\left(\frac{N-1}{N}\right)}_{1} \times \text{Covariância média} \right\} = \text{Covariância média}$$

A contribuição da variância dos ativos individuais à variância da carteira tende a zero quando N é bastante elevado (ou seja, quando N tende ao infinito). Entretanto, quando N é elevado, a contribuição das covariâncias converge para a covariância média. Isso mostra que o risco individual dos títulos pode ser eliminado por meio da diversificação, mas a contribuição ao risco total causada pelas covariâncias não pode ser eliminada da mesma maneira. Se tivermos um número suficientemente grande de ativos com retornos independentes, a variância da carteira tenderá a zero. Na prática, ocorre que os preços das ações movem-se juntos, e não de forma independente, isto é, têm covariâncias positivas que limitam os benefícios da diversificação e impossibilitam a eliminação total do risco da carteira.

Na figura a seguir ilustra-se o princípio da diversificação:

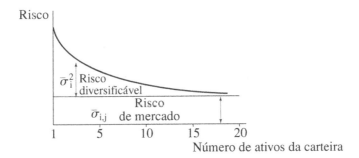

Observa-se na figura que a redução do risco da carteira por meio da diversificação é significativa para as primeiras adições de ativos, reduzindo-se em seguida até que a adição de novos ativos praticamente não consegue mais reduzir o risco. Esse risco residual é chamado de *risco de mercado*. Podemos reduzir algum risco no processo — o chamado *risco diversificável* ou *risco único* — porque os riscos operacionais de uma empresa são específicos dela ou do setor em que atua (por exemplo, uma legislação restringindo ainda mais o consumo de tabaco afeta os fabricantes desses produtos, mas não as empresas de produtos eletrônicos).

O risco de uma carteira bem diversificada depende apenas do risco de mercado dos ativos nela incluídos. Esse é um dos princípios fundamentais de finanças, o *princípio de diversificação*, que mostra como eliminar o risco não correlacionado aos movimentos gerais do mercado. Esse risco diversificável ou risco único é um risco específico aos ativos e tem correlação zero com os movimentos do mercado. Diversos estudos demonstraram que, nos mercados de capitais norte-americano e britânico, a eliminação quase total do risco diversificável se dá quando a carteira de ações é integrada por 18 a 25 ações. No Brasil, alguns estudos empíricos corroboram esses resultados.[1]

---

[1] C.P. Samanez, *Modelagem na otimização de carteiras: o processo de diversificação*. Memorando Técnico n° 16/89. DEI-PUC/RJ.

6.4.4 Combinações de ativos: delineamento da fronteira eficiente

Como já vimos, o termo *fronteira eficiente* representa as únicas combinações possíveis entre os ativos que deveriam ser consideradas na escolha, durante a formação de uma carteira, por parte de um indivíduo racional e avesso ao risco. Nesta seção estudaremos a forma dessa fronteira eficiente e veremos como ela depende das correlações entre os ativos que integram a carteira.

Como foi visto na Seção 6.4.1, o retorno e o risco (desvio padrão) de uma carteira integrada unicamente por dois ativos (ativo A e ativo B) são:

$$\text{Retorno: } \overline{R}_c = X_A \times \overline{R}_A + X_B \times \overline{R}_B$$

$$\text{Risco (desvio padrão): } \sigma_C = (X_A^2 \sigma_A^2 + X_B^2 \sigma_B^2 + 2 X_A X_B \sigma_A \sigma_B \rho_{A,B})^{1/2}$$

onde:
X_A = fração investida no ativo A;
X_B = fração investida no ativo B;
σ_A^2 = variância do ativo A;
σ_B^2 = variância do ativo B;
$\rho_{A,B}$ = coeficiente de correlação entre A e B.

Sabe-se que o coeficiente de correlação (ρ) varia entre –1 e +1. Assim, a seguir vamos analisar as combinações possíveis dos ativos A e B em função do valor desse coeficiente.

Caso 1: correlação positiva perfeita ($\rho_{A,B} = +1$)

Nesse caso admite-se que os retornos dos ativos A e B se correlacionam perfeitamente. Logo, o retorno esperado e o desvio padrão da carteira serão dados por:

$$\text{Retorno esperado: } \overline{R}_c = X_A \times \overline{R}_A + X_B \times \overline{R}_B$$

Desvio padrão:

$$\sigma_C = [X_A^2 \sigma_A^2 + X_B^2 \sigma_B^2 + 2 X_A X_B \rho_{A,B} \sigma_A \sigma_b]^{1/2} = [(X_A \sigma_A + X_B \sigma_B)^2]^{1/2} =$$
$$= X_A \sigma_A + X_B \sigma_B$$

Assim, quando o coeficiente de correlação é igual a +1, o risco e o retorno da carteira são simplesmente combinações lineares dos riscos e dos retornos dos ativos integrantes. Esses resultados mostram que todas as combinações de dois ativos perfeitamente correlacionados estarão situadas na reta do espaço risco-retorno, como vemos na figura a seguir:

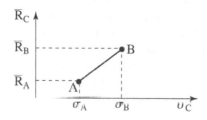

No caso de $\rho_{A,B} = +1$, o segmento A–B representa a *fronteira eficiente*, ou o lugar onde se situam as combinações eficientes entre os ativos A e B.

Caso 2: correlação negativa perfeita ($\rho_{A,B} = -1$)

Nesse caso admite-se que os retornos dos ativos A e B se correlacionam perfeitamente, mas variam em direções opostas. Considerando $\rho = -1$ e que a soma das frações aplicadas nos ativos deve ser igual a 1 ($X_A + X_B = 1$), o retorno esperado e o desvio padrão da carteira serão dados por:

$$\text{Retorno esperado da carteira: } \overline{R}_c = X_A \times \overline{R}_A + X_B \times \overline{R}_B$$

$$\text{Desvio padrão da carteira: } \sigma_C = [X_A^2 \sigma_A^2 + (1 - X_A)^2 \sigma_B^2 - 2X_A(1 - X_A)\sigma_A \sigma_B]^{1/2}$$

O termo entre colchetes é equivalente a qualquer uma das seguintes expressões:

$$[X_A \sigma_A - (1 - X_A)\sigma_B]^2 \text{ ou } [-X_A \sigma_A + (1 - X_A)\sigma_B]^2$$

Assim, o desvio padrão da carteira será a raiz quadrada de qualquer uma destas duas expressões:

$$\sigma_C = \{[X_A \sigma_A - (1 - X_A)\sigma_B]^2\}^{1/2} \text{ ou } \{[-X_A \sigma_A + (1 - X_A)\sigma_B]^2\}^{1/2}$$

Portanto, σ_C será igual a $X_A \sigma_A - (1 - X_A)\sigma_B$, ou a $-X_A \sigma_A + (1 - X_A)\sigma_B$.

Como a raiz quadrada de um número negativo resulta em um número imaginário, qualquer uma dessas duas expressões, para ser válida, deverá ser positiva. Como cada expressão é igual à outra multiplicada por –1, então as expressões serão válidas somente quando resultarem em valores positivos. Valores negativos para desvio padrão (risco) não têm sentido.

Quando a correlação entre os ativos for igual a –1, sempre será possível encontrarmos alguma combinação desses dois ativos que resulte em uma carteira sem risco. Logo, igualando a zero as expressões anteriores, podemos obter as frações para a carteira sem risco:

$$X_A \sigma_A - (1 - X_A)\sigma_B = 0 \Rightarrow X_A = \frac{\sigma_B}{\sigma_A + \sigma_B} \text{ e } X_B = 1 - X_A$$

$$-X_A \sigma_A + (1 - X_A)\sigma_B = 0 \Rightarrow X_A = \frac{\sigma_B}{\sigma_A + \sigma_B} \text{ e } X_B = 1 - X_A$$

Como qualquer uma das duas expressões é negativa quando a outra é positiva (exceto quando ambas são iguais a zero), existe uma solução única para as frações da carteira sem risco. A figura a seguir mostra o espaço risco-retorno para a situação em que $\rho_{A,B} = -1$:

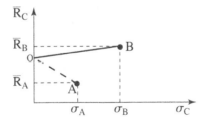

No caso em que $\rho_{A,B} = -1$, o segmento A–O–B representa o lugar onde devem se situar as combinações possíveis entre os ativos A e B. O segmento O–A é ineficiente, pois qualquer combinação nele situada seria dominada por outra de mesmo risco situada no segmento O–B.

A figura a seguir mostra o espaço conjunto risco-retorno para as duas situações tratadas anteriormente (para $\rho_{A,B} = +1$ e para $\rho_{A,B} = -1$):

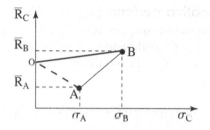

O desvio padrão da carteira atinge seu valor mínimo quando $\rho_{A,B} = -1$ (no segmento A–O–B) e seu valor máximo quando $\rho_{A,B} = +1$ (no segmento A–B). Portanto, esses dois segmentos representam os limites dentro dos quais devem se situar as combinações (carteiras) de ativos com valores intermediários do coeficiente de correlação, ou seja, para $-1 < \rho_{A,B} < +1$.

Caso 3: correlação nem perfeitamente negativa nem perfeitamente positiva ($-1 < \rho_{A,B} < +1$)

Nesse caso, admite-se que os retornos dos ativos A e B não variam perfeitamente em conjunto, nem de modo positivo nem de modo negativo. O retorno esperado e o desvio padrão da carteira são:

Retorno esperado da carteira: $\overline{R}_c = X_A \times \overline{R}_A + X_B \times \overline{R}_B$

Desvio padrão da carteira: $\sigma_C = [X_A^2 \sigma_A^2 + (1 - X_A)^2 \sigma_B^2 + 2X_A(1 - X_A)\rho_{A,B}\, \sigma_A \sigma_B]^{1/2}$

Nesse caso temos uma função não-linear entre o desvio padrão e o retorno da carteira. A figura a seguir mostra o espaço risco-retorno que contempla essas situações:

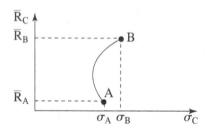

Faremos agora uma análise mais detalhada da situação. A figura a seguir mostra a fronteira para o caso particular em que os ativos não são perfeitamente correlacionados ($-1 < \rho_{A,B} < +1$):

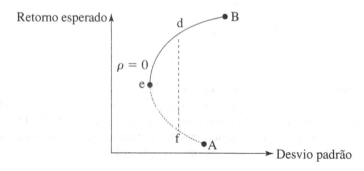

A curva A–B representa todas as combinações possíveis entre os ativos A e B. Nessa curva, o trecho e–B representa as combinações chamadas eficientes. São chamadas eficientes porque, para dado risco (desvio padrão), proporcionam um retorno esperado maior que outras combinações possíveis mas não eficientes. Por exemplo, a combinação representada pelo ponto d tem o mesmo risco que a combinação representada pelo ponto f, mas proporciona um retorno esperado maior. É claro que um investidor racional e avesso ao risco nunca escolherá a combinação f se puder escolher a combinação d. Logo, o trecho pontilhado e–A da curva é irrelevante, pois nele se situam unicamente combinações não eficientes.

Há um ponto na curva A–B, o ponto e, que merece atenção especial, pois representa a combinação ótima ou carteira de risco mínimo. As frações da carteira no ponto e podem ser determinadas por um processo de minimização. Tal processo consiste em derivar o desvio padrão da carteira com respeito a X_A e, em seguida, igualar a zero essa derivada, a fim de encontrar as frações ótimas:

Desvio padrão: $\sigma_C = [X_A^2 \sigma_A^2 + (1 - X_A)^2 \sigma_B^2 + 2X_A(1 - X_A)\rho_{A,B} \sigma_A \sigma_B]^{1/2}$

Derivando e igualando a zero:

$$\frac{\partial \sigma_c}{\partial X_A} = \left(\frac{1}{2}\right) \frac{2X_A \sigma_A^2 - 2\sigma_B^2 + 2X_A \sigma_B^2 + 2\rho_{A,B} \sigma_A \sigma_B - 4X_A \rho_{A,B} \sigma_A \sigma_B}{[X_A^2 \sigma_A^2 + (1 - X_A)^2 \sigma_B^2 + 2X_A(1 - X_A) \rho_{A,B} \sigma_A \sigma_B]^{1/2}} = 0$$

Logo:

$$X_A^* = \frac{\sigma_B^2 - \rho_{A,B} \sigma_A \sigma_B}{\sigma_B^2 + \sigma_A^2 - 2\rho_{A,B} \sigma_A \sigma_B} \quad e \quad X_B^* = 1 - X_A^*$$

Para o caso particular de $\rho_{A,B} = 0$: $X_A^* = \dfrac{\sigma_B^2}{\sigma_B^2 + \sigma_A^2}$

X_A^* e X_B^* representam as frações ótimas investidas em A e em B. Ou seja, as frações de uma carteira de risco mínimo formada por dois ativos cujo coeficiente de correlação seja um valor intermediário entre –1 e +1 ($-1 < \rho_{A,B} < +1$).

Fronteira eficiente para os três casos

A figura a seguir mostra o espaço risco-retorno para as três situações possíveis do coeficiente de correlação (–1; +1; 0):

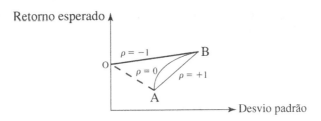

Como já foi discutido, a relação risco-retorno é linear quando $\rho = \pm 1$ e não-linear quando $\rho \neq \pm 1$. No caso de correlação positiva perfeita ($\rho = +1$), a relação pode ser representada por uma linha reta, não se conseguindo nenhum ganho por diversificação com a combinação desses ativos. Na correlação negativa perfeita ($\rho = -1$), a fronteira é representada pelas linhas retas O–B e O–A. As combinações representadas pela linha pontilhada O–A não são eficientes, pois existem combinações em O–B que, para o mesmo nível de risco, oferecem retornos maiores. Quando a correlação é perfeitamente negativa ($\rho = -1$), obtém-se o maior ganho de diversificação para determinada carteira, pois as combinações situadas no segmento O–B proporcionam retornos esperados maiores em relação a quaisquer outras combinações situadas nos outros segmentos.

Processo para plotar a fronteira eficiente

Como ilustração do processo a ser seguido para plotar a fronteira eficiente de uma combinação de ativos, vamos supor estes dados para os ativos A e B.

Ativo	σ (desvio padrão)	$\overline{R}$ (retorno esperado)
A	20%	18%
B	10%	9%

Com esses dados podemos estimar o retorno esperado e o desvio padrão da carteira:

- Retorno esperado da carteira:

$$\overline{R}_C = \sum_{i=1}^{n} X_i \overline{R}_i = X_A \overline{R}_A + X_B \overline{R}_B = X_A \times 0{,}18 + X_B \times 0{,}09$$

- Risco da carteira (desvio padrão):

$$\sigma_C = (X_A^2 \sigma_A^2 + X_B^2 \sigma_B^2 + 2X_A X_B \rho_{A,B} \sigma_A \sigma_B)^{1/2}$$

$$= [X_A^2(0{,}20)^2 + X_B^2(0{,}10)^2 + 2X_A X_B \rho_{A,B} \times 0{,}20 \times 0{,}10]^{1/2}$$

$$= [0{,}04X_A^2 + 0{,}01X_B^2 + 0{,}04X_A X_B \rho_{A,B}]^{1/2}$$

Como ilustração, e para quatro diferentes valores do coeficiente de correlação entre os ativos ($\rho_{A,B} = +1; \rho_{A,B} = +0{,}2; \rho_{A,B} = 0; \rho_{A,B} = -1$), o quadro a seguir apresenta os retornos esperados e os desvios padrão da carteira segundo diversas combinações dos ativos A e B (segundo diversas frações X_A e X_B).

		$\rho_{A,B} = +1$		$\rho_{A,B} = +0{,}2$		$\rho_{A,B} = 0$		$\rho_{A,B} = -1$	
Fração (X_A)	Fração (X_B)	Retorno $(\overline{R}_C)$	Risco (σ_C)	Retorno $(\overline{R}_C)$	Risco (σ_C)	Retorno $(\overline{R}_C)$	Risco (σ_C)	Retorno $(\overline{R}_C)$	Risco (σ_C)
1,0000	0,0000	0,1800	0,2000	0,1800	0,2000	0,1800	0,2000	0,1800	0,2000
0,9900	0,0100	0,1791	0,1990	0,1791	0,1982	0,1791	0,1980	0,1791	0,1970
0,9800	0,0200	0,1782	0,1980	0,1782	0,1964	0,1782	0,1960	0,1782	0,1940
0,9700	0,0300	0,1773	0,1970	0,1773	0,1946	0,1773	0,1940	0,1773	0,1910
0,9600	0,0400	0,1764	0,1960	0,1764	0,1928	0,1764	0,1920	0,1764	0,1880
....	....	....	....	....	....	....	....	....	....

(continua)

(continuação)

Fração (X_A)	Fração (X_B)	$\rho_{A,B} = +1$ Retorno ($\bar{R}_C$)	Risco (σ_C)	$\rho_{A,B} = +0,2$ Retorno ($\bar{R}_C$)	Risco (σ_C)	$\rho_{A,B} = 0$ Retorno ($\bar{R}_C$)	Risco (σ_C)	$\rho_{A,B} = -1$ Retorno ($\bar{R}_C$)	Risco (σ_C)
0,0300	0,9700	0,0927	0,1030	0,0927	0,0984	0,0927	0,0972	0,0927	0,0910
0,0200	0,9800	0,0918	0,1020	0,0918	0,0989	0,0918	0,0981	0,0918	0,0940
0,0100	0,9900	0,0909	0,1010	0,0909	0,0994	0,0909	0,0990	0,0909	0,0970
0,0000	1,0000	0,0900	0,1000	0,0900	0,1000	0,0900	0,1000	0,0900	0,1000

O quadro foi montado em uma planilha eletrônica, variando-se as frações em intervalos de 0,01 unidade. Por limitações de espaço, os resultados são apresentados apenas parcialmente. O gráfico a seguir mostra a fronteira eficiente para três valores diferentes do coeficiente de correlação (Rho = +1, Rho = 0,2, Rho = −1). Note que, para $\rho = \pm 1$, a função é linear e, para $\rho = 0,2$, a função é não-linear.

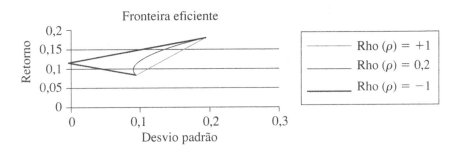

Fronteira eficiente com a possibilidade de aplicar e captar recursos à taxa sem risco

Nas seções anteriores deste capítulo, tratamos basicamente da combinação de ativos com risco. Entretanto, quando, além de aplicar em ativos com risco, há a possibilidade de aplicar ou captar fundos à taxa sem risco, o processo e a análise de formação de carteiras são modificados sensivelmente. Aplicar a uma taxa sem risco equivale a investir uma fração do capital disponível em um ativo com retorno garantido (letras do Tesouro nacional, poupança etc.). Captar recursos para tais aplicações equivale a levantar recursos à taxa livre de risco.

Caso a carteira esteja formada apenas por um ativo com risco (ativo A) e um ativo sem risco (ativo f), o retorno esperado e o desvio padrão da carteira serão dados por:

Retorno esperado da carteira: $\bar{R}_C = X_A \bar{R}_A + (1 - X_A) R_f$

Risco da carteira (desvio padrão):

$$\sigma_C = [X_A^2 \sigma_A^2 + (1 - X_A)^2 \sigma_f^2 + 2 X_A (1 - X_A) \sigma_{A,f}]^{1/2}$$

onde X_A é a fração investida em A, e $(1 - X_A)$ é a fração investida no ativo sem risco. Como o desvio padrão do ativo sem risco é zero ($\sigma_f = 0$) e ele não se correlaciona com o outro ativo ($\sigma_{A,f} = 0$), o desvio padrão da carteira passa a ser:

Desvio padrão: $\sigma_C = (X_A^2 \sigma_A^2)^{1/2} = X_A \sigma_A$

De onde podemos destacar: $\Rightarrow X_A = \left(\dfrac{\sigma_C}{\sigma_A}\right)$

Substituindo $X_A = \left(\dfrac{\sigma_C}{\sigma_A}\right)$ na expressão do retorno esperado, temos:

$$\overline{R}_C = \left(\dfrac{\sigma_C}{\sigma_A}\right)\overline{R}_A + \left(1 - \dfrac{\sigma_C}{\sigma_A}\right)R_f$$

E organizando os termos da expressão anterior: $\overline{R}_C = R_f + \left(\dfrac{\overline{R}_A - R_f}{\sigma_A}\right)\sigma_C$

Essa é a equação de uma reta. Todas as combinações do ativo A com o ativo sem risco situam-se ao longo dessa reta. No espaço risco-retorno, a intersecção da reta com o eixo das ordenadas é igual à rentabilidade dos ativos sem risco (R_f) e sua inclinação é $\left(\dfrac{\overline{R}_A - R_f}{\sigma_A}\right)$.

A figura a seguir mostra a fronteira eficiente da combinação entre dois ativos com risco (ativo V e ativo W) e o ativo sem risco:

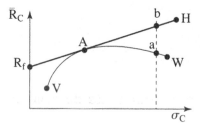

Combinações (carteiras) entre os ativos com risco e o ativo sem risco situadas no segmento A–R_f representam combinações mais conservadoras que aquelas situadas no segmento A–H. Quanto mais próxima de R_f estiver, mais conservadora a combinação será. Observa-se também que qualquer combinação situada na curva V–W (por exemplo, no ponto a) será ineficiente, pois, para um mesmo nível de risco, uma combinação situada na reta (ponto b) terá maior retorno e, conseqüentemente, será a preferível. Assim, como as combinações que se situam na reta são preferíveis às combinações que se situam na curva, a reta passa a representar a verdadeira fronteira eficiente para combinações entre os ativos com risco e o ativo sem risco.

Exemplo 6.3

Com os dados abaixo, estimar o retorno esperado e o risco (desvio padrão) da carteira formada pelos ativos A e B.

Ativo	σ (desvio padrão)	X (fração do ativo na carteira)	$\overline{R}$ (retorno esperado)
A	20%	1/3	18%
B	10%	2/3	9%

- Retorno esperado da carteira:

$$\overline{R}_C = \sum_{i=1}^{n} X_i \overline{R}_i = X_A\overline{R}_A + X_B\overline{R}_B = (1/3) \times 18\% + (2/3) \times 9\% = 12\%$$

- Risco (desvio padrão) da carteira:

$$\sigma_C = \sqrt{X_A^2 \sigma_A^2 + X_B^2 \sigma_B^2 + 2X_A X_B \rho_{A,B} \sigma_A \sigma_B}$$

$$= \sqrt{(1/3)^2 \times (0,20)^2 + (2/3)^2 \times (0,10)^2 + 2 \times (1/3) \times (2/3) \times 0,20 \times 0,10\rho_{A,B}} =$$

$$= \sqrt{0,0089 + 0,0089\,\rho_{A,B}}$$

Logo: $\rho_{A,B} = +1 \Rightarrow \sigma_c = 13,34\%$; $\rho_{A,B} = 0 \Rightarrow \sigma_c = 9,43\%$; $\rho_{A,B} = -1 \Rightarrow \sigma_c = 0,00\%$.

Pode-se observar que, à medida que o coeficiente de correlação diminui, o risco da carteira também diminui. Se o coeficiente for igual a –1, a carteira composta em 1/3 pelo ativo A e em 2/3 pelo ativo B será uma carteira sem risco, pois o desvio padrão será zero. No caso de $-1 < \rho_{A,B} < +1$ o risco cai, mas não é totalmente eliminado. Assim, comprovamos que o desvio padrão da carteira não é uma média dos desvios padrão dos ativos integrantes, pois a diversificação o reduz, sem contudo eliminá-lo totalmente.

Exemplo 6.4

Para os ativos A e B do exemplo anterior, determinar a composição ótima da carteira de risco mínimo, supondo que a correlação entre os retornos dos ativos seja $\rho_{A,B} = 0,2$.

Foi determinado anteriormente que, quando $-1 < \rho_{A,B} < +1$, as frações ótimas da carteira de risco mínimo são:

$$X_A^* = \frac{\sigma_B^2 - \rho_{A,B}\,\sigma_A\sigma_B}{\sigma_B^2 + \sigma_A^2 - 2\rho_{A,B}\,\sigma_A\sigma_B} = \frac{(0,10)^2 - 0,20 \times 0,20 \times 0,10}{(0,10)^2 + (0,20)^2 - 2 \times 0,20 \times 0,20 \times 0,10} =$$

$$= 0,1429 \Rightarrow X_B^* = 1 - X_A^* = 0,8571$$

Portanto, para $\rho_{A,B} = 0,2$, a carteira de risco mínimo deve ser composta da seguinte maneira: 14,29% do ativo A e 85,71% do ativo B.

Exemplo 6.5

Uma carteira é formada pelas ações A e B. Sabendo que existe uma correlação perfeitamente negativa entre os dois títulos ($\rho_{A,B} = -1$) e considerando que o risco de B é o dobro do risco de A ($\sigma_B = 2\sigma_A$), determinar o percentual a ser investido em cada título de forma que a carteira resultante não tenha risco.

Quando a correlação entre os ativos for igual a –1, as frações dos ativos que resultarão em uma combinação (carteira) sem risco serão as seguintes:

$$\sigma_C = \sqrt{X_A^2\sigma_A^2 + X_B^2\sigma_B^2 + 2X_AX_B\,\rho_{A,B}\,\sigma_A\sigma_B} = \sqrt{(X_A\sigma_A - X_B\sigma_B)^2} = X_A\sigma_A - X_B\sigma_B = 0$$

Logo, como $X_A + X_B = 1$:

$$X_A = \frac{\sigma_B}{\sigma_B + \sigma_A} = \frac{2\sigma_A}{2\sigma_A + \sigma_A} = \frac{2\sigma_A}{3\sigma_A} = 2/3 \quad e \quad X_B = 1 - 2/3 = 1/3$$

6.4.5 Seleção da carteira ótima

Nas seções anteriores foi analisado de que maneira o investidor leva vantagens quando diversifica sua carteira de investimento. Nesta seção, apresentaremos as técnicas matemáticas usadas para determinar a *escolha ótima* da carteira, ou seja, para encontrar as frações ótimas de cada ativo na carteira.

Vamos supor que o investidor tenha a possibilidade de investir em N ativos com risco (ativos de renda variável) e em um ativo sem risco (ativo de renda fixa). Logo, ele pode investir em um total de N + 1 ativos. Assim, o problema é escolher as proporções ótimas de investimento nos títulos, a fim de minimizar o risco (variância) total da carteira:

$$\text{Minimizar } \sigma_C^2 = \sum_{i=1}^{N} X_i^2 \sigma_i^2 + \sum_{i=1}^{N} \sum_{\substack{j=1 \\ j \neq i}}^{N} X_i X_j \sigma_{i,j}$$

Se X_i representa a fração ou peso do i-ésimo ativo com risco, a fração total investida em todos os ativos com risco é dada por: $\sum_{i=1}^{N} X_i$. A fração não investida em ativos com risco será investida em ativos sem risco e é, portanto, dada por: $1 - \sum_{i=1}^{N} X_i$.

Se $\overline{R}_i$ representa o retorno esperado do i-ésimo ativo, e R_f o retorno do ativo sem risco, o retorno esperado (retorno médio) da carteira é:

$$\overline{R}_c = \sum_{i=1}^{N} X_i \overline{R}_i + \left(1 - \sum_{i=1}^{N} X_i\right) R_f$$

O problema agora é escolher as proporções ótimas que minimizem o risco total, dado determinado retorno esperado desejado para a carteira. Nosso cálculo está, portanto, sujeito a uma restrição. A restrição assegura que obtenhamos unicamente combinações possíveis, eliminando aquelas que não alcancem a rentabilidade esperada desejada para a carteira ou excedam os recursos disponíveis para investimento. A determinação dessas proporções ótimas assegurará que a carteira escolhida seja eficiente. Observe que temos um problema de programação matemática, em que devemos determinar as frações ótimas capazes de minimizar a variância da carteira, levando em conta uma restrição (o retorno esperado da carteira):

$$\text{Minimizar } \sigma_C^2 = \sum_{i=1}^{N} X_i^2 \sigma_i^2 + \sum_{i=1}^{N} \sum_{\substack{j=1 \\ j \neq i}}^{N} X_i X_j \sigma_{i,j}$$

$$\text{Sujeito a: } \overline{R}_c = \sum_{i=1}^{N} X_i \overline{R}_i + \left(1 - \sum_{i=1}^{N} X_i\right) R_f$$

Dado o problema anterior, podemos formar uma função objetivo L (*função lagrangeana*), que, por meio do operador λ (*operador lagrangeano*), incorpora a restrição à função objetivo que será minimizada:

$$L = \sum_{i=1}^{N} X_i^2 \sigma_i^2 + \sum_{i=1}^{N} \sum_{\substack{j=1 \\ j \neq i}}^{N} X_i X_j \sigma_{i,j} + \lambda \left[\overline{R}_c - \sum_{i=1}^{N} X_i \overline{R}_i - \left(1 - \sum_{i=1}^{N} X_i\right) R_f\right]$$

A minimização consiste em derivar a função L em relação às proporções X_i e ao operador λ e, em seguida, igualar a zero essas derivadas:

$$\frac{\partial L}{\partial X_i} = 0 \quad (i = 1, ..., N) \text{ e } \frac{\partial L}{\partial \lambda} = 0$$

Isso determinará um conjunto de $N + 1$ equações para N incógnitas (frações ou pesos dos ativos), portanto passível de solução. Na prática, quando o número de ativos é grande, geralmente são usados pacotes computacionais que auxiliam na resolução do problema. Como ilustração do processo, vejamos o caso de uma carteira formada unicamente por dois ativos com risco e um ativo sem risco. Nesse caso, temos o seguinte sistema de equações a ser resolvido.

A função objetivo é:

$$L = \sum_{i=1}^{2} X_i^2 \sigma_i^2 + \sum_{i=1}^{2} \sum_{\substack{j=1 \\ i \neq j}}^{2} X_i X_j \, \sigma_{i,j} + \lambda \left[\overline{R}_c - \sum_{i=1}^{2} X_i \, \overline{R}_i - \left(1 - \sum_{i=1}^{2} X_i \right) R_f \right]$$

Desenvolvendo a função objetivo para $N = 2$, temos:

$$L = X_1^2 \sigma_1^2 + X_2^2 \sigma_2^2 + 2X_1 X_2 \sigma_{1,2} + \lambda [\overline{R}_c - X_1 \overline{R}_1 - X_2 \overline{R}_2 - (1 - X_1 - X_2) R_f]$$

Derivando a função L com relação a X_1, X_2 e λ e, em seguida, igualando a zero essas derivadas, temos:

$$\frac{\partial L}{\partial X_1} = 0 \implies 2X_1 \sigma_1^2 + 2X_2 \sigma_{1,2} + \lambda \left[R_f - \overline{R}_1 \right] = 0$$

$$\frac{\partial L}{\partial X_2} = 0 \implies 2X_2 \sigma_2^2 + 2X_1 \sigma_{2,1} + \lambda \left[R_f - \overline{R}_2 \right] = 0$$

$$\frac{\partial L}{\partial \lambda} = 0 \implies \overline{R}_c - X_1 \overline{R}_1 - X_2 \overline{R}_2 - (1 - X_1 - X_2) R_f = 0$$

Como ilustração do processo de cálculo e determinação da carteira ótima, consideremos os seguintes dados:

- Retorno esperado do ativo 1: $\overline{R}_1 = 12\%$
- Retorno esperado do ativo 2: $\overline{R}_2 = 10\%$
- Risco (variância do ativo 1): $\sigma_1^2 = 4$
- Risco (variância do ativo 2): $\sigma_2^2 = 3$
- Covariância entre os ativos 1 e 2: $\sigma_{1,2} = \sigma_{2,1} = 0$
- Retorno esperado para a carteira: $\overline{R}_c = 9\%$
- Retorno esperado para os ativos sem risco: $R_f = 6\%$

Substituindo os dados no sistema de equações, simplificando e resolvendo para X_1 e X_2, temos:

$$\begin{cases} 2X_1(4) + 2X_2(0) + \lambda[6 - 12] = 0 \\ 2X_2(3) + 2X_1(0) + \lambda[6 - 10] = 0 \\ 9 - X_1(12) - X_2(10) - (1 - X_1 - X_2)6 = 0 \end{cases} \implies \begin{cases} 8X_1 - 6\lambda = 0 \\ 6X_2 - 4\lambda = 0 \\ 6X_1 + 4X_2 = 3 \end{cases} \implies$$

$$\Rightarrow \begin{cases} X_1^* = 0,313953 = 31,40\% \\ X_2^* = 0,279070 = 27,91\% \\ \lambda = 0,418 \end{cases}$$

A fração restante não investida em ativos com risco será investida em ativos sem risco. Essa fração é :

$$1 - \sum_{i=1}^{N} X_i = 1 - X_1^* - X_2^* = 1 - 0,313953 - 0,279070 = 0,406977 = 40,69\%$$

O exemplo supõe que os retornos dos ativos sejam descorrelacionados ($\sigma_{1,2} = \rho_{1,2} = 0$). Os resultados mostram que as frações ótimas de investimento em ativos com risco (renda variável) são de 31,40% para o ativo 1 e de 27,91% para o ativo 2. O resto (40,69%) é a fração que será investida em ativos sem risco (renda fixa). Assim, o investimento total em ativos com risco será de aproximadamente 59,31% do capital disponível, devendo o restante ser investido em aplicações sem risco, que rendem 6%. O valor do *operador lagrangeano* ($\lambda = 0,418$) indica em quanto seria incrementado o risco da carteira (0,418%) para cada 1% de aumento em seu retorno esperado. Uma vez que a função objetivo é uma função não-linear, seu coeficiente angular (derivada) varia continuamente, logo λ também varia.

A seguir, calculamos o retorno esperado e a variância da carteira ótima:

$$\text{Retorno esperado: } \overline{R}_c = X_1^* \overline{R}_1 + X_2^* \overline{R}_2 + (1 - X_1^* - X_2^*)R_f$$

$$= 0,3140 \times 12\% + 0,2791 \times 10\% + 0,4069 \times 6\% = 9\%$$

$$\text{Risco (variância): } \sigma_C^2 = X_1^{*2}\sigma_1^2 + X_2^{*2}\sigma_2^2 + 2X_1^* X_2^* \sigma_{1,2}$$

$$= (0,3140)^2 \times 4\% + (0,2791)^2 \times 3\% + 2 \times 0,3140 \times 0,2791 \times 0 = 0,63\%$$

Constata-se que o retorno da carteira ótima é igual ao retorno esperado fixado inicialmente como restrição (9%). Isso ocorre porque, para calcular os pesos ótimos obtidos no processo de otimização, minimizamos a função objetivo L levando em conta a restrição de que o retorno esperado da carteira ótima deveria ser igual a 9%. Nota-se também que o investimento no ativo sem risco não acrescenta risco à carteira, e que o retorno desse ativo não se correlaciona com os retornos dos ativos com risco, ou seja, as covariâncias entre os ativos com risco e o ativo sem risco são nulas ($\sigma_{1,f} = \sigma_{2,f} = 0$).

Como já dissemos, o termo *fronteira eficiente* representa o lugar onde se situam as combinações possíveis entre os ativos que serão consideradas, durante a formação de uma carteira, por um indivíduo racional. A figura a seguir mostra a representação gráfica da fronteira eficiente resultante da combinação entre a carteira ótima C (integrada pelos ativos com risco 1 e 2) e o ativo sem risco (ativo f).

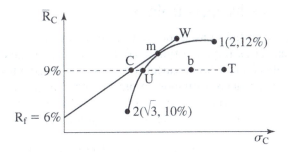

Como dados do problema, temos que o retorno esperado do ativo 1 é igual a 12%, e seu desvio padrão é igual a 2. O retorno esperado do ativo 2 é 10%, e seu desvio padrão é $\sqrt{3}$. Qualquer *combinação possível* dos ativos com risco (ativo 1 e ativo 2) situa-se na curva 1–2. Contudo, como foi colocada a restrição de que o retorno desejado para a carteira seja de 9%, qualquer *combinação viável* vai se situar unicamente ao longo da linha pontilhada U–T, sendo U o ponto ótimo, pois, para o mesmo retorno, U tem menos risco que qualquer outra combinação no trecho U–T (por exemplo, T). Entretanto, como além de aplicar em ativos com risco é possível também aplicar em ativos sem risco, observa-se na figura que a combinação C situada na reta W–R_f é preferível a U. Assim, quando além da possibilidade de aplicar em ativos com risco há a possibilidade de aplicar em ativos sem risco, a reta W–R_f representa a verdadeira fronteira eficiente, pois qualquer combinação situada ao longo dela terá um retorno superior ao proporcionado por qualquer outra situada ao longo da curva.

Essa análise supõe implicitamente que a taxa de juros paga (ganha) pelos recursos levantados (aplicados) seja a mesma das aplicações sem risco (R_f). Essa é uma suposição forte, mas necessária, pois só dessa maneira funciona o chamado *teorema de separação*, segundo o qual o trabalho do investidor pode ser separado em duas etapas. Na primeira etapa ele toma a decisão de investimento, ou seja, seleciona a melhor carteira de ações; na segunda etapa, ele toma a decisão de financiamento. Dependendo da decisão anterior, ele aplica parte dos recursos em ativos sem risco ou capta recursos adicionais para aplicá-los na carteira de ações. Em ambos os casos, a combinação deverá se situar em algum ponto ao longo da reta W–R_f.

Posições descobertas nos títulos da carteira ótima

O processo de *programação lagrangeana* para otimização da carteira apresentado nesta seção considerou como única restrição o retorno esperado desejado para a carteira. Logo, como resultado do processo de minimização, seria possível encontrar frações negativas para alguns dos ativos com risco integrantes da carteira. Frações negativas implicam a possibilidade de ficarmos com uma *posição descoberta* em relação a algum ativo, o que significa que o investidor teria de vender um ativo que não possui. Esse processo é chamado de *venda a descoberto*. Envolve, essencialmente, a construção de uma posição negativa em um título, o que nem sempre é permitido ou possível na prática.

Uma forma de evitar posições descobertas (frações negativas) nos títulos é acrescentar ao processo de minimização a restrição adicional de não-negatividade das frações ($X_i \geq 0$). Nesse caso, a resolução do problema nos obriga a empregar técnicas e procedimentos de programação matemática (Kuhn-Tucker) que trazem alguma complexidade adicional ao processo de otimização. Tal situação será vista somente na próxima seção, no contexto do modelo de índice único.

6.5 O modelo de índice único

Tal como foi visto e tratado nas seções anteriores deste capítulo, no modelo de Markowitz a análise de carteiras requer estimativas das correlações envolvendo os pares de todas as ações candidatas à inclusão na carteira. O processo exige o total conhecimento da matriz de variâncias-covariâncias, tornando-se mais complexo quando se leva em conta o número de estimativas necessárias. Por exemplo, se o problema for otimizar uma carteira composta por 100 títulos, será necessário dispor do seguinte número de dados:

$$\text{Retornos esperados } (\overline{R}_i) = 100; \text{Variâncias } (\sigma_i^2) = 100; \text{Covariâncias } (\sigma_{i,j}) = N(N-1)$$
$$= 100 \times 99 = 9.900$$

Como a matriz de variâncias-covariâncias é quadrada, seu número total de termos é 10.000 ($N^2 = 100 \times 100$). E, uma vez que a diagonal dessa matriz é constituída pelas variâncias (100 variâncias), o número de covariâncias é 9.900 ($N^2 - N = 10.000 - 100$). Considerando que a matriz seja simétrica e que $\sigma_{i,j} = \sigma_{j,i}$, o número efetivo de covariâncias a serem estimadas será 4.950 (9.900 / 2). O número de dados necessários ao processo de otimização aumenta exponencialmente à medida que o tamanho do conjunto de títulos aumenta. Basicamente, no modelo de Markowitz, para otimizar uma carteira composta por 100 títulos deve-se resolver um sistema de 100 equações com 100 incógnitas, o que exige um razoável trabalho computacional.

A observação do mercado de ações revela que, quando o mercado sobe ou cai, a maioria dos preços das ações negociadas acompanha essa tendência. Isso sugere, por um lado, que um dos motivos pelos quais os retornos das ações são correlacionados seja uma resposta comum a variações do mercado e, por outro lado, que poderíamos medir essa correlação relacionando os retornos das ações aos retornos de um índice de mercado (ao índice da Bolsa de Valores de São Paulo — Ibovespa, por exemplo). Esse processo de somente relacionar cada título ao mercado reduz drasticamente o número de parâmetros necessários e o tempo de computação no processo de seleção e otimização da carteira.

O modelo baseado nessa idéia chama-se *modelo de índice único*. Seu conceito básico é de que os retornos dos títulos sobem ou descem unicamente por sua relação com o mercado de capitais, representado por um índice. Assim, é possível relacionar os retornos de um ativo aos retornos de uma carteira de ativos que reflita o mercado.

Nesse contexto, considerando os títulos i e j, o processo gerador de retornos pode ser escrito da seguinte forma:

$$R_i = a_i + \beta_i R_m \text{ para i}$$

$$R_j = a_j + \beta_j R_m \text{ para j}$$

Se consideramos $a_i = \alpha_i + e_i$ como o componente do retorno do ativo i que independe das oscilações do mercado, temos que:

$$R_i = \alpha_i + \beta_i R_m + e_i \text{ para i}$$

$$R_j = \alpha_j + \beta_j R_m + e_j \text{ para j}$$

onde R_i representa o retorno de i, R_m, o retorno de um *benchmark* ou índice que representa o mercado, e β é uma constante que mede a variação esperada no retorno do título, dada uma variação no índice que representa o mercado. O termo α_i é o valor esperado de a_i, e e_i

é seu componente aleatório ou incerto, isto é, a parte do retorno do ativo que não é explicada pelo mercado.

Logo, colocado na forma de uma série temporal, o retorno de um ativo i pode ser descrito pela seguinte equação de regressão linear:

$$R_{i,t} = \alpha_i + \beta_i R_{m,t} + e_{i,t}$$

O modelo de índice único tem como base as seguintes premissas:

1. O processo gerador dos retornos de determinado ativo é descrito por uma equação de regressão linear que relaciona os retornos do título aos retornos de um índice de mercado.
2. O *erro aleatório*, ou o componente do retorno do ativo i que independe do mercado, é distribuído normalmente com média igual a zero. Ou seja, o valor esperado do erro aleatório da regressão é zero: $E(e_i) = \overline{e}_i = 0$.
3. O erro aleatório da regressão não é correlacionado com o mercado, ou seja, a covariância entre esse erro e o retorno da carteira de mercado é igual a zero: $E[(e_i - \overline{e}_i)(R_m - \overline{R}_m)] = E[e_i(R_m - \overline{R}_m)] = 0$.
4. Os retornos dos ativos relacionam-se somente por meio da carteira de mercado. Isso significa que o único motivo pelo qual os retornos das ações variam conjuntamente de forma sistemática é a relação desses retornos com o retorno da carteira de mercado. Estatisticamente, isso significa que a covariância entre os erros aleatórios da regressão de qualquer par de ativos é igual a zero: $Cov(e_i, e_j) = E(e_i, e_j) = 0$.

Esta última premissa é fundamental no modelo de índice único.

6.5.1 Retorno esperado e variância de um ativo no modelo de índice único

Considerando as premissas listadas e o processo gerador de retornos do ativo i no modelo de índice único, obtemos a seguinte equação para o retorno esperado do ativo nesse modelo:

$$E(R_i) = \overline{R}_i = E(\alpha_i + \beta_i R_m + e_i) = \alpha_i + \beta_i \overline{R}_m$$

E para a variância:

$$\sigma_i^2 = E(R_i - \overline{R}_i)^2$$

$$= E(\alpha_i + \beta_i R_m + e_i - \alpha_i - \beta_i \overline{R}_m)^2 = E(\beta_i(R_m - \overline{R}_m) + e_i)^2$$

$$= \underbrace{\beta_i^2 E(R_m - \overline{R}_m)^2}_{\beta_i^2 \sigma_m^2} + \underbrace{2E[e_i \beta_i(R_m - \overline{R}_m)]}_{0} + \underbrace{E(e_i^2)}_{\sigma_{e_i}^2}$$

$$= \beta_i^2 \sigma_m^2 + \sigma_{e_i}^2$$

onde, pelas premissas do modelo, sabe-se que o erro aleatório tem média igual a zero $[E(e_i) = 0]$ e variância igual a $\sigma_{e_i}^2$. Nota-se que, no modelo de índice único, a variância possui dois componentes: o primeiro $(\beta_i^2\sigma_m^2)$ relaciona-se ao comportamento do mercado, e o segundo $(\sigma_{e_i}^2)$ representa a variabilidade dos retornos do ativo que não é explicada pela variabilidade do retorno do mercado. O β_i (beta) refere-se ao risco sistemático ou risco não diversificável de i.

Considerando-se as premissas do modelo de índice único — $E(e_i) = E(e_j) = 0$, $E(e_i,e_j) = 0$, $E[e_i(R_m - \overline{R}_m] = 0$ e $E[e_j(R_m - \overline{R}_m] = 0$ —, a covariância entre os títulos i e j no modelo pode ser calculada pela seguinte equação: $\beta_i\beta_j\sigma_m^2$.[2]

6.5.2 O modelo de índice único para carteiras de ativos

Caso se trate de uma carteira integrada por N ativos com risco, no modelo de índice único o retorno esperado e o risco da carteira serão estimados da seguinte forma:

$$\text{Retorno da carteira: } \overline{R}_C = \sum_{i=1}^{N} X_i \overline{R}_i$$

$$\text{Risco total (variância) da carteira: } \sigma_C^2 = \beta_c^2\sigma_m^2 + \sigma_{e_c}^2$$

onde:

$$\text{Beta da carteira: } \beta_c = \sum_{i=1}^{N} X_i \beta_i$$

$$\text{Risco específico diversificável da carteira: } \sigma_{e_c}^2 = \sum_{i=1}^{N} X_i^2 \sigma_{e_i}^2$$

Na equação da variância da carteira notam-se dois componentes: o primeiro é o risco associado ao mercado como um todo, e o segundo é o risco específico. Aplicando-se pro porções iguais em cada ativo, o segundo termo pode ser escrito também como sendo igual a 1 / N vezes o risco específico médio:

$$\sigma_{e_c}^2 = \frac{1}{N} \text{Lim}_{N\to\infty} \left(\sum_{i=1}^{N} \frac{1}{N}\sigma_{e_i}^2 \right) = 0$$

À medida que aumentamos o número de ativos, o risco específico médio diminui, podendo ser inclusive eliminado. Por isso ele é chamado de *risco diversificável*, ou seja, é a parcela de risco que pode ser eliminada (ou pelo menos diminuída) quando se diversifica a carteira. Caso tenhamos uma carteira perfeitamente diversificada, ou com risco específico igual a zero, sua variância será:

---

2 $\sigma_{i,j} = E\{(R_i-\overline{R}_i)(R_j-\overline{R}_j)\}$

$= E\{(\alpha_i + \beta_iR_m + e_i - \alpha_i - \beta_i\overline{R}_m)(\alpha_j + \beta_jR_m + e_j-\alpha_j - \beta_j\overline{R}_m)\}$

$= E\{[\beta_i(R_m - \overline{R}_m) + e_i] \ [\beta_j(R_m-\overline{R}_m) + e_j]\}$

$= E\{\beta_i\beta_j(R_m - \overline{R}_m)^2 + \beta_i(R_m-\overline{R}_m)e_j + \beta_j(R_m-\overline{R}_m)e_i + e_ie_j\}$

$= E\{\underbrace{\beta_i\beta_j(R_m - \overline{R}_m)^2\}}_{\beta_i\beta_j\sigma_m^2} + \underbrace{E\{\beta_i(R_m - \overline{R}_m)e_j\} + E\{\beta_j(R_m-\overline{R}_m)e_i] + E[e_ie_j]}_{0}$

$= \beta_i\beta_j\sigma_m^2$

$$\sigma_c^2 = \beta_c^2 \sigma_m^2 + \underbrace{\sigma_{e_c}^2}_{0}$$

$$\sigma_C = (\beta_c^2 \sigma_m^2)^{1/2} = \beta_c \sigma_m = \left(\sum_{i=1}^{N} X_i \beta_i \right) \sigma_m$$

Como o valor de σ_m é constante, podemos concluir que a contribuição de determinado ativo para o risco de uma carteira amplamente diversificada é dada exclusivamente pelo beta do ativo (β_i).

6.5.3 Estimação dos parâmetros no modelo de índice único

O uso do modelo de índice único requer estimativas de beta para cada ativo candidato a integrar a carteira. Podemos estimar esses parâmetros a partir de dados históricos, pois há evidências de que os betas históricos contêm informações sobre os betas futuros. Uma vez que no mercado de ações quase todos os ativos negociados estão correlacionados de uma forma ou de outra com o mercado como um todo, é possível, conforme vimos, relacionar os retornos de determinado ativo com os retornos de uma carteira que reflita o mercado (um índice de bolsa como o Ibovespa, por exemplo). Para estabelecer essa relação, podemos regredir linearmente os retornos do ativo com os retornos do índice de mercado. A equação de regressão é chamada *linha característica* do título e pode ser expressa em forma de série temporal, do seguinte modo:

$$R_{i,t} = \alpha + \beta_i R_{m,t} + e_{i,t}$$

A figura a seguir mostra, como ilustração, uma série temporal de retornos históricos da carteira de mercado e de um ativo i qualquer:

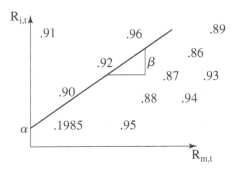

O eixo horizontal representa os retornos do mercado, e o eixo vertical, os retornos do título i. Cada ponto na figura indica o retorno do título i em dado período (por exemplo, dia ou mês), combinado ao retorno do mercado no mesmo período. Para dado período qualquer, a distância entre os pontos observados e os pontos ajustados (pontos na reta) representa o erro aleatório da regressão nesse período. A dispersão desses pontos em relação à reta de regressão mostra a variabilidade dos retornos do ativo devida às próprias características do ativo e independente das flutuações de mercado. Quanto maior for a dispersão do erro aleatório, maior será essa variabilidade (maior será $\sigma_{e_i}^2$).

Basicamente, o processo de regressão linear consiste em ajustar uma reta ao conjunto de observações. Esse ajuste é feito minimizando-se a soma do erro aleatório ao quadrado.

O coeficiente linear da regressão (α) indica a intersecção da reta mais provável obtida no processo de regressão linear. O β é o coeficiente angular da regressão e indica a volatilidade relativa dos retornos do título em relação às oscilações da carteira de mercado, durante o mesmo período de tempo.

Embora a regressão linear seja uma ferramenta estatística de fácil uso, devemos lembrar que ela proporciona apenas uma estimativa do verdadeiro beta. Como a regressão supõe que os betas sejam constantes no período de estimação, sua validade depende de algumas considerações e premissas que serão abordadas mais adiante, no Capítulo 7. Nesse capítulo trataremos mais amplamente dos problemas e das anomalias que podemos encontrar na estimação do beta.

A fim de ilustrar a aplicação do modelo de índice único e da regressão linear para estimar os parâmetros necessários, vejamos o seguinte exemplo.

Exemplo 6.6

A segunda e a terceira colunas do quadro a seguir mostram, respectivamente, os retornos da carteira i e do mercado em 5 períodos de tempo. As colunas 4 e 5 apresentam os cálculos necessários para determinar a variância de i e do mercado. A coluna 6 apresenta os cálculos para determinar a covariância entre os retornos de i e os retornos do índice de mercado.

Período (t)	Retornos de i $(R_{i,t})$ (%)	Retornos do mercado $(R_{m,t})$ (%)	$(R_{m,t} - \overline{R}_m)^2$	$(R_{i,t} - \overline{R}_i)^2$	$(R_{m,t} - \overline{R}_m) \times (R_{i,t} - \overline{R}_i)$
1	9	10	$(10 - 9)^2 = 1$	$(9 - 9,2)^2 = 0,04$	$(10 - 9) \times (9 - 9,2) = -0,2$
2	8	9	$(9 - 9)^2 = 0$	$(8 - 9,2)^2 = 1,44$	$(9 - 9) \times (8 - 9,2) = 0,0$
3	8	8	$(8 - 9)^2 = 1$	$(8 - 9,2)^2 = 1,44$	$(8 - 9) \times (8 - 9,2) = 1,2$
4	10	8	$(8 - 9)^2 = 1$	$(10 - 9,2)^2 = 0,64$	$(8 - 9) \times (10 - 9,2) = -0,8$
5	11	10	$(10 - 9)^2 = 1$	$(11 - 9,2)^2 = 3,24$	$(10 - 9) \times (11 - 9,2) = 1,8$
	$\overline{R}_i = 9,2$	$\overline{R}_m = 9,0$	$\sum (R_{m,t} - \overline{R}_m)^2 = 4,0$	$\sum (R_{i,t} - \overline{R}_i)^2 = 6,8$	$\sum (R_{m,t} - \overline{R}_m)(R_{i,t} - \overline{R}_i) = 2$

$R_{i,t}$ e $R_{m,t}$ representam, respectivamente, os retornos de i e do mercado no t-ésimo período.

Usando os valores desse quadro, nos passos seguintes vamos calcular a variância e o retorno esperado da carteira i, tal como indicado pelo modelo de índice único.

Cálculo dos parâmetros

- Variância dos retornos de i (variância da regressão):

$$\sigma_i^2 = \left(\frac{1}{n}\right) \sum_{t=1}^{5} (R_{i,t} - \overline{R}_i)^2 = \left(\frac{1}{5}\right) \times 6,8 = 1,36$$

- Variância dos retornos do mercado:

$$\sigma_m^2 = \left(\frac{1}{n}\right) \sum_{t=1}^{5} (R_{m,t} - \overline{R}_m)^2 = \left(\frac{1}{5}\right) \times 4,0 = 0,8$$

- Covariância de i com o mercado:

$$\sigma_{i,m} = \left(\frac{1}{n}\right) \sum_{t=1}^{5} (R_{m,t} - \overline{R}_m)(R_{i,t} - \overline{R}_i) = \left(\frac{1}{5}\right) \times 2,0 = 0,4$$

Beta (coeficiente angular da regressão)

O beta é o coeficiente angular da regressão. Estatisticamente, é igual à covariância entre os retornos da carteira i e os retornos da carteira de mercado, dividida pela variância da carteira de mercado:

$$\beta_i = \frac{\text{cov}(R_{i,t}, R_{m,t})}{\sigma_m^2} = \frac{\sigma_{i,m}}{\sigma_m^2} = \frac{0,4}{0,8} = 0,5$$

- Coeficiente de correlação entre os retornos da carteira i e os retornos da carteira de mercado:

$$\rho_{i,m} = \frac{\text{cov}(R_{i,t}, R_{m,t})}{\sigma_i \times \sigma_m} = \frac{\sigma_{i,m}}{\sigma_i \times \sigma_m} = \frac{0,4}{\sqrt{1,36} \ \sqrt{0,8}} = 0,3835$$

Alfa (intercepto da regressão)

$$\overline{R}_i = \alpha_i + \beta_i \overline{R}_m \implies \alpha_i = \overline{R}_i - \beta_i \overline{R}_m = 9,2 - 0,5 \times 9,0 = 4,7$$

Risco diversificável de i (variância do erro aleatório da regressão)

Período (t)	Retornos de i ($R_{i,t}$) (%)	Retornos do mercado ($R_{m,t}$) (%)	Retorno ajustado pela regressão $\hat{R}_{i,t} = 4,7 + 0,5R_{m,t}$	Erro da regressão $e_i = R_{i,t} - \hat{R}_{i,t}$	Erro da regressão ao quadrado $e_i^2 = (R_{i,t} - \hat{R}_{i,t})^2$
1	9	10	$4,7 + 0,5 \times 10 = 9,70$	$9 - 9,70 = -0,70$	$(-0,70)^2 = 0,49$
2	8	9	$4,7 + 0,5 \times 9 = 9,20$	$8 - 9,20 = -1,20$	$(-1,20)^2 = 1,44$
3	8	8	$4,7 + 0,5 \times 8 = 8,70$	$8 - 8,70 = -0,70$	$(-0,70)^2 = 0,49$
4	10	8	$4,7 + 0,5 \times 8 = 8,70$	$10 - 8,70 = 1,30$	$(1,30)^2 = 1,69$
5	11	10	$4,7 + 0,5 \times 10 = 9,70$	$11 - 9,70 = 1,30$	$(1,30)^2 = 1,69$
				Soma: E(ei) = 0,00	Total: 5,80

- Variância do erro aleatório da regressão:

$$\sigma_{e_i}^2 = \left(\frac{1}{n}\right) \sum_{t=1}^{5} (R_{i,t} - \hat{R}_{i,t})^2 = \left(\frac{1}{5}\right) \times 5,80 = 1,16$$

A variância do erro aleatório representa a parte da variabilidade dos retornos de i não explicada pela variabilidade da carteira de mercado. A expectância desse erro aleatório é igual a zero: $E(e_i) = 0$. Essa é uma das principais premissas da regressão linear e do modelo de índice único.

Variância (risco total) segundo o modelo de índice único

Como já dissemos, no modelo de índice único a variância possui dois componentes. O primeiro está associado ao risco de mercado, e o segundo representa a variabilidade dos retornos da carteira não explicada pela variabilidade do retorno do mercado (risco diversificável):

$$\sigma_i^2 = \beta_i^2 \sigma_m^2 + \sigma_{e_i}^2 = (0{,}5)^2 \times 0{,}8 + 1{,}16 = 0{,}2 + 1{,}16 = 1{,}36$$

O risco de mercado representa 14,71% (0,2 / 1,36) do risco total de i, e o risco diversificável, 85,29% (1,16 / 1,36). Esse resultado indica que ainda haveria margem para diversificação da carteira i.

Observando os resultados do exemplo, podemos constatar que a variância de i calculada de acordo com o modelo de índice único coincide com a variância da regressão (1,36). Isso se deve ao fato de que tanto o modelo de índice único quanto a regressão linear supõem que o erro aleatório, ou o componente do retorno de i que independe do mercado, seja distribuído normalmente, com média igual a zero [$E(e_i) = 0$], e que esse erro não esteja correlacionado com o mercado $E[e_i \, (R_m - \bar{R}_m)] = 0$.

O presente exemplo teve objetivo meramente didático, pois na prática o pequeno número de observações resultaria em estimadores estatisticamente tendenciosos, pouco representativos e sem muita utilidade prática.

6.5.4 Retorno intrínseco de i

Se considerarmos que a rentabilidade esperada dos ativos sem risco (renda fixa) é 7% a.m. e a da carteira de mercado é 9%, poderemos usar o CAPM (veja o Capítulo 7) para calcular o retorno intrínseco de i:

$$E(R_i) = R_f + \beta_i(\bar{R}_m - R_f) = 7\% + 0{,}5 \times (9{,}0\% - 7\%) = 8\%$$

Exemplo 6.7

Demonstrar que: a) o beta da carteira de mercado é igual a 1,0; b) o beta de um título cujos retornos são descorrelacionados com os retornos do mercado é igual a zero.

a) O beta do mercado é igual a 1,0:

$$\beta_m = \frac{\sigma_{m,m}}{\sigma_m^2} = \frac{\sigma_m^2}{\sigma_m^2} = 1{,}0$$

b) O beta de um título não correlacionado com o mercado é igual a zero:

$$\beta_i = \frac{\text{cov}(R_i, R_m)}{\text{var}(R_m)} = \frac{\rho_{i,m} \times \sigma_i \times \sigma_m}{\sigma_m^2} = \frac{0 \times \sigma_i \times \sigma_m}{\sigma_m^2} = 0$$

Como o título i é não correlacionado com o mercado, então $\rho_{i,m} = 0$. Esse poderia ser o caso de um ativo cuja rentabilidade independa das oscilações do mercado de capitais como um todo. De fato, a independência total é quase impossível de ser encontrada no

Capítulo 6 – Risco e retorno: diversificação e otimização de carteiras... 209

mercado, mas existem ativos financeiros e não financeiros pouco correlacionados com as oscilações do mercado como um todo.

Caso o beta do ativo seja igual a 1,0, seus retornos tenderão a acompanhar perfeitamente o mercado. Um ativo com beta maior que 1,0 subirá ou cairá mais do que o mercado. Carteiras agressivas têm $\beta > 1$, e carteiras neutras que acompanham o mercado têm $\beta \approx 1$.

Exemplo 6.8

Uma pessoa pretende montar uma carteira integrada pelas ações A e B usando o modelo de índice único. Os resultados da regressão dos retornos de ambas as ações em relação ao retorno da carteira de mercado são mostrados no quadro a seguir.

Parâmetros	Ação A	Ação B
Alfa da regressão (α)	0,01	0,02
Beta da regressão (β)	0,5	1,5
Percentual investido (X)	0,6	0,4
Variância do erro aleatório (σ_e)	0,08	0,07

Retorno médio da carteira de mercado: $\overline{R}_m = 0,10$. Desvio padrão dos retornos da carteira de mercado: $\sigma_m = 0,02$.

- Regressões:

$$R_A = \alpha_A + \beta_A R_m + e_A \text{ para a ação A}$$

$$R_B = \alpha_B + \beta_B R_m + e_B \text{ para a ação B}$$

- Retorno esperado das ações e da carteira:

$$\text{Retorno de A: } \overline{R}_A = \alpha_A + \beta_A \overline{R}_m = 0,01 + 0,5 \times 0,10 = 0,06 = 6\%$$

$$\text{Retorno de B: } \overline{R}_B = \alpha_B + \beta_B \overline{R}_m = 0,02 + 1,5 \times 0,10 = 0,17 = 17\%$$

$$\text{Retorno da carteira: } \overline{R}_C = X_A \overline{R}_A + X_B \overline{R}_B = 0,6 \times 6\% + 0,4 \times 17\% = 10,4\%$$

- Risco total e risco diversificável da carteira:

Risco total (variância) da carteira c:

$$\sigma_C^2 = \beta_c^2 \sigma_m^2 + \sigma_{e_c}^2 = 0,81 \times (0,2)^2 + 0,04 = 0,0724 = 7,24\%$$

onde:

Beta da carteira ao quadrado:

$$\beta_c^2 = \left(\sum_{i=1}^{N} X_i \beta_i \right)^2 = (X_A \beta_A + X_B \beta_B)^2 = (0,6 \times 0,5 + 0,4 \times 1,5)^2 = 0,81$$

Risco de mercado da carteira:

$$\beta_c^2 \sigma_m^2 = 0,81 \times (0,2)^2 = 0,0324$$

Risco diversificável da carteira:

$$\sigma_{e_c}^2 = \sum_{i=1}^{N} X_i^2 \sigma_{e_i}^2 = X_A^2 \sigma_{e_A}^2 + X_B^2 \sigma_{e_B}^2 = (0,6)^2 \times 0,08 + (0,4)^2 \times 0,07 = 0,04 = 4\%.$$

6.5.5 Otimização de carteiras no contexto do modelo de índice único

Otimizar a carteira é basicamente escolher as proporções ótimas de investimento nos títulos, a fim de minimizar o risco total, dado determinado retorno esperado desejado.

Na Seção 6.4 vimos que, no modelo de Markowitz, a variância de uma carteira é dada por:

$$\sigma_C^2 = \sum_{i=1}^{N} X_i^2 \sigma_i^2 + \sum_{i=1}^{N} \sum_{\substack{j=1 \\ j \neq i}}^{N} X_i X_j \sigma_{i,j}$$

Já vimos também que, no modelo de índice único, a variância de i é dada por $\sigma_i^2 = \beta_i^2 \sigma_m^2 + \sigma_{e_i}^2$, e a covariância entre i e j é dada por $\sigma_{i,j} = \beta_i \beta_j \sigma_m^2$. Substituindo essas duas expressões na equação da variância da carteira, tem-se:

$$\sigma_C^2 = \sum_{i=1}^{N} X_i^2 \sigma_i^2 + \sum_{i=1}^{N} \sum_{\substack{j=1 \\ j \neq i}}^{N} X_i X_j \sigma_{i,j} = \sum_{i=1}^{N} X_i^2 (\beta_i^2 \sigma_m^2 + \sigma_{e_i}^2) + \sum_{i=1}^{N} \sum_{\substack{j=1 \\ j \neq i}}^{N} X_i X_j (\beta_i \beta_j \sigma_m^2)$$

O problema, então, é minimizar o risco da carteira (minimizar σ_C^2), levando em conta a restrição de que o retorno esperado dela deverá ser igual a $\overline{R}_c$, em que $\overline{R}_c$ é a média ponderada (pela frações respectivas) dos retornos médios dos títulos com risco e sem risco da carteira, isto é, levando em conta a seguinte restrição:

$$\overline{R}_c = \sum_{i=1}^{N} X_i \overline{R}_i + \left(1 - \sum_{i=1}^{N} X_i\right) R_f$$

Adicionalmente, podemos incluir uma restrição de não-negatividade das frações ($X_i \geq 0$), a fim de impedir a obtenção de frações negativas (posições a descoberto nos títulos integrantes da carteira).

Assim, basicamente, o problema de otimizar a carteira resume-se a minimizar uma função objetivo (σ_C^2) sujeita a essas duas restrições:

$$\text{Minimizar } \sigma_C^2 = \sum_{i=1}^{N} X_i^2 (\beta_i^2 \sigma_m^2 + \sigma_{e_i}^2) + \sum_{i=1}^{N} \sum_{\substack{j=1 \\ j \neq i}}^{N} X_i X_j (\beta_i \beta_j \sigma_m^2)$$

$$\text{Sujeito a: } \overline{R}_c = \sum_{i=i}^{N} X_i \overline{R}_i + \left(1 - \sum_{i=1}^{N} X_i\right) R_f$$

$$X_i \geq 0 \quad I = 1, ..., N$$

A resolução desse sistema é um problema de programação matemática que foge ao escopo deste livro. Esse problema foi resolvido por Elton, Gruber e Padberg,[3] e de acordo com eles as frações ótimas podem ser calculadas da seguinte forma:

$$y_i = \frac{\beta_i}{\sigma_{e_i}^2}\left[(R/V)_i - C_i\right]$$

onde:

$$C_i = \frac{\sigma_m^2 \displaystyle\sum_{j=1}^{i} \frac{(\overline{R}_j - R_f)\,\beta_j}{\sigma_{e_j}^2}}{1 + \sigma_m^2 \displaystyle\sum_{j=1}^{i} \frac{\beta_j^2}{\sigma_{e_j}^2}};$$

$$(R/V)_i = \frac{\overline{R}_i - R_f}{\beta_i}.$$

O processo de otimização no contexto do modelo de índice único envolve as seguintes etapas:

1. Ordenar os títulos em ordem decrescente de $(R/V)_i$.
2. Para cada título i, calcular um valor C_i; por exemplo, tendo-se n títulos candidatos a integrar a carteira, o cálculo de C_2 incluirá unicamente os dois títulos com mais alto R/V, o cálculo de C_3 incluirá unicamente os três títulos com mais alto R/V, e assim por diante. O cálculo de C_n incluirá todos os n títulos.
3. Comparar todos os $(R/V)_i$ com o correspondente C_i. Em seguida, identificar um C_i tal que todos os títulos incluídos em seu cálculo tenham $(R/V)_i > C_i$ e todos os não incluídos tenham $(R/V)_i < C_i$. O C_i com essa propriedade é conhecido como *taxa de corte* C^*.
4. Atribuir fração zero a todos os títulos com $(R/V)_i < C^*$.
5. Calcular a fração ótima dos títulos que não tiveram fração zero da seguinte forma:

$$y_i = \frac{\beta_i}{\sigma_{e_i}^2}\left[\frac{\overline{R}_i - R_f}{\beta_i} - C^*\right] \quad i = 1, ..., N$$

6. Para satisfazer a condição de $\sum_{i=1}^{N} X_i = 1$, calcular as frações ótimas da seguinte forma:

$$X_i^* = \frac{y_i}{\displaystyle\sum_{i=1}^{N} y_i} \quad i = 1, ..., N$$

O modelo de índice único simplifica os cálculos e reduz drasticamente o número de parâmetros necessários. Essa simplificação, contudo, tem seu preço: a suposição de que os

---

[3] E.J. Elton, M.J. Gruber e M. Padberg, "Simple criteria for optimal porfolio selection", *Journal of Finance*, mar. 1976.

212 Gestão de investimentos e geração de valor

retornos dos títulos subam ou desçam exclusivamente pela relação de cada um deles com o mercado, e de que o erro aleatório da regressão independa dos retornos da carteira de mercado.

Como ilustração do processo de otimização da carteira no contexto do modelo de índice único, consideremos um exemplo numérico em que uma carteira possa ser integrada por quatro títulos com risco: A, B, C e D. O quadro a seguir mostra os retornos observados da carteira de mercado e dos quatro títulos com risco, em cinco períodos consecutivos, além de mostrar também os retornos médios.

Período (t)	$R_{m,t}$ (%)	$R_{A,t}$ (%)	$R_{B,t}$ (%)	$R_{C,t}$ (%)	$R_{D,t}$ (%)
1	10	9	3	6,5	5
2	9	8	4	7	3,5
3	8	8	5	6	4,6
4	8	10	4	7	4,7
5	10	11	7	8,4	6
	$\overline{R}_m = 9,0$	$\overline{R}_A = 9,2$	$\overline{R}_B = 4,6$	$\overline{R}_C = 6,98$	$\overline{R}_D = 4,76$

No Exemplo 6.6 já foi calculada a variância dos retornos da carteira de mercado:

$$\sigma_m^2 = \left(\frac{1}{n}\right) \sum_{t=1}^{5} (R_{m,t} - \overline{R}_m)^2 = \left(\frac{1}{5}\right) \times 4,0 = 0,8$$

Nos quatro quadros seguintes calculam-se as variáveis necessárias para a otimização da carteira pelo modelo de índice único.

* Título A:

(t)	$R_{m,t}$ (%)	$R_{A,t}$ (%)	$(R_{m,t} - \overline{R}_m) \times (R_{A,t} - \overline{R}_A)$	Linha da regressão $\hat{R}_{A,t} = 4,7 + 0,5\, R_{m,t}$	Erro da regressão ao quadrado $e_A^2 = (R_{A,t} - \hat{R}_{A,t})^2$
1	10	9	$(10 - 9) \times (9 - 9,2) = -0,2$	$4,7 + 0,5 \times 10 = 9,70$	$(9 - 9,7)^2 = 0,49$
2	9	8	$(9 - 9) \times (8 - 9,2) = 0,0$	$4,7 + 0,5 \times 9 = 9,20$	$(8 - 9,2)^2 = 1,44$
3	8	8	$(8 - 9) \times (8 - 9,2) = 1,2$	$4,7 + 0,5 \times 8 = 8,70$	$(8 - 8,7)^2 = 0,49$
4	8	10	$(8 - 9) \times (10 - 9,2) = -0,8$	$4,7 + 0,5 \times 8 = 8,70$	$(10 - 8,7)^2 = 1,69$
5	10	11	$(10 - 9) \times (11 - 9,2) = 1,8$	$4,7 + 0,5 \times 10 = 9,70$	$(11 - 9,7)^2 = 1,69$
		$\overline{R}_A = 9,2$	Soma $= 2,0$		Soma $= 5,80$

Variância do erro da regressão: $\sigma_{e_A}^2 = \dfrac{5,80}{5} = 1,16$. Beta: $\beta = \dfrac{2,0 / 5}{0,8} = 0,5$.

Intercepto da regressão: $\alpha = \overline{R}_A - \beta\, \overline{R}_m = 9,2 - 0,5 \times 9 = 4,7$.

Os parâmetros do título A foram calculados detalhadamente no Exemplo 6.5.

- Título B:

(t)	$R_{m,t}$ (%)	$R_{B,t}$ (%)	$(R_{m,t} - \overline{R}_m) \times (R_{B,t} - \overline{R}_B)$	Linha da regressão $\hat{R}_{B,t} = 2,35 + 0,5\, R_{m,t}$	Erro da regressão ao quadrado $e_B^2 = (R_{B,t} - \hat{R}_{B,t})^2$
1	10	3	–1,600000	4,850000	3,422500
2	9	4	0,000000	4,600000	0,360000
3	8	5	–0,400000	4,350000	0,422500
4	8	4	0,600000	4,350000	0,122500
5	10	7	2,400000	4,850000	4,622500
	$\overline{R}_B = 4,6$		Soma = 1,000000		Soma = 8,950000

Variância do erro da regressão: $\sigma_{e_B}^2 = \dfrac{8,95}{5} = 1,79$. Beta: $\beta = \dfrac{1,0\,/\,5}{0,8} = 0,25$.

Intercepto da regressão: $\alpha = 4,6 - 0,25 \times 9 = 2,35$.

- Título C:

(t)	$R_{m,t}$ (%)	$R_{C,t}$ (%)	$(R_{m,t} - \overline{R}_m) \times (R_{C,t} - \overline{R}_C)$	Linha da regressão $\hat{R}_{C,t} = 2,705 + 0,475\, R_{m,t}$	Erro da regressão ao quadrado $e_C^2 = (R_{C,t} - \hat{R}_{C,t})^2$
1	10	6,5	–0,480000	7,455000	0,912025
2	9	7	0,000000	6,980000	0,000400
3	8	6	0,980000	6,505000	0,255025
4	8	7	0,020000	6,505000	0,245025
5	10	8,4	1,420000	7,455000	0,893025
	$\overline{R}_C = 6,98$		Soma = 1,900000		Soma = 2,305500

Variância do erro da regressão: $\sigma_{e_C}^2 = \dfrac{2,3055}{5} = 0,4611$. Beta: $\beta = \dfrac{1,9\,/\,5}{0,8} = 0,475$.

Intercepto da regressão: $\alpha = 6,97 - 0,475 \times 9 = 2,705$.

- Título D:

(t)	$R_{m,t}$ (%)	$R_{D,t}$ (%)	$(R_{m,t} - \overline{R}_m) \times (R_{D,t} - \overline{R}_D)$	Linha da regressão $\hat{R}_{D,t} = 0,935 + 0,425\, R_{m,t}$	Erro da regressão ao quadrado $e_D^2 = (R_{D,t} - \hat{R}_{D,t})^2$
1	10	5	0,240000	5,185000	0,034225
2	9	3,5	0,000000	4,760000	1,587600
3	8	4,6	0,160000	4,335000	0,070225
4	8	4,7	0,060000	4,335000	0,133225
5	10	6	1,240000	5,185000	0,664225
	$\overline{R}_C = 4,76$		Soma = 1,700000		Soma = 2,489500

Variância do erro da regressão: $\sigma_{e_D}^2 = \dfrac{2,4895}{5} = 0,4979$. Beta: $\beta = \dfrac{1,70\,/\,5}{0,8} = 0,425$.

Intercepto da regressão: $4,76 - 0,425 \times 9 = 0,935$.

Os retornos médios, os betas e a variância do erro da regressão dos quatro títulos foram calculados nos quadros anteriores. Os cálculos necessários para o processo de otimização da carteira pelo modelo de índice único foram efetuados em uma planilha eletrônica e encontram-se resumidos no quadro a seguir.

(i)	$\bar{R}_i$ (%)	βi	$\sigma^2_{e_i}$	$(R/V)_i$	C_i	y_i	X_i^*
A	9,2	0,5	1,16	10,4000	1,5294	3,3117	47,47%
C	6,98	0,475	0,4611	6,2737	**2,7170**	3,6639	52,53%
B	4,6	0,25	1,79	2,4000	2,7114	0,0000	0,00%
D	4,76	0,425	0,4979	1,7882	2,5690	0,0000	0,00%
					Soma:	6,9756	100,00%

Taxa de corte: $C^* = 2,7170$. $(R/V)_i = (\bar{R}_i - 4\%)/\beta_i$

Seguindo as seis etapas anteriormente indicadas para o processo de otimização no contexto do modelo de índice único, primeiro os títulos foram ordenados em ordem decrescente de $(R/V)_i$. Após essa ordenação foram calculados os C_i. No cálculo de C_1 foi incluído unicamente o título A, para C_2 foram incluídos A e C, para C_3, A, C e B, e para C_4, A, C, B e D. A taxa de corte (C^*) é igual a 2,7170. Ela foi escolhida de tal forma que todos os títulos incluídos em seu cálculo tenham $(R/V)_i \geq C^*$ e os não incluídos tenham $(R/V)_i < C^*$. Aos títulos não incluídos no cálculo de C^* atribuiu-se fração zero. Foi considerada uma rentabilidade de 4% para os ativos sem risco ($R_f = 4\%$).

Os resultados mostrados no quadro anterior indicam que a carteira ótima de variância mínima deve ser integrada somente pelos títulos A e C, com 47,47% e 52,53%, respectivamente:

$$X_A^* = \frac{y_A}{\sum y_i} = \frac{3,3117}{6,9756} = 47,47\% \qquad X_C^* = \frac{y_C}{\sum y_i} = \frac{3,6639}{6,9756} = 52,53\%$$

Os títulos B e D não participam da carteira, pois têm fração ótima igual a zero ($X_i^* = 0$).

6.6 Análise de desempenho de carteiras

A avaliação do desempenho é importante na gestão de riscos de mercado da carteira, pois, por meio dela, podemos saber qual retorno os gestores obtiveram no passado. A análise do desempenho passado deve fazer parte de um processo decisório de investimento por duas razões: primeiro, porque ajuda a identificar os pontos fortes e fracos de gestores de recursos e, em segundo lugar, porque ajuda a analisar como determinada carteira é gerida. A seguir, os principais índices de desempenho de um único parâmetro serão abordados: o índice de Sharpe, o índice Treynor e o índice de informação.[4]

---

[4] No livro *Gestão de riscos*, de Antônio M. Duarte Júnior, publicado pela Editora Pearson em 2005, é feito um excelente tratamento da gestão de riscos. Nesse livro, o autor sugere também o uso do índice de Sortino.

6.6.1 Índice de Sharpe

O *índice de Sharpe* (*IS*) é dado pela razão entre o prêmio de risco e o risco total da carteira. *Prêmio de risco* é a diferença entre o valor esperado do retorno da carteira e a rentabilidade dos ativos livres de risco:

$$IS = \frac{\text{Prêmio de risco}}{\text{Risco total}} = \frac{\overline{R}_i - R_f}{\sigma_i}$$

onde $\overline{R}_i$ é o retorno médio esperado ou observado da carteira i, R_f é o retorno dos ativos livres de risco, e σ_i é o desvio padrão dos retornos de i. Assim, o índice de Sharpe mede o excesso de retorno por unidade de risco de uma carteira. Tornou-se muito popular no mercado brasileiro, sendo usado principalmente na ordenação do desempenho de carteiras (fundos) de investimento. Ele categoriza o desempenho do fundo ajustado a seu risco, por isso Sharpe o denominou de *recompensa pela variabilidade* (*reward-to-variability*). Quanto maior for a eficiência da carteira, maior será o valor de seu IS.

Uma limitação desse índice está relacionada à possibilidade de obter valores negativos. O quadro a seguir mostra isso.

	Carteira F	Carteira G
Retorno esperado	15%	15%
Risco total	30%	20%
Índice de Sharpe (IS)	$\frac{15\% - 20\%}{30\%} = -0,17$	$\frac{15\% - 20\%}{20\%} = -0,25$

Imaginemos que o retorno dos ativos livres de risco (R_f) seja de 20%. Se fôssemos selecionar uma única carteira, de acordo com o IS escolheríamos a carteira F, pois ela tem o maior IS (o menos negativo). Entretanto, uma seleção racional que considerasse retorno e risco recairia sobre a carteira G, pois para o mesmo nível de retorno (15%) é ela que tem o menor risco total. Essa seleção contraria a indicada pelo IS, o que nos permite concluir que o índice de Sharpe não deve ser usado para ordenar ou selecionar carteiras quando seu valor for negativo.

6.6.2 Índice de Treynor

Enquanto o IS utiliza o risco total (desvio padrão) como medida de risco, o *índice de Treynor* (*IT*) utiliza o risco sistemático ou beta (β) da carteira, pois considera que o investidor possui um conjunto diversificado de ativos. Assim, o IT é dado por:

$$IT = \frac{\text{Prêmio de risco}}{\text{Risco sistemático}} = \frac{\overline{R}_i - R_f}{\beta_i}$$

O beta (β) é estimado em relação a um índice *benchmark* que represente o mercado (o Ibovespa, por exemplo).

6.6.3 Índice de informação

O *índice de informação* (*II*) é o retorno específico ou residual por unidade de risco específico. Para calculá-lo, divide-se o retorno residual pelo risco residual em que se incorreu para obter aquele retorno. O gestor ativo de uma carteira tem como objetivo superar uma carteira hipotética ou *benchmark*. Define-se uma *posição ativa* de uma carteira como qualquer diferença entre os retornos da carteira e os do *benchmark*, que geralmente é uma referência de mercado. Como exemplos de *benchmarks* temos o S&P500, nos Estados Unidos, e o Ibovespa e o IBX, no Brasil.

Estatisticamente, os parâmetros necessários para calcular o II e outros índices de desempenho podem ser estimados por meio do seguinte modelo de regressão linear:

$$R_{i,t} - R_{f,t} = \alpha_i + \beta_i(R_{m,t} - R_{f,t}) + e_{i,t}$$

onde:
α_i = intercepto da regressão (chamado também α de Jensen);
$R_{m,t}$ = retorno da carteira *benchmark* no dia t;
$R_{i,t}$ = retorno da ação ou carteira i em t;
$R_{f,t}$ = retorno dos ativos sem risco em t;
$e_{i,t}$ = retorno residual em t que o modelo de regressão linear não captura.

O índice de informação para determinada carteira i é calculado da seguinte maneira:

$$II_i = \frac{\alpha_i}{\sigma_{e_i}}$$

$$\sigma_{e_i} = \sqrt{\sigma_i^2 - \beta_i^2 \sigma_b^2}$$

onde:
σ_{e_i} = desvio padrão do retorno residual (variabilidade dos retornos que não é explicada pela variabilidade dos retornos do *benchmark*);
σ_i^2 = variância do excesso de retorno de i [variância de $(R_{i,t} - R_{f,t})$];
σ_b^2 = variância do excesso de retorno do mercado [variância de $(R_{m,t} - R_{f,t})$].

Quanto mais positivo for o II, melhor o desempenho da carteira em análise.

6.6.4 Desempenho de ações e carteiras

O quadro a seguir mostra os valores dos parâmetros resultantes quando se regridem linearmente, durante determinado período, os excessos de retorno mensais de nove carteiras (fundos de ações) em relação aos excessos de retorno de um *benchmark* (Ibovespa).

	Fundos de ações								
	Fundo 1	Fundo 2	Fundo 3	Fundo 4	Fundo 5	Fundo 6	Fundo 7	Fundo 8	Fundo 9
Retorno médio ($\bar{R}_i$)	0,091	0,089	0,076	0,094	0,083	0,056	0,057	0,056	0,067
Intercepto da regressão (α_i)	0,031	0,034	0,025	0,037	0,029	0,019	0,026	0,067	0,041
Desvio padrão dos retornos (σ_i)	0,012	0,016	0,024	0,019	0,021	0,016	0,017	0,029	0,028
Coeficiente angular da regressão (β_i)	0,72	0,91	0,80	0,72	1,05	0,89	0,60	0,92	1,17
Variância do erro aleatório ($\sigma_{e_i}^2$)	0,000542	0,000456	0,000973	0,001	0,002328	0,001246	0,000439	0,000705	0,001058

- Modelo de regressão: $R_{i,t} - R_{f,t} = \alpha_i + \beta_i(R_{m,t} - R_{f,t}) + e_{i,t}$

onde $R_{i,t}$ é o retorno mensal médio do fundo i no período t e $R_{f,t}$ é a rentabilidade mensal dos ativos sem risco (5%) no mesmo período.

O quadro seguinte apresenta os valores dos índices de Sharpe (IS), de Treynor (IT) e do índice de informação (II) para as mesmas nove carteiras (fundos de ações).

Índice	Fundos de ações								
	Fundo 1	Fundo 2	Fundo 3	Fundo 4	Fundo 5	Fundo 6	Fundo 7	Fundo 8	Fundo 9
IS (Sharpe)	3,4167	2,4375	1,0833	2,3158	1,5714	0,3750	0,4118	0,2069	0,6071
IT (Treynor)	0,057173	0,04293	0,032616	0,061016	0,031433	0,006721	0,011611	0,006497	0,014586
II (informação)	133,16%	159,22%	80,15%	117,00%	60,10%	53,83%	124,09%	252,34%	126,05%

$$IS_i = (\overline{R}_i - R_f)/\sigma_i, \; IT_i = (\overline{R}_i - R_f)/\beta_i, \; II_i = \frac{\alpha_i}{\sigma_{e_i}}, \; R_f = 5\%$$

Observa-se que, pelo índice de Sharpe, o fundo 1 teve o melhor desempenho e, pelo índice de Treynor, o fundo 4 é que se saiu melhor. De acordo com o II, o desempenho mais ativo foi o da carteira do fundo 8.

6.7 Gestão de riscos de mercado

Risco é definido como exposição à incerteza e, no âmbito do mercado financeiro, ele pode ser classificado de quatro maneiras, de acordo com a fonte da incerteza a que se está exposto:

1. *Risco de mercado*: corresponde à incerteza em relação ao valor de ativos que estão sujeitos a flutuações de mercado.
2. *Risco de crédito*: está associado a perdas advindas da incapacidade da outra parte de honrar seus compromissos contratuais.
3. *Risco operacional*: está relacionado a possíveis perdas em decorrência de erros humanos e de sistemas e controles inadequados.
4. *Risco de liquidez*: está associado à falta de liquidez dos ativos, devendo a liquidez ser entendida como a capacidade de pronta obtenção de recursos em troca de ativos.

A teoria e a prática de gestão de riscos têm sido desenvolvidas desde o trabalho pioneiro de Harry Markowitz, na década de 1950. Sistemas de gerenciamento de risco baseiam-se em modelos que descrevem mudanças potenciais nos fatores capazes de afetar o valor dos investimentos. Com isso, pode-se saber que tipos de riscos devem ser evitados e como evitá-los, quais novos riscos podem ser assumidos e — o mais importante — qual a maneira mais eficiente de alocar o capital entre diferentes oportunidades de investimento.

6.7.1 Valor em risco (*value at risk* — VaR)

O *valor em risco* (ou simplesmente *VaR*) é uma ferramenta criada para mensurar, de forma simples e eficaz, o risco de mercado a que uma instituição financeira está sujeita. O VaR foi de certa forma uma resposta aos diversos desastres financeiros ocorridos principalmente na década de 1990, quando instituições perderam bilhões de dólares em operações envolvendo derivativos. Naquela época, Felix Rohatyn, um investidor de Wall Street, chegou a fazer o seguinte comentário sobre os riscos envolvendo derivativos: "Os profissionais de mercado de 26 anos, com seus computadores poderosos, estão criando verdadeiras bombas de hidrogênio financeiras".

Desenvolvido em 1993 pelo banco J.P. Morgan, o VaR tem se tornado uma das mais importantes e utilizadas estatísticas que calculam o risco potencial de perdas financeiras. Inicialmente, seu objetivo era calcular os riscos assumidos no mercado de derivativos, mas rapidamente seu uso estendeu-se para medir qualquer tipo de risco financeiro, principalmente os riscos de mercado e de crédito.

O VaR é um método de quantificação de risco que se utiliza de técnicas estatísticas padrão, usadas rotineiramente em outras áreas, e que mede a máxima perda esperada ao longo de um horizonte de tempo predefinido, em condições normais de mercado e dado determinado intervalo de confiança. Imagine, por exemplo, que um investidor queira comprar R$ 1 milhão em papéis de ações da Petrobras, achando que, devido às perspectivas de lucro da empresa, as ações subirão de preço no período de um mês. Contudo, antes de investir ele deseja saber qual é a perda potencial desse negócio, uma vez que, caso ela seja muito grande, ele não poderá cumprir suas obrigações com seus credores. Assim, como não faz a mínima idéia desse valor, o investidor dirige-se ao analista financeiro de sua confiança e pede uma estimativa da perda.

O analista, por sua vez, responde que não pode predizer com exatidão o futuro, mas que, com base em modelos estatísticos, prevê com 97,5% de confiança que o preço das ações da Petrobras não cairão mais do que 10% no período de um mês de aplicação. Logo, a perda dessa aplicação (o VaR) não ultrapassaria R$ 100 mil (R$ 1 milhão $\times$ 10%), em 97,5% dos casos.

Um aspecto muito importante do VaR é que ele mede o risco usando a mesma unidade que mede o resultado da principal atividade das instituições financeiras: a unidade monetária. Dessa forma, os gestores conseguem decidir melhor se se sentem confortáveis com o nível de risco assumido. Se a resposta for negativa, o mesmo processo que levou ao cálculo do VaR poderá ser usado para decidir em que ponto reduzi-lo. No entanto, um dos maiores benefícios do VaR está na obrigatoriedade do desenvolvimento de uma metodologia estruturada para analisar criticamente a questão do risco. As instituições que passam pelo processo de computar seus VaRs são forçadas a encarar suas exposições a riscos financeiros e a criar uma área independente de gerência de risco, cujo objetivo é supervisionar as atividades em suas áreas operacional e de apoio. Assim, o processo de geração do VaR pode ser tão importante quanto o valor final em si.

Calculando o VaR

O VaR agrega muitos componentes do risco de mercado em um simples número. Basicamente, trata-se de definir o valor de mercado da carteira para determinado nível de confiança α%, ou seja, trata-se de definir Z_α tal que:

$$P\{VC - VC_0 \geq - Z_\alpha\} = \alpha$$

onde VC_0 é o valor inicial da carteira, VC representa o valor futuro da carteira, e α representa a probabilidade de a perda da carteira ser maior ou igual a Z_α. Por exemplo, se o VaR estima que o risco diário de determinada instituição financeira seja de 1 milhão de dólares, utilizando um intervalo de confiança de 99%, isso significa que existe a chance de 1 em 100 de haver uma perda superior a 1 milhão de dólares nas próximas 24 horas, em condições normais de mercado.

Método paramétrico para o cálculo do VaR

Métodos paramétricos para o cálculo do VaR são aqueles que se baseiam na suposição de que os retornos dos ativos seguem determinada distribuição. Por sua facilidade de uso, a distribuição normal é a mais utilizada; afinal, com apenas dois parâmetros (a média e a variância) pode-se descrever toda a distribuição de probabilidades. No entanto, outras distribuições também podem ser utilizadas, como a *distribuição t de Student* ou a *distribuição de valores extremos*.

Na distribuição normal, a probabilidade de um intervalo ao redor da média com a largura de dois desvios padrão conter a variável aleatória r é de 68%, ou seja:

$$\text{Prob}(\mu - \sigma < r < \mu + \sigma) = 0{,}68$$

A probabilidade de um intervalo ao redor da média com a largura de quatro desvios padrão conter a variável aleatória r é de 95%, ou seja:

$$\text{Prob}(\mu - 2\sigma < r < \mu + 2\sigma) = 0{,}95$$

Para a análise do risco, estamos interessados em encontrar o intervalo ao redor da média que gera uma perda inferior à que ocorre em $\alpha\%$ das vezes. Assumindo que as perdas se localizem no canto esquerdo da curva normal, podemos estabelecer o intervalo de confiança que desejamos:

$$\text{Prob}(r_a < r < \infty) = \alpha\%$$

onde r_a (retorno adverso) é o limiar que separa os demais retornos dos retornos que geram perdas maiores às que ocorrem em $\alpha\%$ das vezes. O intervalo de confiança dado pela última equação pode ser graficamente representado pela figura a seguir, onde μ representa a média da distribuição.

Distribuição dos retornos do fator de risco

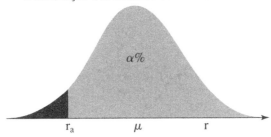

A grande vantagem de usar a distribuição normal é a facilidade para determinar o valor de α. Dado um nível de confiança, pode-se obter α por meio de uma simples tabela da distribuição normal padronizada cumulativa, encontrada em qualquer livro de estatística. Por exemplo, para níveis de confiança de 90%, 95%, 97,5% e 99%, α assume os valores de 1,28, 1,65, 1,96 e 2,33, respectivamente. Caso o nível de confiança seja de 97,5%, tem-se que:

$$\text{Prob}(r_a < r < \infty) = 97{,}5\%$$

Utilizando a distribuição normal, podemos encontrar o valor de r_a, em termos do desvio padrão (σ) e da média (μ): $r_a = \mu - 1{,}96\sigma$.

Gestão de investimentos e geração de valor

Dessa forma, pode-se concluir que, sob certos aspectos, calcular o VaR consiste em determinar o desvio padrão e a média dos retornos, uma vez que α é escolhido. Os parâmetros σ e μ devem ser estimados a partir das séries históricas dos retornos. Como na prática o parâmetro μ é praticamente nulo, o banco J.P. Morgan adotou a seguinte simplificação: $r_a = -1,96\sigma$. De forma análoga, caso o retorno que causa prejuízo no valor do contrato se localizasse na cauda direita da curva, teríamos: $r_a = 1,96\sigma$.

A seguir apresentaremos um exemplo numérico do cálculo do VaR.

Exemplo 6.9

Calcular o VaR para determinada carteira fictícia, composta por 10.000.000 ações PN da Cemig, negociadas no mercado à vista da Bovespa.

Dados da carteira: composição da carteira = 10.000.000 ações da CEMIG PN(CEMIG4), cotação de fechamento da CEMIG4 em 17.06.2005 = R$ 58,90 por lote de 1.000 ações, volatilidade histórica estimada da CEMIG4 = 8,5% (segundo um modelo de estimação de volatilidade).

Cálculo do VaR (para um nível de confiança de 97,5%)

- Valor inicial da carteira (VC_0): $Q \times P_{CEMIG4} = 10.000.000 \times R\$ 58,90 / 1.000 = R\$ 589.000$

- $VaR_{CEMIG4} = -VC_0 \times \alpha \times \sigma = -R\$ 589.000 \times 1,96 \times 8,5\% = -R\$ 98.127$

7

Equilíbrio no mercado de capitais: o modelo de apreçamento de ativos com risco (CAPM)

- Equilíbrio de mercado: a equação da LMC
- Decisões de investimento e de financiamento em incerteza: o teorema de separação
- O modelo de formação de preços de ativos com risco (CAPM)
- Rentabilidade histórica dos ativos e o prêmio de risco no modelo CAPM
- Problemas e anomalias do modelo CAPM

Na Seção 6.4.4, vimos o caso em que o investidor, além de poder aplicar em uma carteira de ativos com risco, tem a possibilidade de aplicar ou captar recursos à taxa livre de risco. Nessa hipótese, as combinações possíveis e eficientes da carteira de ativos com risco (carteira M) com os ativos sem risco devem se situar ao longo de uma reta chamada *linha de mercado de capitais* (*LMC*), indicada na figura a seguir.

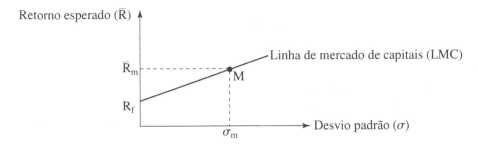

A combinação mais eficiente possível de ativos com risco é chamada *carteira de mercado*, representada pelo ponto M, com rentabilidade $\bar{R}_m$ e desvio padrão σ_m. Na figura, R_f representa a rentabilidade dos ativos sem risco. Se um investidor preferir assumir menos risco que o proporcionado pela carteira M, ele poderá situar seus investimentos no trecho R_f–M da LMC. Para tanto, aplicará parte de seus recursos no ativo sem risco e o resto em ativos com risco (carteira M). Se o investidor prefere mais risco (e retorno) do que o proporcionado pela carteira M, ele pode se situar no trecho superior a M. Para tanto, deverá tomar dinheiro emprestado à taxa livre de risco e aplicar na carteira M seus recursos iniciais mais esse empréstimo.

7.1 Equilíbrio de mercado: a equação da LMC

Ao afirmar que a carteira M contém a combinação mais eficiente de todos os ativos com risco, estamos querendo dizer que ela é uma carteira *completamente diversificada*, isto é, uma carteira que leva a diversificação ao grau extremo. Seu risco deve-se apenas a fatores que afetam o mercado como um todo.

Em decorrência da suposição de equilíbrio de mercado, a carteira M é o próprio mercado de ativos com risco, por isso é denominada, como dissemos, carteira de mercado, ou simplesmente *o mercado*. Seu retorno é o retorno médio ponderado de todos os ativos que compõem tal mercado. Para efeitos práticos, a carteira de mercado pode ser aproximada pelo NYSE (índice da Bolsa de Valores de Nova York), no caso norte-americano, ou pelo Ibovespa (índice da Bolsa de Valores de São Paulo), no caso brasileiro.

Em finanças, os modelos de formação de preços de ativos com risco descrevem um processo de equilíbrio nos mercados financeiros ao relacionar o risco de um ativo ao retorno exigido pelos investidores para assumi-lo. Supõe-se que os investidores operem no mercado até que todos os ativos atinjam nível idêntico de rentabilidade esperada por unidade de risco assumido. Mais precisamente, até que o excesso de retorno por unidade de risco seja o mesmo para todos os ativos e igual ao da carteira de mercado; isto é, até que seja alcançada a seguinte igualdade:

$$\frac{\overline{R}_i - R_f}{\sigma_i} = \frac{\overline{R}_m - R_f}{\sigma_m} \text{ para i = 1, ..., N}$$

onde $\overline{R}_i$ e $\overline{R}_m$ são, respectivamente, o retorno esperado do i-ésimo ativo e do mercado, e R_f é o retorno dos ativos sem risco. Essa igualdade é possível em um mercado eficiente e em equilíbrio, em que os investidores valorem os ativos de risco considerando como referência carteiras eficientes e altamente correlacionadas com a carteira de mercado. Dessa forma, o retorno esperado de uma carteira eficiente deve ser dado pela linha de mercado de capitais (LMC), cuja expressão pode ser obtida a partir da seguinte igualdade:

$$\frac{\overline{R}_c - R_f}{\sigma_c} = \frac{\overline{R}_m - R_f}{\sigma_m} \Rightarrow \boxed{\overline{R}_c = R_f + \lambda\sigma_c}$$

onde:

$\overline{R}_c$ = retorno esperado da carteira;

R_f = rentabilidade dos ativos sem risco;

σ_c, σ_m = desvios padrão dos retornos da carteira C e da carteira de mercado M, respectivamente;

$$\lambda = \frac{\overline{R}_m - R_f}{\sigma_m}.$$

Na LMC, o retorno esperado da carteira é dado pela soma de duas parcelas: R_f, que corresponde à rentabilidade dos ativos sem risco, e λ vezes o desvio padrão da carteira. A letra grega lambda (λ) representa o chamado *preço de mercado do risco*, que corresponde basicamente ao excesso de remuneração do mercado (em relação à remuneração das aplicações sem risco) por unidade de desvio padrão dos retornos do mercado.

A LMC é, portanto, uma representação de equilíbrio para o risco-retorno de carteiras eficientes, em que o retorno esperado da carteira é uma função linear de seu risco (desvio padrão). Só é válida para carteiras eficientes altamente correlacionadas com a carteira de mercado. Na Seção 7.3, abordaremos o caso do apreçamento de ativos não necessariamente eficientes ou perfeitamente correlacionados com o mercado.

7.2 Decisões de investimento e de financiamento em incerteza: o teorema de separação

Entendida a idéia por trás da LMC, agora podemos rever em condições de incerteza o *teorema de separação*, já abordado na Seção 2.10.2 em condições de certeza. O trabalho do investidor pode ser separado em duas etapas. Na primeira, ele toma a decisão de investimento, ou seja, seleciona a melhor carteira de ações (carteira M). Na segunda, ele toma a decisão de financiamento: dependendo da decisão anterior, ele aplica parte dos recursos em ativos sem risco ou capta recursos adicionais para aplicá-los na carteira M. Em ambos os casos, o investimento deverá se situar em algum ponto ao longo da LMC que atenda a suas preferências de risco e retorno.

Essa idéia é conhecida como *teorema de separação*. Foi desenvolvida e publicada em 1958 por J. Tobin, ganhador do prêmio Nobel de Economia. Trata-se de separar a decisão de investimento da decisão de financiamento em contexto de incerteza. A decisão de investimento em carteiras consiste em um trabalho matemático de otimização do risco-retorno, independentemente das preferências do investidor, enquanto a decisão de financiamento depende das preferências do investidor perante o risco.

Exemplo 7.1

Com as seguintes informações, determinar o retorno esperado de uma carteira diversificada e eficiente: rentabilidade dos ativos sem risco = 6%, rentabilidade esperada da carteira de mercado = 10%, risco (desvio padrão) da carteira de mercado = 4%, risco (desvio padrão) da carteira = 4,5%.

Como se trata de uma carteira diversificada, eficiente e altamente correlacionada com o mercado, seu retorno esperado pode ser estimado pela LMC, do seguinte modo:

$$\overline{R}_c = R_f + \left(\frac{\overline{R}_m - R_f}{\sigma_m}\right)\sigma_c = 0,06 + \left(\frac{0,10 - 0,06}{0,04}\right) \times 0,045 = 0,105 = 10,5\%$$

Exemplo 7.2

Um investidor avesso ao risco deve escolher um dentre três títulos com risco. Sendo o retorno dos ativos sem risco igual a 5%, a partir das informações abaixo identificar a melhor alternativa de investimento.

Título	Retorno esperado (R̄)	Risco (σ)
X	13%	4%
Y	8%	2%
Z	10%	2%

A dominância de Z em relação a Y é clara. Para o mesmo nível de risco, Z tem um retorno esperado maior. Entretanto, à primeira vista não é muito clara a dominância entre Z e X, pois X tem retorno esperado maior, mas também apresenta risco maior. A escolha dependerá das preferências do investidor perante o risco. Se considerarmos que ele seja avesso ao risco e maximizador de retornos, a alternativa escolhida deverá ser aquela que prometa pagar o maior excesso de retorno por unidade de risco.

A figura a seguir mostra linhas retas unindo a taxa livre de risco (R_f) aos pontos que definem a relação risco-retorno de cada um dos três ativos.

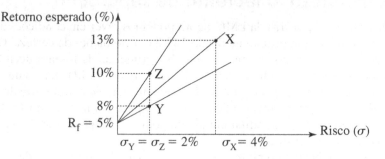

Como as três alternativas são mutuamente exclusivas, o investidor deverá escolher aquela cuja linha tenha o maior coeficiente angular, nesse caso, a alternativa Z. O coeficiente angular dessas linhas é conhecido como índice de Sharpe, que, conforme visto na Seção 6.6.1, representa o excesso de retorno do ativo por unidade de risco. Para obter esse índice, deve-se dividir a diferença entre o retorno esperado do título e o retorno dos ativos sem risco pelo desvio padrão dos retornos do título:

$$\frac{\overline{R}_i - R_f}{\sigma_i}$$

Podemos, então, calcular o índice de Sharpe para as três alternativas de investimento:

$$\text{Para X} \Rightarrow \frac{\overline{R}_X - R_f}{\sigma_X} = \frac{13\% - 5\%}{4\%} = 2,0$$

$$\text{Para Y} \Rightarrow \frac{\overline{R}_Y - R_f}{\sigma_Y} = \frac{8\% - 5\%}{2\%} = 1,5$$

$$\text{Para Z} \Rightarrow \frac{\overline{R}_Z - R_f}{\sigma_Z} = \frac{10\% - 5\%}{2\%} = 2,5$$

Claramente, a alternativa Z tem o maior índice de Sharpe, portanto será a preferível.

7.3 O modelo de formação de preços de ativos com risco (CAPM)

A dificuldade em estabelecer critérios específicos de ajuste para diferentes níveis de exposição ao risco retardou a formalização adequada dos princípios de avaliação de títulos

Capítulo 7 – Equilíbrio no mercado de capitais: o modelo de apreçamento...

e projetos de investimento, até o desenvolvimento, por Sharpe, Lintner e Mossin,[1] do modelo de equilíbrio de mercado conhecido como CAPM (*capital asset pricing model*). Esse modelo é baseado em valores esperados (modelo expectacional) em que o retorno esperado do ativo é a soma de dois fatores. O primeiro refere-se à rentabilidade dos ativos ou das aplicações sem risco, e o segundo, ao chamado *prêmio de risco*. O CAPM considera que os investidores sejam racionais e diversifiquem seus investimentos, a fim de evitar o risco específico (diversificável), que pode ser cancelado por meio da diversificação primária da carteira de investimento. Dessa maneira, apenas o *risco de mercado ou risco sistemático* deverá ser recompensado pelo mercado. Esse risco está relacionado a mudanças nas condições gerais da economia, que afetam as empresas como um todo, sendo algumas delas mais sensíveis a essas mudanças do que outras.

Nesse contexto, o retorno de um ativo com risco será igual à rentabilidade do ativo sem risco mais um prêmio de risco:

$$\text{Retorno esperado} = \text{Taxa livre de risco} + \text{Prêmio de risco}$$

A taxa livre de risco é dada pelo retorno esperado dos ativos sem risco. O prêmio de risco pode ser visto como o retorno adicional exigido pelos investidores para compensar cada unidade de risco adicional por eles assumida. É função de duas variáveis: o beta, que mede a contribuição incremental de determinado ativo para o risco da carteira diversificada, e a diferença entre o retorno esperado da carteira de mercado e a taxa livre de risco.

O modelo pode, pois, ser expresso da seguinte forma:

$$\overline{R}_i = R_f + \beta_i [\overline{R}_m - R_f]$$

onde:
$\overline{R}_i$ = retorno esperado do ativo i;
R_f = rentabilidade dos ativos sem risco;
$\overline{R}_m$ = rentabilidade esperada da carteira de mercado;
β_i = beta do ativo i (volatilidade dos retornos do ativo em relação ao índice de mercado);
$\beta_i (\overline{R}_m - R_f)$ = prêmio de risco do ativo i.

O modelo CAPM é extremamente simples e pode ser visto como uma combinação linear de dois componentes: a taxa livre de risco e o prêmio de risco do ativo. Essa estrutura simplíssima para o prêmio de risco é o que distingue o CAPM dos demais modelos, e foi determinante na generalização de seu uso a partir da época de seu desenvolvimento. Com efeito, tal simplicidade fez com que o modelo passasse a ser amplamente utilizado por empresas, investidores e analistas. Segundo uma pesquisa de Graham e Harvey,[2] cerca de 74% dos executivos financeiros utilizam o CAPM para estimar o custo do capital.

---

[1] W.F. Sharpe, "Capital asset prices: a theory of market equilibrium under conditions of risk", *Journal of Finance*, 19, set. 1964, p. 425-442; J. Lintner, "Security prices, risk and maximal gains from diversification", *Journal of Finance*, 20, dez. 1965, p. 587-616; J. Mossin, "Equilibrium in a capital asset market", *Econometrica*, out. 1966, p. 768-783.

[2] J. Graham e C. Harvey, "The theory and practice of corporate finance: evidence from the field", *Journal of Financial Economics*, 61, 2001. O universo de pesquisa estava composto pelos executivos financeiros das 500 maiores empresas, conforme ranking da revista *Fortune*, e por aproximadamente 4.400 empresas integrantes do Financial Executives Institute — FEI (nos Estados Unidos e no Canadá). A taxa de resposta do questionário foi de 9%.

De acordo com Wright, Mason e Miles e Morin,[3] o CAPM também é amplamente utilizado pelos órgãos reguladores em diferentes países para determinar o custo de capital próprio. Entretanto, como descrito por Kennedy,[4] a aplicação do modelo a economias emergentes nem sempre é adequada, por causa da ausência de mercados de capitais com séries de retorno suficientemente longas que permitam estimar adequadamente o prêmio de risco. Apesar das dificuldades, Copeland, Koller e Murrin[5] recomendam a utilização do modelo também para essas economias, com os devidos ajustes. No Brasil, o CAPM foi amplamente utilizado na maioria dos estudos envolvendo os processos de privatização, bem como em processos de outorga de concessão, conforme destacado na Decisão Plenária nº 1.066/01 do Tribunal de Contas da União (TCU).

7.3.1 Premissas básicas do CAPM

O CAPM parte de algumas premissas básicas:

1. Todos os investidores possuem as mesmas expectativas quanto aos prêmios e riscos dos ativos.
2. Os investidores obtêm retornos líquidos idênticos, ou seja, possuem as mesmas taxas de impostos e custos operacionais.
3. Não há obstáculos para os investimentos, tais como limites de empréstimo, restrições de revenda a curto prazo e limite superior para a compra de ações.
4. Existe um ativo livre de risco que pode ser utilizado para captar ou aplicar recursos a taxas idênticas.
5. Os investidores maximizam a utilidade esperada e são avessos ao risco.
6. O único risco que os investidores experimentam é o risco sistemático.
7. Os mercados são perfeitos: cada investidor é um *tomador* de preços que não pode influenciar as cotações dos títulos. Não há custos de transação e nenhum custo para obter informações.

7.3.2 O beta no modelo CAPM

No contexto do CAPM, o prêmio de risco de um ativo é estimado pelo produto de seu beta vezes a diferença entre o retorno esperado da carteira de mercado e a taxa livre de risco. O beta desempenha um papel especialmente importante no apreçamento de ativos. Em essência, ele indica a sensibilidade dos retornos do ativo a variações na rentabilidade da carteira de mercado. Estatisticamente, o beta é igual à covariância entre os retornos do título e os retornos da carteira de mercado, dividida pela variância dos retornos da carteira de mercado:

$$\beta_i = \frac{cov(R_i, R_m)}{var(R_m)} = \frac{\sigma_{i,m}}{\sigma_m^2} = \frac{\rho_{i,m} \times \sigma_i \times \sigma_m}{\sigma_m^2}$$

---

[3] S. Wright, R. Mason e D. Miles, *A study into certain aspects of the cost of capital for regulated utilities in the U.K.* Londres: Smithers & Co Ltd., fev. 2003; R. Morin, Direct evidence before the Board of Commissioners of Public Utilities of New Brunswick, 2002.

[4] D. Kennedy, "Power sector regulatory reform in transition economies: progress and lessons learned". In: J. Bielecki (ed.), *Electricity trade in Europe. review of the economic and regulatory challenges.* Alphen van den Rijn: Kluwer Law International, 2004.

[5] T.E. Copeland, J. Koller e J. Murrin. *Avaliação de empresas:* valuation — *calculando e gerenciando o valor das empresas*, 3. ed. São Paulo: Pearson Makron Books, 2004.

onde $\sigma_{i,m}$ e $\rho_{i,m}$ representam, respectivamente, a covariância e o coeficiente de correlação entre os retornos do ativo e da carteira de mercado; σ_i e σ_m representam, respectivamente, os desvios padrão dos retornos do ativo e da carteira de mercado. Como o beta mede a volatilidade dos retornos do ativo em relação às oscilações do mercado de capitais como um todo, quanto maior for o beta de um ativo, maior será a volatilidade dos retornos desse ativo, comparada à volatilidade dos retornos do mercado como um todo. Como o beta da carteira de mercado é igual a 1, podemos inferir que carteiras agressivas têm $\beta > 1$, carteiras neutras que acompanham o mercado têm $\beta \approx 1$ e carteiras conservadoras têm $\beta < 1$. Por exemplo, se um ativo tem um beta agressivo de 1,8 e o mercado subir 5%, espera-se que o ativo apresente uma *tendência* de alta de 9% ($5\% \times 1,8 = 9\%$). Por outro lado, se o mercado cair 5%, a *tendência* será de baixa de 9% para o ativo. Se o beta for igual a 1, os retornos do ativo tenderão a acompanhar o mercado: se a carteira de mercado subir ou cair 9%, o ativo tenderá a subir ou cair igualmente 9%. Caso o beta seja conservador e igual a 0,5, o retorno esperado do ativo vai subir ou cair menos que o mercado. Se o mercado subir 5%, espera-se que o ativo apresente uma *tendência* de alta de 2,5% ($5\% \times 0,5 = 2,5\%$). Por outro lado, se o mercado cair 5%, a *tendência* será de baixa de 2,5%.

7.3.3 Estimando o beta

Muitos analistas argumentam que, em geral, os betas são estáveis enquanto a empresa permanece em um mesmo setor. Contudo, isso não significa que o beta de uma empresa não possa variar devido a mudanças tecnológicas no processo de produção, nas regulamentações econômicas e na alavancagem financeira da empresa. Considerando que há evidências empíricas de que os betas históricos contêm informação sobre os betas futuros, uma forma de estimar esse parâmetro é a partir de dados históricos. Uma vez que no mercado de ações quase todos os ativos negociados são correlacionados de uma forma ou de outra com o mercado como um todo, é possível, conforme já dissemos, relacionar os retornos de determinado ativo com os retornos de uma carteira de ativos que reflita o mercado (por exemplo, um índice de bolsa como o Ibovespa).

Assim, supondo que o beta não varie ao longo do tempo, podemos estimá-lo relacionando linearmente os retornos históricos do título i com os do índice de mercado. Ou seja, podemos estabelecer a relação regredindo linearmente os retornos do título e do índice de mercado. A equação de regressão pode ser expressa em forma de série temporal, do seguinte modo:

$$R_{i,t} = \alpha_i + \beta_i R_{m,t} + e_{i,t}$$

O cálculo do beta dependerá da qualidade dos dados usados e da escolha de um índice de mercado adequado. Um problema surge quando se dispõe de poucos dados. Nesse caso, o estimador do beta pode ter um desvio padrão muito grande, surgindo a possibilidade de, em um teste de hipótese, a hipótese nula não ser rejeitada (isto é, o beta ser estatisticamente igual a zero), mesmo que o raciocínio econômico sugira que a empresa tenha exposição positiva ao risco de mercado.

A regressão supõe que os betas sejam constantes no período de estimação, mas, como eles podem mudar ao longo do tempo à medida que as empresas mudam seu risco operacional e financeiro, seria aconselhável estimá-los utilizando um período representativo não muito extenso. Um período muito grande invalida a suposição de um beta constante, podendo proporcionar estimadores muito pobres ou sem sentido econômico ou estatístico.

Como geralmente na estimação do beta são usados dados passados ou observados, existe muita controvérsia quanto à eficácia estatística desse método. A mais recente e famosa advém do artigo de Fama e French,[6] para quem os testes estatísticos não suportam a premissa de que os retornos esperados das ações sejam positivamente relacionados aos betas de mercado. A premissa por trás do retorno do ativo sem risco é de que sua rentabilidade seja constante ao longo do tempo e não varie com o mercado.

7.3.4 O que determina o beta de uma empresa?

O beta é determinado pelos seguintes fatores, a saber:

- *Risco do negócio:* esse tipo de risco está relacionado à ciclicidade das receitas e ao risco operacional da empresa (alavancagem operacional). Conforme veremos no Capítulo 8, o grau de alavancagem operacional mede a sensibilidade da empresa ou do projeto a variações nos custos fixos. A alavancagem operacional aumenta quando os custos fixos sobem e os custos variáveis caem. Assim, ela aumenta o efeito das mudanças inesperadas no nível de vendas sobre o beta. Evidências empíricas mostram que empresas cujas receitas são mais dependentes do ciclo dos negócios têm betas mais altos do que aquelas cujas receitas são menos dependentes.
- *Risco financeiro:* esse tipo de risco está relacionado à alavancagem financeira decorrente do fato de a empresa ter dívidas que financiam seu ativo. Um maior endividamento corresponde a um risco financeiro maior, o que acaba influenciando o valor do beta. Devemos notar que ciclicidade das receitas não é a mesma coisa que volatilidade dos retornos das ações. No mercado acionário, ações com alta volatilidade (grande desvio padrão dos retornos) não correspondem necessariamente a empresas com alta ciclicidade nas vendas, e o contrário também não ocorre.

7.3.5 Variáveis que afetam o beta de uma ação

A idéia de que os retornos esperados das ações e o custo do capital das empresas sejam positivamente correlacionados é de fundamental importância. Há pouco tempo, alguns pesquisadores acadêmicos constataram empiricamente que os retornos das ações são negativamente correlacionados à liquidez das ações negociadas nas bolsas de valores e nos mercados acionários. Isso significa que, se um investidor comprar ações de pouca liquidez no mercado, provavelmente pagará custos de corretagem mais altos do que pagaria se comprasse ações com alta liquidez.

Esses custos, associados aos custos de mercado, farão com que o retorno do investidor caia. Portanto, os investidores vão comprar ações com pouca liquidez somente se o retorno esperado for alto. Isso implica que o custo do capital das empresas cujas ações têm pouca liquidez será alto também.

Um dos principais fatores que determinam a liquidez de uma ação no mercado é a chamada *seleção adversa*. A expressão refere-se à idéia de que, no mercado acionário, investidores com mais e melhores informações podem levar vantagem em relação a outros que não as tenham. Quanto maior a heterogeneidade das informações, mais alto será o *spread* exigido e maior o custo do capital próprio. Isso leva à suposição de que as empresas,

---

[6] Eugene Fama e Kenneth R. French, "The cross-section of expected stock returns", *Journal of Finance*, 47, 2, jun. 1992, p. 427-465.

Capítulo 7 – Equilíbrio no mercado de capitais: o modelo de apreçamento... 229

com o objetivo de diminuir o custo do capital, tentem ou tenham um incentivo para procurar formas de transação que aumentem a liquidez de suas ações e diminuam os custos de corretagem para os compradores.

Nesse sentido, uma modalidade hoje bastante utilizada pelas empresas é a venda de ações pela Internet, que certamente tem custos de corretagem menores. Outra modalidade é o incentivo ao uso de dividendos na compra direta das próprias ações da empresa. O desdobramento acionário (*stock-split*) e a maior divulgação das informações são também meios usados pelas empresas para reduzir os custos da seleção adversa e, conseqüentemente, o custo do capital próprio.

7.3.6 Modelos alternativos ao CAPM

O CAPM é um modelo uniperiódico, pois a rigor é válido somente para avaliar títulos com um único período de duração. Ele pode ser visto como a *versão de equilíbrio* do modelo uniperiódico da teoria de Markowitz e Tobin (usada em análise de carteira de ativos financeiros).

Um modelo semelhante, mas aplicável a estruturas multiperiódicas, é o *arbitrage pricing theory (APT)*, desenvolvido por Stephen Ross.[7] O APT tem como principal meta ser uma alternativa ao CAPM.

Os dois modelos diferem basicamente pelo fato de o APT considerar que os retornos das ações são sensíveis a vários fatores diferentes de risco, enquanto o CAPM considera que os retornos dependem de apenas um tipo de risco não diversificável (o risco de mercado).

Para que o modelo CAPM pudesse ser aplicado a mais de um período, surgiu o chamado *CAPM Intertemporal (ICAPM)* a partir de um artigo clássico publicado por Robert Merton em 1973.[8] O modelo intertemporal, ao contrário do uniperiódico, assume uma distribuição log-normal (evitando os problemas teóricos da distribuição normal) para os preços, usando um *movimento geométrico browniano.*

No ICAPM, os investidores podem revisar continuamente sua carteira de ativos ao longo do tempo. O comportamento de uma carteira na presença de um maximizador intertemporal de riqueza é bem diferente do que no caso em que não há variações intertemporais a serem consideradas nesse conjunto de investimentos, por isso o modelo uniperiódico (CAPM tradicional) é afetado por mudanças nas oportunidades de investimento que ocorrem ao longo do tempo.

Em resumo, embora apresente conceitos qualitativos muito úteis, como a relação linear entre risco e retorno, o CAPM por si só não é suficiente para a análise de decisões ótimas de investimento. Enquanto alguns autores sugerem modelos alternativos, como o APT, outros sugerem o modelo intertemporal ICAPM. De toda forma, a aplicação de tais modelos é muito mais complicada que a do CAPM.

7.3.7 Linha de mercado de títulos (LMT)

A fronteira eficiente linear do CAPM é chamada *linha de mercado de títulos (LMT)*. Essa linha representa a relação de equilíbrio entre o retorno esperado e o beta de determi-

---

[7] S. Ross, "The arbitrage theory of capital asset pricing", *Journal of Economic Theory*, dez. 1976, p. 343-362.

[8] R.C. Merton, "An intertemporal capital asset pricing model", *Econometrica*, 41, 1973, p. 867-887.

nado ativo com risco. O equilíbrio no mercado de títulos pode ser caracterizado por dois parâmetros. O primeiro é o *intercepto vertical da LMT*, ou seja, a taxa livre de risco, e o segundo, o *coeficiente angular da LMT*. Conforme o nível de risco sistemático (beta) apresentado pelo ativo, a LMT apreça esse ativo em equilíbrio de mercado, isto é, atribui-lhe uma rentabilidade esperada, que será igual à taxa livre de risco mais o prêmio de risco do ativo. A figura a seguir representa a LMT.

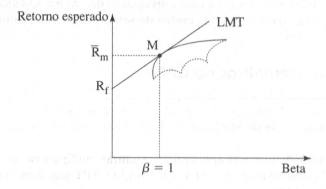

M representa a carteira de mercado, $\overline{R}_m$ é seu retorno esperado, e 1 é seu beta. A rentabilidade dos ativos sem risco é representada por R_f. Como o CAPM determina o retorno de equilíbrio para ativos com risco, qualquer ativo localizado fora da LMT estará em desequilíbrio. Se o retorno de um ativo estiver acima da LMT, esse ativo será considerado subvalorado em termos de preço, porque tal retorno será superior ao retorno apropriado para o nível de risco sistemático do ativo. Conseqüentemente, todos desejarão adquirir esse ativo com retorno acima do normal. Nesse caso, a demanda pelo ativo elevaria seu preço, reduzindo indiretamente sua taxa de retorno, até ela voltar ao ponto de equilíbrio na LMT. O mesmo raciocínio vale para ativos situados abaixo da LMT. Seus retornos estão abaixo do apropriado para seu nível de risco sistemático, dando margem a um ajustamento por meio da queda de seu preço.

Tal como discutido anteriormente na Seção 7.1, a linha de mercado de capitais (LMC) é uma representação de equilíbrio para a relação risco-retorno de carteiras eficientes altamente correlacionadas com o mercado. Na LMC, o risco é medido pelo desvio padrão. Por sua vez, a linha de mercado de títulos (LMT) e, conseqüentemente, o CAPM são uma representação de equilíbrio para a relação risco-retorno, na qual o retorno esperado de um ativo qualquer é função de seu beta ou risco sistemático.

De acordo com o CAPM, no equilíbrio os retornos esperados dos ativos com risco devem estar situados ao longo da LMT. Por sua vez, os retornos esperados são função inversa dos preços dos títulos. É isso que torna o CAPM um modelo de formação de preços de ativos com risco. Os investidores relacionam o preço dos ativos com seu risco sistemático, por meio dos retornos esperados apropriados.

Aplicar ou tomar recursos emprestados: movimentando-se ao longo da LMT

Observe a figura a seguir e imagine que você encontre no mercado a ação A, com beta igual a 0,5 e retorno esperado de 12%.

Capítulo 7 – Equilíbrio no mercado de capitais: o modelo de apreçamento...

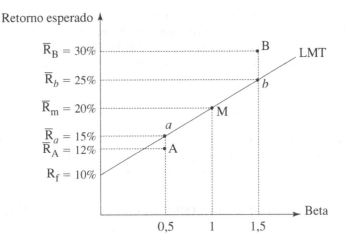

Você aplicaria todos os seus recursos na ação A? Esperamos que não, pois há a possibilidade de você aplicar metade (50%) de seu capital em ativos sem risco (ativo f) e o resto (50%) em uma carteira de ativos de renda variável (carteira M), obtendo um retorno esperado maior que o de A para o mesmo nível de risco. Como ocorre isso?

Repare que pode ser montada uma carteira hipotética *a*, situada na LMT, com beta idêntico ao da ação A, e composta x% pela carteira de mercado (carteira M) e (1 − x)% por ativos sem risco (ativo f). Para que possamos comparar a carteira *a* com a ação A, os betas de ambas devem ser iguais. Logo, o beta de A deve ser igualado ao beta da carteira *a*, que, como sabemos, é uma média ponderada dos betas de seus componentes:

$$\beta_a = x\underbrace{\beta_M}_{1} + (1 - x)\underbrace{\beta_f}_{0} = 0{,}5 \Rightarrow x = 0{,}50 \text{ e } (1 - x) = 0{,}50$$

O beta da carteira de mercado é igual a 1 e o do ativo sem risco é igual a 0. Assim, a carteira hipotética *a* deve ser composta 50% por M e 50% por ativos sem risco. Logo, o retorno esperado dessa carteira é:

$$\overline{R}_a = x\overline{R}_M + (1 - x)R_f = 0{,}50 \times 20\% + 0{,}50 \times 10\% = 15\%$$

A carteira hipotética *a* tem um retorno maior que a ação A (15% > 12%), portanto não seria um bom negócio comprar A, pois podemos montar uma carteira com risco similar, mas com retorno maior que o de A.

E em relação à ação B, com beta de 1,5 e retorno esperado de 30%, você ficaria tentado a aplicar todos os seus recursos na compra dessa única ação? Esperamos que sim, pois não há a possibilidade de você tomar um empréstimo igual a 50% de seu capital inicial, aplicar esse empréstimo mais seu capital inicial na carteira M e obter um retorno esperado maior que o de B para o mesmo nível de risco. Como isso ocorre? Repare que também pode ser montada uma carteira hipotética *b*, situada na LMT, com beta (risco) idêntico ao da ação B e composta x% pela carteira M e (1 − x)% por ativos sem risco (ativo f).

Para sabermos qual a composição da carteira *b*, a seguir igualamos os betas de B e *b*:

$$\beta_b = x\underbrace{\beta_M}_{1} + (1 - x)\underbrace{\beta_f}_{0} = 1{,}5 \Rightarrow x = 1{,}50 \text{ e } (1 - x) = -0{,}50$$

Ou seja, a carteira hipotética b deve ter a seguinte composição: 150% de M e –50% de f, o que significa que a carteira b terá uma posição descoberta (negativa) no ativo sem risco. Uma posição descoberta no ativo sem risco equivale a tomar um empréstimo à taxa R_f para financiar a compra de ativos de renda variável (M). Assim, o retorno esperado da carteira b é:

$$\overline{R}_b = x\overline{R}_M + (1 - x)R_f = 1{,}50 \times 20\% + (-0{,}50) \times 10\% = 25\%$$

Nesse caso, a ação B tem um retorno esperado maior que o da carteira hipotética b (30% > 25%), portanto seria um bom negócio comprar a ação B, pois não há a possibilidade de montarmos uma carteira com risco similar, mas com retorno maior que o de B.

7.3.8 Risco sistemático e diversificação no modelo CAPM

Na Seção 6.5.2, vimos que a variância (risco total) de uma carteira C é dada por $\sigma_c^2 = \beta_c^2\sigma_m^2 + \sigma_{e_c}^2$. Essa equação também é válida no contexto do CAPM. Ela nos diz que o risco total é a soma de dois tipos de risco, o risco de mercado ou risco sistemático ($\beta_i^2\sigma_m^2$) e o risco diversificável ou risco específico ($\sigma_{e_c}^2$). Se considerarmos que a carteira C seja integrada por N ativos com risco, com cada ativo participando na mesma proporção ($X_i = 1/N$), então o risco total da carteira será dado por:

$$\sigma_c^2 = \beta_c^2\,\sigma_m^2 + \sigma_{e_c}^2$$

$$= \beta_c^2\,\sigma_m^2 + \sum_{i=1}^{N} X_i^2\,\sigma_{e_i}^2$$

$$= \beta_c^2\,\sigma_m^2 + \left(\frac{1}{N}\right)\sum_{i=1}^{N}\frac{\sigma_{e_i}^2}{N}$$

$$= \underbrace{\beta_c^2\,\sigma_m^2}_{\text{Risco sistemático}} + \underbrace{\left(\frac{1}{N}\right)\overline{\sigma}_{e_c}^2}_{\text{Risco diversificável}}$$

onde β_c é o beta da carteira C, σ_m^2 é a variância da carteira de mercado, $\sigma_{e_i}^2$ é o risco específico do ativo i e $\overline{\sigma}_{e_c}^2$ é o risco específico médio da carteira C. À medida que aumentamos o número de títulos, o risco específico médio diminui (tende a zero). Portanto, o risco da carteira diversificada será dado por:

$$\sigma_c^2 = \lim_{N\to\infty}\left\{\beta_c^2 \times \sigma_m^2 + \left(\frac{1}{N}\right)\overline{\sigma}_{e_c}^2\right\} = \beta_c^2 \times \sigma_m^2$$

Fazendo-se a diversificação primária da carteira C, ou seja, aumentando-se o número de títulos que a integram, o segundo termo da expressão diminui. Quando N é bastante grande, o segundo termo é praticamente anulado, restando apenas o primeiro termo, que não diminui, mesmo que o número de ativos na carteira seja muito grande. Assim, podemos entender matematicamente, pela ótica do CAPM, o efeito da diversificação.

O risco de mercado está relacionado aos grandes movimentos do mercado, enquanto o risco diversificável ou risco específico é inerente ao ativo ou carteira, descorrelacionado com os movimentos do mercado. Em uma carteira muito diversificada, esse risco é praticamente nulo, sendo a contribuição de um ativo ao risco da carteira dada apenas por seu beta.

O CAPM considera como relevante unicamente o risco sistemático da carteira (risco de mercado), dado que, em um mercado eficiente, o risco não eliminado por diversificação não é remunerado. Conseqüentemente, para uma carteira razoavelmente bem diversificada, somente o risco de mercado importará. O princípio de diversificação é um dos princípios fundamentais de finanças, e suas implicações são muito extensas em vários campos da economia financeira.

7.3.9 Quando compensa a diversificação na empresa?

A redução de risco obtida com a diversificação poderia animar a alta gerência das empresas a diversificar suas atividades, comprando participações em empresas de outros ramos de atividades ou até, de forma mais radical, abrindo fábricas e divisões de negócios de produtos totalmente fora de seu ramo de atividade. Entretanto, essa estratégia não agregaria nenhum valor à empresa, como será explicado a seguir.

Em geral, o acionista pode diversificar seus investimentos de forma mais fácil e eficiente do que a empresa o faria. Ele pode, por exemplo, comprar ações de uma empresa do setor siderúrgico e se desfazer delas na semana seguinte, apenas com um custo de corretagem muito pequeno. Já se uma empresa de petróleo quiser comprar (ou mandar construir) uma siderúrgica, não terá a mesma facilidade do acionista para sair do ramo, sem falar que gerentes do setor de petróleo entendem muito pouco do ramo siderúrgico. Diversificação é uma estratégia saudável do ponto de vista do investidor, mas isso não significa que as empresas devam praticá-la.

A compra de uma mineradora por parte de uma siderúrgica pode ou não ser vantajosa, uma vez que existe uma relação direta entre os dois negócios (ferro é o insumo principal do aço). Contudo, isso nada tem a ver com a diversificação de ativos de que estamos tratando aqui, e sim com uma visão estratégica global da produção e venda de um produto, chamada *verticalização*.

Em alguns mercados, as empresas preferem a estratégia de terceirizar o que não é seu foco de negócios. No caso de mercados emergentes ou pouco desenvolvidos, muitas vezes é mais econômico proceder à *verticalização* ou *horizontalização* de atividades, ou até mesmo à ocupação de espaços que em países desenvolvidos seriam ocupados por instituições sólidas.[9]

Como o acionista pode ele próprio facilmente diversificar sua carteira de ações, não vai pagar nenhum valor extra por ações de empresas que façam isso por ele. Assim, em países com um mercado de capitais eficiente e desenvolvido, a diversificação das empresas não adiciona nem subtrai valor às ações. Os acionistas preferem ações de empresas eficientes que maximizam o valor de mercado das ações por meio da criação de valor. Entretanto, a empresa pode diversificar sua carteira de projetos dentro de seu próprio ramo de negócios, a fim de reduzir os riscos técnicos e ficar exposta quase exclusiva-

---

[9] Ver artigo dos professores de Harvard: T. Khanna e K. Papelu, "Why focused strategies may be wrong for emerging markets", *Harvard Business Review*, jul./ago. 1997.

mente aos *riscos setoriais de mercado*. Por meio dessa estratégia, uma empresa do setor de petróleo, por exemplo, pode ficar exposta apenas às oscilações do preço da commodity, que são correlacionadas aos movimentos do mercado, e pouco exposta ao risco técnico (no caso, achar ou não petróleo).

Geralmente, os gerentes podem fazer mais do que apenas diversificar o risco técnico para atender a objetivos de sobrevivência. As expectativas sobre o futuro do investimento podem ser revistas se for possível efetuá-lo em etapas seqüenciais, já que isso pode revelar informações adicionais. Existe um valor chamado *ganho de gerenciamento ativo*, que é um valor não capturado pelos fluxos de caixa convencionais.[10]

7.3.10 Racionalidade econômica do uso do modelo CAPM

Após a derivação do modelo CAPM, a análise de investimento e as finanças em geral ganharam um novo alento e um enfoque quantitativo mais fundamentado, pois o modelo resolve simultaneamente os problemas da oferta e alocação de recursos de capital, proporcionando uma estimativa do retorno esperado de um ativo. O CAPM, quando usado no cálculo do custo do capital para descontar fluxos de caixa de um projeto, considera que no médio e longo prazos o projeto deverá gerar um retorno no mínimo igual ao custo de oportunidade do capital. Partindo da premissa de que somente o risco sistemático é relevante, a seguir analisaremos a racionalidade do uso do CAPM no processo de orçamentação de capital.

Consideremos o caso de um projeto p, que promete rentabilidade de 12% e tem risco sistemático igual à metade do risco do mercado, ou seja, o beta do projeto é igual a 0,5 ($\beta_p = 0,5$). Vamos supor, ainda, que a rentabilidade esperada do mercado seja de 10% e que o retorno dos ativos sem risco seja de 5%. A figura abaixo representa a situação:

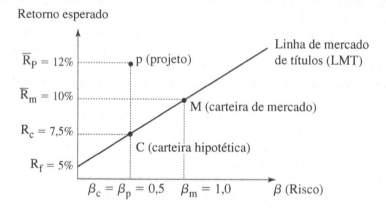

Como devemos tomar a decisão de aceitar ou não o projeto, podemos usar o CAPM para estimar o custo de oportunidade do capital para as condições de risco do projeto:

$$\text{Custo do capital} = R_f + \beta_p(\overline{R}_m - R_f) = 5\% + 0,5 \times (10\% - 5\%) = 7,5\%$$

O resultado mostra que a rentabilidade do projeto é maior que a rentabilidade alternativa do capital (12% > 7,5%), portanto o projeto é viável do ponto de vista econômico.

---

[10] Esse assunto é tratado pela teoria das opções reais, abordada no Capítulo 5 deste livro.

Capítulo 7 – Equilíbrio no mercado de capitais: o modelo de apreçamento... **235**

A simples comparação entre a rentabilidade do projeto e o custo do capital pode ser feita de modo mais intuitivo. Basta imaginar que seja possível montar uma carteira hipotética C, cuja rentabilidade represente o rendimento do capital em aplicações alternativas de risco semelhante ao do projeto. Logo, o projeto será viável economicamente se sua rentabilidade esperada for maior que a rentabilidade dessa carteira, ou seja, se sua taxa interna de retorno (TIR) for maior que o custo de oportunidade do capital. A carteira C terá a seguinte composição: x% de uma carteira de mercado M (integrada por ativos com risco) e $(1 - x)\%$ de ativos sem risco. O retorno esperado da carteira de mercado M é dado por $\overline{R}_m$, e o dos ativos sem risco por R_f.

O beta da carteira C será igual à média ponderada dos betas de seus componentes:

$$\beta_c = \beta_m x + \beta_f (1 - x)$$

Para serem comparáveis, o beta da carteira hipotética C e o beta do projeto p devem ser iguais (no presente exemplo, $\beta_c = \beta_p = 0,50$). Se, além disso, considerarmos que os ativos sem risco tenham beta igual a 0, e que o beta de M seja igual a 1, teremos que:

$$0,5 = \overset{1}{\overset{\nearrow}{\beta_m}}x + \overset{0}{\overset{\nearrow}{\beta_f}}(1 - x) \Rightarrow x = 0,50 \quad e \quad (1 - x) = 0,50$$

Ou seja, no presente caso, a carteira C deve ser composta 50% por M e 50% por ativos sem risco. Como o retorno esperado de uma carteira é simplesmente a média ponderada dos retornos esperados dos títulos que a integram, o retorno esperado de C será:

$$\overline{R}_c = \overline{R}_m\, x + R_f(1 - x) = 10\%x + 5\%(1 - x)$$

Substituindo na relação anterior o valor de x previamente calculado (x = 0,50), tem-se:

$$\overline{R}_c = 10\% \times 0,5 + 5\% \times (1 - 0,5) = 7,5\%$$

O resultado é idêntico ao obtido pelo CAPM (7,5%). Assim, dado que o retorno esperado de p é superior à rentabilidade dos investimentos alternativos de mesmo risco representados pela carteira C $(\overline{R}_p > \overline{R}_c)$, a rentabilidade do projeto é maior que o custo de oportunidade do capital. Portanto, o projeto deverá ser aceito. Como a linha de mercado de títulos (LMT) é uma representação de equilíbrio para a relação risco-retorno, o retorno da carteira hipotética C equivale à rentabilidade do projeto em situação de equilíbrio de mercado; em outras palavras, o retorno de C representa o custo de oportunidade do capital para as condições de risco do projeto.

Se no lugar do projeto tivéssemos uma ação, um retorno esperado de 12% seria superior ao custo de oportunidade do capital para as condições de risco. Portanto, em um mercado eficiente (no sentido da transparência e disponibilidade plena de informações) uma rentabilidade superior a 7,5% atrairia rapidamente novos investidores, ocasionando uma elevação do preço como consequência do aumento da procura pelo título. O aumento do preço, por sua vez, levaria a uma diminuição na rentabilidade do investimento e, como consequência, o retorno do título voltaria a ser o de equilíbrio (7,5%). Ou seja, o que estava em uma situação momentânea de desequilíbrio teria voltado ao equilíbrio, situando-se ao longo da LMT e rendendo unicamente o custo de oportunidade do capital adequado a seu nível de exposição ao risco.

A figura a seguir mostra a tendência ao equilíbrio de um título i com uma rentabilidade esperada maior que o custo de oportunidade do capital ($\overline{R}_i > \overline{R}_c$) e de um outro título, j, com rentabilidade esperada menor que o custo de oportunidade ($\overline{R}_j < \overline{R}_c$).

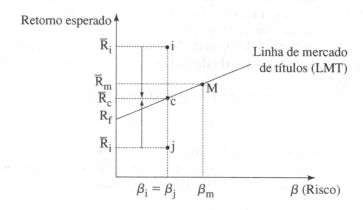

No médio prazo, um projeto de investimento deve gerar um retorno igual ao custo de oportunidade do capital. A idéia intuitiva por trás dessa afirmação é a seguinte: em um mercado eficiente e competitivo, se a rentabilidade da empresa permanecer consistentemente acima da média do setor, no médio prazo o negócio vai atrair novos competidores, o que porá fim às vantagens que originaram esse excesso de rentabilidade e, conseqüentemente, fará que a rentabilidade do projeto tenda ao equilíbrio e seja equivalente apenas ao custo de oportunidade do capital.

Na prática, nem o mercado nem os preços dos ativos estão necessariamente em equilíbrio, mas podemos imaginar que se movam nessa direção. Comprovamos essa observação à medida que levantamos as suposições por trás do modelo e nos aproximamos das condições existentes no mundo real. A presença de imperfeições transforma as linhas de mercado em faixas, uma vez que o mecanismo de ajuste de preços não é ativado para uma diferença que não cubra os custos de tais imperfeições.

7.3.11 Equilíbrio de mercado e oportunidades de arbitragem no modelo CAPM

Na seção anterior vimos que, em um mercado perfeito e em equilíbrio, no médio prazo um título de risco deve gerar um retorno igual ao custo de oportunidade do capital para esse nível de risco. A rentabilidade do título não pode permanecer por muito tempo acima de sua rentabilidade intrínseca de equilíbrio, pois isso criaria oportunidades de arbitragem.

Uma *oportunidade de arbitragem* aparece quando o investidor pode montar uma estratégia de investimento que não requer aplicação líquida de recursos nem aumento de risco, porém proporciona lucros. Para compreendermos o significado das oportunidades de arbitragem e o contexto em que o modelo CAPM apreça os títulos de risco, admitamos que, em um mercado perfeito e sem custos de transação, um investidor consiga idenficar o título p (pode ser a ação p) que promete rentabilidade de 12% e tem um risco igual à metade do risco do mercado, isto é, $\beta_p = 0{,}5$. A rentabilidade esperada do mercado ($\overline{R}_m$) é de 10%, e o retorno dos ativos sem risco (R_f) é de 5%.

Capítulo 7 – Equilíbrio no mercado de capitais: o modelo de apreçamento... 237

O investidor pode montar no mercado de capitais uma carteira c, com exposição ao risco idêntica ao do título p e composta por aplicações sem risco e por ações (carteira M). De acordo com o CAPM, o retorno esperado dessa carteira é dado por:

$$\overline{R}_C = R_f + \beta_p(\overline{R}_m - R_f) = 5\% + 0,5 \times (10\% - 5\%) = 7,5\%$$

Vamos supor, ainda, que o investidor possa montar a seguinte estratégia: vender a descoberto a carteira c, por, digamos, $ 100, e com esses recursos comprar no mercado à vista o título p. O quadro a seguir mostra a estratégia e seus resultados, no que diz respeito ao risco e retorno resultantes.

Atitude do investidor	Investimento	Retorno	Risco (beta)
Vende a descoberto a carteira c	+$ 100	−7,5%	−0,5
Compra no mercado à vista o título p	−$ 100	+12,0%	+0,5
Resultado líquido das duas atitudes	0	+4,5%	0

Uma *posição descoberta* significa que o investidor teria de vender um ativo que não possui. Envolve, essencialmente, a construção de uma posição negativa na carteira c. Na estratégia hipotética seguida, o investidor perde o retorno esperado da carteira c vendida a descoberto (−7,5%), mas em contrapartida ganha o retorno do título p comprado no mercado à vista (+12%). Os recursos recebidos pela venda a descoberto da carteira c (+$ 100) foram aplicados na compra à vista do título p (−$ 100). Assim, observa-se que não houve desembolso líquido de recursos (investimento = 0), nem foi assumido risco adicional (beta = 0); ainda assim, a estratégia resultou em um retorno líquido de +4,5%.

Como aparentemente o título p é muito atraente, pois está barato — isto é, seu retorno esperado é maior que sua rentabilidade intrínseca (12% > 7,5%) —, ele imediatamente vai atrair muitos investidores desejosos de comprá-lo. Assim, pelas leis da oferta e procura, o preço do título aumentará e seu retorno diminuirá, fazendo com que ele rapidamente entre em equilíbrio de mercado e passe a render unicamente sua rentabilidade intrínseca, idêntica à da carteira c (7,5%), que tem o mesmo risco (beta = 0,5). Desse modo, entrando em equilíbrio o título p, as oportunidades criadas pela estratégia hipotética (ganhar sem investir e sem arriscar) acabariam rapidamente.

É claro que estratégias hipotéticas como a apresentada não poderiam durar muito tempo no mercado, pois possibilitariam ao investidor ganhar sem investir e sem arriscar. Se o mercado permitisse a alguém continuar indeterminadamente com estratégias desse tipo, o sujeito teria descoberto algo similar ao que os alquimistas da Antiguidade perseguiam e nunca conseguiram: a máquina de moto-perpétuo, ou seja, uma máquina que produz força e trabalho sem gasto de energia. E, como todos nós sabemos, isso é impossível.

O uso de um modelo de equilíbrio como o CAPM estaria justificado no apreçamento dos títulos de risco, pois, se bem que o mercado possa não estar em equilíbrio em determinado momento, a tendência é para o equilíbrio, de modo que as oportunidades de arbitragem, se existirem, não se tornarão indeterminadas. No caso de um projeto de investimento, se a TIR do projeto for muito alta, digamos acima da rentabilidade do setor, isso fará que novos competidores sejam atraídos e novos projetos sejam executados, aumentando a oferta no médio prazo. Em um mercado competitivo e sem restrições, o aumento da oferta fará que no médio prazo a rentabilidade do empreendimento entre em equilíbrio setorial, situando-se em torno da média do setor. Assim, estaria justificado o uso do modelo CAPM no cálculo do custo do capital a ser empregado no desconto dos fluxos econômicos do projeto.

Se os projetos continuassem indeterminadamente com rentabilidades acima das médias setoriais, poderiam ocorrer situações inusitadas. Por exemplo, na década de 1960, a IBM tinha rentabilidades altíssimas e crescia a uma média de aproximadamente 20% ao ano. Se esse crescimento tivesse continuado até os dias de hoje, provavelmente o patrimônio da empresa seria o maior do planeta, igual ou superior ao PIB de um país como a Alemanha. Isso não ocorreu, pois as altas rentabilidades atraíram novos competidores ao setor de fabricação de computadores, fazendo, inclusive, que a própria tecnologia mudasse, passando dos mainframes para os personal computers. Hoje, inúmeras empresas do mercado global se destacam nesse setor, sendo a IBM apenas mais uma entre elas.

7.3.12 Limitações do CAPM e dos métodos de fluxos de caixa descontados na avaliação de projetos

Existem dois importantes tipos de incerteza: a incerteza econômica e a incerteza técnica. Essa nomenclatura (mais econômica do que financeira) é análoga à adotada em carteiras financeiras — risco sistemático e risco diversificável —, mas muito mais útil do ponto de vista da ação gerencial maximizadora do valor da empresa ou do projeto.

A *incerteza econômica* está correlacionada aos movimentos gerais da economia, que por sua vez estão sujeitos a acontecimentos aleatórios, tais como recessões ou aquecimentos, guerra ou paz, perdas de safra por razões climáticas, descoberta de novas tecnologias, ou mesmo uma novela de TV que lance a moda de determinado produto ou serviço.

Em geral, quanto mais distante for o futuro que se tenta prever, mais incerta será essa previsão. Um fator importante a levar em conta na decisão de investimento é que a realização de um projeto por si só não reduz (ou afeta) a incerteza econômica. Geralmente, a realização de um projeto não tem impacto nos preços praticados no mercado, além de não reduzir nem aumentar a incerteza econômica. Exemplo disso é a incerteza quanto aos preços futuros do petróleo, que dependem de fatores exógenos a determinado projeto de exploração.

Assim, podemos dizer que a incerteza econômica é *exógena* ao processo de decisão e não pode ser totalmente diversificada, além de afetar negativamente os investimentos, pois, quanto maior for a incerteza econômica, mais as empresas vão esperar antes de investir, ou mais elevados serão os preços que exigirão para investir em produção. Por causa disso, muitos projetos com VPL positivo são postergados, sendo realizados somente projetos com VPL muito elevado. Em outras palavras, quanto maior a incerteza econômica, maior será a exigência de lucratividade do projeto para que se faça o investimento.

A *incerteza técnica*, por sua vez, não está correlacionada aos movimentos gerais da economia; ou seja, as possibilidades de desvio da variável em relação ao que se espera (incerteza) nada têm a ver com a situação da economia (se em recessão ou em fase de crescimento, se a taxa de juros está alta ou baixa etc.). Como exemplos de incerteza técnica, temos: custo e tempo necessários para completar um projeto, tamanho e características do projeto, complexidade da tecnologia a ser usada etc. Em projetos de investimento seqüencial, a incerteza técnica pode levar à realização do projeto, mesmo com VPL negativo, devido ao ganho do gerenciamento ativo do projeto.

A característica fundamental da incerteza técnica é que a realização de investimentos a reduz. Assim, ao contrário da econômica, a incerteza técnica é *endógena* ao processo de decisão. Ela incentiva o investimento passo a passo, pois tal processo é capaz de reduzir esse tipo de incerteza. É como se o investimento trouxesse um benefício adicional: reduzir a incerteza técnica. Esse benefício adicional é um valor que não aparece diretamente no fluxo de caixa. Logo, nem o VPL nem o CAPM 'enxergam' esse valor.

Qual a diferença entre um investidor que detém uma carteira de ações e o gerente de uma grande empresa que detém uma carteira de projetos? A resposta é que o investidor não pode tirar vantagem da incerteza técnica para maximizar sua riqueza; o melhor que pode fazer é *diversificar* sua carteira a fim de tornar o risco diversificável irrelevante. Já o gerente pode fazer mais do que apenas diversificar: ele pode agir, revisando sua alocação de recursos, com o objetivo de tirar vantagem da incerteza técnica e *maximizar* o valor da empresa.

Logo, a incerteza técnica é importante apenas para projetos de investimento, e não para carteiras de ações do mercado financeiro. Talvez por isso ela não tem demandado a devida atenção dos economistas financeiros. Enquanto a incerteza econômica (associada às forças de demanda e oferta) é largamente analisada na literatura, apenas recentemente é que os textos econômicos estão dando uma abordagem moderna à incerteza técnica.

7.4 Rentabilidade histórica dos ativos e o prêmio de risco no modelo CAPM

A tabela a seguir mostra, para diversos ativos no mercado norte-americano, os retornos nominais médios e os desvios padrão históricos entre 1926 e 1996.

Títulos	Retorno nominal médio	Desvio padrão
Ações de grandes empresas	12,7%	20,3%
Ações de pequenas empresas	17,7%	34,1%
Títulos de dívida corporativa de longo prazo	6,0%	8,7%
Títulos de dívida de longo prazo do governo	5,4%	9,2%
Títulos de dívida de médio prazo do governo	5,4%	5,8%
Letras do Tesouro do governo	3,8%	3,3%
Inflação	3,2%	4,5%

Fonte: Stocks, bonds, bills, and inflation. Chicago: Ibbotson Associates, 1997 Yearbook.

A figura a seguir mostra a freqüência (em quantidade de anos) por faixa de retorno anual do mercado de ações norte-americano, para o mesmo período.

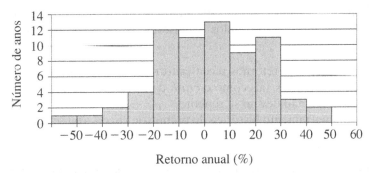

Fonte: Stocks, bonds, bills, and inflation. Chicago: Ibbotson Associates, 1997 Yearbook.

240 Gestão de investimentos e geração de valor

Observa-se que existe grande variação nos retornos anuais desse mercado de risco, em que se podem obter tanto retornos superiores a 50% quanto retornos negativos, abaixo de –40%, embora valores extremos sejam menos freqüentes. Pode-se considerar (e é usual) que a distribuição de probabilidades dos retornos siga aproximadamente uma distribuição normal (curva do sino). Essa distribuição de probabilidades é totalmente definida por dois parâmetros: a *média* (ou valor esperado) e o *desvio padrão* (dispersão dos retornos).

7.4.1 Prêmio de risco de mercado

A diferença entre o retorno proporcionado pelo mercado acionário e o retorno dos títulos soberanos do governo é o que se denomina *prêmio de risco*. Apesar de teoricamente estarem livres do risco de *default*, os títulos soberanos do governo não são absolutamente livres de risco, pois no curto prazo os preços podem variar bastante devido a mudanças na taxa de juros vigente ou a mudanças inesperadas nos níveis de inflação. Assim como ocorre com o retorno das ações, o prêmio de risco pode ser definido de forma histórica (*ex post*) ou de forma prospectiva (*ex ante*). O retorno *ex post* pode ser calculado como a diferença entre a média histórica do retorno das ações e a média histórica do retorno dos títulos soberanos. O prêmio de risco *ex post* pode ser calculado sobre uma variedade de períodos históricos, utilizando-se uma variedade de intervalos de observação. Infelizmente, a estimativa do prêmio de risco muda significativamente quando o período da amostra é alterado.

7.4.2 Estimação do prêmio de risco de mercado

Existe um consenso entre os pesquisadores e profissionais de mercado de que a melhor maneira de estimar o prêmio de risco é utilizando dados históricos. A seguir, como ilustração, mostra-se o valor do prêmio de risco no mercado norte-americano sugerido para 2001 por Ibbotson Associates, calculado a partir dos dados do período de 1926 a 2000.

+	S&P500	12,98%
–	Taxa livre de risco	−5,22%
=	Prêmio de mercado	7,76%

Fonte: Stocks, bonds, bills, and inflation. Chicago: Ibbotson Associates, 2001 Yearbook.

O cálculo considera títulos do governo norte-americano de 20 anos. Como observado, o prêmio de risco de mercado é um conceito simples; entretanto, na prática, sua medição apresenta diversas questões, algumas das quais ainda não resolvidas, tais como o intervalo de tempo a ser utilizado. Em relação a isso, existem duas correntes: a que utiliza toda a informação disponível até a data mais recente, e aquela que utiliza períodos mais curtos, de 10, 15 ou 20 anos.

Os argumentos apresentados pelos defensores da utilização de períodos mais curtos são estes:

- Em períodos longos, os retornos recentes tornam-se mais relevantes.
- Eventos extraordinários, tais como o *crash* da Bolsa de Nova York em 1929 e as duas Guerras Mundiais, não devem se repetir.[11]
- O próprio comportamento histórico do prêmio de risco — ou seja, o padrão de risco — mudaria ao longo dos anos.

---

[11] Apesar de guerras mundiais serem pouco prováveis atualmente, eventos imprevisíveis, como ataques terroristas em grande escala, podem ter um impacto relativo da mesma proporção.

Em contrapartida, os autores que recomendam a utilização de períodos mais longos sustentam que:

- Quanto maior o número de períodos, menor o desvio padrão da estimativa, o que reduz o intervalo de confiança.
- Os retornos de longo prazo mostram estabilidade e apresentam pouca variabilidade ao longo do tempo. Copeland, Weston e Shastri[12] mostram uma regressão em séries temporais do prêmio de risco de mercado que descarta a evidência de tendência temporal. Para melhor compreensão desse ponto, o leitor pode recorrer ao trabalho de Corrêa,[13] que apresenta uma detalhada discussão do tema.

Muitos autores, como Damodaran, Copeland, Koller e Murrin, Pratt, Brealey e Myers, Pike e Neale e a Ibbotson Associates,[14] recomendam a utilização do período mais longo possível para a determinação do prêmio de risco de mercado. Também é o que sugerem diversos artigos técnicos, entre os quais o de Dimson, Marsh e Staunton,[15] que prepararam um estudo comparativo sobre o prêmio de risco de mercado em vários países para o período de 102 anos compreendido entre 1900 e 2001. Nesse estudo, os autores mostram que, nos últimos anos do século XX, o retorno dos ativos no mercado foi muito elevado, conforme indica a tabela a seguir.

Período	Retorno total (anual)
1990 a 1999	14%
1995	36%
1996	21%

Nos anos seguintes, com o 'estouro da bolha' das empresas de tecnologia, esses retornos caíram sistematicamente e, entre 2000 e 2001, o retorno do mercado em muitos países foi negativo. Esses dados mostram que para estimar o prêmio de risco de mercado deve-se considerar um período longo, no qual os elevados retornos de um período sejam compensados pelos baixos retornos de outros períodos. É até possível que os investidores não 'esperassem' obter um retorno tão elevado como aqueles observados na década de 1990, mas é muito pouco provável que tenham esperado retornos negativos no período de 2000 a 2001.

---

[12] T.E. Copeland, J.F. Weston e K. Shastri, *Financial theory and corporate policy*, 5. ed. Reading: Addison-Wesley, 2004.

[13] L.S. Corrêa, *Análise e avaliação do prêmio de risco nos mercados acionários brasileiro e americano*. Dissertação de Mestrado, Departamento de Engenharia Industrial, PUC-Rio, 2002.

[14] A. Damodaran, *Investment valuation: tools and techniques for determining the value of any asset*, 2. ed. Nova York: John Wiley & Sons, 2002; Copeland, Koller e Murrin, op. cit., 2004; S. Pratt, *Cost of capital estimation and applications*, 2. ed. Nova York: John Wiley & Sons, 2002, p. 90 e ss.; R. Brealey e S. Myers, *Principles of corporate finance*, 6. ed. Nova York: McGraw-Hill, 2000; R. Pike e B. Neale, *Corporate finance and investment: decisions and strategies*. Englewood Cliffs: Prentice Hall, 1993; Ibbotson Associates. Stocks, Bonds, Bills and Inflation® Valuation Edition 2001 Yearbook.

[15] E. Dimson, P. Marsh e M. Staunton, *Global evidence on the equity risk premium*. Working paper. Londres: London Business School, set. 2002.

242 Gestão de investimentos e geração de valor

7.4.3 Risco Brasil

A seguir transcrevemos uma notícia do portal *Valor Online*, de 20 de setembro de 2004, sobre o chamado *risco Brasil*.

> **Risco Brasil marca 451 pontos; C-Bond atinge 99,60% do valor de face**
>
> SÃO PAULO — Principal indicador da confiança externa na economia do país, o risco Brasil mantém a melhora nesta tarde ante o fechamento de sexta-feira (467). Houve instantes, segundo o Banco JP Morgan, em que o EMBI+ brasileiro caía 3,43%, aos 451 pontos. No mercado secundário, os principais títulos da dívida externa mostravam valorização. O C-Bond subia 0,48%, para 99,60% de seu valor de face, enquanto o Global 40 era negociado a 113,68% de seu valor, alta de 1,33% ante a sexta-feira. Analistas atribuem o otimismo do mercado ao aumento que a agência de classificação de risco de crédito Standard & Poor's deu à nota do Brasil. A agência elevou o rating da dívida soberana brasileira de "B+" para "BB–". A decisão indica que, para a S&P, as chances de o governo brasileiro dar o calote de sua dívida externa ficaram menores.[16]

7.4.4 A carteira de mercado

No mercado norte-americano, para calcular o prêmio de risco de mercado subtrai-se a média aritmética da taxa livre de risco (retorno de títulos do governo norte-americano) da média aritmética do retorno do mercado acionário. Segundo os principais autores, a carteira de mercado pode ser aproximada pelo S&P500 (Standard and Poor's 500) ou pelo NYSE, sendo o primeiro o mais utilizado segundo a Ibbotson Associates, consultoria de renome no mercado norte-americano e mundial.

No Brasil, a carteira de mercado pode ser aproximada pelo Ibovespa, que é o mais importante indicador do desempenho médio das cotações no mercado acionário nacional, porque retrata o comportamento dos principais papéis negociados na Bolsa de Valores de São Paulo (Bovespa). É o mais representativo indicador brasileiro por sua tradição — não sofreu modificações metodológicas desde sua implementação, em 2 de janeiro de 1968 — e também pelo fato de a Bovespa responder pela maior parte do volume de recursos transacionado nas bolsas de valores brasileiras.

7.5 Problemas e anomalias do modelo CAPM

Embora bastante utilizado, o CAPM não está livre de críticas. O pesquisador acadêmico Richard Roll publicou um famoso artigo no qual argumenta que uma das principais falhas desse modelo é a impossibilidade de ser testado empiricamente, uma vez que não é possível observar a verdadeira 'carteira de mercado', mas somente aproximações dela. Ele sustenta que, como os testes empíricos aplicados ao modelo utilizam apenas uma aproximação da verdadeira carteira de mercado, eles não medem outra coisa a não ser a eficiência dessa aproximação.[17]

---

[16] Disponível em: www.valor.com.br/noticias/?show=showNot&n=&id=2609879. Acesso em: 20 set. 2004

[17] R. Roll, "A critique of the asset pricing theory's tests: part I — on past and potential testability of the theory", *Journal of Financial Economics*, 4, 1977, p. 126-176.

Apesar da contundência do trabalho de Roll, vários autores realizaram testes empíricos para suportar o modelo CAPM, encontrando uma série de anomalias. Vale destacar que uma *anomalia* é a diferença estatisticamente significativa entre o retorno médio observado de um ativo e o retorno esperado calculado de acordo com o modelo em questão. Assim, o que é considerado uma anomalia para determinado modelo pode ser perfeitamente explicado por outro modelo.

Um dos primeiros trabalhos a verificar uma contradição teórica do modelo CAPM em relação aos dados empíricos foi o realizado por Basu,[18] que estudou a variação nos retornos das ações em relação ao índice preço da ação/lucro por ação (P/L) para o mercado norte-americano, no período compreendido entre 1957 e 1971. Esse autor identificou que as carteiras com menores valores de índice P/L apresentavam retorno ajustado ao risco superior aos retornos observados para as carteiras de maior índice. Posteriormente, diversos outros trabalhos foram publicados e, durante a realização dos testes, foram identificadas outras anomalias. A seguir, trataremos brevemente das principais anomalias constatadas no uso do CAPM.

7.5.1 Efeito tamanho

Ações de empresas pequenas possuem retornos maiores do que os previstos pelo CAPM, conforme trabalhos de Banz, Keim e Reinganum.[19] Esses autores apresentaram resultados estatisticamente significativos para o prêmio de risco relativo ao tamanho das empresas, medido por meio de seu valor de mercado. Os resultados obtidos por eles indicaram que o investidor prefere empresas menores no mercado norte-americano. Posteriormente, esse efeito foi testado em outros mercados; os resultados de alguns desses testes estão descritos a seguir, inclusive em relação ao mercado acionário brasileiro.

Heston, Rouwenhorst e Wessels[20] comprovaram a existência do efeito tamanho para 12 países da Europa, no período de 1978 a 1990. Em 1998, French e Fama[21] testaram um modelo chamado *modelo de três fatores* (beta, tamanho e valor) para 13 países, no período de 1975 a 1995, e encontraram evidências do efeito tamanho. A explicação das razões que levam ao efeito tamanho ainda não é completa. French e Fama sugerem que as empresas menores são mais atingidas por ciclos econômicos recessivos, decorrendo daí seu maior risco.

Em vista das evidências empíricas, a maioria dos autores, tais como Pratt,[22] recomenda a inclusão do efeito tamanho na determinação da taxa de desconto a ser utilizada para a avaliação econômico-financeira, especialmente no caso de empresas de capital fechado, cujos acionistas não podem diversificar suas carteiras na extensão exigida pelo modelo CAPM de um único fator. Dessa forma, esses autores consideram que o risco não sistemático não poderá ser eliminado pela diversificação, devendo ser refletido na taxa de desconto a ser calculada.

---

[18] S. Basu, "The relationship between earnings yield, market value and return for NYSE common stocks: further evidence", *Journal of Financial Economics*, Jun. 1983.

[19] R. Banz, "The relationship between return and the market value of common stocks", *Journal of Financial Economics*, mar. 1981; D.B. Keim, "Size-related anomalies and stock return seasonality: further empirical evidence", *Journal of Financial Economics*, 12, 1, jun. 1983; M.R. Reinganum, "Misspecifications of capital asset pricing: empirical anomalies based on earning yields and market values", *Journal of Financial Economics*, mar. 1981.

[20] S.L. Heston, K.G. Rouwenhorst e R.E. Wessels, "The structure of international stock return and the integration of capital markets", *Journal of Empirical Finance*, v. 2, 1995, p. 173-197.

[21] K.R. French e E.F. Fama, "Value versus growth: the international evidence", *Journal of Finance*, 53, 6, dez. 1998.

[22] Pratt, op. cit., 2002.

Gestão de investimentos e geração de valor

No mercado brasileiro, os diversos trabalhos já realizados tendem a mostrar que o efeito tamanho não é relevante. Essa tendência está explicitada nos trabalhos de Rouwenhorst, Braga e Braga e Leal,[23] enquanto Rodrigues e Costa Jr. e Neves encontraram um efeito tamanho inverso ao observado nos Estados Unidos.[24]

7.5.2 Efeito valor

As ações de empresas que apresentam um baixo valor para a relação entre o valor contábil do patrimônio líquido e seu valor de mercado têm retornos maiores do que os estimados pelo CAPM. Barber e Lyon[25] identificaram essa anomalia, chamada *efeito valor*, tanto em empresas financeiras quanto em empresas não financeiras.

As ações com valor patrimonial elevado em relação a seu valor de mercado são ditas *ações de valor* (*value stocks*, em inglês). São ações que, aparentemente, estão sendo negociadas a um preço relativamente baixo, que pode ser explicado por alguns fatores: maior risco, dificuldades momentâneas e falta de perspectivas de crescimento, entre outros. Os principais indicadores utilizados para analisar essas ações são a relação entre o valor patrimonial por ação e o preço da ação.

Em 1997, Barry, Goldreyer, Lockwood e Rodriguez[26] testaram o efeito valor e encontraram significância estatística em 26 países emergentes para o período compreendido entre 1985 e 1995. French e Fama[27] analisaram o modelo com dois fatores (beta e valor) para 13 países desenvolvidos, entre 1975 e 1995, e para 16 países emergentes, entre 1987 e 1995, e chegaram às seguintes conclusões:

1. Existe superioridade do retorno ajustado ao risco para ações de valor em 12 dos países desenvolvidos analisados.
2. Existe o efeito valor também na análise de uma carteira global, formada a partir dos 13 países desenvolvidos analisados.
3. Existe o efeito valor, medido pelo coeficiente valor patrimonial/valor de mercado, para 12 dos países emergentes analisados, inclusive o Brasil.

Posteriormente, Davis, Fama e French,[28] para o período de 1929 a 1997 nos Estados Unidos, encontraram evidências robustas do efeito valor. No caso brasileiro, diversos tra-

---

[23] K.G. Rouwenhorst, "Local returns factors and turnover in emerging markets", *Journal of Finance*, 54, 4, ago. 1995; C.A.B.M. Braga, *Risco e retorno das ações de valor e crescimento brasileiras nos anos 90*. Dissertação de Mestrado, Coppead/UFRJ, 1999; C.A.B.M. Braga e R.P.C. Leal, "Ações de valor e de crescimento nos anos 1990". In: Marco Bonomo (org.), *Finanças aplicadas no Brasil*. São Paulo: Ed. FGV, 2002.

[24] M.R.A. Rodrigues, *O efeito valor, o efeito tamanho e o modelo multifatorial: evidências do caso brasileiro*. Dissertação de Mestrado, Coppead/UFRJ, 2000; N.C.A. Costa Jr. e M.B.E. Neves, "Variáveis fundamentalistas e os retornos das ações", *Revista Brasileira de Economia*, 54, 1, jan.-mar. 2000, p. 123-137.

[25] B.M. Barber e J.D. Lyon. "Firm size, book-to-market ratio, and security returns: a holdout sample of financial firms", *Journal of Finance*, 52, 2, jun. 1997, p. 875-883.

[26] C. Barry, E. Goldreyer, L. Lockwood e M. Rodriguez, *Size and book-to-market effects: evidence from emerging equity markets*. Working Paper 1997, Texas Christian University.

[27] French e Fama, op. cit., 1998. Os países desenvolvidos foram: Estados Unidos, Japão, Reino Unido, França, Alemanha, Itália, Holanda, Bélgica, Suíça, Suécia, Austrália, Hong Kong e Cingapura. Os países emergentes foram: Argentina, Brasil, Chile, Colômbia, Grécia, Índia, Jordânia, Coréia, Malásia, México, Nigéria, Paquistão, Filipinas, Taiwan, Venezuela e Zimbábue.

[28] Davis, Fama e French, "Characteristics, covariances and average returns: 1929 to 1997", *Journal of Finance*, v. 55, n. 1, fev. 2000.

balhos comprovaram tal efeito, diferentemente do que ocorreu com o efeito tamanho, não verificado no país. Rodrigues,[29] para o período de 1991 a 1999, comprovou a ocorrência do efeito valor. Costa Jr. e Neves[30] também encontraram uma relação positiva que confirma esse efeito, embora o beta fosse a melhor variável explicativa para o período por eles analisado (1988 a 1996). Braga e Leal[31] analisaram o comportamento das ações brasileiras entre 1991 e 1998 e encontraram o efeito valor, medido pela relação entre o valor patrimonial por ação e o valor da ação.

7.5.3 Modelo de dois e de três fatores

Entre as anomalias do modelo CAPM, o efeito tamanho e o efeito valor têm maior destaque na literatura em virtude da robustez dos resultados obtidos. Nesse sentido, French e Fama publicaram uma série de trabalhos nos quais tentavam identificar a existência de outros fatores, além do beta, para explicar o retorno das ações. Esses fatores eram basicamente medidas de tamanho baseadas na capitalização de mercado, dada pela relação entre o valor patrimonial e o valor de mercado (VP/VM). Os autores trabalharam com diversos critérios de formação de carteiras a fim de isolar cada efeito e replicar os fatores de risco em análise. Posteriormente, propuseram um modelo de três fatores que contemplava não só o beta como variável explanatória, mas também o efeito tamanho (por meio da capitalização de mercado) e o efeito valor (por meio da relação VP/VM).

Diversos estudos verificaram que o efeito tamanho é uma das principais anomalias do modelo CAPM, e, conforme dito anteriormente, algumas renomadas empresas de consultoria financeira, tais como a Ibbotson Associates, já recomendam sua inclusão no cálculo de taxas de desconto. Existem basicamente dois modelos mais conhecidos que consideram a utilização do efeito tamanho: o modelo de Ibbotson Associates e o modelo French e Fama. O modelo de Ibbotson Associates para calcular o custo do capital próprio (K_{cp}) parte do modelo CAPM, adicionando-lhe um novo fator relativo ao tamanho da empresa. O modelo obedece à seguinte equação:

$$\text{Modelo de dois fatores: } K_{cp} = R_f + \beta(R_M - R_f) + SP_S$$

Os parâmetros referem-se ao modelo CAPM descrito anteriormente. O fator SP_S representa o prêmio por tamanho ajustado ao valor de beta e baseado na capitalização de mercado da empresa em análise.

Em 2001, a consultora Ibbotson Associates apresentou a seguinte classificação para as empresas, de acordo com sua capitalização de mercado:[32]

Categoria	Carteiras	Capitalização de mercado
Grande	1 a 2	Valor de mercado superior a US$ 4.144 milhões
Média	3 a 5	Valor de mercado entre US$ 840 e US$ 4.144 milhões
Pequena	6 a 8	Valor de mercado entre US$ 193 e US$ 840 milhões
Micro	9 a 10	Valor de mercado até US$ 193 milhões

---

[29] Rodrigues, op. cit., 2000.
[30] Costa Jr. e Neves, op. cit., 2000.
[31] Braga e Leal, op. cit., 2002.
[32] Ibbotson Associates, op. cit., 2001.

Essa classificação baseia-se na formação de carteiras de diversos tamanhos, conforme o banco de dados do Center for Research in Security Prices of Chicago University (CRSP), e divididas em dez grupos. O valor de capitalização apresentado utiliza valores de setembro de 2000. Essas carteiras são ponderadas pela capitalização de mercado das empresas e rebalanceadas a cada três meses. O retorno das carteiras é calculado mensalmente, e o trabalho inclui todas as ações listadas na NYSE, na American Exchange e na Nasdaq para o período compreendido entre 1926 e 2000.

O quadro a seguir apresenta o prêmio de risco por categoria (tamanho) da empresa, estimado pela Ibbotson Associates para 2001, representando a média aritmética para o período de 1926 a 2000.

Categoria	Prêmio de risco pelo tamanho
Grande	—
Média	0,58%
Pequena	1,07%
Micro	2,62%

Parte 5

Decisões de financiamento no longo prazo

Capítulo 8
Ponto de equilíbrio: alavancagem operacional e financeira

Capítulo 9
Custo do capital

Capítulo 10
O valor da empresa e a decisão sobre estrutura de capital

8

Ponto de equilíbrio:
alavancagem operacional e financeira

- Ponto de equilíbrio operacional
- Ponto de equilíbrio econômico
- Ponto de equilíbrio e formação de preços
- Alavancagem operacional: risco do negócio
- Alavancagem financeira: risco financeiro
- Escolha do melhor plano financeiro: análise LPA × Lajir
- Alavancagem financeira e planos de financiamento

Neste capítulo, analisaremos a relação entre risco operacional, alavancagem operacional e ponto de equilíbrio. Também será tratada a relação entre risco financeiro e alavancagem financeira. Concluiremos o capítulo abordando a análise LPA × Lajir, uma ferramenta prática que auxilia na determinação do melhor plano de financiamento.

O termo *alavancagem* refere-se à capacidade da empresa para usar ativos ou recursos com custo fixo a fim de aumentar sua rentabilidade.

Costuma-se dividir a alavancagem em operacional e financeira. Como parte dos custos é fixa dentro de um amplo intervalo na escala das operações da empresa, os lucros aumentam ou diminuem mais do que proporcionalmente com determinadas mudanças nessa escala. Medir o efeito dessas mudanças significa medir a *alavancagem operacional*. Já a *alavancagem financeira* surge quando a estrutura de capital da empresa está comprometida com o pagamento de despesas financeiras. Nesse caso, os lucros disponíveis aos acionistas aumentam ou diminuem mais do que proporcionalmente em relação à escala operacional, fazendo flutuar a rentabilidade do capital próprio.

8.1 Ponto de equilíbrio operacional

Define-se o *ponto de equilíbrio operacional* (*PE*) como o nível de vendas em que o Lajir (lucro antes de juros e IR) iguala-se a zero. À medida que o volume das operações desloca-se para cima do ponto de equilíbrio, surgem lucros crescentes, ao passo que abaixo desse ponto ocorrem prejuízos cada vez maiores. Logo, podemos igualar o Lajir a zero e destacar uma expressão para o ponto de equilíbrio:

Lajir = Receitas − Custo total = 0

= P × Q − (Custo variável total + Custo fixo + Depreciação) = 0

= P × Q − (Cv × Q + CF + Dep) = 0 ⇒ $\boxed{PE = \dfrac{CF + Dep}{P - Cv} = \dfrac{CFT}{P - Cv}}$

onde:
PE = ponto de equilíbrio;
P = preço unitário;
Cv = custo variável unitário;
Dep = depreciação;
CF = custo fixo (sem a depreciação);
CFT = custo fixo total (com a depreciação);
Q = volume de vendas;
P − Cv = margem de contribuição unitária.

A expressão do PE representa um ponto de equilíbrio contábil que não inclui custos de oportunidade econômicos.

Vamos admitir as seguintes informações sobre determinada empresa: custos fixos totais = $ 270.000, produção = 1.000 unidades, preço unitário de venda = $ 800/unidade, custo variável unitário = $ 200/unidade. O ponto de equilíbrio pode ser encontrado numericamente dividindo-se o total dos custos fixos pela margem de contribuição unitária:

$$PE = \dfrac{CFT}{P - Cv} = \dfrac{\$\,270.000}{\$\,800 - \$\,200} = 450 \text{ unidades}$$

No ponto de equilíbrio (450 unidades) não há lucro nem prejuízo. Isso significa que a receita total de $ 360.000 (450 × $ 800) é suficiente para cobrir os custos fixos totais de $ 270.000 mais o total dos custos variáveis de $ 90.000 (450 × $ 200). Caso as vendas fiquem acima de 450 unidades, haverá lucro; caso fiquem abaixo, haverá prejuízo. O gráfico a seguir é uma representação estática das condições de equilíbrio operacional:

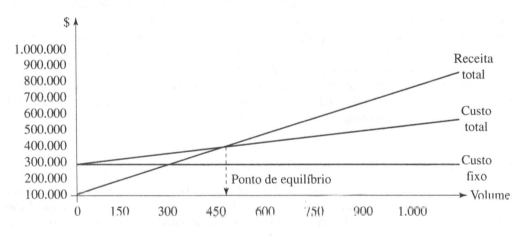

No ponto em que as linhas da receita total e do custo total se cruzam (em 450 unidades produzidas), atinge-se o ponto de equilíbrio. O aspecto mais relevante desse ponto é o fato de que os aumentos ou as diminuições no lucro não são proporcionais a aumentos ou diminuições no volume de vendas. Assim, flutuações no volume de vendas acima do ponto de equilíbrio resultam em maiores aumentos percentuais dos lucros, comparados com os aumentos percentuais dos prejuízos que ocorrem quando o volume de vendas flutua abaixo do ponto de equilíbrio. Para ilustrar isso, o quadro abaixo apresenta aumentos de 20% acima e abaixo do ponto de equilíbrio (450 unidades) e seus efeitos no aumento dos lucros ou prejuízos.

Volume de vendas	Aumento do volume	Lucros	Crescimento dos lucros	Volume de vendas	Diminuição do volume	Prejuízos	Crescimento dos prejuízos
450 unidades	—	$ 0	—	450 unidades	—	$ 0	—
540 unidades	20%	$ 54.000	∞	360 unidades	20%	–$ 54.000	∞
648 unidades	20%	$ 118.800	120,00%	288 unidades	20%	–$ 97.200	80,00%
778 unidades	20%	$ 196.800	65,66%	230 unidades	20%	–$ 132.000	35,80%
934 unidades	20%	$ 290.400	47,56%	184 unidades	20%	–$ 159.600	20,91%

O quadro mostra que os aumentos dos lucros e as diminuições dos prejuízos não são proporcionais. Para aumentos no volume de vendas acima do ponto de equilíbrio há uma queda gradual na taxa de crescimento dos lucros, ao passo que para diminuições nesse volume abaixo do ponto de equilíbrio os prejuízos diminuem a taxas menores. Mudanças bastante acentuadas do volume de vendas acima ou abaixo do ponto de equilíbrio resultam em menores flutuações dos lucros ou prejuízos, comparadas com os efeitos de mudanças menos acentuadas. A mensagem fica clara: quanto mais próximo de seu ponto de equilíbrio a empresa operar, tanto maior será o impacto das flutuações das vendas sobre os lucros ou prejuízos.

8.1.1 Definições dos elementos envolvidos na análise do ponto de equilíbrio

Os elementos envolvidos na análise do ponto de equilíbrio operacional são:

1. *Volume de produção e vendas*: o ponto de equilíbrio estático ignora aspectos relacionados à formação de estoques, pressupondo que toda a produção seja vendida instantaneamente.
2. *Custos variáveis*: são aqueles cujo valor total aumenta ou diminui direta e proporcionalmente com as flutuações ocorridas na produção e nas vendas. Como exemplo, temos o consumo de matérias-primas, energia elétrica, fretes etc.
3. *Custos fixos*: são os que permanecem constantes independentemente das variações ocorridas no volume de produção e vendas.
4. *Custos semivariáveis ou semifixos*: alguns custos contêm elementos variáveis e fixos, portanto a análise do ponto de equilíbrio requer a separação desses elementos, a fim de acrescentá-los a uma das duas categorias anteriores.
5. *Margem de contribuição*: corresponde à parcela remanescente das receitas de vendas após serem deduzidos os custos variáveis totais.

8.1.2 Intervalo de significância da análise do ponto de equilíbrio

Na análise do ponto de equilíbrio que acabamos de fazer, supusemos que os elementos envolvidos apresentassem comportamentos lineares. Essa análise reflete uma relação estática, de curto prazo, entre custo e volume de operação; ou seja, as estimativas valem somente para certas condições operacionais.

Entretanto, a teoria econômica admite que as receitas de vendas e os custos totais possam se comportar de maneira não-linear, pois, na realidade, muitas vezes um aumento nas vendas só é possível com a redução dos preços. Por outro lado, à medida que nos aproximamos do limite de capacidade de produção, certos custos variáveis começam a crescer a taxas cada vez maiores, segundo a noção dos rendimentos decrescentes da teoria econômica. Dessa maneira, as curvas do custo total e da receita total se cruzam em dois diferentes níveis de produção, conforme a representação gráfica a seguir:

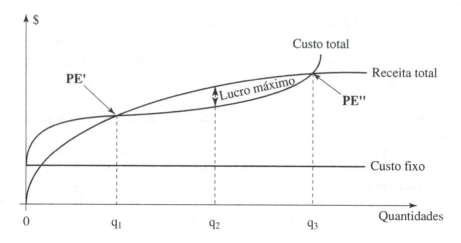

Observa-se no gráfico que baixos volumes de produção provavelmente implicarão menores lotes de compras de insumos e matérias-primas, determinando um aumento no custo unitário destes, devido à perda dos descontos oferecidos pelos fornecedores. A menor escala de produção também poderá provocar um índice mais baixo de aproveitamento das matérias-primas, entre outras deficiências. À medida que o volume de operações aumenta, surgem ganhos de escala que permitem reduzir os custos variáveis unitários até certo ponto, acima do qual a produtividade da mão-de-obra começará a declinar (haverá excesso de horas extras, por exemplo).

Desse modo, temos que os custos variáveis unitários tendem a subir após ser ultrapassado o nível q_1 de operações dentro da capacidade instalada; portanto, depois desse ponto, os custos totais poderão novamente igualar-se às receitas totais, determinando um segundo ponto de equilíbrio (PE"). O nível mais lucrativo de atividades — ou seja, aquele em que o lucro é maximizado — situa-se no nível de produção q_2, em que o custo marginal é igual à receita marginal. Em outras palavras, no nível de produção em que os coeficientes angulares das curvas de custos e receitas se igualam.

Se a empresa efetuar novos investimentos após atingir o nível de produção q_1, os custos fixos poderão se elevar; contudo, os custos variáveis unitários poderão manter-se nos níveis mais baixos, ou até mesmo cair. Essa ampliação da capacidade instalada nem sempre é possível, mas, se o for, permitirá a continuidade da expansão das atividades e dos lucros sem que seja alcançado o segundo ponto de equilíbrio.

Capítulo 8 – Ponto de equilíbrio: alavancagem operacional e financeira **253**

No gráfico, admite-se que, à medida que as empresas aumentam a produção, os preços de venda devem ser reduzidos para tornar os produtos acessíveis ao maior número possível de consumidores. Esse pressuposto da teoria econômica provavelmente será válido somente para o agregado (setor industrial), pois, individualmente, as empresas fixam seus preços a partir de seus custos de produção, adicionando uma margem de lucro cuja magnitude muitas vezes dependerá dos preços de venda dos produtos similares oferecidos pela concorrência. Havendo grande número de concorrentes, a redução de preços praticada por determinada empresa não afetará significativamente sua participação no agregado. Conseqüentemente, é de supor que a referida empresa preferirá manter o mesmo preço em todos os níveis de vendas. Desse ponto de vista, as receitas de vendas de uma empresa em particular seriam mais apropriadamente representadas por uma linha reta.

De tudo isso, concluímos que *as relações custo-volume-lucro determinadas pela análise do ponto de equilíbrio estático serão válidas apenas para um intervalo de variação da produção e vendas em que os custos fixos permaneçam inalterados.* Não há nada absoluto a respeito do conceito dos custos fixos, porque, no longo prazo, cada componente do custo torna-se variável. Os custos são uma conseqüência das decisões administrativas e, portanto, podem ser alterados por elas. Em conseqüência, o conceito de ponto de equilíbrio estático, mesmo sendo muito útil, deve ser tratado com certo grau de cuidado.

Exemplo 8.1

Com as seguintes informações, determinar o ponto de equilíbrio contábil em unidades e em valores monetários: custo variável unitário (Cv) = $ 1,20/unidade, custo fixo total (CFT) = $ 40.000/ano (inclui depreciação), preço unitário de venda (P) = $ 2/unidade.

- Ponto de equilíbrio em unidades:

$$PE = \frac{CFT}{P - Cv} = \frac{\$\ 40.000}{\$\ 2 - \$\ 1,20} = 50.000 \text{ unidades}$$

- Ponto de equilíbrio em unidades monetárias:

$$PE = \frac{CFT}{1 - Cv/P} = \frac{\$\ 40.000}{1 - \$\ 1,20\ /\ \$\ 2} = \$\ 100.000$$

Exemplo 8.2

Determinar o ponto de equilíbrio contábil para um projeto de investimento, considerando um preço unitário de venda de $ 12/unidade e os seguintes custos associados a um volume de produção de 100.000 unidades:

	Custos fixos	Custos variáveis
Mão-de-obra direta		$ 200.000
Matéria-prima direta		$ 500.000
Custos indiretos de produção	$ 150.000	$ 100.000
Despesas de vendas	$ 40.000	$ 120.000
	Total: $ 190.000	Total: $ 920.000

- Cálculo do PE em unidades:

$$PE = \frac{CFT}{P - Cv} = \frac{190.000}{12 - (920.000 / 100.000)} = 67.857 \text{ unidades}$$

Exemplo 8.3

Uma indústria metalúrgica deseja alterar sua tabela de preços de arruelas de aço. Dispõe-se das seguintes informações: custo variável unitário = $ 12/kg, margem de contribuição desejada = 16%, tributos = 20%, volume previsto de venda = 500 kg de arruelas, custo fixo total (aluguel, IPTU, taxa de incêndio, alvará etc.) = $ 1.000, entrega do produto no momento da formação do preço, a empresa desconta suas duplicatas à taxa de 8% a.m.

Pede-se: a) indicar o preço para vendas à vista e para pagamento em 30, 60 e 90 dias; b) determinar o ponto de equilíbrio em unidades e em valor.

a) Formação do preço à vista (P): $P = 12 + 0,16P + 0,2P \Rightarrow P = \$ 18,75/kg$

Preço a prazo:

vendas para 30 dias $\Rightarrow \$ 18,75 \times (1,08) = \$ 20,25$

vendas para 60 dias $\Rightarrow \$ 18,75 \times (1,08)^2 = \$ 21,87$

vendas para 90 dias $\Rightarrow \$ 18,75 \times (1,08)^3 = \$ 23,62$

b) Ponto de equilíbrio:

PE (unitário) = $ 1.000 / (0,16 × $ 18,75) = 333,33 unidades

PE (valor) = 333,33 × $ 18,75 = $ 6.250

Exemplo 8.4

Uma empresa apresenta, em determinado momento, as seguintes informações referentes ao último mês de atividades: quantidade produzida no mês = 4.000 unidades, receita de vendas = $ 120.000, custos dos produtos vendidos (CPV) = $ 70.000, despesas variáveis com vendas = $ 20.000, despesas financeiras com vendas = $ 8.000, custos fixos = $ 19.000.

Pede-se calcular: a) o PE em unidades físicas; b) o PE em unidades monetárias.

a) Preço de venda unitário = $ 120.000 / 4.000 = $ 30/unidade

Custo variável total = CPV + Despesas variáveis com vendas + Despesas financeiras com vendas = $ 70.000 + $ 20.000 + $ 8.000 = $ 98.000

Custo variável unitário = $ 98.000 / 4.000 = $ 24,50/unidade

Margem de contribuição = $ 30 – $ 24,50 = $ 5,50/unidade

Ponto de equilíbrio em unidades = $ 19.000 / 5,50 = 3.454 unidades

b) Ponto de equilíbrio em unidades monetárias = 3.454 unidades × $ 30/unidade = $ 103.620

Exemplo 8.5

Determinar o ponto de equilíbrio contábil para um projeto com capacidade de produção máxima de 300.000 unidades, e com os seguintes custos e preços para diversos volumes possíveis de produção-vendas:

Unidades vendidas (Q)	200.000	240.000	290.000
Preço unitário de vendas (P)	$ 20	$ 18	$ 14
Custo variável unitário (Cv)	$ 2	$ 1,80	$ 2,20
Custo fixo total (CFT)	$ 2.000.000	$ 2.000.000	$ 2.000.000

O quadro a seguir mostra os lucros contábeis e o PE para diversos volumes de produção-vendas:

Unidades vendidas	200.000	240.000	290.000
Receita de vendas (P × Q)	$ 4.000.000	$ 4.320.000	$ 4.060.000
– Custo total (CFT + Q × Cv)	–$ 2.400.000	–$ 2.432.000	–$ 2.638.000
Lucro antes de juros e IR (Lajir)	$ 1.600.000	$ 1.888.000	$ 1.422.000
Ponto de equilíbrio contábil $PE = \dfrac{CFT}{P - Cv}$	111.111 unidades	123.457 unidades	169.492 unidades

Certos níveis de vendas são alcançados somente com uma redução no preço unitário. Neste exemplo, os custos variáveis inicialmente diminuem, mas, à medida que o volume de produção se aproxima da capacidade instalada, eles começam a aumentar. Dado que há somente três níveis possíveis de produção-vendas, o ponto de equilíbrio é de 123.457 unidades, pois nesse nível o lucro é máximo.

Exemplo 8.6

Uma pessoa que trabalha no Rio de Janeiro e mora em Niterói, e que todo dia vai e volta de táxi do trabalho, pretende passar a usar seu próprio veículo. Quatro vizinhos que também trabalham no Rio lhe propuseram dividir o custo do transporte, caso ela passe a usar o veículo próprio. Auxiliar a pessoa a determinar qual o número mínimo de passageiros que viabiliza o uso do veículo próprio.

Considerar o ano comercial de 360 dias e as seguintes informações:

Valor do veículo próprio	$ 7.000
Tempo de vida útil do veículo próprio	10 anos
Aluguel mensal da garagem	$ 300
Seguro anual do veículo próprio	$ 800
Rendimento por litro de combustível	10 quilômetros por litro
Custo do combustível	$ 1,80 por litro
Gastos de manutenção por km rodado	$ 0,30
Consumo de óleo	Um litro a cada 1.000 quilômetros rodados
Custo do óleo	$ 5/litro
IPVA anual	$ 400
Distância diária a ser percorrida	55 quilômetros
Pedágio da ponte Rio–Niterói por dia	$ 2,50
Preço do percurso ida e volta Rio–Niterói em táxi	$ 30/dia
Capacidade de passageiros do veículo próprio	5 pessoas

No quadro a seguir, calculam-se o custo fixo por dia e o custo variável por quilômetro rodado.

Custo	Custo fixo por dia	Custo variável por quilômetro
Rateio ao dia do custo do automóvel	$ 7.000 / (10 × 360) = $ 1,94	
Rateio ao dia do custo do seguro	$ 800 / 360 = $ 2,22	
Rateio ao dia do aluguel da garagem	300 / 30 = $ 10,00	
Rateio ao dia do IPVA	400 / 360 = $ 1,11	
Rateio por km do custo do combustível		$ 1,80 / 10 = $ 0,18
Rateio por km do custo do óleo		$ 5 / 1.000 = $ 0,005
Rateio por km do custo da manutenção		$ 0,3
Total	**$ 15,27**	**$ 0,485**

- Custo variável por dia = $ 0,485/km × 55 km/dia = $ 26,68/dia
- Custo total por dia = $ 15,27/dia + $ 26,68/dia + $ 2,5/dia = $ 44,45/dia

- Ponto de equilíbrio:

$$PE = \frac{CFT}{P - Cv} = \frac{\$ 15,27/dia}{\$ 30/dia \ - \ \$ 26,68/dia} = 4,6 \cong 5 \text{ pessoas}$$

O ponto de equilíbrio calculado indica 4,6 pessoas. Considerando que ou a pessoa viaja inteira ou então ela não viaja, podemos arredondar para 5 o número mínimo de pessoas que viabiliza o uso do veículo próprio.

Exemplo 8.7

Uma pessoa deve decidir entre comprar um veículo ou continuar usando táxi para se locomover. O veículo que pretende comprar tem as seguintes características:

Preço	$ 25.000
Tempo de vida útil	5 anos
Gastos mensais em estacionamento	$ 300
Gasto anual em seguro	$ 3.000
Rendimento por litro de combustível	10 quilômetros por litro (ao custo de $ 3,80 por litro)
Gastos de manutenção e IPVA por quilômetro rodado	$ 1
Consumo de óleo	1 litro para cada 1.000 quilômetros rodados
Custo do óleo	$ 10/litro

Considerando que o preço do táxi seja de $ 2 por quilômetro rodado, pede-se determinar o número mínimo de quilômetros rodados por dia para que a pessoa decida comprar o carro.

Considerando se ano comercial de 360 dias, no quadro a seguir calculam-se o custo fixo por dia e o custo variável por quilômetro.

Custos	Custo fixo total por dia	Custo variável por km
Rateio ao dia do custo do automóvel	$ 25.000 / (5 × 360) = $ 13,88	
Rateio ao dia do custo do seguro	$ 3.000 / 360 = $ 8,33	
Rateio ao dia do custo do estacionamento	$ 300 / 30 = $ 10,00	
Rateio por km do custo do combustível		$ 3,80 / 10 = $ 0,38
Rateio por km do custo do óleo		$ 10 / 1.000 = $ 0,01
Rateio por km dos gastos de manutenção e IPVA		$ 1,00
Total	**$ 32,21**	**$ 1,39**

- Ponto de equilíbrio contábil:

$$PE = \frac{CFT}{P - Cv} = \frac{\$\ 32,21\ /dia}{\$\ 2/km - \$\ 1,39/km} = 52,80\ km/dia$$

Pode-se concluir que, se a pessoa rodar por dia menos de 52,80 quilômetros, melhor será ela continuar usando táxi e desistir da compra do veículo próprio. O custo fixo diário do veículo foi considerado como sendo igual à depreciação diária, calculada pela simples divisão do custo do veículo por seu tempo de vida útil. Um cálculo mais adequado à análise e decisão econômica deverá considerar necessariamente a remuneração do capital investido na compra do veículo (custo de oportunidade do capital). Isso significa que a decisão deverá ser tomada com base em um ponto de equilíbrio econômico, e não meramente contábil. O ponto de equilíbrio econômico será tratado na próxima seção.

8.2 Ponto de equilíbrio econômico

Operar acima do ponto de equilíbrio contábil não significa necessariamente que a empresa vai satisfazer as expectativas dos acionistas em relação ao custo de oportunidade dos recursos aplicados, pois o cálculo do PE contábil não inclui esse custo. No ponto de equilíbrio contábil, as vendas cobrem apenas os custos e as despesas fixas e variáveis (incluída a depreciação), mas não inclui o custo de oportunidade do capital investido. A fim de refletir esse custo, faz-se necessário que a fórmula do PE contábil seja ajustada, substituindo-se a depreciação pelo valor de uma anuidade uniforme equivalente (CAE), calculada com base no investimento inicial e no custo de oportunidade do capital. Ajustado dessa forma, o PE, além de cobrir os custos fixos e variáveis, dará também cobertura ao custo de oportunidade do capital investido.

$$\text{Ponto de equilíbrio econômico: } PE = \frac{CF + CAE}{P - Cv}$$

onde:
CF = custo fixo (sem a depreciação);
CAE = custo anual equivalente;
P – Cv = margem de contribuição unitária.

Caso se trate de um projeto de investimento, o PE econômico poderá ser encontrado determinando-se o volume de vendas que torne nulo o VPL do projeto.

Exemplo 8.8

Retomando os dados do Exemplo 8.7, e considerando que o dinheiro investido na compra do veículo possa ser aplicado em alternativas de risco similar que rendam 20% a.a. (custo de oportunidade do capital), determinar o ponto de equilíbrio econômico.

• Ponto de equilíbrio econômico:

$$PE = \frac{CF + CAE}{P - Cv} = \frac{(CFT - Depreciação) + CAE}{P - Cv} =$$

$$= \frac{(\$\,32,21/dia - \$\,13,88/dia) + \$\,23,22/dia}{\$\,2/km - \$\,1,39/km} = 68,12 \text{ km/dia}$$

onde:

$$CAE = \frac{\text{Custo do veículo}}{a_{\overline{n}|\,K\%}} = \frac{\$\,25.000}{a_{\overline{5}|\,20\%}} = \frac{\$\,25.000}{2,99061} =$$

$$= \$\,8.359,49/ano \ (\$\,8.359,49/360 = \$\,23,22/dia)$$

onde:

$$a_{\overline{n}|\,K\%} = \left[\frac{(1 + K)^n - 1}{(1 + K)^n \times K}\right] = \left[\frac{(1,20)^5 - 1}{(1,20)^5 \times 0,20}\right] = 2,99061$$

A vida útil do veículo é representada por n e o custo de oportunidade do capital por K. Pelo resultado obtido podemos concluir que, se a pessoa rodar por dia menos de 68,12 km, a melhor opção será ela continuar usando táxi para se locomover. O PE contábil, calculado no exemplo anterior, foi de 52,80 km/dia. No cálculo do PE econômico, a depreciação diária do veículo foi substituída pelo CAE (custo anual equivalente). Desse modo, o PE econômico passa a considerar também a remuneração alternativa do capital investido na compra do veículo (custo de oportunidade do capital).

Exemplo 8.9

Um projeto consiste na aquisição de equipamentos orçados em $ 24.000, com vida útil de 4 anos e sem valor residual ao término desse prazo. Foram levantadas as seguintes informações sobre o projeto:

Item	Custo
Mão-de-obra direta	$ 2/unidade
Matéria-prima direta	$ 1/unidade
Combustíveis	$ 0,50/unidade
Outros custos variáveis	$ 0,20/unidade
Preço unitário de venda	$ 10/unidade
Depreciação	$ 6.000/ano

Capítulo 8 – Ponto de equilíbrio: alavancagem operacional e financeira | 259

Pede-se determinar: a) o PE contábil do projeto; b) o PE econômico do projeto.

A seguir temos o resumo dos dados: custo variável unitário total (Cv) = mão-de-obra direta + matéria-prima direta + combustíveis + outros custos variáveis = 2,0 + 1,0 + 0,50 + 0,20 = 3,7/unidade, custo fixo (CF) = $ 4.000/ano (não inclui depreciação), depreciação (Dep) = $ 6.000/ano, preço unitário de venda (P) = $ 10/unidade, custo do capital = 7% a.a., alíquota de IR da empresa = 46%, investimento inicial = $ 24.000, vida útil do equipamento (N) = 4 anos.

a) Ponto de equilíbrio contábil:

Utilizando a fórmula do PE contábil, temos:

$$PE = \frac{CFT}{P - Cv} = \frac{CF + Dep}{P - Cv} = \frac{\$\,4.000 + \$\,6.000}{\$\,10 - \$\,3,70} = 1.587 \text{ unidades/ano}$$

O PE contábil (1.587 unidades/ano) garante unicamente a cobertura das despesas de depreciação e os outros custos fixos, sem considerar a remuneração do capital empregado.

b) Ponto de equilíbrio econômico:

O quadro a seguir mostra o fluxo de caixa e o VPL calculados para diferentes volumes de vendas.

Unidades vendidas (Q)	1.500	1.906,37	2.000	2.500
Receita de vendas (a)	$ 15.000,00	$ 19.063,70	$ 20.000,00	$ 25.000,00
– Custo variável total (b)	–$ 5.550,00	–$ 7.053,57	–$ 7.400,00	–$ 9.250,00
– Custo fixo	–$ 4.000,00	–$ 4.000,00	–$ 4.000,00	–$ 4.000,00
– Depreciação (c)	–$ 6.000,00	–$ 6.000,00	–$ 6.000,00	–$ 6.000,00
Lajir	–$ 550,00	$ 2.010,13	$ 2.600,00	$ 5.750,00
– Imposto de renda (46%)	$ 0,00	–$ 924,66	–$ 1.196,00	–$ 2.645,00
+ Depreciação	$ 6.000,00	$ 6.000,00	$ 6.000,00	$ 6.000,00
Fluxo de caixa livre (FCL)	$ 5.450,00	$ 7.085,47	$ 7.404,00	$ 9.105,00
$VPL = -24.000 + FCL \times \left[\frac{(1,07)^4 - 1}{(1,07)^4 \times 0,07} \right]$ (3,38721)	–$ 5.539,71	$ 0,00	$ 1.078,90	$ 6.840,55

(a) Unidades vendidas × $ 10/unidade. **(b)** Unidades vendidas × $ 3,70/unidade. **(c)** $ 24.000 / 4.

- Fluxo de caixa correspondente a um VPL = 0: –$ 24.000 + FCL × 3,38721 = 0 → FCL = $ 7.085,47

Considerando que para um FCL de $ 7.085,47 o VPL é igual a zero, podemos determinar o ponto de equilíbrio econômico das vendas (Q) da seguinte maneira:

$$Receitas - Custo\ variável - Custo\ fixo - Depreciação - Impostos = FCL$$

$$\$\,10Q - \$\,3,7Q - \$\,4.000 - 0,46 \times [(\$\,10 - \$\,3,7)\,Q - (\$\,4.000 + \$\,6.000)] = 7.085,47$$

$$\Rightarrow \quad Q = 1.906,37 \text{ unidades}$$

Podemos notar que o PE econômico encontra-se em um volume de vendas entre 1.500 e 2.000 unidades/ano. Mais exatamente, em 1.906,37 unidades, pois nesse volume o VPL é igual a zero. Esse volume de vendas garante cobertura de custos e uma rentabilidade de 7% para o capital investido no projeto.

8.3 Ponto de equilíbrio e formação de preços

Como ferramenta de planejamento e controle financeiro, a análise do ponto de equilíbrio pode ser muito útil no processo de fixação de preços. Para ilustrar esse processo, analisemos o exemplo a seguir.

Exemplo 8.10

Analisar o caso de uma empresa que deseja comprar uma franquia no negócio de lava-jato de automóveis. As condições são as seguintes:

- Os investimentos a serem efetuados pelo franqueado são: $ 55.000 com a máquina de lava-jato e $ 41.000 com a construção de um galpão e aquisição de móveis, totalizando um desembolso fixo de $ 96.000. A vida útil dos investimentos é de 10 anos (120 meses), sem valor residual.
- O custo de oportunidade do capital do franqueado, para investimentos de igual risco, é de 2% a.m.
- Por meio de informações colhidas entre outros franqueados, chegou-se à conclusão de que é possível atingir 60 lavagens diárias, de segunda a sexta-feira, e 100 lavagens aos sábados, perfazendo um total de 1.600 veículos lavados mensalmente, a um preço de $ 6 cada.
- Custos fixos mensais: água = $ 1.280, detergente = $ 320, secante = $ 128, cera = $ 320.
- Energia elétrica: para um volume de 1.500 a 1.800 lavagens, incorre-se em um gasto fixo de $ 1.152 ao mês.
- Seguros: $ 51,20 mensal.
- Para operar o negócio deverão ser contratados 4 empregados, a um custo mensal (inclusos os 30% de adicional de insalubridade) de $ 243,20 por empregado e um provisionamento de 78% sobre os salários a título de encargos sociais.
- Impostos incidentes sobre o faturamento bruto: ISS = 5%, PIS = 0,65%, Cofins = 2%.
- Gastos de manutenção: 6,5% do faturamento bruto.
- Materiais de consumo: 4% do faturamento bruto.
- Gastos diversos: 7,5% do faturamento bruto.
- Gastos de promoção: de acordo com a cláusula contratual, o franqueado deverá contribuir com uma cota de 8% sobre o faturamento bruto, a título de promoção.
- Gastos em royalties: o franqueador desse sistema, a título de royalties, exige 12,5% sobre o faturamento bruto.

O quadro a seguir mostra três demonstrativos de resultados de exercício (DRE). Cada DRE proporciona a discussão de determinados assuntos relevantes na formação de preços.

	DRE 1 ($) (preço = $ 6,0000)	DRE 2 ($) (preço = $ 5,7832)	DRE 3 ($) (preço = $ 7,1061)
Faturamento bruto (preço × 1.600)	**9.600,00**	**9.253,12**	**11.369,76**
ISS + Cofins + PIS (0,0765 × faturamento bruto)	(734,40)	(707,86)	(707,86)
Receita líquida	**8.865,60**	**8.545,26**	**10.661,90**
Custo das vendas	**(2.048,00)**	**(2.048,00)**	**(2.048,00)**
Água	1.280,00	1.280,00	1.280,00
Detergentes	320,00	320,00	320,00
Secante	128,00	128,00	128,00
Cera	320,00	320,00	320,00
Lucro bruto	**6.817,60**	**6.497,26**	**8.613,90**
Despesas administrativas	**(1.635,20)**	**(1.577,96)**	**(1.577,96)**
Royalties (0,125 × faturamento bruto)	1.200,00	1.156,64	1.156,64
Material de consumo (0,04 × faturamento bruto)	384,00	370,12	370,12
Seguros	51,20	51,20	51,20
Despesas operacionais	**(4.995,58)**	**(4.919,27)**	**(4.919,27)**
Salários e encargos (4 × 1,78 × $ 243,20)	1.731,58	1.731,58	1.731,58
Manutenção (0,065 × faturamento bruto)	624,00	601,45	601,45
Energia elétrica	1.152,00	1.152,00	1.152,00
Promoção (0,08 × faturamento bruto)	768,00	740,25	740,25
Gastos diversos (0,075 × faturamento bruto)	720,00	693,98	693,98
Lair (lucro antes de imposto de renda)	**186,82**	**0,00**	**2.116,67**

Por força da legislação, uma parcela do Lair é destinada ao vale-transporte e ao Programa de Alimentação do Trabalhador (PAT). Esses encargos são transferidos ao consumidor final. Considerando um percentual de 20% para esses encargos, no DRE 1 o valor do encargo seria de $ 37,36 (20% sobre $ 186,82).

Dessa maneira, no DRE 1, como $ 186,82 é um valor líquido, deve-se considerar o seguinte Lair antes desses encargos:

$$\frac{\$ 186,82}{(1 - T)} = \$ 233,52 \quad T = 0,20 \text{ (tributação de 20\%)}$$

O faturamento bruto que resulta em um Lair de $ 233,52 pode ser calculado do seguinte modo:

$$\frac{CF + \$ 233,52}{1 - CV / \text{Receita bruta}} = \frac{\$ 4.982,78 + \$ 233,52}{1 - 0,4615} = \$ 9.686,72$$

onde:

$$CF = \text{Custo das vendas} + \text{Seguros} + \text{Salários e encargos} + \text{Energia elétrica}$$
$$= 2.048 + 51,20 + 1.731,58 + 1.152 = \$ 4.982,78$$

CV / Receita bruta = (Impostos + Royalties + Material de consumo + Manutenção +
Promoção + Gastos diversos) / Receita bruta
$$= (734{,}40 + 1.200 + 384 + 624 + 768 + 720) / 9.600 = \$ 4.430{,}40/9.600 = 0{,}4615$$

Podemos notar que, para alcançar um Lair antes de encargos de $ 233,52, deve-se ter um faturamento bruto de $ 9.686,72, que, ao preço de $ 6/lavagem, corresponde a aproximadamente 1.615 veículos lavados por mês (9.686,72 / 6). Analisando o DRE 2, constatamos que o preço de equilíbrio que resulta em um Lair igual a zero é de $ 5,7832 por lavagem.

Como o objetivo é procurar um preço de equilíbrio que remunere também os investimentos permanentes (custo de oportunidade do capital), chega-se ao DRE 3, em que se deve atingir um preço unitário de $ 7,1061/lavagem. Esse preço é igual ao preço de equilíbrio do DRE 2, acrescido de um custo mensal equivalente (CME) que permita remunerar os investimentos permanentes a seu custo de oportunidade (2% a.m.). Assim, esse preço de equilíbrio econômico será:

$$\text{Preço de equilíbrio econômico} = \$ 5{,}7832 + \text{CME} = \$ 5{,}7832 + \$ 1{,}3229$$
$$= \$ 7{,}1061 \text{ por unidade}$$

onde:

$$\text{CME} = \frac{\text{Investimento permanente}}{(a_{\overline{n}|K\%}) \times 1.600} = \frac{\$ 96.000}{(a_{\overline{120}|2\%}) \times 1.600} =$$

$$= \frac{\$ 96.000}{\left(\dfrac{(1{,}02)^{120} - 1}{(1{,}02)^{120} \times 0{,}02} \right) \times 1.600} = \$ 1{,}3229$$

No DRE 3, podemos observar que o Lair é igual a $ 2.116,64. Esse valor mostra que um preço unitário de $ 7,1061 por lavagem, além de cobrir os custos fixos e variáveis, deixa um lucro econômico de $ 2.116,64, que remunera adequadamente o capital investido ($ 96.000) a seu custo de oportunidade (2% a.m.). Repare que esse lucro econômico é exatamente igual ao CME vezes o número de veículos lavados (1,3239 × 1.600). O custo mensal equivalente (CME) é um custo de oportunidade (custo econômico) que deve se refletir no faturamento econômico bruto, mas que não altera os custos e despesas contábeis. Por isso, esses custos no DRE 3 são iguais aos do DRE 2.

8.4 Alavancagem operacional: risco do negócio

Conforme adiantamos na introdução deste capítulo, a alavancagem operacional resulta da existência de custos operacionais fixos no fluxo de caixa da empresa. Pode ser definida, então, como a capacidade de usar tais custos operacionais fixos para aumentar os efeitos das variações das vendas sobre o Lajir (lucro antes de juros e IR).

Basicamente, a alavancagem operacional é uma extensão do conceito de ponto de equilíbrio operacional, pois, quanto mais afastada (para cima) do PE a empresa operar, menor será seu risco e sua alavancagem operacional.

Quando a margem de segurança operacional é muito pequena (quando se opera muito próximo do PE), oscilações nas vendas podem resultar em prejuízos, uma vez que provavelmente a empresa terá maiores dificuldades para cobrir seus custos fixos. Os cus-

Capítulo 8 – Ponto de equilíbrio: alavancagem operacional e financeira 263

tos são recuperados quando o PE é alcançado, resultando em um Lajir nulo. Os lucros começam a aparecer quando unidades adicionais são vendidas, aumentando proporcionalmente de forma mais rápida que o aumento no volume de vendas. Contudo, o mesmo efeito se dá em sentido contrário: quando o volume de vendas diminui, o lucro sofre uma queda proporcionalmente maior. Assim, a alavancagem pode ser vista como uma faca de dois gumes, pois funciona nas duas direções.

Formalmente, o grau de alavancagem operacional (GAO) é o quociente entre a variação do Lajir (lucro antes de juros e IR) e a variação do volume de vendas:

$$GAO = \frac{\text{Var. \% do Lajir}}{\text{Var. \% do volume}} = \frac{\Delta[Q(P - Cv) - CFT]/[Q(P - Cv) - CFT]}{\Delta Q/Q}$$

Como: $CFT = \text{constante} \Rightarrow \Delta(CFT) = 0$ e $\Delta[Q(P - Cv) - CFT] = \Delta Q(P - Cv)$

$$\text{Portanto: } GAO = \frac{\Delta Q(P - Cv)}{[Q(P - Cv) - CFT]} \times \frac{Q}{\Delta Q}$$

$$\text{Simplificando: } \boxed{GAO = \frac{Q(P - Cv)}{Q(P - Cv) - CFT}}$$

onde:
CFT = custo fixo total;
Q = vendas (unidades);
P = preço;
Cv = custo variável unitário.

8.5 Alavancagem financeira: risco financeiro

Existe uma grande semelhança entre a alavancagem operacional e a financeira, pois ambas representam uma oportunidade de ganho, pela natureza de certos custos fixos, em relação ao aumento nas atividades de produção e vendas. A alavancagem financeira pode ser definida como a capacidade de usar os custos financeiros fixos para aumentar os efeitos das variações das vendas sobre o LPA (lucro por ação), ou sobre a rentabilidade do capital próprio (rentabilidade dos acionistas).

O grau de alavancagem financeira (GAF) pode ser calculado como o quociente entre a variação do lucro disponível aos acionistas ordinários (LDA) e a variação do Lajir:

$$GAF = \frac{\text{Var. \% do LDA}}{\text{Var. \% do Lajir}} =$$

$$= \frac{\Delta[Q(P - Cv) - CFT - Juros]/[Q(P - Cv) - CFT - Juros]}{\Delta[Q(P - Cv) - CFT]/[Q(P - Cv) - CFT]}$$

$$= \frac{[Q(P - Cv) - CFT]}{[Q(P - Cv) - CFT - Juros]}$$

$$\boxed{GAF = \frac{Lajir}{Lajir - Juros}}$$

264 Gestão de investimentos e geração de valor

Uma vez que a alavancagem operacional e a alavancagem financeira atuam em ambas as direções, maiores níveis de risco estão associados a maiores graus de alavancagem. Sempre que o GAO ou o GAF forem superiores a 1, dizemos que há alavancagem.

Exemplo 8.11

Determinar os graus de alavancagem operacional e financeira para uma empresa com os seguintes dados: volume de produção e vendas (Q) = 200.000 unidades, custo fixo total (CFT) = $ 2.000.000, custo variável unitário (Cv) = $ 2/unidade, preço unitário de venda (P) = $ 20/unidade.

O quadro a seguir mostra os cálculos do Lajir e do lucro disponível aos acionistas comuns (LDA).

Unidades vendidas	**200.000**
Receita de vendas	$ 4.000.000
– Custo variável total	–$ 400.000
– Custo fixo total	–$ 2.000.000
Lajir (lucro antes de juros e IR)	**$ 1.600.000**
– Juros	–$ 50.000
Lair (lucro antes de IR)	**$ 1.550.000**
– IR (30%)	–$ 465.000
Lucro disponível aos acionistas comuns (LDA)	$ 1.085.000
Número de ações comuns	100.000
Lucro por ação (LPA)	$ 10,85

- Grau de alavancagem operacional:

$$\text{GAO} = \frac{Q(P - Cv)}{Q(P - Cv) - CFT} = \frac{200.000 \times (\$\,20 - \$\,2)}{200.000 \times (\$\,20 - \$\,2) - \$\,2.000.000} = 2,25$$

- Grau de alavancagem financeira:

$$\text{GAF} = \frac{\text{Lajir}}{\text{Lajir} - \text{Juros}} = \frac{\$\,1.600.000}{\$\,1.600.000 - \$\,50.000} = 1,0323$$

- Grau de alavancagem combinada: GAC = 2,25 × 1,0323 = 2,32

- Ponto de equilíbrio:

$$\text{PE} = \frac{CFT}{P - Cv} = \frac{\$\,2.000.000}{\$\,20 - \$\,2} = 111.111 \text{ unidades}$$

Podemos interpretar os resultados como segue.

Um GAO de 2,25 significa que, para cada 1% de aumento ou diminuição no nível de vendas, haverá um aumento ou diminuição de 2,25% no Lajir. Esse GAO pode ser considerado alto, porque o PE abaixo do qual a empresa não consegue cobrir seus custos fixos é alto também (111.111 unidades). Como vemos, existe uma relação direta entre ponto de

Capítulo 8 – Ponto de equilíbrio: alavancagem operacional e financeira 265

equilíbrio e alavancagem operacional. Já um GAF de 1,0323 significa que, para cada 1% de aumento ou diminuição no Lajir, haverá um aumento ou diminuição de 1,0323% no lucro por ação (LPA).

É bom um GAO de 2,25? A resposta é: depende. Um grau de alavancagem operacional alto é bom, dependendo do que possa ocorrer com as vendas. Se a empresa espera um aumento nas vendas, um GAO de 2,25 fará com que, para cada 1% de aumento no volume de vendas, o Lajir aumente 2,25%. Por outro lado, como a alavancagem atua em ambas as direções, caso as vendas diminuam, um GAO de 2,25 fará com que, para cada 1% de queda no volume de vendas, o Lajir caia 2,25%.

É bom um GAF de 1,0323? A resposta também é: depende. Um grau de alavancagem financeira alto é bom, dependendo do que possa ocorrer com as vendas (ou com o Lajir). Se a empresa espera um aumento nas vendas, um GAF de 1,0323 fará com que, para cada 1% de aumento no volume de vendas, o LPA aumente 1,0323%. Mas, se as vendas caírem 1%, o LPA cairá 1,0323%.

8.6 Escolha do melhor plano financeiro: análise LPA × Lajir

A alavancagem financeira tem duas conseqüências sobre o lucro por ação (LPA). A primeira é um aumento no risco associado ao LPA, devido ao uso de obrigações financeiras fixas. A segunda é um aumento do valor do LPA, quando o custo da dívida é inferior à rentabilidade operacional da empresa. Mede-se a primeira conseqüência pelo grau de alavancagem financeira (GAF), e explica-se a segunda por meio da análise LPA × Lajir. Essa análise é uma ferramenta prática que auxilia na avaliação de diversos planos de financiamento, pois permite investigar o efeito que determinado plano tem no risco financeiro e no LPA da empresa.

Exemplo 8.12

Vamos supor que uma empresa pretenda levantar $ 2.000.000 para financiar um projeto de investimento e tenha a seu dispor três diferentes planos de financiamento: (1) emitir 40.000 ações comuns a um preço unitário de $ 50 cada; (2) emitir títulos de dívida que pagam juros efetivos de 10% a.a.; (3) emitir 20.000 ações preferenciais com dividendos de $ 8/ação. Antes da decisão de financiamento, há 100.000 ações comuns em poder dos acionistas. A alíquota de IR é 50%. Pede-se fazer uma análise LPA × Lajir para determinar a alternativa de financiamento mais adequada.

No seguinte quadro, realizamos a análise para um Lajir esperado de $ 1.000.000.

	Plano 1	Plano 2	Plano 3
Lajir (lucro antes de juros e IR)	$ 1.000.000	$ 1.000.000	$ 1.000.000
– Juros		–$ 200.000	
Lair (lucro antes de IR)	$ 1.000.000	$ 800.000	$ 1.000.000
– Imposto de renda (IR = 50%)	–$ 500.000	–$ 400.000	–$ 500.000
– Dividendos preferenciais (DP)			–$ 160.000

(continua)

(continuação)

	Plano 1	Plano 2	Plano 3
LDA (lucro disponível aos acionistas comuns)	$ 500.000	$ 400.000	$ 340.000
Número de ações preferenciais			20.000
Número de ações comuns (N)	140.000	100.000	100.000
LPA (lucro por ação) = LDA / N	$ 3,57	$ 4,00	$ 3,40

Podemos determinar o Lajir de equilíbrio que torna os planos 1 e 2 equivalentes igualando seus lucros por ação (LPA) e, a seguir, resolvendo para Lajir a seguinte igualdade:

$$\underbrace{\frac{(\text{Lajir} - \text{Juros}_1)(1 - \text{IR}) - \text{DP}_1}{N_1}}_{\text{LPA}_1} = \underbrace{\frac{(\text{Lajir} - \text{Juros}_2)(1 - \text{IR}) - \text{DP}_2}{N_2}}_{\text{LPA}_2}$$

$$\frac{(\text{Lajir} - 0)(1 - 0,50) - 0}{140.000} = \frac{(\text{Lajir} - 200.000)(1 - 0,50) - 0}{100.000} \Rightarrow \text{Lajir} = \$\ 700.000$$

O Lajir de equilíbrio entre o plano 1 e o plano 3 é:

$$\underbrace{\frac{(\text{Lajir} - \text{Juros}_1)(1 - \text{IR}) - \text{DP}_1}{N_1}}_{\text{LPA}_1} = \underbrace{\frac{(\text{Lajir} - \text{Juros}_3)(1 - \text{IR}) - \text{DP}_3}{N_3}}_{\text{LPA}_3}$$

$$\frac{(\text{Lajir} - 0)(1 - 0,50) - 0}{140.000} = \frac{(\text{Lajir} - 0)(1 - 0,50) - 160.000}{100.000} \Rightarrow \text{Lajir} = \$\ 1.120.000$$

No gráfico a seguir, as linhas cheias representam a variação do LPA em função do Lajir para cada um dos três planos de financiamento.

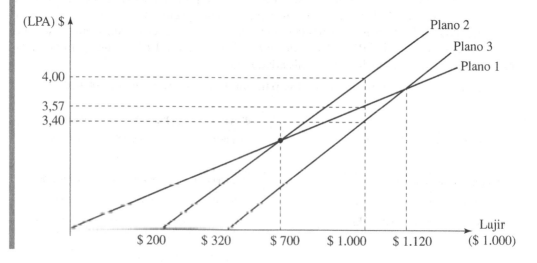

A escolha do melhor plano de financiamento dependerá do que se espera que vá ocorrer no futuro com o nível de vendas. Caso se esperem vendas acima do volume que resulta em um Lajir maior que $ 700.000, o plano 2 provavelmente será o mais adequado, pois resultaria no maior LPA em relação aos outros dois. Pelo mesmo raciocínio, caso se esperem vendas abaixo do volume que resulta em um Lajir menor que $ 700.000, o plano 1 será o melhor.

8.7 Alavancagem financeira e planos de financiamento

Analisando os efeitos das flutuações das vendas sobre o lucro por ação (LPA), pode-se calcular o GAF de cada plano de financiamento e determinar qual é o mais arriscado do ponto de vista financeiro. Para observar esse efeito, consideremos um aumento hipotético de 50% sobre o Lajir dos três planos de financiamento dados no exemplo anterior (Exemplo 8.12). O quadro a seguir mostra o LPA, seu incremento percentual em relação à situação anterior e o GAF para os três planos de financiamento.

	Plano 1 + 50%	Plano 2 + 50%	Plano 3 + 50%
Lajir	$ 1.500.000	$ 1.500.000	$ 1.500.000
– Juros		–$ 200.000	
Lair	$ 1.500.000	$ 1.300.000	$ 1.500.000
– Imposto de renda (50%)	–$ 750.000	–$ 650.000	–$ 750.000
– Dividendos preferenciais			–$ 160.000
LDA	$ 750.000	$ 650.000	$ 590.000
Número de ações comuns (N)	140.000	100.000	100.000
LPA = LDA / N	$ 5,36	$ 6,50	$ 5,90
Incremento do LPA	50% (5,36 / 3,57)	62,50% (6,5 / 4,0)	73,53% (5,90 / 3,40)
$GAF = \dfrac{\text{Incremento do LPA}}{\text{Incremento do Lajir}}$	$\dfrac{50\%}{50\%} = 1,0$	$\dfrac{62,50\%}{50\%} = 1,25$	$\dfrac{73,53\%}{50\%} = 1,47$

O quadro mostra que o plano 3 é o mais alavancado financeiramente, pois possui um GAF maior que o dos outros. Adotando-se esse plano, para cada 1% de aumento do Lajir haverá um aumento de 1,47% no LPA. Por outro lado, como a alavancagem funciona nas duas direções, para cada 1% de queda do Lajir haverá uma queda de 1,47% no LPA. O plano 1 não tem alavancagem financeira (GAF = 1), pois não considera a emissão de nenhum tipo de dívida que resulte em pagamento de juros.

Custo do capital

- Custo médio ponderado do capital
- Valor da empresa: proposição I de Modigliani-Miller
- Custo do capital próprio
- Custo da dívida
- Custo do capital, alavancagem financeira e beta
- Custo do capital: o caso da Embratel

Custo de oportunidade do capital significa o quanto alguém deixou de ganhar por ter adotado uma alternativa em vez de outra, ou seja, é o custo de oportunidade de investir em determinado negócio em detrimento de outro de mesmo risco. É o custo de passar à próxima alternativa rentável de mesmo risco a partir de recursos limitados. Para a empresa, o custo do capital é a remuneração que ela deve oferecer aos fornecedores dos recursos de que necessita. Caso ela consiga gerar, com esses recursos, retornos superiores ao custo deles, então estará gerando valor. Dessa maneira, o custo do capital pode funcionar como um limite mínimo para o retorno dos investimentos, abaixo do qual estes não deverão ser feitos, pois a empresa experimentará uma queda em seu valor de mercado.

A seguir listamos alguns conceitos e aspectos importantes sobre o custo do capital.

1. O custo de oportunidade dos atuais ativos da empresa não é necessariamente igual ao custo de oportunidade para novos ativos ou projetos.
2. O custo de oportunidade do capital é a rentabilidade oferecida pelos mercados de capitais para ativos com risco equivalente ao do projeto.
3. O custo do capital pode ser ajustado para refletir adequadamente os efeitos derivados do financiamento. Ou seja, pode ser ajustado para considerar diferentes graus de endividamento da empresa.
4. Um dos usos do custo do capital é servir de taxa referencial para as decisões de aceitar ou rejeitar oportunidades de investimento, eliminando-se as alternativas que apresentem retornos incapazes de gerar valor para a empresa.
5. O custo do capital para um projeto vai depender do uso do capital, e não da fonte desse capital. Assim, ele depende do risco do projeto, e não necessariamente do risco da empresa que o patrocina.

Nas próximas seções serão desenvolvidas diversas equações que nos permitirão calcular o custo do capital da empresa e das diversas fontes de recursos que financiam seu ativo. Seguindo a didática adotada neste livro, alguns conceitos e detalhes teóricos úteis serão expostos por meio de exemplos ilustrativos.

9.1 Custo médio ponderado do capital

Observando um balanço patrimonial, podemos reparar que ele é constituído por dois lados. O primeiro é o lado do passivo, no qual são registradas as fontes ou as origens dos recursos que a empresa utiliza; o segundo é o lado do ativo, no qual são registradas as aplicações realizadas pela empresa.

Dentre os tipos de fontes de recursos de que a empresa pode dispor, distinguem-se duas categorias: o *capital de terceiros* e o *capital próprio*. O capital de terceiros representa todas as fontes de recursos utilizadas pela empresa que não têm origem nos sócios e que geram um custo de financiamento para ela, denominado *custo do capital de terceiros*. Embora não seja tão óbvio, a utilização de recursos próprios também é uma alternativa de financiamento que envolve custos, uma vez que os sócios, que são os detentores do capital próprio, ao destinar recursos à empresa exigem em troca uma rentabilidade, o *custo do capital próprio*. Dessa forma, como a empresa utiliza tanto capital de terceiros quanto capital próprio, é necessário que ela realize investimentos que forneçam rentabilidades superiores ao *custo médio das fontes de recursos*, o chamado *custo médio ponderado do capital (CMPC)*.

O custo médio ponderado do capital (CMPC) é uma média ponderada dos custos das diversas fontes de recursos que financiam os ativos da empresa (empréstimos e financiamentos, emissão de ações ordinárias e preferenciais, emissão de debêntures, retenção de lucros etc.). O enfoque do CMPC parte da idéia de que o projeto é financiado simultaneamente com capital próprio e capital de terceiros; portanto, o CMPC é igual à soma das rentabilidades médias dessas fontes de recursos, ponderadas pela participação de cada uma no financiamento total. Essa média ponderada é a seguinte:

$$CPMC = \begin{pmatrix} \text{Custo dos} \\ \text{capitais próprios} \end{pmatrix} \times \begin{pmatrix} \text{Proporção dos} \\ \text{capitais próprios} \end{pmatrix} + \begin{pmatrix} \text{Custo líquido} \\ \text{da dívida} \end{pmatrix} \times \begin{pmatrix} \text{Proporção} \\ \text{da dívida} \end{pmatrix}$$

A fim de obtermos uma equação para o cálculo do CMPC, admitamos que uma empresa gere em perpetuidade (para sempre) fluxos de caixa constantes. Sendo Lajir uma perpetuidade que representa o lucro operacional líquido antes dos juros e IR, e T a alíquota corporativa de imposto de renda, o fluxo tributável para uma empresa não alavancada (sem dívidas permanentes) será simplesmente:

$$\text{Lajir}$$

Para a empresa não alavancada, o imposto de renda total será:

$$\text{Lajir} \times \text{T}$$

Logo, o Lajir depois do imposto de renda será:

$$\text{Lajir} (1 - \text{T})$$

Por outro lado, para uma empresa alavancada (com dívidas permanentes) o lucro tributável é igual ao Lajir menos os juros pagos sobre a dívida:

$$\text{Lajir} - K_d \times D$$

onde:
K_d = custo da dívida (taxa de juros efetiva);
D = valor da dívida.

O imposto de renda total é:

$$T \times (\text{Lajir} - K_d \times D)$$

O lucro operacional disponível aos acionistas é igual ao Lajir menos os juros e IR pagos:

$$\text{Lajir} - K_d \times D - T \times (\text{Lajir} - K_d \times D)$$
$$(\text{Lajir} - K_d \times D) \times (1 - T)$$

O fluxo para os credores é igual aos juros pagos sobre a dívida:

$$K_d \times D$$

O lucro operacional total (depois do imposto de renda), ou seja, o lucro disponível tanto para os acionistas como para os credores, é dado por:

$$(\text{Lajir} - K_d \times D) \times (1 - T) + K_d \times D$$
$$\text{Lajir} (1 - T) + T \times K_d \times D$$

O primeiro termo, Lajir $(1 - T)$, é o lucro operacional (depois do IR) da empresa sem dívidas (desalavancada), e o segundo, $T \times K_d \times D$, é o *benefício fiscal decorrente do uso de capital de terceiros*.

O lucro operacional total disponível é dividido entre os acionistas e os credores. Dele, os acionistas participam na parcela $K_{cp} \times CP$, e os credores, na parcela $K_d \times D$. Logo, temos que:

$$\text{Lajir} (1 - T) + T \times K_d \times D = K_{cp} \times CP + K_d \times D$$

Dividindo ambos os lados dessa expressão por V (valor de mercado da empresa), temos:

$$\text{Lajir} (1 - T) / V + (T \times K_d \times D) / V = (K_{cp} \times CP) / V + (K_d \times D) / V$$
$$K + (T \times K_d \times D) / V = (K_{cp} \times CP) / V + (K_d \times D) / V$$

Destacando K:

$$\boxed{K = K_{cp}\left(\frac{CP}{V}\right) + K_d(1 - T)\left(\frac{D}{V}\right)}$$

onde:
K = custo médio ponderado do capital;
K_{cp} = custo do capital próprio;
K_d = custo marginal da dívida;
D = valor de mercado da dívida;

CP = valor de mercado do capital próprio;
V = valor de mercado da empresa (V = CP + D);
T = alíquota marginal de imposto de renda.

O Lajir (lucro operacional antes de juros e IR) é muitas vezes referido por seu equivalente em inglês Ebit (*earnings before interest and taxes*), o Lajir (1 – T) por Nopat (*net operating profit after taxes*) e o custo médio ponderado do capital por WACC (*weighted average cost of capital*). Neste livro, esses termos serão usados indistintamente.

É importante ressaltar alguns aspectos acerca da fórmula do CMPC e de seu uso:

1. Quando nos referimos ao CMPC, dissemos que é uma média ponderada dos custos das diversas fontes de recursos que financiam os atuais ativos da empresa. Todas as variáveis referem-se à empresa em seu conjunto, portanto a taxa calculada usando essa fórmula será correta unicamente para projetos que não alterem o risco da empresa patrocinadora do projeto. Não será correta, ou requererá um ajuste, quando o projeto alterar o risco da empresa patrocinadora.

2. Para desconto dos fluxos de caixa de determinado projeto, deve-se calcular o CMPC usando os custos específicos das fontes de recursos que financiam esse projeto, e não os custos dos atuais ativos da empresa.

3. As proporções CP/V e D/V devem ser as proporções-alvo da estrutura de capital, calculadas com base em valores de mercado, e não em valores contábeis que desconsiderem a criação de valor. Esse raciocínio fundamenta-se no fato de que o custo do capital mede o custo de emissão de títulos em novos financiamentos, sendo tais títulos emitidos a valor de mercado, e não por seu valor contábil. O uso de uma estrutura-alvo a valores de mercado, além de refletir melhor as expectativas dos fornecedores de recursos, atenua o problema das variações do risco financeiro, pois o custo de cada fonte depende da estrutura de capital da empresa. Outro motivo para usar uma proporção-alvo da estrutura de capital é o fato de essa proporção resolver o problema de circularidade que envolve a estimativa do CMPC e o valor da empresa. Essa circularidade aparece porque, para calcular o CMPC, é preciso ponderar o custo das diversas fontes de capital segundo sua participação no valor de mercado da empresa, o qual, por sua vez, depende do CMPC. O uso de uma estrutura-alvo tem como vantagem a predefinição das proporções no cálculo do CMPC. Definitivamente, a validade do método depende de a empresa adotar ou não tal estrutura-meta.

4. Na prática, muitas vezes é utilizada a estrutura de capital do setor industrial para determinar as proporções CP/V e D/V, escolhendo-se principalmente as empresas com maior capitalização. O argumento para isso é que, como as avaliações das empresas e de seus projetos são feitas com base em fluxos de longo prazo, não necessariamente compatíveis com a atual estrutura de capital da empresa, seria mais adequado utilizar as proporções da indústria, e não da empresa em particular.

5. A fórmula para o CMPC considera fluxos constantes e perpétuos. Logo, a rigor, não é muito adequada para descontar fluxos de caixa que apresentem outras configurações, mas podem ser feitos determinados ajustes para esses casos.

6. A fórmula do CMPC faz uma simplificação extrema, porque pressupõe que a única contribuição do financiamento ao valor da empresa deve-se aos benefícios fiscais implícitos na dívida, não existindo nenhum outro efeito colateral. Considera-se, ainda, que a empresa possa aproveitar totalmente as deduções fiscais dos juros.

Gestão de investimentos e geração de valor

7. A fórmula do CMPC pressupõe a inexistência de custos de insolvência financeira e que o risco operacional da empresa permaneça constante quando a relação entre a dívida e o capital próprio se altera.

Como ilustração do cálculo do CMPC, vamos supor que determinada empresa possua a seguinte estrutura de capital:

Fontes de recursos	Valor de mercado	Participação (%)	Custo do recurso (%)
Ações ordinárias	$ 8.000.000	61,54%	15%
Ações preferenciais	$ 2.000.000	15,39%	10%
Empréstimos	$ 3.000.000	23,08%	9%
Total	$ 13.000.000	100,00%	—

Se a empresa considerar a atual estrutura de capital como estrutura-alvo, o CPMC será o seguinte:

Fontes de recursos	Custo médio ponderado do capital
Ações ordinárias	0,6154 × 15% = 9,23%
Ações preferenciais	0,1539 × 10% = 1,54%
Empréstimos	0,2308 × 9% = 2,08%
Total	12,85%

9.1.1 Como não deve ser usado o CMPC

O CMPC tem seus perigos quando não são consideradas as premissas sobre as quais ele se fundamenta. Um erro prático muito comum é ilustrado no exemplo a seguir. O gerente industrial de uma empresa está em campanha para a alta gerência aprovar um projeto de modernização da planta. Ele argumenta que a empresa está com bom crédito na praça e, para fazer o projeto, ela pode perfeitamente, sem risco de inadimplência, tomar emprestados 90% dos recursos necessários (D/V = 0,9). Ele diz que já contatou um banco que se dispõe a emprestar essa quantia, pela qual cobrará a taxa de juros que normalmente a empresa paga por seus empréstimos (8%). A taxa de retorno exigida pelos acionistas é de 15% (custo do capital próprio), e a alíquota de imposto é de 34%. O gerente acredita que o projeto tenha um risco aproximadamente igual à média da empresa como um todo e, portanto, calculou da seguinte maneira a taxa de desconto para o projeto:

$$K = K_{cp}\left(\frac{CP}{V}\right) + K_d\,(1 - T)\left(\frac{D}{V}\right) = 15\% \times 0,10 + 8\% \times (1 - 0,34) \times 0,9 = 6,25\%$$

O gerente conclui dizendo: dado que o projeto tem uma TIR de quase 10%, muito superior ao CMPC, implantá-lo é economicamente vantajoso para a empresa.

Ele cometeu alguns erros. O primeiro é que o CMPC só pode ser aplicado diretamente a projetos que sejam uma cópia fiel da empresa e, nesse caso, a empresa como um todo não tem um nível de dívida de 90%. O segundo erro é que o custo das fontes de recursos para o projeto não tem necessariamente conexão com os atuais custos dessas fontes para a empresa. O terceiro erro é que o projeto poderá aumentar o risco financeiro da empresa como um todo e, conseqüentemente, tanto os bancos quanto os acionistas poderão solicitar taxas maiores para seus recursos, trazendo, com isso, um aumento do CMPC.

Uma última questão: o que aconteceria com a fórmula do CMPC se existissem dois tipos de ações, as ações ordinárias e as ações preferenciais, com retornos diferentes? Nesse caso, o CMPC seria uma média ponderada de três fontes de recursos: ações ordinárias, ações preferenciais e dívida. O valor de mercado da empresa seria a soma dos valores de mercado desses três tipos de títulos.

9.1.2 Alíquota nominal ou alíquota efetiva de imposto de renda?

Qual é a diferença entre a *alíquota efetiva* (T^*) e a *alíquota nominal* (T) de imposto de renda? A alíquota efetiva é aplicada para o capital adicional (marginal) gasto com juros. Geralmente, a alíquota nominal da corporação é usada na maioria das situações. Entretanto, a alíquota efetiva poderá ser menor que a nominal (com valor zero em casos extremos) se a empresa tiver de diferir valores substanciais de abatimentos fiscais (por lucro insuficiente para usar todos os créditos fiscais), ou se enfrentar possibilidade real de falência, de forma que os benefícios fiscais talvez jamais sejam usufruídos. No Brasil, a alíquota de imposto de renda vigente é de 15% para lucros de até R$ 240 mil. Lucros acima desse valor têm uma alíquota adicional de 10%, totalizando 25%. A alíquota de contribuição social é de 9%.

9.2 Valor da empresa: proposição I de Modigliani-Miller

Os fundamentos sobre os quais se baseiam a teoria de valoração de empresas e a teoria do custo e estrutura de capital são as famosas *proposições de Modigliani e Miller* (MM), dois ganhadores do prêmio Nobel de Economia. Eles mostraram que, no caso de um mercado perfeito e sem impostos, a política de dividendos, assim como as decisões de financiamento, não tem nenhuma influência no valor da empresa.

9.2.1 Proposição I de Modigliani-Miller sem impostos

A *proposição I de Modigliani-Miller* (*MM I*) *sem impostos* é também conhecida como *lei de conservação de valor*, ou seja, o valor de um ativo é preservado independentemente de como seja a repartição dos lucros entre os acionistas (capital próprio) e os credores (dívida). Assim, essa proposição estabelece que o valor de mercado da empresa independe de sua estrutura de capital, sendo impossível maximizar tal valor por meio da otimização do nível de endividamento da empresa. Em outras palavras, a proposição I sem impostos diz que *o valor da empresa é determinado pelo lado esquerdo do balanço patrimonial* (ativos reais), *e não pelas proporções de capital próprio e de dívida*. Essa proposição é extremamente geral, servindo não somente para ajudar a determinar a razão entre capital próprio e capital de terceiros na empresa, mas implicando a completa separação entre as decisões de investimento e as decisões de financiamento.

Tratando-se de um projeto de investimento, e na presença de imperfeições de mercado e impostos, o financiamento pode adicionar valor ao projeto, embora geralmente o efeito não seja muito relevante. Do ponto de vista teórico, restrições ao crédito seriam imperfeições que fariam as proposições de MM não serem exatas, já que a empresa poderia obter

Gestão de investimentos e geração de valor

abatimentos fiscais em cima dos juros pagos pelos financiamentos, o que talvez não fosse possível aos investidores obter individualmente.

Mesmo assim, no caso de uma empresa com uma carteira de projetos, isso não beneficiaria o VPL de um projeto específico, e sim a empresa como um todo; ou seja, não afetaria as decisões de seleção ou priorização de projetos individuais, e sim as decisões de investimento no âmbito do orçamento total de investimento da empresa. Em alguns casos menos comuns, as imperfeições de mercado podem influir e tornar-se relevantes na análise de um projeto específico. Muitas vezes, por exemplo, são os subsídios fiscais dados pelos governos ou órgãos governamentais que viabilizam determinados projetos.

A proposição I de MM sem impostos pode ser formulada da seguinte forma: $V = V_0$. Ou seja, o valor de uma empresa com dívidas (V) é igual ao valor da empresa equivalente sem dívidas (V_0). Na seção seguinte, veremos como a proposição I de MM muda na presença de impostos.

9.2.2 Proposição I de Modigliani-Miller com impostos

Admitindo a existência de imposto de renda e que a empresa gere em perpetuidade (para sempre) fluxos de caixa constantes, na Seção 9.1 vimos que o lucro operacional total, depois do imposto de renda, disponível para os acionistas e para os credores é dado por: $\text{Lajir}(1 - T) + T \times K_d \times D$.

Quando o mercado avalia fluxos de caixa, utiliza taxas de desconto apropriadas ao nível de risco de cada um deles. No caso do fluxo que representa o benefício fiscal da dívida ($T \times D \times K_d$), admite-se que, enquanto a empresa possa situar-se em uma alíquota positiva de imposto de renda, o risco desse fluxo será igual ao risco dos juros que o geram. Assim, esse fluxo é descontado à taxa de juros da dívida (K_d). Naturalmente, se a empresa não puder manter um endividamento constante, ou se no futuro não puder utilizar os benefícios fiscais da dívida, a taxa de desconto deverá ser maior. O fluxo $\text{Lajir}(1-T)$ tem um risco maior que o benefício fiscal da dívida, portanto deve ser descontado à taxa K_0, que representa o custo do capital da empresa sem dívida (empresa desalavancada), também conhecido como *rentabilidade operacional* ou *poder de ganho dos ativos operacionais líquidos*.

Descontando os respectivo fluxos (perpetuidades) às taxas apropriadas, tem-se:

$$V = \frac{\text{Lajir}(1 - T)}{K_0} + \frac{T \times D \times K_d}{K_d} = V_0 + T \times D$$

Essa equação é conhecida em finanças como *proposição I de Modigliani-Miller (MM I)*[1] *com impostos*. Ela nos diz que o valor de uma empresa alavancada (V) é igual ao valor da empresa desalavancada ou sem dívidas permanentes (V_0), mais o valor presente do benefício fiscal proporcionado pelo endividamento ($T \times D$). Na equação, T é a alíquota de imposto de renda corporativo, D é o valor de mercado das dívidas permanentes, e K_0 é o custo do capital para a empresa sem dívida. Aqui cabe observar que a aplicação direta da proposição I de Modigliani-Miller na avaliação de empresas pressupõe que não existam custos de insolvência financeira, e que o risco da empresa não se altere. Essa observação é tratada com amplitude no Capítulo 10.

---

[1] F. Modigliani e M. Miller, "Corporate income taxes and the cost of capital: a correction", *The American Economic Review*, jun. 1963, p. 433-443.

9.2.3 Fórmula de Modigliani-Miller para cálculo do custo do capital

A partir da proposição I, Modigliani e Miller desenvolveram uma *fórmula de bolso* para o cálculo do custo do capital. A derivação da fórmula começa destacando-se K_0 na penúltima expressão:

$$K_0 = \frac{\text{Lajir}\,(1 - T)}{V} + \frac{K_0 \times T \times D}{V}$$

Considerando que $K = \text{Lajir}\,(1 - T)/V \Rightarrow K_0 = K + \dfrac{K_0 \times T \times D}{V}$

Destacando o custo do capital: $\boxed{K = K_0\,[1 - T^* \times L]}$ onde $L = D/V$.

Essa expressão é conhecida como *fórmula de Modigliani-Miller para cálculo do custo do capital*. Há algumas observações importantes sobre ela, a saber:

- L representa a contribuição marginal do projeto para a capacidade de endividamento da empresa. Entende-se *capacidade de endividamento* como o risco de falência resultante do uso de dívida com o conseqüente aumento do risco financeiro (aumento da alavancagem financeira). O valor de L pode ser maior ou menor que o atual grau de endividamento da empresa. A rigor, L deve ser um valor-alvo.
- K_0 é o custo do capital para a empresa desalavancada. Representa a taxa requerida pelos acionistas de uma empresa com o mesmo Lajir $(1 - T)$ e a mesma exposição ao risco, mas sem dívidas permanentes. Mede a rentabilidade do ativo operacional da empresa. Na ausência de impostos (quando $T = 0$), ou na impossibilidade de se capturar o benefício fiscal da dívida, a fórmula de MM implica que $K = K_0$.
- T* representa a taxa efetiva do benefício fiscal decorrente do uso de capital de terceiros, que não necessariamente é igual à alíquota de imposto de renda corporativa (T). Na prática, a taxa efetiva de redução fiscal decorrente dos juros costuma ser inferior à alíquota corporativa $(T^* < T)$; inclusive, alguns autores argumentam que $T^* = 0$. Uma posição intermediária seria a que aceita $0 < T^* < T$. Por simplicidade e didática, nos exercícios de aplicação assumiremos que $T^* = T$.
- A fórmula de MM é aplicável a projetos que tenham fluxos de caixa constantes e perpétuos. Supõe-se que o empréstimo tomado para financiar o projeto será permanentemente suportado, ou seja, a fórmula de MM deve ser aplicada unicamente aos casos em que os níveis de endividamento forem constantes; ou, em outras palavras, quando a contribuição do projeto para a capacidade de endividamento da empresa for um valor constante. Na prática, fluxos de caixa perpétuos raramente são vistos, e a suposição de dívida constante é pouco encontrada em situações reais.
- A fórmula pressupõe que a única contribuição do financiamento ao valor da empresa deve-se aos benefícios fiscais dos juros. Não existe nenhum outro efeito colateral.

9.2.4 Fórmula de Miles-Ezzell para cálculo do custo do capital

Quando a contribuição do projeto para a capacidade de endividamento da empresa não é constante e quando os fluxos de caixa não são perpetuidades, mas fluxos com duração finita, podemos deduzir uma outra equação para o cálculo do custo do capital. Veremos esse processo a seguir.

Como já demonstramos, o fluxo operacional total, depois do imposto de renda, disponível para acionistas e credores é:

$$\text{Lajir}\,(1 - T) + T \times D \times K_d$$

Suponhamos que o projeto represente um desembolso inicial I e que seu prazo seja de um único período. Nesse caso, descontando-se os fluxos às taxas apropriadas, o valor presente líquido do projeto será:

$$\text{VPL} = -I + \frac{\text{Lajir}\,(1 - T)}{(1 + K_0)} + \frac{T \times D \times K_d}{(1 + K_d)}$$

A taxa interna de retorno (TIR) do projeto pode ser encontrada igualando-se o VPL a zero. Fazendo isso e multiplicando a expressão por $(1 + K_0) / I$, tem-se:

$$-I \times \frac{(1 + K_0)}{I} + \frac{\text{Lajir}\,(1 - T)}{(1 + K_0)} \times \frac{(1 + K_0)}{I} + \frac{T \times D \times K_d}{(1 + K_d)} \times \frac{(1 + K_0)}{I} = 0$$

Rearranjando:

$$\underbrace{\frac{\text{Lajir}\,(1 - T)}{I} - 1}_{K} = K_0 - \underbrace{\left(\frac{D}{I}\right)}_{L} \times T \times K_d \times \left(\frac{1 + K_0}{1 + K_d}\right)$$

$$\boxed{K = K_0 - L \times T \times K_d \times \left(\frac{1 + K_0}{1 + K_d}\right)}$$

Essa fórmula é conhecida como *equação de Miles-Ezzell (ME)*[2] *para cálculo do custo do capital*. Serve para qualquer configuração dos fluxos de caixa, mas supõe que o montante da dívida possa variar com o valor futuro do projeto, ajustando-se o passivo a fim de manter constante a proporção de endividamento. Ou seja, supõe-se que a empresa ajustará seu grau de endividamento a fim de acompanhar qualquer flutuação futura no valor do projeto.

9.3 Custo do capital próprio

Os acionistas proporcionam à empresa uma fonte de recursos de longo prazo, tendo como principais remunerações o recebimento de dividendos e a valorização das ações. O *custo do capital próprio* é o custo de oportunidade do investidor, pois representa sua expectativa de retorno do capital, que é o parâmetro que ele utilizará para decidir-se entre aplicar seu capital no projeto ou em outras oportunidades de investimento.

Os recursos provenientes dos acionistas podem originar-se de duas fontes: da retenção de lucros ou do aumento do capital social mediante novas emissões de ações. Racional-

---

[2] J.A. Miles e J.R. Ezzell. "The weighted average cost of capital, perfect capital markets, and project life", *Journal of Financial and Quantitative Analysis*, 15, set. 1980, p. 719-730.

mente, a retenção de lucros deve ocorrer somente quando a rentabilidade desse capital reaplicado na empresa for igual ou superior à melhor alternativa disponível no mercado; caso contrário, o lucro deverá ser distribuído como dividendos.

Existem várias abordagens para estimar o custo do capital próprio. Dentre elas, podemos citar as seguintes:

1. custo do capital próprio segundo as proposições de Modigliani-Miller;
2. modelo de apreçamento de ativos com risco (CAPM);
3. abordagem de dividendos;
4. modelo *arbitrage pricing model* (APM).

A terceira abordagem é conhecida na literatura de finanças como *modelo de dividendos com crescimento*, ou *modelo de Gordon*, e será tratada amplamente no Capítulo 12. A seguir, discutiremos as abordagens 1 e 2.

9.3.1 Custo do capital próprio segundo as proposições de Modigliani-Miller

Podemos obter uma expressão alternativa para o cálculo do custo do capital próprio igualando a equação do custo médio ponderado do capital (CMPC) com a equação de Modigliani-Miller (MM), desenvolvidas nas seções 9.1 e 9.2:

$$K_{cp}\left(\frac{CP}{CP + D}\right) + K_d(1 - T)\left(\frac{D}{CP + D}\right) = K_0\left[1 - T\left(\frac{D}{D + CP}\right)\right]$$

Colocando em evidência o custo do capital próprio, tem-se:

$$K_{cp} = K_0 + \left(\frac{D}{CP}\right)(K_0 - K_d)(1 - T)$$

Essa expressão é conhecida na literatura de finanças como *proposição II de Modigliani-Miller (MM II)*.[3] Ela nos diz que o retorno requerido pelos acionistas é a soma de dois prêmios. O primeiro, relacionado à rentabilidade dos ativos operacionais (K_0), depende da natureza das atividades da empresa e de seu risco operacional. O segundo deve-se à alavancagem financeira, sendo determinado pela estrutura financeira e pela política de financiamento da empresa. Esse segundo prêmio é representado pela razão dívida/capital próprio (D/CP) multiplicada pela diferença entre a rentabilidade operacional da empresa e a taxa de juros cobrada pelos empréstimos permanentes ($K_0 - K_d$). Quando a dívida aumenta na estrutura de capital, a rentabilidade do capital próprio (K_{cp}) será ampliada (alavancada), enquanto a taxa de juros paga pela dívida não exceder a rentabilidade operacional da empresa — enquanto ($K_0 - K_d$) > 0. Justamente, a contribuição líquida da alavancagem financeira é dada por essa diferença, ou seja, a alavancagem financeira só será benéfica enquanto o poder de ganho dos ativos operacionais for superior ao custo líquido da dívida — enquanto $K_0 > K_d (1 - T)$ —; caso contrário, ela poderá ser prejudicial, diminuindo a rentabilidade dos acionistas (diminuindo K_{cp}).

---

[3] Modigliani e Miller, op. cit.

Nas proposições de MM, podemos notar que, na ausência de alavancagem financeira (quando D = 0), o custo do capital da empresa se iguala ao custo do capital próprio e à rentabilidade dos ativos operacionais (K = K_{cp} = K_0).

Outra equação alternativa equivalente para o custo do capital próprio pode ser obtida diretamente a partir da fórmula do CMPC:

$$K = K_{cp}\left(\frac{CP}{CP + D}\right) + K_d(1 - T)\left(\frac{D}{CP + D}\right) \Rightarrow \boxed{K_{cp} = K + \left(\frac{D}{CP}\right)[K - K_d(1 - T)]}$$

A seguir, a figura da esquerda mostra, de acordo com as proposições teóricas de MM, o comportamento dos diversos custos em função da alavancagem financeira ou do grau de endividamento (D/CP). A figura da direita ilustra o comportamento do valor da empresa.

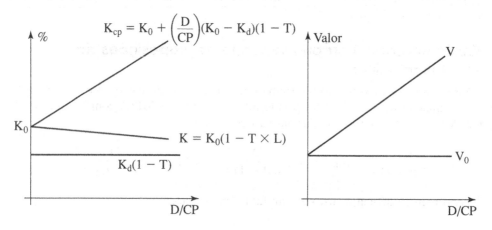

De acordo com a proposição II de MM, observa-se na primeira figura que, enquanto o poder de ganho dos ativos operacionais for superior ao custo líquido da dívida — enquanto $K_0 > K_d (1 - T)$ —, o aumento da relação D/CP (aumento de alavancagem financeira) produzirá uma redução no custo do capital (K) e um aumento no custo do capital próprio (K_{cp}). Tal como indicado pela proposição I de MM, na segunda figura observa-se que, permanecendo constantes o custo da dívida (K_d) e o Lajir (1 – T), o valor da empresa aumenta indeterminadamente quando a relação D/CP aumenta, devido aos benefícios fiscais da dívida. O valor da empresa desalavancada (V_0) permanece constante.

As proposições teóricas de MM refletidas nas duas últimas figuras pressupõem a inexistência de custos associados a dificuldades financeiras, e que o risco operacional da empresa permaneça constante quando a relação entre a dívida e o capital próprio se altera. Desse modo, não refletem totalmente o que ocorre na realidade, pois, a partir de certo nível de dívida, o valor da empresa sofre uma queda, devido a um efeito contrário ocasionado pelo aumento do risco financeiro e dos custos associados à possibilidade de falência. Assim, a rigor, as proposições teóricas de MM seriam adequadas somente em um contexto em que alterações na relação dívida-capital próprio não trouxessem custos de insolvência capazes de alterar os custos financeiros da empresa. Na Seção 9.5 esses assuntos serão tratados com maior profundidade, e serão apresentados os procedimentos adequados para fazer um ajuste de modo que o custo do capital possa refletir as alterações no risco financeiro decorrentes da aceitação do projeto.

9.3.2 Custo do capital próprio segundo o modelo CAPM

O custo do capital próprio é a taxa de retorno requerida pelos acionistas ou donos do capital próprio. O endividamento envolve obrigações contratuais de pagamento; o capital próprio, não. Assim, o procedimento para estimar o custo do capital próprio difere do procedimento usado para estimar o custo da dívida. Um investidor só vai adquirir um ativo de risco se o retorno compensar tal risco. Quanto maior o risco, maior o retorno exigido.

Conforme já vimos na Seção 7.3.10, a grande inovação trazida pelo modelo de apreçamento de ativos com risco (CAPM) para a análise de projetos de investimento foi a capacidade de resolver, simultaneamente, os problemas da oferta e da alocação de recursos de capital, proporcionando uma estimativa de custo do capital em um contexto de mercado. Já vimos também que o CAPM é um modelo expectacional, portanto expresso em termos de valores esperados; nele, o retorno esperado sobre o ativo é a soma de dois fatores: a rentabilidade dos ativos ou aplicações sem risco e o chamado prêmio de risco.

Quando aplicado para quantificar o custo ou a rentabilidade do capital próprio, o CAPM tem a seguinte forma:

$$K_{cp} = R_f + \beta[\overline{R}_m - R_f]$$

onde:

K_{cp} = rentabilidade ou custo do capital próprio (rentabilidade requerida pelos acionistas);
R_f = rentabilidade dos ativos sem risco;
$\overline{R}_m$ = rentabilidade esperada do índice de mercado;
β = beta (volatilidade das ações comuns em relação ao índice de mercado);
$\beta[\overline{R}_m - R_f]$ = prêmio de risco.

A aplicação do CAPM para o cálculo do custo do capital próprio requer informações como a rentabilidade dos ativos sem risco, a rentabilidade esperada do índice de mercado e o beta da empresa. Em geral, os passos a serem seguidos na determinação do custo do capital próprio são os seguintes:

1. Obter o beta das ações da empresa. Caso ele não possa ser encontrado em publicações especializadas, deve ser medido por meio das cotações das ações da empresa negociadas em bolsa. Para empresas que não tenham títulos negociados no mercado, o beta pode ser estimado por meio dos betas de empresas com atividades operacionais semelhantes.
2. Ajustar o beta do projeto em relação à alavancagem financeira, caso tal projeto altere o risco ou a estrutura de capital da empresa.
3. Escolher a taxa livre de risco.
4. Definir a carteira de mercado e medir seu retorno.
5. Calcular o custo do capital próprio usando o CAPM.

Para o uso do CAPM é necessária a disponibilidade de betas. Não existindo betas publicados, eles devem ser calculados a partir dos retornos esperados ou observados das ações da empresa. Assim, deve ser definida a carteira de mercado com a respectiva definição do retorno de mercado, e a escolha do ativo sem risco. Normalmente, no caso brasileiro, para efeitos práticos, a carteira de mercado pode ser aproximada pelo Ibovespa (índice da Bolsa de Valores de São Paulo). A escolha do ativo sem risco deverá guardar relação com o período em que se pretenda medir o beta. No mercado brasileiro, a taxa sem risco pode ser a remuneração média de títulos como:

- Certificados de Depósito Bancário (CDB) emitidos por bancos de primeiríssima linha.
- Certificados de Depósito Interbancário (CDI).
- Títulos do Tesouro, como Letras Financeiras do Tesouro (LFT), Letras do Banco Central do Brasil (LBC), Bônus do Banco Central do Brasil (BBC) etc.
- Outros títulos de dívida que possam ser considerados sem risco.

O uso de qualquer um desses retornos não estará livre de controvérsia, devendo o analista preparar-se para explicitar e justificar sua escolha. No Capítulo 7 tratamos amplamente do CAPM e da problemática envolvendo seu uso.

9.3.3 Custo do capital próprio segundo o modelo de fluxo de dividendos

De acordo com o modelo de fluxo de dividendos, a taxa de retorno esperada pelos acionistas pode ser calculada conhecendo-se a política de dividendos da empresa e o preço atual da ação, informações de fácil obtenção, além da taxa de crescimento dos dividendos no longo prazo, de difícil obtenção. Nesse modelo, para calcular a taxa de retorno esperada pelos acionistas devem-se considerar: a) dividendos de crescimento nulo, b) dividendos de crescimento constante, c) dividendos de crescimento acima do normal ou não constantes.

No modelo de dividendos com crescimento constante, se P_0 é o preço da ação e c é a estimativa da taxa de crescimento dos dividendos esperados, o custo do capital próprio (ou taxa de retorno esperada pelos acionistas) pode ser obtido do seguinte modo:

$$
\underbrace{K_{cp}}_{\substack{\text{Taxa de retorno} \\ \text{esperada}}} = \underbrace{\frac{DIV_1}{P_0}}_{\substack{\text{Rentabilidade esperada} \\ \text{dos dividentos}}} + \underbrace{c}_{\substack{\text{Taxa de} \\ \text{crescimento esperada}}}
$$

Esse será o custo do capital próprio a compor um modelo de custo médio ponderado do capital (CMPC) da empresa. O modelo de dividendos com crescimento será amplamente tratado no Capítulo 12.

9.4 Custo da dívida

Quando a empresa possui títulos de dívida negociados no mercado, o *custo da dívida* é dado pela taxa interna de retorno (TIR) do título, ou por algum método de estimativa de *rating* de dívida. Caso a empresa não possua títulos negociados em mercado e não seja possível estimar um *rating sintético*, uma alternativa é obter o custo real da dívida da empresa por meio da média do custo de suas dívidas atuais.

O custo líquido da dívida é um dos componentes necessários para o cálculo do CMPC. Não é necessariamente a taxa à qual a empresa conseguiu tomar dinheiro no passado, mas o custo dos financiamentos e empréstimos contratados para o projeto.

A TIR de um título de dívida (Bond) é calculada resolvendo-se a seguinte expressão para a TIR:

$$VC = \sum_{t=1}^{T} \frac{C_t}{(1 + TIR)^t} + \frac{VF}{(1 + TIR)^T}$$

onde:
VC = valor corrente do Bond no mercado;
C_t = pagamentos periódicos;
VF = valor de face do Bond (valor de resgate);
TIR = taxa interna de retorno;
T = prazo de vencimento do Bond.

Vamos supor, por exemplo, que um título de dívida cujo valor corrente no mercado seja de $ 977,54 prometa pagar 15% de juros no fim de cada ano, ao longo de três anos, e, ao término desse prazo, devolva um valor de face de $ 1.000. Nesse caso, a TIR será:

$$\$\,977,54 = \frac{\$\,150}{(1 + TIR)} + \frac{\$\,150}{(1 + TIR)^2} + \frac{\$\,150}{(1 + TIR)^3} + \frac{\$\,1.000}{(1 + TIR)^3} \Rightarrow TIR = 16\% \text{ a.a.}$$

Ao contrário dos dividendos, os pagamentos de juros são dedutíveis para efeitos fiscais. Portanto, o custo da dívida deve ser sempre apresentado líquido dos efeitos tributários. Para chegar a esse valor, é necessário multiplicar o custo da dívida (K_d) por $(1 - T)$, onde T é a alíquota de IR:

Custo líquido da dívida = $K_d\,(1 - T)$ = TIR $(1 - T)$ = 16% $\times$ $(1 - 0{,}34)$ = 10,6%

Assim, o governo paga uma parte do custo da dívida devido à dedução tributária permitida. Essa expressão costuma fornecer uma boa aproximação; entretanto, diferenças poderão ocorrer quando a empresa não puder utilizar totalmente as deduções fiscais dos juros. O motivo de utilizar o custo da dívida após impostos no cálculo do CMPC é que o valor da empresa e o VPL de um projeto são calculados com base em fluxos de caixa líquidos de impostos. Assim, tanto os fluxos de caixa quanto as taxas de desconto devem ser colocados em bases comparáveis (em base após imposto).

9.5 Custo do capital, alavancagem financeira e beta

O custo médio ponderado do capital (CMPC) reflete o risco e a estrutura de capital da empresa com seus atuais ativos, mas não considera necessariamente as alterações que possam ocorrer devido à incorporação de novos ativos, em decorrência da execução de um novo projeto de investimento. Caso o projeto tenha o mesmo perfil de risco da empresa patrocinadora e não altere a sua alavancagem financeira, o atual CMPC da empresa poderá ser usado no desconto dos fluxos de caixa do projeto. Entretanto, se o projeto alterar o risco financeiro da empresa, será necessário efetuar um ajuste no CMPC. A seguir, trataremos das razões desse ajuste e dos procedimentos para realizá-lo.

Considerando que o ativo da empresa seja financiado por dívida (D) e por capital próprio (CP), o beta desse ativo será uma média ponderada dos betas da dívida e do capital próprio:

$$\beta_A = \beta\left(\frac{CP}{CP + D}\right) + \beta_d(1 - T)\left(\frac{D}{CP + D}\right)$$

onde:

β_A = beta do ativo;

β_d = beta da dívida;

β = beta do capital próprio (das ações ordinárias);

D = valor de mercado da dívida;

CP = valor de mercado do capital próprio;

T = alíquota de imposto de renda.

A ponderação de cada beta é dada pela fração em que cada fonte de recursos participa no financiamento do ativo.

Uma segunda maneira para expressar o beta do ativo é:

$$\beta_A = \beta_0\left(1 - T \times \frac{D}{CP + D}\right)$$

Como essas duas expressões para o β_A são equivalentes, podemos igualá-las e, a seguir, destacar o beta do capital próprio (beta das ações ordinárias):

$$\beta\left(\frac{CP}{CP + D}\right) + \beta_d(1 - T)\left(\frac{D}{CP + D}\right) = \beta_0\left(1 - T \times \frac{CP}{CP + D}\right)$$

$$\Rightarrow \boxed{\beta = \beta_0 + (\beta_0 - \beta_d)\left(\frac{D}{CP}\right)(1 - T)}$$

A razão (D/CP) refere-se à atual relação dívida-capital próprio da empresa. Na última expressão, podemos observar que o risco do capital próprio medido por seu beta (β) é a soma de duas partes: do risco operacional medido pelo β_0 (beta desalavancado) e do risco devido à alavancagem financeira ($\beta_0 - \beta_d$). Quando a dívida aumenta na estrutura de capital, o beta do capital próprio (β) aumenta devido ao incremento da alavancagem financeira. Assume-se que o risco operacional (β_0) permaneça constante, inclusive diante de alterações na razão dívida-capital próprio.

$$\text{Destacando o beta desalavancado: } \beta_0 = \left(\frac{\beta + \beta_d(1 - T)\dfrac{D}{CP}}{1 + (1 - T)\dfrac{D}{CP}}\right)$$

O principal problema para efetuarmos o ajuste necessário no beta reside no fato de que é praticamente impossível medir estatisticamente o beta da dívida (β_d). Para tanto, precisaríamos de um mercado em que fossem negociadas dívidas, o que provavelmente não estará disponível para o analista. A fim de resolver esse problema, pode-se supor que a dívida seja livre de risco, ou seja, que a probabilidade de a empresa não honrar seus compromissos financeiros seja praticamente nula. Desse modo, o beta desalavancado poderá ser aproximado por:

$$\beta_0 = \left(\frac{\beta}{1 + (1 - T)\frac{D}{CP}} \right)$$

Essa expressão permite expurgar a alavancagem financeira do beta, ou seja, ela calcula um beta sem alavancagem financeira. Assim, pode ser usada para calcular o beta desalavancado quando a dívida não apresenta risco de mercado, isto é, quando β_d é igual a zero (ou quando $K_d = R_f$).

Uma vez calculado o beta desalavancado, é possível ajustá-lo às novas condições de risco (alavancagem financeira) do seguinte modo:

$$\beta_a = \beta_0 \left(1 + (1 - T)\frac{D'}{CP'} \right)$$

O beta ajustado (β_a) inclui a nova razão dívida-capital próprio (D'/CP'), que pode ser a razão que vai prevalecer na empresa após o projeto, ou uma proporção-alvo calculada com base em valores de mercado. Na prática, muitas vezes, para estimar o beta desalavancado são usados valores do setor industrial, pois se considera que esses valores sejam mais estáveis que os de uma empresa em particular. Outro argumento a favor do uso de dados setoriais é que, no médio e longo prazos, a estrutura de capital e a rentabilidade do projeto ou da empresa tenderão a se aproximar das do setor. É recomendável que a amostra setorial se restrinja unicamente àquelas empresas que utilizam um conjunto de ativos e métodos de produção aproximadamente equivalentes aos da empresa ou do projeto em análise.

A figura a seguir mostra o comportamento dos betas em relação à alavancagem financeira:

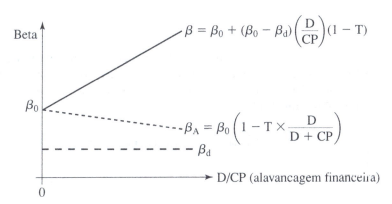

9.5.1 Passos para o ajuste do custo do capital para projetos de investimento e valoração de empresas

Os passos a serem seguidos para estimar o custo do capital adequado ao desconto dos fluxos de caixa de um projeto de investimento, ou à valoração de uma empresa, são os seguintes:

1. Caso a empresa seja de capital aberto, utilizar o beta histórico de suas ações ordinárias negociadas em bolsa de valores. Se a empresa for de capital fechado, trabalhar com os dados de um conjunto de *empresas semelhantes*.
2. Se forem usados os betas das ações ordinárias de um conjunto de empresas semelhantes, calcular os betas desalavancados e obter sua média.
3. Calcular o beta ajustado a partir do beta desalavancado.
4. Por meio do CAPM, e usando como beta o beta ajustado, calcular o custo do capital próprio.
5. Calcular o CMPC considerando a estrutura-alvo de capital adequada à empresa.

Exemplo 9.1

Calcular o custo líquido da dívida de uma empresa que paga juros de 6% sobre sua dívida e está situada em uma alíquota de IR de 30%.

Dados: $K_d = 6\%$, $T = 30\%$, $K_d (1 - T) = ?$

- Custo líquido da dívida = $K_d (1 - T) = 0,06 \times (1 - 0,30) = 4,2\%$

Exemplo 9.2

Calcular o CMPC para uma empresa com as seguintes características: custo da dívida de 6%, retorno sobre o capital próprio de 9% e alíquota de IR de 30%. A dívida representa 20% na estrutura de capital.

Dados: $K_d = 6\%$, $K_{cp} = 9\%$, $T = 0,3$, $D/(CP + D) = 0,20$, $K = ?$

$$K = K_{cp}\left(\frac{CP}{CP + D}\right) + K_d(1 - T)\left(\frac{D}{CP + D}\right)$$

$$= 9\% \times 0,80 + 6\% \times (1 - 0,30) \times 0,2 = 8,04\%$$

Exemplo 9.3

O valor de mercado de uma empresa totalmente financiada com capital acionário (sem dívida) é de $ 1.000.000. A empresa pretende alterar sua estrutura de capital levantando um financiamento de $ 500.000 a juros de 10%. O demonstrativo de fluxo de caixa antes e depois das alterações é mostrado a seguir.

Fluxo de caixa (perpetuidades)		
Item	**Antes**	**Depois**
Lajir	$ 200.000	$ 200.000
– IR (40%)	–$ 80.000	–$ 80.000
Fluxo de caixa livre (FCL)	$ 120.000	$ 120.000
– Juros	$ 0	$ 50.000
+ Benefício fiscal dos juros	$ 0	$ 20.000
Fluxo dos acionistas (FDA)	$ 120.000	$ 90.000

Admitindo como válidas as proposições de Modigliani-Miller e considerando fluxos perpétuos, calcular: o custo do capital antes do financiamento, o valor da empresa depois de tomado o empréstimo, o valor do capital próprio após o empréstimo, o custo do capital próprio e o custo médio ponderado do capital.

Dados: $D = \$ 500.000, V_0 = \$ 1.000.000, K_d = 10\%, \text{Lajir} = \$ 200.000, T = 40\%, K_0 = ?,$
$V = ?, CP = ?, K_{cp} = ?, K = ?$

- Custo do capital antes do financiamento (retorno dos ativos operacionais):

$$V_0 = \frac{FCL}{K_0} \Rightarrow K_0 = \frac{FCL}{V_0} = \frac{\$ 120.000}{\$ 1.000.000} = 0,12$$

- Valor da empresa depois do empréstimo:

$$V = V_0 + T \times D = \$ 1.000.000 + 0,40 \times \$ 500.000 = \$ 1.200.000$$

- Valor do capital próprio depois do empréstimo:

$$CP = V - D = \$ 1.200.000 - \$ 500.000 = \$ 700.000$$

- Custo do capital próprio:

$$K_{cp} = K_0 + \left(\frac{D}{CP}\right)(K_0 - K_d)(1 - T) = 0,12 + \left(\frac{\$ 500.000}{\$ 700.000}\right) \times (0,12 - 0,10) \times (1 - 0,40) = 0,1286$$

$$\text{ou: } K_{cp} = \frac{FDA}{CP} = \frac{\$ 90.000}{\$ 700.000} = 0,1286$$

A seguir, calcula-se o CMPC de diversas formas alternativas equivalentes.

- Fórmula tradicional do CMPC:

$$K = K_{cp}\left(\frac{CP}{V}\right) + K_d(1 - T)\left(\frac{D}{V}\right) =$$

$$= 0,1286 \times \left(\frac{\$ 700.000}{\$ 1.200.000}\right) + 0,10 \times (1 - 0,40) \times \left(\frac{\$ 500.000}{\$ 1.200.000}\right) = 0,10$$

- Fórmula de Modigliani-Miller (MM):

$$K = K_0[1 - T \times L] = K_0[1 - T \times (D/V)] =$$

$$= 0,12 \times \left[1 - 0,40 \times \left(\frac{\$ 500.000}{\$ 1.200.000}\right)\right] = 0,10$$

- Fórmula alternativa equivalente:

$$K = \frac{FCL}{V} = \frac{\text{Lajir}(1 - T)}{V} = \frac{\$ 120.000}{\$ 1.200.000} = 0,10$$

Exemplo 9.4

Admitamos que a dívida de uma empresa represente 35,71% na sua estrutura de capital, que a taxa de juros sobre a dívida seja de 8% e que o custo do capital próprio seja de 10,78%. A empresa gera um Lajir de $ 142.860/ano em perpetuidade, e sua alíquota de IR é de 30%. Pede-se: estimar o CMPC, o valor da empresa e o custo do capital apropriado para a empresa sem dívidas (sem endividamento permanente).

Dados: $D/V = 35{,}71\%, K_d = 8\%, K_{cp} = 10{,}78\%,$ Lajir $= \$ 142.860, T = 30\%, K = ?, V = ?, K_0 = ?$

- Custo médio ponderado do capital:

$$K = K_{cp}\left(\frac{CP}{V}\right) + K_d(1 - T)\left(\frac{D}{V}\right) =$$

$$= 0{,}1078 \times (1 - 0{,}3571) + 0{,}08 \times (1 - 0{,}30) \times 0{,}3571 = 0{,}0893$$

- Valor da empresa:

$$V = \frac{\text{Lajir}(1 - T)}{K} = \frac{\$ 142.860 \times (1 - 0{,}30)}{0{,}0893} \approx \$ 1.120.000$$

ou: $V =$ Valor do capital próprio $+$ Valor da dívida

$$= \frac{FDA}{K_{cp}} + D = \frac{(\text{Lajir} - \text{Juros})(1 - T)}{K_{cp}} + D =$$

$$= \frac{(\$ 142.860 - 0{,}08 \times \$ 1.120.000 \times 0{,}3571) \times (1 - 0{,}3)}{0{,}1078} +$$

$$+ \$ 1.120.000 \times 0{,}3571 = \$ 1.120.000$$

- Custo do capital para a empresa sem dívidas (retorno dos ativos operacionais):

$$V = \frac{\text{Lajir}(1 - T)}{K_0} + T \times D$$

$$\Rightarrow K_0 = \frac{\text{Lajir}(1 - T)}{V - T \times D} = \frac{\$ 142.860 \times (1 - 0{,}30)}{\$ 1.120.000 - 0{,}30 \times (0{,}3571 \times \$ 1.120.000)} = 0{,}10$$

Ou pela fórmula de MM:

$$K_0 = \frac{K}{[1 - T \times (D/V)]} = \frac{0{,}0893}{\left[1 - 0{,}3 \times \dfrac{0{,}3571 \times \$ 1.120.000}{\$ 1.120.000}\right]} = 0{,}10$$

Exemplo 9.5

O valor patrimonial (valor do capital próprio) de uma empresa é de $ 7.509.091 atualmente. A empresa projeta um Lajir de $ 1.500.000 por ano em perpetuidade, paga juros de $ 320.000 por ano, e sua alíquota de IR é de 30%. Empresas do mesmo setor, financiadas exclusivamente com capital próprio, têm um custo do capital de 8%. Considerando válidas as proposições I e II de Modigliani-Miller, determinar o custo do capital próprio da empresa, o valor da empresa, o valor da dívida, a taxa de juros cobrada pela dívida e o CMPC.

Dados: $CP = \$ 7.509.091$, juros $= \$ 320.000$, Lajir $= \$ 1.500.000$, $T = 30\%$, $K_0 = 8\%$, $K_{cp} = ?$, $D = ?$, $K_d = ?$, $V = ?$, $K = ?$

- Custo do capital próprio:

$$K_{cp} = \frac{FDA}{CP} = \frac{(Lajir - Juros)(1 - T)}{CP} = \frac{(\$ 1.500.000 - \$ 320.000) \times 0,7}{\$ 7.509.091} = 0,11$$

- Valor da empresa:

$$V = \frac{Lajir(1 - T)}{K_0} + T \times D$$

$$V = \frac{\$ 1.500.000 \times (1 - 0,30)}{0,08} + 0,30 \times (V - \$ 7.509.091) \Rightarrow V = \$ 15.531.818$$

- Valor da dívida e taxa de juros:

$$D = V - CP = \$ 15.531.818 - \$ 7.509.091 = \$ 8.022.727$$

$$\text{Taxa de juros: } K_d = \frac{Juros}{Dívida} = \frac{\$ 320.000}{\$ 8.022.727} = 3,9887\%$$

- Custo médio ponderado do capital:

$$K = K_{cp}\left(\frac{CP}{V}\right) + K_d(1 - T)\left(\frac{D}{V}\right) =$$

$$= 11\% \times \left(\frac{\$ 7.509.091}{\$ 15.531.818}\right) + 3,9887\% \times 0,7 \times \left(\frac{\$ 8.022.727}{\$ 15.531.818}\right) = 6,76\%$$

ou: $K = \dfrac{FCL}{V} = \dfrac{Lajir(1 - T)}{V} = \dfrac{\$ 1.500.000 \times (1 - 0,30)}{\$ 15.531.818} = 0,0676 = 6,76\%$

ou: $K = K_0[1 - T \times L] = 8\% \times (1 - 0,30 \times 0,5165) = 6,76\%$

onde: $L = \dfrac{D}{V} = \dfrac{\$ 8.022.727}{\$ 15.531.818} = 0,5165$

Exemplo 9.6

Certo projeto requer um investimento de $ 100.000 e deve gerar um fluxo de caixa livre (FCL) de $ 15.000/ano durante 15 anos. Pede-se determinar o CMPC adequado para desconto dos fluxos de caixa, considerando que: o custo da dívida é de 6% a.a., o custo do capital para empresas similares sem dívidas é de 10%, a alíquota de IR é de 30% e a dívida representa 20% da estrutura de capital e será ajustada de modo que se mantenha constante a proporção de endividamento (L = 0,20).

Dados: $I = \$ 100.000$, $FC_t = \$ 15.000/ano$, $n = 15$ anos, $K_d = 6\%$, $T = 0,3$, $L = D/V = 0,20$, $K_0 = 10\%$.

- Cálculo do custo do capital pela fórmula de Modigliani-Miller:

$$K = K_0[1 - T \times L] = 0,10 \times (1 - 0,30 \times 0,20) = 9,40\% \text{ a.a.}$$

- Cálculo do custo do capital pela fórmula de Miles-Ezzell:

$$K = K_0 - L \times T \times K_d\left(\frac{1 + K_0}{1 + K_d}\right) = 0,10 - 0,20 \times 0,30 \times 0,06 \times \left(\frac{1,10}{1,06}\right) = 9,63\% \text{ a.a.}$$

Custo do capital próprio e valor do projeto

Para o cálculo do custo do capital próprio é necessário primeiro calcular o valor de mercado do projeto.

- Valor presente líquido do projeto:

$$VPL = -I + \sum_{t=1}^{15} \frac{FCL_t}{(1 + K)^t} = -\$ 100.000 + \$ 15.000 \times a_{\overline{15}|9,63\%} =$$

$$= -\$ 100.000 + \$ 15.000 \times 7,76945 = \$ 16.542$$

- Valor de mercado do projeto = I + VPL = $ 100.000 + $ 16.542 = $ 116.542
- Valor de mercado da dívida (D) = Valor de mercado do projeto $\times$ L
$$= \$ 116.542 \times 0,20 = \$ 23.308$$
- Valor de mercado do capital próprio (CP) = $ 116.542 – $ 23.308 = $ 93.234
- Custo do capital próprio:

$$K_{cp} = K_0 + \left(\frac{D}{CP}\right)(K_0 - K_d)(1 - T) =$$

$$= 0,10 + \left(\frac{\$ 23.308}{\$ 93.234}\right) \times (0,10 - 0,06) \times (1 - 0,30) = 10,70\%$$

- Valor do projeto segundo Modigliani-Miller:

$$V = I + VPL$$

$$V = \$\,100.000 + (-\,\$\,100.000 + \$\,15.000 \times a_{\overline{15}|9,4\%}) = \$\,118.107$$

É importante observar que as proporções CP/V e D/V foram baseadas em valores de mercado, e não no custo inicial do projeto, pois esse custo desconsidera a criação de valor por parte do projeto (desconsidera o VPL). O CPMC calculado pela fórmula de Modigliani-Miller seria apropriado somente se o projeto suportasse um nível de dívida constante (nível de \$ 23.308) e os fluxos fossem perpetuidades, o que não é o caso neste exemplo. O uso da fórmula de Miles-Ezzell tem a seu favor o fato de os fluxos de caixa não serem perpetuidades (prazo finito de 15 anos).

A fórmula de Modigliani-Miller superdimensiona o valor do projeto.

Exemplo 9.7

Uma empresa pretende expandir sua produção investindo \$ 3 milhões em novas instalações, dos quais \$ 2 milhões virão de recursos próprios levantados por meio de uma emissão de ações e \$ 1 milhão virá de um empréstimo a juros de 7%. Atualmente, em valores de mercado, o capital próprio e a dívida da empresa são, respectivamente, \$ 20 milhões e \$ 15 milhões. Pede-se calcular o CMPC apropriado para o desconto dos fluxos de caixa. Considerar que a dívida seja sem risco e as seguintes informações adicionais: custo da dívida $(K_d) = 7\%$, rentabilidade dos ativos sem risco $(R_f) = 7\%$, alíquota de IR(T) = 30%, beta do capital próprio $(\beta) = 0,5$, retorno esperado do mercado $(\overline{R}_m) = 9\%$.

O beta do capital próprio leva implícita a atual estrutura de capital da empresa (\$ 20 milhões de capital próprio e \$ 15 milhões de dívida). Entretanto, o projeto deve mudar essa estrutura para \$ 22 milhões de capital próprio e \$ 16 milhões de dívida, alterando, em conseqüência, a alavancagem financeira. Portanto, faz-se necessário ajustar o beta para que reflita esse novo risco financeiro. No processo de ajuste, primeiro deve ser retirada a alavancagem financeira do beta e, a seguir, esse beta desalavancado deve ser ajustado à nova alavancagem financeira.

- Cálculo do beta desalavancado:

Como estamos considerando que a dívida não tenha risco, então $\beta_d = 0$. No início desta seção, foi derivada a seguinte fórmula do β_0 (beta desalavancado) para o caso em que $\beta_d = 0$:

$$\beta_0 = \left(\frac{\beta}{1 + (1 - T) \times D/CP}\right) = \left(\frac{0,5}{1 + (1 - 0,30) \times \$\,15/\$\,20}\right) = 0,3279$$

D e CP são os atuais valores da dívida e do capital próprio: \$ 15 milhões e \$ 20 milhões, respectivamente.

Gestão de investimentos e geração de valor

- Cálculo do beta ajustado:

$$\beta_a = \beta_0\left(1 + (1 - T)\frac{D'}{CP'}\right) = 0{,}3279 \times \left(1 + (1 + 0{,}30) \times \frac{\$\,16}{\$\,22}\right) = 0{,}4948$$

β_a é o beta do capital próprio ajustado ao novo risco financeiro trazido pelo investimento. CP' e D' são os novos valores do capital próprio e da dívida: \$ 22 milhões e \$ 16 milhões, respectivamente.

- Custo do capital próprio:

$$K_{cp} = R_f + \beta_a(\overline{R}_m - R_f) = 7\% + 0{,}4948 \times (9\% - 7\%) = 7{,}99\%$$

- Custo médio ponderado do capital:

$$K = K_{cp}\left(\frac{CP'}{CP'+D'}\right) + K_d(1 - T)\left(\frac{D'}{CP'+D'}\right) =$$

$$= 7{,}99\% \times \left(\frac{\$\,22}{\$\,22 + \$\,16}\right) + 7\% \times (1 - 0{,}30) \times \left(\frac{\$\,16}{\$\,22 + \$\,16}\right) = 6{,}69\%$$

Nos cálculos, D'/CP' representa a proporção-alvo que, espera-se, prevalecerá no médio e longo prazos depois da decisão de investir no projeto.

Exemplo 9.8

O beta (β) das ações comuns de uma empresa é igual a 1,7. A dívida, que atualmente representa 30% do ativo total, passará a representar 40% devido a um financiamento contratado. Pede-se calcular o retorno requerido pelos acionistas (custo do capital próprio) antes e depois do financiamento. Usar os seguintes dados adicionais: alíquota de IR = 35%, rentabilidade dos ativos sem risco (R_f) = 2%, retorno esperado do mercado ($\overline{R}_m$) = 6%. Considerar que a dívida seja sem risco.

- Cálculo do custo do capital próprio antes de a empresa tomar o financiamento:

$$K_{cp} = R_f + \beta(\overline{R}_m - R_f) = 2\% + 1{,}7 \times (6\% - 2\%) = 8{,}8\%$$

- Cálculo do custo do capital próprio depois de a empresa tomar o financiamento:

Beta desalavancado: $\beta_0 = \left(\dfrac{\beta}{1 + (1 - T)D/CP}\right) = \left(\dfrac{1{,}7}{1 + (1 - 0{,}35) \times 0{,}30/0{,}70}\right) = 1{,}33$

Beta ajustado:

$$\beta_a = \beta_0(1 + (1 - T)D'/CP') = 1{,}33 \times (1 + (1 - 0{,}35) \times 0{,}40 / 0{,}60) = 1{,}91$$

Custo do capital próprio: $K_{cp} = R_f + \beta_a(\overline{R}_m - R_f) = 2\% + 1{,}91 \times (6\% - 2\%) = 9{,}64\%$

Tal como era esperado, o aumento da dívida se traduz em um maior custo do capital próprio (retorno exigido pelos acionistas).

Capítulo 9 – Custo do capital **291**

Exemplo 9.9

Uma empresa será constituída para explorar as reservas de uma jazida de manganês. O projeto representa um investimento de $ 15 milhões, do qual 60% será financiado a juros de 10% a.a., e o restante com capital próprio. Espera-se que o projeto gere um fluxo econômico de $ 2 milhões por ano durante 16 anos. A rentabilidade dos ativos sem risco é de 5% a.a., a rentabilidade esperada da carteira de mercado é de 15% a.a., e a alíquota de IR do setor é de 30%. O projeto não tem valor residual. Estimar o CMPC e avaliar economicamente o projeto.

Considerar os seguintes dados, observados e calculados para as empresas representativas do setor de mineração com métodos de produção semelhantes aos do projeto proposto:

Empresas do setor	Relação dívida-capital próprio (D/Cp)	Beta atual β	Beta da dívida β_d	Beta desalavancado $\beta_0 = \left(\dfrac{\beta + \beta_d(1 - T)D/CP}{1 + (1 - T)D/CP} \right)$
A	0,10	1,12	0,5	$\left(\dfrac{1,12 + 0,5 \times (1 - 0,3) \times 0,10}{1 + (1 - 0,30) \times 0,10} \right) = 1,079$
B	0,13	1,15	0,5	$\left(\dfrac{1,15 + 0,5 \times (1 - 0,3) \times 0,13}{1 + (1 - 0,30) \times 0,13} \right) = 1,096$
C	0,15	1,20	0,5	$\left(\dfrac{1,20 + 0,5 \times (1 - 0,3) \times 0,15}{1 + (1 - 0,30) \times 0,15} \right) = 1,134$
D	0,09	1,10	0,5	$\left(\dfrac{1,10 + 0,5 \times (1 - 0,3) \times 0,09}{1 + (1 - 0,30) \times 0,09} \right) = 1,064$
				Total = 4,3730

- Cálculo do beta desalavancado:

Como estamos considerando que a taxa de juros paga pela dívida ($K_d = 10\%$) seja bastante superior à rentabilidade dos ativos sem risco ($R_f = 5\%$), podemos admitir que o beta da dívida não seja nulo ($\beta_d \neq 0$). No início desta seção, foi derivada a seguinte fórmula do β_0 para o caso em que $\beta_d \neq 0$:

$$\beta_0 = \left(\frac{\beta + \beta_d(1 - T)D/CP}{1 + (1 - T)D/CP} \right)$$

- Beta desalavancado médio do setor:

Por simplicidade, o beta desalavancado médio do setor pode ser calculado como uma média aritmética: $\overline{\beta}_0 = 4,3730 / 4 = 1,093$. Poderia também ser calculado ponderando-se os betas desalavancados das empresas segundo a proporção em que cada uma participa do setor.

- Cálculo do retorno operacional dos ativos (custo do capital desalavancado):

A partir do beta desalavancado e usando o modelo CAPM, tem-se que:

$$K_0 = R_f + \overline{\beta}_0(\overline{R}_m - R_f) = 5\% + 1,093 \times (15\% - 5\%) = 15,93\%$$

- Custo do capital:

$$K = K_0\left[1 - T \times \frac{D'}{CP' + D'}\right] = 15,93\% \times \left[1 - 0,3 \times \frac{\$ 9}{\$ 6 + \$ 9}\right] = 13,06\%$$

D' representa a parte do investimento financiada com recursos de terceiros (60% $\times$ $ 15 = $ 9 milhões), e CP' representa a parcela financiada com recursos próprios (40% $\times$ $ 15 = $ 6 milhões). O cálculo anterior considera que D'/CP' seja uma proporção-alvo que, espera-se, prevalecerá no médio e longo prazos.

- Cálculo do VPL e avaliação econômica do projeto:

$$VPL(13,06\%) = -I + FCL \times a_{\overline{16}|\,13,06\%}$$

$$= -\$\,15 + \$\,2 \times \left[\frac{(1,1306)^{16} - 1}{(1,1306)^{16} \times 0,1306}\right] = -\$\,1,841 < 0$$

$$\Rightarrow \text{projeto economicamente inviável}$$

Exemplo 9.10

Atualmente, os valores do capital próprio e do capital de terceiros de uma empresa são, respectivamente, $ 200 milhões e $ 150 milhões. A empresa pretende expandir sua produção investindo $ 18 milhões em novos equipamentos com vida útil de 3 anos e sem valor residual. Dois terços desse investimento virão de recursos próprios levantados por meio de uma emissão de novas ações, e o resto virá de um empréstimo a juros de 5% a.a., reembolsável em três parcelas anuais pela Tabela Price. Os novos equipamentos devem proporcionar uma receita operacional de $ 11 milhões por ano, com custos operacionais de $ 3 milhões por ano. Analisar e avaliar econômica e financeiramente o projeto, usando as seguintes informações adicionais: rentabilidade dos ativos sem risco (R_f) = 7% a.a., alíquota de IR(T) = 30%, beta do capital próprio (β) = 0,5, retorno esperado do mercado $(\overline{R}_m)$ = 9% a.a. Considerar que a dívida seja sem risco $(\beta_d = 0)$.

- Cálculo do beta desalavancado:

Como a dívida é considerada sem risco, o beta desalavancado pode ser calculado conforme segue:

$$\beta_0 = \left(\frac{\beta}{1 + (1 - T)\dfrac{D}{CP}}\right) = \left(\frac{0,5}{1 + (1 - 0,30) \times \dfrac{\$\,150.000.000}{\$\,200.000.000}}\right) = 0,3279$$

D e CP são os atuais valores da dívida e do capital próprio.

- Cálculo do beta ajustado:

$$\beta_a = \beta_0\left(1 + (1 - T)\dfrac{D'}{CP'}\right) = 0,3279 \times \left(1 + (1 - 0,30) \times \dfrac{\$\,156.000.000}{\$\,212.000.000}\right) = 0,4968$$

CP' e D' representam os valores do capital próprio e da dívida após o investimento de expansão. Assume-se que a razão D'/CP' seja uma proporção-alvo.

- Custo do capital próprio: $K_{cp} = R_f + \beta_a(\overline{R}_m - R_f)$ = 7% + 0,4968 $\times$ (9% $-$ 7%) = 8%

- Custo médio ponderado do capital:

$$K = K_{cp}\left(\frac{CP'}{CP'+D'}\right) + K_d(1 - T)\left(\frac{D'}{CP'+D'}\right) =$$

$$= 8\% \times \left(\frac{\$\,212.000.000}{\$\,368.000.000}\right) + 5\% \times 0,7 \times \left(\frac{\$\,156.000.000}{\$\,368.000.000}\right) = 6,092\%$$

- Fluxo de caixa e avaliação econômica do projeto

O quadro a seguir mostra a amortização do financiamento.

Quadro de amortização do financiamento (Tabela Price)

Ano	Saldo devedor	Juros	Amortização	Prestação
0	$ 6.000.000,00	—	—	—
1	$ 4.096.748,61	$ 300.000,00	$ 1.903.251,39	$ 2.203.251,39
2	$ 2.098.334,65	$ 204.837,43	$ 1.998.413,96	$ 2.203.251,39
3	—	$ 104.916,73	$ 2.098.334,66	$ 2.203.251,39

No quadro seguinte, mostra-se o fluxo de caixa do projeto.

Item	Ano 0	Ano 1	Ano 2	Ano 3
– Investimento	–$ 18.000.000			
+ Receita operacional		$ 11.000.000	$ 11.000.000	$ 11.000.000
– Custo operacional		$ 3.000.000	$ 3.000.000	–$ 3.000.000
– Depreciação		$ 6.000.000	– $ 6.000.000	–$ 6.000.000
Lajir		$ 2.000.000	$ 2.000.000	$ 2.000.000
– IR		–$ 600.000	–$ 600.000	–$ 600.000
+ Depreciação		$ 6.000.000	$ 6.000.000	$ 6.000.000
Fluxo de caixa livre (FCL)	**–$ 18.000.000**	**$ 7.400.000**	**$ 7.400.000**	**$ 7.400.000**
+ Empréstimo	$ 6.000.000			
– Prestações		–$ 2.203.251	–$ 2.203.251	–$ 2.203.251
+ Benefício fiscal dos juros (*)		$ 90.000	$ 61.451	$ 31.475
Fluxo dos acionistas (FDA)	**–$ 12.000.000**	**$ 5.286.749**	**$ 5.258.200**	**$ 5.228.224**

(*) Juros × T.

Se usarmos o método da taxa interna de retorno (TIR) para avaliar o projeto, deveremos comparar a TIR do FCL (TIR_E) com o custo médio ponderado do capital (K). A TIR do FDA (TIR_F) deve ser comparada com o custo do capital próprio (K_{cp}):

$$TIR_E = 11,27\% > (K = 6,092\%)$$

$\Rightarrow$ viabilidade econômica (ponto de vista da empresa como um todo)

$$\text{TIR}_F = 15{,}05\% > (\text{K}_{cp} = 8\%)$$
$$\Rightarrow \text{viabilidade econômico-financeira (ponto de vista dos acionistas)}$$

9.6 Custo do capital: o caso da Embratel

A Embratel Participações S.A. foi uma das *holdings* que resultou da cisão do Sistema Telebrás no processo de privatização ocorrido na década de 1990. Posteriormente, a empresa foi comprada pela MCI Communications, que passou a ser seu acionista controlador. Em 23 de julho de 2004, a Teléfonos de México S.A. (Telmex) adquiriu o controle da Embratel Participações S.A.

A seguir, como exemplo ilustrativo, apresentam-se os principais cálculos realizados para estimar o custo do capital da empresa no ano de 2001.

Custo da dívida

- R_f = cotações referentes ao T-Bond de 30 anos nos 6 dias anteriores à avaliação = 5,13% a.a.
- *Sovereign default spread*: categoria B1 segundo o site da Moody's para o *spread* soberano. Isso equivalia a uma taxa de 4,50% a.a.
- *Company default spread*: para determinar esse valor, utilizou-se o *synthetic rating* (ver www.damodaran.com).
- Índice de cobertura = Ebitda / Fluxo de obrigações com terceiros. A média do índice de cobertura, utilizando-se o fluxo projetado de 2000 a 2001, era igual a 2,30, correspondendo a um *rating* categoria BB e a um *default spread* de 2% a.a.
- Custo da dívida:

$$K_d = R_f + \textit{Sovereign default spread} + \textit{Company default spread}$$
$$= 5{,}13\% + 4{,}50\% + 2\% = 11{,}63\%$$

Custo do capital próprio (K_{cp})

- Beta desalavancado da Telecom USA: $\beta_0 = 0{,}99$ (obtido em www.damodaran.com).
- Relação dívida-capital próprio adequada: $\dfrac{D'}{CP'} = 0{,}37$ (obtida em www.hoovers.com).
- Alíquota de IR: 36% (obtida do balanço da empresa).
- Beta ajustado:

$$\beta_a = \beta_0 \left(1 + (1 - T)\frac{D'}{CP'} \right) = 0{,}99 \times (1 + (1 - 0{,}36) \times 0{,}37) = 1{,}22$$

- Prêmio de risco: utilizou-se o prêmio de risco histórico de 5,51% a.a. (www.damodaran.com).
- *Country risk premium*: utilizou-se o *adjusted sovereign spread* (ASS).

$$\text{ASS} = \textit{Sovereign default spread} \times \left(\frac{\text{Volatilidade do mercado brasileiro}}{\text{Volatilidade do C-Bond}} \right)$$
$$= 4{,}50\% \times (0{,}39 / 0{,}24) = 7{,}31\%$$

As volatilidades do mercado brasileiro e do C-Bond foram obtidas no site Web www.valor.com.br.

- Custo do capital próprio:

$$K_{cp} = R_f + \beta_a \times (\text{Prêmio de risco} + \textit{Country risk premium})$$
$$= 5,13\% + 1,22 \times (5,51\% + 7,31\%) = 20,77\%$$

- Custo médio ponderado do capital:

$$K = \left(\frac{D'}{D'+CP'}\right) \times K_d \times (1 - T) + \left(\frac{CP'}{D'+CP'}\right) \times K_{cp}$$

$$K = (0,27 \times 11,63\% \times 0,64) + (0,73 \times 20,77\%) = 17,17\% \text{ a.a.}$$

Transformando para reais (R$)

- Inflação média para o Brasil entre 2001 e 2005 = 4,18% a.a.

- Inflação média para os Estados Unidos entre 2001 e 2005 = 2,65% a.a.

- K (USA-real) = (1 + K) / (1 + Inflação USA) – 1 = (1,1717 / 1,0265) – 1 = 14,15% a.a.

- K (Brasil-nominal) = (1 + K) × (1 + Inflação Brasil) – 1 = (1,1415 × 1,0418) – 1 = 18,92%

10

O valor da empresa e a decisão sobre estrutura de capital

- Fluxo de caixa adequado para estimar o valor intrínseco da empresa
- Métodos para estimar o valor intrínseco da empresa
- De que maneira os benefícios fiscais da dívida aumentam o valor da empresa?
- Legislação brasileira: juros sobre o capital próprio e dividendos das ações preferenciais
- Dinâmica do fluxo de caixa da empresa: das demonstrações contábeis ao fluxo de caixa livre
- A decisão sobre a estrutura de capital
- Estrutura ótima ou estrutura-alvo de capital?

Provavelmente um dos campos que mais geram controvérsia dentro da economia financeira seja o relacionado à estrutura de capital das empresas. A discussão sobre esse tópico tem como base, de um lado, a chamada teoria de Modigliani e Miller (MM), que advoga a irrelevância da decisão sobre estrutura de capital dentro de um mercado perfeito; e, do outro lado, os que pregam a existência de imperfeições de mercado de tal ordem que inviabilizem a aplicação prática da teoria de MM, levando então à idéia da existência de um nível ótimo de endividamento, capaz de maximizar o valor de mercado da empresa.

A evidência empírica apresentada por diversos estudos indicou que mudanças na estrutura de capital das empresas podem afetar seu valor de mercado, dando suporte aos defensores da hipótese de mercados imperfeitos. A partir desses resultados, dois tipos básicos de modelo vêm tentando descrever o comportamento das empresas quanto ao problema da estrutura de capital.

O primeiro grupo é o dos chamados *modelos de relação estática*, segundo os quais a empresa, ao minimizar o custo das imperfeições de mercado, mantém uma meta de nível de endividamento que maximiza seu valor. O segundo grupo, baseado na *teoria da assimetria de informações*, afirma que as empresas estão subavaliadas pelo mercado, posto que seus administradores têm informações que o mercado não possui sobre novos projetos e possíveis ganhos.

Por essa última teoria, os gestores das empresas vão sempre evitar emitir ações subavaliadas, preferindo outras fontes de recursos. Tal teoria é conhecida como a *hipótese da ordem de captação (pecking order hypothesis)*.

A pergunta ainda não respondida plenamente por nenhuma dessas teorias é: como as empresas atuam no que tange à estrutura de capital? Neste capítulo, veremos os fundamentos e os modelos clássicos que tentam explicar a relação entre estrutura de capital e valor da empresa.

10.1 Fluxo de caixa adequado para estimar o valor intrínseco da empresa

Como a separação entre o que é operacional e o que é financeiro é de extrema relevância na avaliação de uma empresa, torna-se necessário distinguir entre o lucro operacional, tal como determinado pelas legislações societárias brasileira e norte-americana, e os fluxos apropriados para determinar o valor da empresa (fluxo de caixa livre) e para calcular seu valor patrimonial (fluxo do acionista).

No quadro a seguir apresentam-se, de modo muito resumido, os demonstrativos de apuração de lucros segundo as legislações societárias brasileira e norte-americana, com referência à empresa Hipotética S.A.

Demonstrativo de lucros segundo a legislação brasileira Empresa Hipotética S.A.	($)	Demonstrativo de lucros segundo a prática norte-americana Empresa Hipotética S.A.	($)
Receitas	200	Receitas	200
– Custo dos produtos vendidos	–80	– Custo dos produtos vendidos	–80
– Depreciação (despesas não-caixa)	–10	– Depreciação (despesas não-caixa)	–10
– Despesas operacionais	–10	– Despesas operacionais	–10
– Juros	–10	**Lucro operacional antes de juros e IR (Lajir)**	**100**
Lucro antes de IR (Lair)	**90**	– Juros	–10
– Imposto de renda (30%)	–27	**Lucro antes de IR (Lair)**	**90**
Lucro líquido	**63**	– Imposto de renda (30%)	–27
		Lucro líquido	**63**

O Lajir (lucro operacional antes de juros e imposto de renda) é muitas vezes referido por seu equivalente em inglês Ebit (*earnings before interest and taxes*). Na legislação societária brasileira, os juros são considerados de natureza operacional. Dessa maneira, perde-se a distinção entre os componentes operacionais e financeiros do resultado da empresa. Já na prática norte-americana, o lucro operacional é calculado antes do efeito dos juros dos financiamentos. Essa segregação entre natureza operacional e financeira é coerente com o conceito de separação das decisões econômicas e financeiras. Entretanto, a abordagem norte-americana não é completa, pois ignora a natureza dupla do imposto de renda.

O lado esquerdo do quadro a seguir apresenta um demonstrativo de lucro operacional ajustado, que concilia a correta segregação entre a parte financeira e a parte operacional das contas com a adequada estrutura do imposto de renda. O lado direito do quadro mostra a estrutura do fluxo de caixa.

Demonstrativo de lucro operacional ajustado Empresa Hipotética S.A.	($)	Demonstrativo de fluxo de caixa Empresa Hipotética S.A.	($)
Receitas	**200**	**Receitas**	**200**
– Custo dos produtos vendidos	–80	– Custo dos produtos vendidos	–80
– Depreciação (despesas não-caixa)	–10	– Depreciação (despesas não-caixa)	–10
– Despesas operacionais	–10	– Despesas operacionais	–10
– IR sobre as operações 0,3 × ($ 200 – $ 80 – $ 10 – $ 10)	–30	– IR sobre as operações	–30
Lucro operacional após IR (Nopat) (*)	**70**	**Lucro operacional após IR (Nopat)**	**70**
– Juros	–10	+ Depreciação (despesas não-caixa)	+10
+ Benefício fiscal dos juros (0,30 × $ 10)	+3	– Dispêndios de capital	–10
Lucro líquido	**63**	– Mudanças no capital de giro	–8
		Fluxo de caixa livre (FCL)	**62**
		– Juros (0,05 × $ 200)	–10
		+ Benefício fiscal dos juros (0,30 × $ 10)	+3
		Fluxo dos acionistas (FDA)	**55**
		+ Juros	+10
		Fluxo de capital (FC)	**65**

(*) Nopat (*net operating profit after taxes*) = Lajir (1 – T).

O *fluxo de caixa livre* (*FCL*) é o montante de recursos que pode ser extraído sem que o valor da empresa se reduza. Ou seja, é a remuneração anual que a empresa pode fornecer, continuada e naturalmente, aos provedores de seu capital (acionistas e credores). É a partir do FCL que as empresas devolvem o dinheiro de seus provedores de capital. Ele lhes permite pagar os juros e o principal de sua dívida, assim como pagar dividendos e recomprar suas próprias ações. São essas as maneiras como as empresas retornam dinheiro a seus provedores de capital, por isso a expectativa do FCL é a variável-chave para determinar o valor de uma empresa, em uma perspectiva de mercado de capitais.

Os *dispêndios de capital* constituem os desembolsos necessários para a substituição e a modernização de imobilizados que vão ficando obsoletos, com vistas a permitir o contínuo funcionamento da empresa. No médio e no longo prazo (na maioria dos casos, após sete ou dez anos) é comum considerar que os dispêndios de capital serão apenas os de manutenção das instalações, máquinas, equipamentos etc. — ou seja, serão iguais à depreciação do imobilizado. Isso porque se considera que, nesse momento, a empresa já terá passado da fase de crescimento inicial e entrado na de lucros estáveis, não investindo mais em expansão e modernização, pois tais dispêndios não gerarão retornos superiores ao custo do capital.

No caso da depreciação e outras despesas não-caixa, deve ser incluído no FCL unicamente seu impacto fiscal, pois elas não representam saídas efetivas de recursos. Por isso, após ser subtraída para o cálculo do imposto de renda, a depreciação é adicionada de volta. No caso do capital de giro, somente devem ser consideradas suas mudanças (aumentos ou diminuições) devidas às operações da empresa. O *fluxo do acionista* (*FDA*) é o fluxo disponível apenas para os acionistas. O *fluxo de capital* (*FC*) resulta da soma do FDA com os juros da dívida.

10.2 Métodos para estimar o valor intrínseco da empresa

De acordo com a metodologia de fluxos de caixa descontados, o cálculo do valor intrínseco de uma empresa pode ser efetuado segundo quatro abordagens equivalentes: na primeira, o valor da empresa é estimado a partir da soma dos valores de mercado do capital próprio e da dívida; na segunda, descontando-se o fluxo de caixa livre (FCL) ao custo médio ponderado do capital depois de impostos; na terceira, descontando-se o fluxo de capital (FC) ao custo médio ponderado do capital antes de impostos e, na quarta, aplicando-se o método do valor presente ajustado (VPA).

A seguir, esses quatro métodos equivalentes para avaliar o valor da empresa serão aplicados à empresa Hipotética S.A. da seção anterior, em três situações diferentes: na primeira situação, a dívida da empresa será considerada livre de risco; na segunda, será considerada com risco e, na terceira, o risco dos benefícios fiscais da dívida será considerado igual ao risco operacional (risco dos ativos operacionais) da empresa.

10.2.1 Situação 1: valor da empresa quando a dívida é livre de risco (quando $K_d = R_f$)

Supondo que a empresa Hipotética S.A. tenha uma dívida (D) de \$ 200, sobre a qual paga uma taxa de juros (K_d) de 5% a.a., igual à rentabilidade dos ativos sem risco (R_f), podemos admitir que a dívida seja livre de risco. O beta (β) das ações comuns da empresa é 1,5, e o retorno esperado do mercado ($\overline{R}_m$) é de 15% a.a. Nos passos seguintes, serão aplicados os cinco métodos para calcular o valor da empresa.

Primeiro método de avaliação: cálculo do valor da empresa a partir da soma dos valores de mercado do capital próprio e da dívida

Nesse método, para calcular o valor da empresa deve-se somar o valor do capital próprio (valor acionário) com o valor de mercado da dívida. O valor do capital próprio é calculado descontando-se o fluxo de caixa dos acionistas (FDA), usando como fator de desconto o custo do capital próprio (K_{cp}).

- Cálculo do retorno requerido pelos acionistas (custo do capital próprio):

    A partir do beta da empresa, e usando o modelo CAPM, podemos estimar o custo do capital próprio da seguinte forma:

$$K_{cp} = R_f + \beta(\overline{R}_m - R_f) = 5\% + 1,5 \times (15\% - 5\%) = 20\%$$

- Valor da empresa (V) = Valor do capital próprio + Valor da dívida

$$= \frac{\text{Fluxo dos acionistas}}{\text{Custo do capital próprio}} + D$$

$$= \frac{\text{FDA}}{K_{cp}} + D = \frac{\$\,55}{0,20} + \$\,200 = \$\,475$$

Segundo método de avaliação: cálculo do valor da empresa a partir do desconto direto do fluxo de caixa livre

Nesse método, o valor da empresa é estimado descontando-se diretamente o fluxo de caixa livre (FCL), usando como fator de desconto o custo médio ponderado do capital depois de impostos (K).

- Cálculo do custo médio ponderado do capital depois de imposto de renda:

$$K = K_{cp}\left(\frac{CP}{V}\right) + K_d(1 - T)\left(\frac{D}{V}\right) = 20\% \times \left(\frac{\$\,275}{\$\,475}\right) + 5\% \times (1 - 0,30) \times \left(\frac{\$\,200}{\$\,475}\right) = 13,0526\%$$

- Valor da empresa (V) = $\dfrac{\text{Fluxo de caixa livre}}{\text{CMPC após IR}} = \dfrac{FCL}{K} = \dfrac{\$\,62}{0,130526} = \$\,475$

Para condizer com a definição de FCL, a taxa de desconto aplicada deve refletir o custo de oportunidade de todos os provedores de capital, ponderado por sua participação relativa no capital total da empresa (custo médio ponderado do capital). Assume-se que as proporções (CP/V = \$ 275/\$ 475) e (D/V = \$ 200/\$ 475) sejam proporções-alvo da estrutura de capital. Se não fosse feita essa consideração, haveria um problema de circularidade, pois, para calcular o CMPC, é preciso conhecer o valor de mercado da empresa, o qual, por sua vez, depende do CMPC.

Terceiro método de avaliação: cálculo do valor da empresa a partir do desconto do fluxo de capital

O terceiro método para avaliar o valor da empresa é pelo desconto do fluxo de capital (FC), que é a soma do fluxo disponível aos acionistas com o fluxo para os credores (juros da dívida). Como o cálculo do FC da empresa já incorpora o benefício fiscal decorrente da dívida, o CMPC a ser usado deverá estar em base antes de IR. Desse modo, evita-se a dupla contagem do efeito fiscal da dívida.

- Cálculo do custo médio ponderado do capital em base antes de imposto de renda:

$$Ka = K_{cp}\left(\frac{CP}{V}\right) + K_d\left(\frac{D}{V}\right) = 20\% \times \left(\frac{\$\,275}{\$\,475}\right) + 5\% \times \left(\frac{\$\,200}{\$\,475}\right) = 13,6842\%$$

- Valor da empresa (V) = $\dfrac{\text{Fluxo de capital}}{\text{CMPC antes de IR}} = \dfrac{FC}{Ka} = \dfrac{\$\,65}{0,136842} = \$\,475$

Quarto método de avaliação: cálculo do valor da empresa pelo método do valor presente ajustado (VPA)

Esse método é uma aplicação direta das proposições de Modigliani-Miller no contexto do modelo CAPM. Basicamente, para estimar o valor da empresa, o fluxo de caixa livre (FCL) é descontado usando-se como fator de desconto o retorno dos ativos operacionais (K_0) e, a seguir, é somado a esse valor o valor presente dos benefícios fiscais dos juros pagos pela dívida.

Capítulo 10 – O valor da empresa e a decisão sobre estrutura de capital   301

- Cálculo do beta desalavancado:

Supondo que o risco da dívida seja igual ao risco dos ativos sem risco, a partir do beta da empresa podemos estimar o beta desalavancado, considerando $\beta_d = 0$:

$$\beta_0 = \left(\frac{\beta}{1 + (1 - T)D/CP}\right) = \left(\frac{1,5}{1 + (1 - 0,30) \times 200/275}\right) = 0,9940$$

onde: $D + CP = \$ 475$.

- Cálculo do retorno operacional dos ativos (custo do capital desalavancado):

A partir do beta desalavancado e usando o modelo CAPM, estima-se o retorno operacional dos ativos (custo do capital desalavancado):

$$K_0 = R_f + \beta_0(\overline{R}_m - R_f) = 5\% + 0,9940 \times (15\% - 5\%) = 14,9398\%$$

De modo alternativo e equivalente, o K_0 pode também ser estimado a partir da fórmula de Modigliani-Miller para o CMPC:

$$K = K_0\left[1 - T \times \frac{D}{V}\right]$$

$$13,0525 = K_0\left[1 - 0,3 \times \frac{\$ 200}{\$ 475}\right] \Rightarrow K_0 = 14,9398\%$$

Ou, ainda, a partir da proposição II de Modigliani-Miller para o custo do capital próprio:

$$K_{cp} = K_0 + \left(\frac{D}{CP}\right)(K_0 - K_d)(1 - T)$$

$$20\% = K_0 + \left(\frac{\$ 200}{\$ 275}\right) \times (K_0 - 5\%) \times 0,70 \Rightarrow K_0 = 14,9398\%$$

- Cálculo do valor da empresa:

O valor da empresa é estimado somando-se o valor presente do fluxo de caixa livre (FCL) com o valor presente dos benefícios fiscais da dívida. O fator de desconto a ser usado é o retorno dos ativos operacionais (K_0):

$$\text{Valor da empresa (V)} = \frac{\text{Fluxo de caixa livre}}{\text{Retorno dos ativos operacionais}} +$$

$$+ \text{ Valor presente do benefício fiscal da dívida}$$

$$= \frac{FCL}{K_0} + T \times D = \frac{\$ 62}{0,149398} + 0,30 \times \$ 200 = \$ 475$$

Equivalência dos quatro métodos de avaliação

Como pode ser observado nos resultados obtidos nos quatro métodos de avaliação, quando as taxas de desconto são ajustadas apropriadamente para refletir o risco correspondente a cada fluxo, o resultado é o mesmo nas quatro formas de avaliar o valor da empresa. Essa equivalência é um resultado lógico, tendo em consideração que os quatro métodos usam a mesma mercadoria: o fluxo de caixa da empresa. Quando se submetem os betas da empresa ao ajuste apropriado, de modo que reflitam adequadamente o benefício fiscal e a estrutura de capital, o custo do capital próprio ditado pelas proposições de Modigliani-Miller e pelo CAPM é igual. Isso ocorre porque o ajuste praticado nos betas supõe que o benefício fiscal seja exatamente igual ao sugerido pelas proposições de Modigliani-Miller.

O quadro a seguir mostra um resumo dos resultados obtidos nos quatro métodos de avaliação.

Fluxos considerados nos diferentes métodos	Fórmula a utilizar	Valor da empresa
Fluxo dos acionistas (FDA) + Valor da dívida	$V = \dfrac{FDA}{K_{cp}} + D = \dfrac{\$\,55}{0,20} + \$\,200$	\$ 475
Fluxo de caixa livre (FCL)	$V = \dfrac{FCL}{K} = \dfrac{\$\,62}{0,130526}$	\$ 475
Fluxo de capital (FC)	$V = \dfrac{FC}{Ka} = \dfrac{\$\,65}{0,136842}$	\$ 475
Fluxo de caixa livre (FCL) + Benefício fiscal da dívida	$V = \dfrac{FCL}{K_0} + T \times D = \dfrac{\$\,62}{0,149398} + \$\,60$	\$ 475

Sendo que as variáveis usadas nos quatro métodos são:

FDA $= \$\,55 =$ fluxo disponível aos acionistas;

FCL $= \$\,62 =$ fluxo de caixa livre;

FC $= \$\,65 =$ fluxo de capital (fluxo disponível aos acionistas + juros);

CP $= \$\,275 =$ capital próprio;

D $= \$\,200 =$ valor de mercado da dívida;

K $= 13,0526\% =$ custo médio ponderado do capital em base após IR;

Ka $= 13,6842\% =$ custo médio ponderado do capital em base antes IR;

$K_0 = 14,9398\% =$ retorno dos ativos operacionais;

$K_d = 5\% =$ custo da dívida;

$R_f = 5\% =$ rentabilidade dos ativos sem risco;

T $= 30\% =$ alíquota de IR.

10.2.2 Situação 2: valor da empresa quando a dívida não é livre de risco (quando $K_d > R_f$)

Nessa segunda situação, avaliaremos a empresa pelos quatro métodos, mas considerando que a dívida tenha um custo superior ($K_d = 10\%$) ao rendimento dos ativos sem risco ($R_f = 5\%$). Ou seja, considerando que a dívida tenha risco maior que o dos ativos livres de risco.

O quadro a seguir apresenta a demonstração de fluxo de caixa da empresa Hipotética S.A. para essa situação.

Capítulo 10 – O valor da empresa e a decisão sobre estrutura de capital   303

Demonstrativo de fluxo de caixa quando $K_d > R_f$ Empresa Hipotética S.A.	
Receitas	$ 200
– Custo dos produtos vendidos	–$ 80
– Depreciação (despesas não-caixa)	–$ 10
– Despesas operacionais	–$ 10
– IR sobre as operações [0,3 × ($ 200 – $ 80 – $ 10 – $ 10)]	–$ 30
Lucro operacional após IR (Nopat)	$ 70
+ Depreciação (fluxos não-caixa)	+$ 10
– Dispêndios de capital	–$ 10
– Mudanças no capital de giro	–$ 8
Fluxo de caixa livre (FCL)	$ 62
– Juros (0,10 × $ 200)	–$ 20
+ Benefício fiscal dos juros (0,30 × $ 20)	+$ 6
Fluxo dos acionistas (FDA)	$ 48
+ Juros	+$ 20
Fluxo de capital (FC)	$ 68

Primeiro método: cálculo do valor da empresa a partir da soma dos valores de mercado do capital próprio e da dívida

$$V = \text{Valor do capital próprio} + \text{Valor da dívida}$$

$$= \frac{FDA}{K_{cp}} + D = \frac{\$ 48}{0,20} + \$ 200 = \$ 440$$

Supõe-se que o custo do capital próprio não seja alterado pelo aumento ocorrido no custo da dívida.

Segundo método: cálculo do valor da empresa a partir do desconto direto do fluxo de caixa livre

$$K = K_{cp}\left(\frac{CP}{V}\right) + K_d(1 - T)\left(\frac{D}{V}\right) = 20\% \times \left(\frac{\$ 240}{\$ 440}\right) + 10\% \times (1 - 0,30) \times \left(\frac{\$ 200}{\$ 440}\right) = 14,09\%$$

$$V = \frac{\text{Fluxo de caixa livre}}{\text{CMPC após IR}} = \frac{FCL}{K} = \frac{\$ 62}{0,1409} = \$ 440$$

Terceiro método: cálculo do valor da empresa a partir do desconto do fluxo de capital

$$Ka = K_{cp}\left(\frac{CP}{V}\right) + K_d\left(\frac{D}{V}\right) = 20\% \times \left(\frac{\$ 240}{\$ 440}\right) + 10\% \times \left(\frac{\$ 200}{\$ 440}\right) = 15,4546\%$$

$$V = \frac{\text{Fluxo de capital}}{\text{CMPC antes de IR}} = \frac{FC}{Ka} = \frac{\$\,68}{0,154546} = \$\,440$$

Quarto método: cálculo do valor da empresa pelo método do valor presente ajustado (VPA)

Nessa situação, considerando que a rentabilidade dos ativos sem risco ($R_f = 5\%$) seja inferior à taxa de juros paga pela dívida ($K_d = 10\%$), pode-se supor que o beta da dívida não seja nulo ($\beta_d \neq 0$). Logo, podemos usar o CAPM para estimar o beta implícito na dívida:

$$K_d = R_f + \beta_d(\overline{R}_m - \overline{R}_f)$$

$$10\% = 5\% + \beta_d(15\% - 5\%) \quad \Rightarrow \quad \beta_d = 0,5$$

- Cálculo do beta desalavancado:

  Na Seção 9.5 foi derivada a fórmula do β_0 (beta desalavancado) considerando que a dívida não tinha risco e, portanto, $\beta_d = 0$. No caso em que $\beta_d \neq 0$, o cálculo deve ser feito como segue:

$$\beta_0 = \left(\frac{\beta + \beta_d(1 - T)D/CP}{1 + (1 - T)D/CP} \right) = \left(\frac{1,5 + 0,5 \times (1 - 0,3) \times (200/240)}{1 + (1 - 0,30) \times 200/240} \right) = 1,1316$$

- Cálculo do retorno dos ativos operacionais (custo do capital desalavancado):

  A partir do beta desalavancado e usando o modelo CAPM, temos:

$$K_0 = R_f + \beta_0(\overline{R}_m - R_f) = 5\% + 1,1316 \times (15\% - 5\%) = 16,3158\%$$

- Cálculo do valor da empresa:

$$\text{Valor da empresa (V)} = \frac{\text{Fluxo de caixa livre}}{\text{Retorno dos ativos operacionais}} +$$

$$+ \text{Valor presente do benefício fiscal da dívida}$$

$$= \frac{FCL}{K_0} + T \times D = \frac{\$\,62}{0,163158} + \$\,60 = \$\,440$$

10.2.3 Situação 3: valor da empresa quando o risco dos benefícios fiscais da dívida é igual ao risco dos ativos da empresa

Quando os resultados operacionais e o fluxo de caixa variam no tempo, o risco dos benefícios fiscais dos juros da dívida pode ser maior que o risco da dívida que os gerou. Como o aproveitamento desses benefícios fiscais depende da capacidade de a empresa gerar rendimentos operacionais, pode-se supor que o risco desses benefícios seja aproximadamente igual ao risco dos ativos operacionais da empresa.

Na situação 1, o valor da empresa foi calculado admitindo-se a validade das proposições de Modigliani-Miller e que a dívida era livre de risco; conseqüentemente, o CMPC depois de IR ($K - 13,0526\%$) era menor que o retorno dos ativos operacionais ($K_U = 14,9398\%$). Isso porque, uma vez aceitas as proposições de Modigliani-Miller, o valor líquido da dívida será igual a $D \times (1 - T)$. Assume-se que o governo se faça cargo de uma porção da dívida e, portanto, que o benefício fiscal seja igual a $D \times T$. Cabe ressaltar que isso será válido somente para o caso de perpetuidades em que o fluxo de caixa seja predefinido.

Quando o risco dos benefícios fiscais da dívida é igual ao risco dos ativos da empresa, podemos recalcular o beta desalavancado (β_0), porém nesse caso usamos o valor de mercado da dívida sem ajuste para benefício fiscal:

$$\beta_0 = \left(\frac{\beta}{1 + D/CP}\right) = \left(\frac{1,5}{1 + \$\,200 / \$\,275}\right) = 0,8684$$

Retorno dos ativos operacionais:

$$K_0 = R_f + \beta_0(\overline{R}_m - R_f) = 5\% + 0,8684 \times (15\% - 5\%) = 13,6840\%$$

Agora podemos calcular o valor da empresa somando os valores presentes do fluxo de caixa livre (FCL) e dos benefícios fiscais dos juros da dívida, usando em ambos os casos como fator de desconto o K_0:

$$V = \frac{FCL}{K_0} + \frac{D \times K_d \times T}{K_0} = \frac{\$\,62}{0,136840} + \frac{\$\,200 \times 0,05 \times 0,3}{0,136840} = \$\,475$$

Na situação 3, observa-se que o valor da empresa coincide com o valor encontrado na situação 1. Isso porque ajustamos corretamente o beta desalavancado, que, na presente situação, deve desconsiderar o ajuste para o benefício fiscal da dívida $(1 - T)$.

Observe, ainda, que o fluxo de benefícios fiscais da dívida é descontado a uma taxa de desconto igual ao retorno sobre o ativo operacional (K_0). Usar o custo da dívida (K_d) para descontar o fluxo de benefícios fiscais seria razoável apenas no primeiro ano, pois nesse ano se conhecem o valor absoluto da dívida e sua relação com o valor da empresa (D/V) — parâmetros que determinam a taxa de juros que a empresa pagará no primeiro ano. Contudo, para períodos posteriores ao primeiro ano, se a empresa espera manter constante a relação D/V, o montante da dívida e dos juros pagos por ela variará com os resultados operacionais reais (no lugar dos esperados) e, portanto, variará também o benefício fiscal da dívida.

Como no futuro as possibilidades de a empresa aproveitar ou não os benefícios fiscais da dívida dependem basicamente dos resultados gerados pelos ativos operacionais, esses benefícios terão o mesmo risco que o lucro operacional, devendo, então, ser descontados a uma taxa de desconto igual ao retorno sobre o ativo operacional. O uso do retorno sobre o ativo operacional como taxa de desconto dos benefícios fiscais é uma aproximação razoável, dada a incerteza associada a esses benefícios. Se em algum momento no futuro a empresa apresentar um Lajir negativo que a impeça de aproveitar o benefício fiscal da dívida, esse benefício fiscal se reduzirá por um valor no mínimo igual ao do valor do dinheiro no tempo, isso se considerarmos que exista a possibilidade de compensação fiscal em exercícios futuros. Se não existir tal possibilidade, o benefício fiscal será perdido.

10.3 De que maneira os benefícios fiscais da dívida aumentam o valor da empresa?

Uma das implicações mais importantes das proposições de Modigliani-Miller, que influencia a determinação da estrutura de capital e as decisões de financiamento, relaciona-se à vantagem fiscal associada à dívida. A suposta vantagem do endividamento está no fato de que os juros podem ser considerados como despesa do período, dedutível fiscalmente, uma vez que são considerados pelo organismo público de arrecadação fiscal (Receita Federal) como um custo que gera uma poupança fiscal. Essa poupança é um ativo cujo valor deve ser quantificado, pois pode influenciar o valor da empresa.

No contexto das proposições teóricas de Modigliani-Miller, o quadro a seguir ilustra de que modo os fluxos e os valores da empresa Hipotética S.A. são influenciados pela dívida em duas situações diferentes: supondo-se que a empresa tenha uma dívida de $ 200 e que a empresa não tenha dívidas (financiada integralmente com capital próprio).

Empresa Hipotética S.A.	Dívida = 0	Dívida = $ 200
Receitas	**$ 200**	**$ 200**
– Custo dos produtos vendidos	–$ 80	–$ 80
– Depreciação (despesas não-caixa)	–$ 10	–$ 10
– Despesas operacionais	–$ 10	–$ 10
– IR sobre as operações	–$ 30	–$ 30
Lucro operacional após IR (Nopat)	**$ 70**	**$ 70**
+ Depreciação (despesas não-caixa)	$ 10	$ 10
– Dispêndios de capital	–$ 10	–$ 10
– Mudanças no capital de giro	–$ 8	–$ 8
Fluxo de caixa livre (FCL)	**$ 62**	**$ 62**
– Juros (0,05 × D)	–$ 0	–$ 10
+ Benefício fiscal dos juros (0,30 × juros)	$ 0	$ 3
Fluxo dos acionistas (FDA)	**$ 62**	**$ 55**
+ Juros	$ 0	$ 10
Fluxo de capital (FC)	**$ 62**	**$ 65**
Valor da dívida (D)	**$ 0**	**$ 200**
Valor do capital próprio (CP)	**$ 415 (*)**	**$ 275**
Valor da empresa (D + CP)	**$ 415**	**$ 475**

(*) $FCL/K_0 = $ 62 / 0,149398$.

O quadro mostra um aumento de $ 60 no valor da empresa devido ao benefício fiscal da dívida, e esse aumento é exatamente igual ao benefício fiscal decorrente do aumento da dívida (0,3 × $ 200). De acordo com as proposições de MM, o endividamento gera vantagens fiscais por um valor igual a $D \times T$ quando se dão concorrentemente as seguintes condições:

* a empresa renova permanentemente sua dívida, que se mantém constante no tempo;
* a empresa encontra-se permanentemente em condições de aproveitar o benefício fiscal da dívida;
* o fluxo de benefícios fiscais da dívida é um fluxo em perpetuidade;
* a alíquota de imposto de renda corporativo se mantém constante no tempo.

O aumento do valor da empresa devido ao benefício fiscal do financiamento poderia nos levar a pensar que, elevando-se o grau de endividamento da empresa, seu valor aumentará indefinidamente; logo, as empresas deveriam optar por níveis altos de dívida. Isso é incompatível com a realidade, pois, na prática, as empresas adotam níveis de endividamento apenas moderados. Isso porque, a partir de certo nível de endividamento, existe um efeito contrário que se contrapõe aos benefícios da dívida. Na Seção 10.6 esse assunto será abordado com maior profundidade.

10.4 Legislação brasileira: juros sobre o capital próprio e dividendos das ações preferenciais

No Brasil, a sistemática de remunerar o capital próprio na forma de juros surgiu pela Lei nº 9.249/95, que concedeu às pessoas jurídicas a permissão de deduzir de seu resultado o montante de juros que seria utilizado para remunerar seus acionistas. Os juros sobre o capital próprio são calculados sobre as contas do patrimônio líquido da empresa e registrados como despesas financeiras. A Deliberação da Comissão de Valores Mobiliários (CVM) nº 207/96 obriga as companhias de capital aberto a contabilizar esses juros na conta de lucros acumulados, sem afetar o resultado do exercício.

Os juros sobre o capital próprio podem ser calculados pela taxa que a empresa considerar conveniente para remunerar seu capital próprio. A legislação tributária estabelece que, para considerar essa despesa dedutível nos cálculos de imposto de renda e contribuição social, devem-se observar os seguintes limites:

- a taxa aplicada não deve exceder a variação da taxa de juros de longo prazo (TJLP) *pro rata dia*, fixada pelo Banco Central;
- aplicando-se a TJLP sobre o valor do patrimônio líquido (exceto as reservas de reavaliação ainda não realizadas), o resultado não poderá exceder a 50% do maior valor entre o lucro líquido correspondente ao período-base do pagamento dos juros (após a dedução da contribuição social e antes da dedução do imposto de renda e dos próprios juros) e o saldo dos lucros acumulados e reserva de lucros de períodos-base anteriores.

Deve-se observar que incide nos juros sobre o capital próprio o imposto de renda, à alíquota de 15%, retido na fonte na data do pagamento ou crédito aos beneficiários. Esse imposto é considerado compensável para as pessoas jurídicas e de tributação exclusiva na fonte para as pessoas físicas. Se a pessoa jurídica for isenta do imposto de renda, o imposto retido na fonte será considerado tributação definitiva (não compensável nem restituível). O valor dos juros pagos ou creditados aos acionistas pode ser imputado ao valor do dividendo obrigatório previsto no artigo 202 da Lei nº 6.404/76.

No Brasil, a legislação (Lei nº 9.457/97) contempla a possibilidade de pagamento de dividendos às ações preferenciais superiores em 10% aos pagos às ações ordinárias, como compensação pela falta de direito a voto. Não recebendo esses dividendos 10% superiores aos destinados às ações ordinárias, as ações preferenciais adquirem o direito de voto nas assembléias de acionistas, o que as torna assemelhadas a um título societário, e não a um título de crédito de segunda classe.

10.5 Dinâmica do fluxo de caixa da empresa: das demonstrações contábeis ao fluxo de caixa livre

Existem diversas formas de determinar o fluxo de caixa livre (FCL), o fluxo dos acionistas (FDA) e o caixa líquido da empresa, embora os modelos mais usados sejam aqueles

308 Gestão de investimentos e geração de valor

que integram as demonstrações financeiras da empresa (balanço patrimonial, demonstração de resultados, evolução do patrimônio líquido, demonstrativo de origens e aplicações de recursos etc.). Uma projeção isolada do fluxo de caixa, sem relação com as demais demonstrações financeiras, não é um modelo consistente, dentre outros motivos porque não nos permite observar o manejo dos ativos e passivos e a interação entre as distintas rubricas da demonstração de resultados.

A periodização do fluxo de caixa está estreitamente vinculada ao objetivo para o qual o fluxo é desenhado. Em geral, o gestor financeiro prefere ou necessita um fluxo de caixa detalhado de periodicidade diária, pois seu trabalho está intimamente ligado às operações cotidianas da empresa, e o fluxo de caixa nesse caso é uma ferramenta de gestão. Por outro lado, o fluxo de caixa para um plano de negócios, para um projeto de investimento, ou para a determinação do valor da empresa não precisa de tanto detalhe. Nesse caso, pode ser projetado para períodos anuais, incorporando informações mais abertas e detalhadas somente para os primeiros anos, geralmente em forma mensal.

10.5.1 Cálculo do fluxo de caixa pelo método indireto

O fluxo de caixa livre pode ser projetado de modo indireto, integrando-se as três demonstrações financeiras: o balanço patrimonial, a demonstração de resultados e o fluxo de caixa. Esta última usa as informações contidas nas duas primeiras e, por sua vez, oferece informações a elas. Normalmente também é necessário buscar informação adicional, por exemplo, nas demonstrações de evolução do patrimônio líquido e no demonstrativo de origens e aplicações de recursos (Doar).

A seguir, como ilustração do método indireto para estimar o fluxo de caixa, mostram-se os balanços patrimoniais e os demonstrativos de resultados (DRE) em 31.12.20X5 e 31.12.20X6 de uma empresa.

Balanço patrimonial ($)						DRE (legislação societária) ($)	
	20X5	20X6		20X5	20X6		20X6
Ativo circulante			**Passivo circulante**			**Receitas**	144,0
Caixa	20	55	Contas a pagar	20	25	– CMV	–72,0
Contas a cobrar	30	36	**Exigível no longo prazo**			– Despesas operacionais	22,0
Estoques	20	24	Financiamentos	50	50	– Despesas financeiras	–5,0
Ativo permanente			**Patrimônio líquido**			**Lair**	**45,0**
Máquinas e equipamentos	50	60	Capital social	40	62	– IR/CS (34%)	–15,3
– Depreciação acumulada	(10)	(16)	Lucros acumulados	0	22	**Lucro líquido**	**29,7**
Ativo total	**110**	**159**	**Passivo total**	**110**	**159**		

Outras informações:

- Do lucro líquido do exercício (20X6) $ 7,70 foram distribuídos como dividendos e o resto foi retido.
- Em 20X6 houve um aporte efetivo de capital por parte dos acionistas no valor de $ 22, integralizado no capital social.
- A taxa de juros sobre os financiamentos é de 10% a.a.

Capítulo 10 – O valor da empresa e a decisão sobre estrutura de capital 309

- A alíquota de imposto de renda e contribuição social (IR/CS) é de 34%.
- Em 20X6 houve um dispêndio de capital, pois foram compradas novas máquinas no valor de $ 10 (aumento do ativo permanente).

A seguir, a partir dessas informações e das contidas nas demonstrações financeiras, estimamos o fluxo de caixa livre (FCL), o fluxo dos acionistas (FDA) e o caixa líquido para o ano 20X6 pelo método indireto.

Demonstrativo de fluxo de caixa	20X6
Receitas	**$ 144,00**
– CMV (custo das mercadorias vendidas)	–$ 72,00
– Despesas operacionais	–$ 22,00
– IR/CS sobre as operações: 0,34 × ($ 144 – $ 72 – $ 22)	–$ 17,00
Lucro operacional após IR (Nopat)	**$ 33,00**
+ Depreciação (despesas operacionais não-caixa)	$ 6,00
– Dispêndios de capital (mudança no ativo permanente)	–$ 10,00
Mudanças no capital de giro	
– Incrementos em contas a cobrar ($ 30 – $ 36)	–$ 6,00
– Incrementos em estoques ($ 20 – $ 24)	–$ 4,00
+ Incrementos em contas a pagar ($ 25 – $ 20)	$ 5,00
Fluxo de caixa livre (FCL)	**$ 24,00**
– Despesas financeiras	–$ 5,00
+ Benefício fiscal das despesas financeiras (0,34 × $ 5)	$ 1,70
Fluxo dos acionistas (FDA)	**$ 20,70**
+ Aportes de capital acionário	$ 22,00
– Dividendos pagos	–$ 7,70
Caixa líquido produzido em 20X6	**$ 35,00**

De fato, podemos conferir a evolução do caixa e do patrimônio líquido (PL):

Caixa em 31.12.20X6 = Caixa em 31.12.20X5 + Caixa líquido em 20X6 = $ 20 + $ 35 = $ 55

PL em 31.12.20X6 = PL em 31.12.20X5 + Aportes de capital em 20X6 + Lucros retidos em 20X6 = $ 40 + $ 22 + $ 22 = $ 84

Os juros sobre o capital próprio, por não causarem impacto na saída de caixa, não foram considerados despesas financeiras. Eles são basicamente redutores da base de cálculo do imposto de renda e contribuição social. Por simplicidade didática, o benefício fiscal decorrente dos juros sobre o capital próprio não foi considerado neste exemplo.

10.5.2 Cálculo do fluxo de caixa pelo método direto

O cálculo do fluxo de caixa pelo método direto consiste em uma metodologia do tipo *cobranças periódicas menos pagamentos periódicos*. Diferentemente do método indireto,

Gestão de investimentos e geração de valor

que trabalha com as diferenças entre ativos e passivos, o método direto permite visualizar quais as cobranças e os pagamentos efetivos, o que o torna de fundamental importância na gestão financeira. É claro que ambos os métodos devem fornecer o mesmo valor para o caixa líquido. Vejamos a aplicação do método no exemplo anterior:

Encaixe de vendas (Vendas – Incremento de contas a cobrar: $ 144 – $ 6)	**$ 138,0**
– Compras líquidas (CMV – Estoque inicial + Estoque final: $ 72 – $ 20 + $ 24)	– $ 76,0
+ Incremento em contas a pagar ($ 25 – $ 20)	+ $ 5,0
– Desembolsos operacionais (Despesas operacionais – Depreciação: $ 22 – $ 6)	– $ 16,0
– Imposto de renda	– $ 15,3
– Dispêndios de capital (mudanças no ativo permanente: $ 50 – $ 60)	– $ 10,0
– Despesas financeiras	– $ 5,0
+ Aportes de capital	+ $ 22,0
– Dividendos pagos	– $ 7,7
Caixa líquido produzido em 20X2	**$ 35,0**

O encaixe de vendas representa a parte das vendas líquidas recebidas no ano. Para calculá-lo, deve-se subtrair das vendas líquidas a parcela das vendas não encaixadas no ano (representada pelo incremento das contas a pagar). As compras líquidas são iguais ao custo das mercadorias vendidas menos o estoque inicial e mais o estoque final. O incremento das contas a pagar representa um aumento da disponibilidade de caixa, logo entra com sinal positivo. No cálculo dos desembolsos operacionais, a depreciação é subtraída por ser unicamente uma despesa operacional e não um desembolso de caixa. Repare que tanto o método indireto quanto o direto fornecem resultados iguais para o caixa líquido.

Exemplo 10.1

Um projeto de investimento tem um custo inicial de $ 10.000.000 e espera-se que vá gerar um fluxo de caixa livre de $ 2.000.000/ano durante 15 anos. Além disso, não tem valor residual e será financiado em 40% por um empréstimo a ser amortizado em 10 anos pela Tabela Price, a juros de 5% a.a. O restante do capital necessário será levantado por emissão de ações, com um custo estimado de emissão de 8% do montante. Se o projeto fosse financiado totalmente com recursos próprios, os investidores exigiriam uma rentabilidade esperada de 10% a.a. A alíquota de IR é de 30%. Pede-se avaliar o projeto pelo método do valor presente líquido ajustado (VPLA).

Dados: $I = \$ 10.000.000$, $FCL_t = \$ 2.000.000/ano$, $n = 15$ anos, $K_d = 5\%$ a.a., $T = 0,3$, $K_0 = 10\%$ a.a., $VPLA = ?$

Cálculo do valor presente do benefício fiscal da dívida

O quadro a seguir mostra a Tabela Price do reembolso do empréstimo e o cálculo do valor presente do benefício fiscal dos juros.

Ano	Saldo devedor ($)	Prestação ($)	Amortização ($)	Juros ($)	Benefício fiscal dos juros ($)	Valor presente do benef. fiscal ($)
0	4.000.000					
1	3.681.982	518.018	318.018	200.000	60.000	57.143
2	3.348.062	518.018	333.919	184.099	55.230	50.095
3	2.997.447	518.018	350.615	167.403	50.221	43.383
4	2.629.301	518.018	368.146	149.872	44.962	36.990
5	2.242.748	518.018	386.553	131.465	39.440	30.902
6	1.836.867	518.018	405.881	112.137	33.641	25.104
7	1.410.692	518.018	426.175	91.843	27.553	19.581
8	963.209	518.018	447.484	70.535	21.160	14.322
9	493.351	518.018	469.858	48.160	14.448	9.313
10	0	518.018	493.351	24.668	7.400	4.543

Total: $ 291.376

Os benefícios fiscais dos juros foram descontados à própria taxa de juros.

Cálculo do valor presente líquido ajustado

O VPLA do projeto é a soma do valor presente dos fluxos de caixa (FLC) com o valor presente dos efeitos colaterais decorrentes da decisão de investir:

VPLA = Valor presente do projeto sem dívida +
+ Soma dos valores presentes dos efeitos colaterais

$$= \left(-I + \sum_{t=1}^{15} \frac{FLC_t}{(1 + K_0)^t}\right) + \left(\begin{array}{cc} VP\ do\ benefício & VP\ do\ custo\ da \\ fiscal\ da\ dívida & emissão\ das\ ações \end{array}\right)$$

$$= \left(-\$10.000.000 + \sum_{t=1}^{15} \frac{\$\ 2.000.000}{(1,10)^t}\right) + (\$\ 291.376 - 0,08 \times 6.000.000)$$

$$= (-\$\ 10.000.000 + \$\ 2.000.000 \times a_{\overline{15}|10\%}) + (\$\ 291.376 - 0,08 \times \$\ 6.000.000)$$

$$= (-\$\ 10.000.000 + \$\ 2.000.000 \times 7,60608) + (\$\ 291.376 - \$\ 480.000)$$

$$= \$\ 5.023.535 > 0$$

O fluxo de caixa livre (FCL) é descontado ao custo do capital para empresas sem dívida (K_0). Essa taxa de desconto representa o retorno dos ativos operacionais.

Exemplo 10.2

Espera-se que uma empresa inicialmente sem dívidas gere fluxos de caixa de $ 350.000/ano durante 4 anos. A empresa pretende levantar um financiamento, devendo manter constante em 50% (L = D/V) a relação entre a dívida e seu valor de mercado. Considerar, também, as seguintes informações: taxa efetiva do *benefício fiscal do uso de capital de terceiros* igual à alíquota de IR ($T^* = T = 50\%$), custo da dívida (K_d) = 7% a.a., custo do capital para a empresa sem dívidas (K_0) = 15% a.a.

Pede-se determinar o valor da empresa antes e depois do financiamento, segundo o método do valor presente ajustado. Em seguida, para efeitos comparativos, determinar o valor da empresa utilizando o método do valor presente ajustado e as fórmulas de Miles-Ezzell e de Modigliani-Miller no cálculo do custo do capital.

O quadro seguinte mostra os cálculos dos valores necessários para nossa análise.

($ mil)

	Ano 1	Ano 2	Ano 3	Ano 4
Fluxo de caixa livre (FCL_t)	350,00	350,00	350,00	350,00
Valor de mercado da empresa sem dívida (V_t) (a)	1.000,00	800,00	569,00	304,00
Valor de mercado da dívida (D_t) (b)	500,00	400,00	284,50	152,00
Juros sobre a dívida (J_t) (c)	35,00	28,00	19,92	10,64
Benefício fiscal dos juros (BF_t) (d)	17,50	14,00	9,96	5,32

(a) Valor de mercado da empresa sem dívida, no ano t: $V_t = \$\,350 \times a_{\overline{5-t}|15\%}$; t = 1, ..., 4. (b) Valor de mercado da dívida, no ano t: $D_t = V_t \times L = V_t \times 0,50$. (c) Juros sobre o valor de mercado da dívida, no ano t: $J_t = D_t \times K_d = D_t \times 0,07$. (d) Benefício fiscal sobre os juros, no ano t: $BF_t = J_t \times T = J_t \times 0,50$.

Cálculo do valor da empresa depois do financiamento

- Método do valor presente ajustado (VPA):

  V = Valor presente da empresa sem dívida + Valor presente dos benefícios fiscais da dívida

$$= \sum_{t=1}^{4} \frac{FCL_t}{(1 + K_0)^t} + \sum_{t=1}^{4} \frac{BF_t}{(1 + K_d)^t}$$

$$= \left[\frac{\$\,350}{(1,15)^1} + \frac{\$\,350}{(1,15)^2} + \frac{\$\,350}{(1,15)^3} + \frac{\$\,350}{(1,15)^4} \right] + \left[\frac{\$\,17,50}{(1,07)^1} + \frac{\$\,14}{(1,07)^2} + \frac{\$\,9,96}{(1,07)^3} + \frac{\$\,5,32}{(1,07)^4} \right]$$

$$= \$\,1.000 + \$\,40 = \$\,1.040$$

- Fórmula de Miles-Ezzell do custo do capital:

  Custo médio ponderado do capital:

$$K = K_0 - L \times T \times K_d \left(\frac{1 + K_0}{1 + K_d} \right) = 0,15 - 0,50 \times 0,50 \times 0,07 \times \left(\frac{1,15}{1,07} \right) = 13,12\% \text{ a.a.}$$

  Valor da empresa após o financiamento:

$$V = \sum_{t=1}^{4} \frac{FCL_t}{(1 + K)^t} = \left[\frac{\$\,350}{(1,1312)^1} + \frac{\$\,350}{(1,1312)^2} + \frac{\$\,350}{(1,1312)^3} + \frac{\$\,350}{(1,1312)^4} \right] = \$\,1.040$$

- Fórmula de Modigliani-Miller do custo do capital:

  Custo do capital:

$$K = K_0(1 - L \times T) = 0,15 \times (1 - 0,50 \times 0,50) = 11,25\% \text{ a.a.}$$

Valor da empresa após o financiamento:

$$V = \sum_{t=1}^{4} \frac{FCL_t}{(1 + K)^t} = \left[\frac{\$\,350}{(1{,}1125)^1} + \frac{\$\,350}{(1{,}1125)^2} + \frac{\$\,350}{(1{,}1125)^3} + \frac{\$\,350}{(1{,}1125)^4} \right] = \$\,1.080$$

Tanto o método do valor presente ajustado quanto a fórmula de Miles-Ezzell coincidem no valor da empresa (\$ 1.040). Entretanto, o valor da empresa calculado por meio da equação de Modigliani-Miller (\$ 1.080) difere do anterior, pois essa fórmula superestima as vantagens fiscais da dívida, subavalia o custo do capital e, conseqüentemente, superdimensiona o valor da empresa. Dadas as características do projeto, a fórmula mais adequada é a de Miles-Ezzell, pois o prazo é finito e a empresa mantém uma proporção de dívida constante ao longo do tempo (L = 0,50).

Exemplo 10.3

Suponha que você seja um especialista em avaliação de empresas e seja solicitado para estimar o valor de uma empresa. Você dispõe das seguintes informações sobre os fluxos de caixa esperados para os próximos 5 anos:

	Ano 1	Ano 2	Ano 3	Ano 4	Ano 5	Liquidação
Lajir	\$ 180	\$ 200	\$ 216	\$ 232,40	\$ 246,98	
– Juros (10%)	–\$ 80	–\$ 80	–\$ 80	–\$ 80	–\$ 80	
Lair	\$ 100	\$ 120	\$ 136	\$ 152,40	\$ 166,98	
– Imposto (50%)	–\$ 50	–\$ 60	–\$ 68	–\$ 76,20	–\$ 83,49	
Fluxo dos acionistas (FDA)	\$ 50	\$ 60	\$ 68	\$ 76,20	\$ 83,49	\$ 1.603
+ Juros	\$ 00	\$ 00	\$ 00	\$ 00	\$ 00	
Fluxo de capital (FC)	\$ 130	\$ 140	\$ 148	\$ 156,20	\$ 163,49	
Fluxo de caixa livre (FCL) (*)	\$ 90	\$ 100	\$ 108	\$ 116,20	\$ 123,49	\$ 2.363

(*) FCL = Lajir (1 – T).

No caso do FDA e do FCL, os valores de liquidação referem-se aos valores de mercado das ações e da empresa, respectivamente, ao término do prazo de projeção (no quinto ano). Assume-se que o custo do capital próprio seja de 13,625% a.a. e que a empresa possa tomar recursos de longo prazo à taxa de 10% a.a. Sua tarefa é estimar o valor da empresa a partir da soma dos valores de mercado do capital próprio e da dívida, e a partir do desconto direto do fluxo de caixa livre da empresa.

Dados: valor da dívida (D) = \$ 800, custo do capital próprio (K_{cp}) = 13,625%, alíquota de IR = 50%, custo da dívida (K_d) = 10%, valor de liquidação da empresa = \$ 2.363, valor de liquidação do capital próprio (das ações ordinárias) = \$ 1.603.

Primeiro método: cálculo do valor da empresa a partir da soma dos valores de mercado do capital próprio e da dívida

Nesse método, para calcular o valor da empresa deve-se somar o valor do capital próprio ao valor de mercado da dívida:

Gestão de investimentos e geração de valor

- Valor da empresa (V) = Valor do capital próprio + Valor da dívida

  = Valor presente do FDA + D

$$= \left(\frac{\$\,50}{(1{,}13625)^1} + \frac{\$\,60}{(1{,}13625)^2} + \frac{\$\,68}{(1{,}13625)^3} + \frac{\$\,76}{(1{,}13625)^4} + \frac{\$\,83{,}49 + \$\,1.603}{(1{,}13625)^5} \right) + \$\,800$$

  = \$ 1.073 + \$ 800 = \$ 1.873

Para estimar o valor do capital próprio, desconta-se o fluxo de caixa dos acionistas (FDA) usando como fator de desconto o custo do capital próprio.

Segundo método: cálculo do valor da empresa a partir do desconto direto do fluxo de caixa livre (FCL)

Nesse método, para estimar o valor da empresa calcula-se o valor presente do fluxo de caixa livre (FCL), usando como fator de desconto o custo médio ponderado do capital (CMPC).

- Cálculo do custo médio ponderado do capital:

$$K = K_{cp}\left(\frac{CP}{V} \right) + K_d(1 - T)\left(\frac{D}{V} \right) =$$

$$= 13{,}625\% \times \left(\frac{\$\,1.073}{\$\,1.873} \right) + 10\% \times (1 - 0{,}50) \times \left(\frac{\$\,800}{\$\,1.873} \right) = 9{,}94\%$$

- Valor da empresa (V) =

$$\left(\frac{\$\,90}{(1{,}0994)^1} + \frac{\$\,100}{(1{,}0994)^2} + \frac{\$\,108}{(1{,}0994)^3} + \frac{\$\,116{,}20}{(1{,}0994)^4} + \frac{\$\,123{,}49 + \$\,2.363}{(1{,}0994)^5} \right) = \$\,1.873$$

Assume-se que as proporções CP/V e D/V determinadas no primeiro método sejam proporções-alvo da estrutura de capital. Caso não se faça essa consideração, haverá um problema de circularidade, pois para calcular o CMPC é preciso conhecer o valor de mercado da empresa, o qual, por sua vez, depende do CMPC.

Exemplo 10.4

Vamos supor que uma empresa projete um Lajir de \$ 40 ao ano em perpetuidade e tenha uma dívida de \$ 100 sobre a qual paga uma taxa de juros de 5%. A alíquota de IR é de 30% e o beta (β) das ações comuns é 1,7. Pede-se estimar o valor da empresa de três maneiras alternativas: a partir da soma dos valores de mercado do capital próprio e da dívida, a partir do desconto direto do fluxo de caixa livre e pelo método do VPA. Usar os seguintes dados adicionais: rentabilidade dos ativos sem risco (R_f) = 5%, retorno esperado do mercado ($\overline{R}_m$) = 10%.

Cálculo do valor da empresa a partir da soma dos valores de mercado do capital próprio e da dívida

- Cálculo do custo do capital próprio (retorno requerido pelos acionistas):

$$K_{cp} = R_f + \beta(\overline{R}_m - R_f) = 5\% + 1{,}7 \times (10\% - 5\%) = 13{,}50\%$$

Capítulo 10 – O valor da empresa e a decisão sobre estrutura de capital 315

- Valor da empresa (V) = Valor do capital próprio + Valor da dívida

$$= \frac{FDA}{K_{cp}} + D = \frac{(Lajir - Juros)(1 - T)}{K_{cp}} + D =$$

$$= \frac{(\$\,40 - 0{,}05 \times \$\,100) \times (1 - 0{,}3)}{0{,}1350} + \$\,100 = \$\,281{,}48$$

Cálculo do valor da empresa a partir do desconto direto do fluxo de caixa livre (FCL)

- Cálculo do custo médio ponderado do capital:

$$K = K_{cp}\left(\frac{CP}{V}\right) + K_d(1 - T)\left(\frac{D}{V}\right) =$$

$$= 13{,}5\% \times \left(\frac{\$\,181{,}48}{\$\,281{,}48}\right)7 + 5\% \times (1 - 0{,}30) \times \left(\frac{\$\,100}{\$\,281{,}48}\right) = 9{,}9474\%$$

- Valor da empresa (V) $= \dfrac{FCL}{K} = \dfrac{Lajir(1 - T)}{K} = \dfrac{\$\,40 \times (1 - 0{,}30)}{0{,}099474} = \$\,281{,}48$

Cálculo do valor da empresa pelo método do valor presente ajustado (VPA)

- Beta desalavancado supondo dívida sem risco:

$$\beta_0 = \left(\frac{\beta}{1 + (1 - T)D/CP}\right) = \left(\frac{1{,}7}{1 + (1 - 0{,}30) \times \$\,100/\$\,181{,}48}\right) = 1{,}2268$$

- Custo do capital desalavancado (retorno sobre o ativo operacional):

$$K_0 = R_f + \beta_0(\overline{R}_m - R_f) = 5\% + 1{,}2268 \times (10\% - 5\%) = 11{,}1340\%$$

Nesse método, o valor da empresa é calculado somando-se o valor da empresa desalavancada (sem dívida) com o valor presente dos benefícios fiscais da dívida. O valor da empresa desalavancada é encontrado descontando-se o FCL ao K_0 (custo do capital desalavancado ou retorno sobre o ativo operacional):

- Valor da empresa:

$$\frac{FCL}{K_0} + T \times D = \frac{Lajir(1 - T)}{K_0} + T \times D =$$

$$= \frac{\$\,40 \times (1 - 0{,}30)}{0{,}111340} + 0{,}30 \times \$\,100 = \$\,281{,}48$$

Exemplo 10.5

Vamos supor que atualmente a dívida de determinada empresa seja de $ 31,20 milhões e sua relação D/CP seja de 0,50. Essa relação mudará para 0,6 devido a um financiamento de $ 50 milhões que a empresa vai levantar a juros de 10% a.a. e que será mantido constante e em perpetuidade. Pede-se determinar o valor da empresa considerando os fluxos de caixa mostrados no quadro a seguir.

	Ano 1	Ano 2	Ano 3	....	∞
Fluxo de caixa livre (FCL)	$ 20,00	$ 20,00	$ 20,00	....	$ 20,00
– Juros pagos [0,10 × ($ 31,2 + $ 50)]	–$ 8,12	–$ 8,12	–$ 8,12	....	–$ 8,12
+ Benefício fiscal dos juros (0,30 × $ 8,12)	+$ 2,44	+$ 2,44	+$ 2,44	....	+$ 2,44
Fluxo dos acionistas (FDA)	**$ 14,32**	**$ 14,32**	**$ 14,32**	....	**$ 14,32**

Informações adicionais: rentabilidade dos ativos sem risco (R_f) = 7% a.a., alíquota de IR (T) = 30%, beta do capital próprio (β) = 0,5, retorno esperado do mercado $(\overline{R}_m)$ = 9% a.a.

- Cálculo do beta desalavancado supondo dívida sem risco:

$$\beta_0 = \left(\frac{\beta}{1 + (1 - T)\dfrac{D}{CP}}\right) = \left(\frac{1,7}{1 + (1 - 0,30) \times 0,5}\right) = 1,2593$$

- Cálculo do beta ajustado:

$$\beta_a = \beta_0\left(1 + (1 - T)\frac{D'}{CP'}\right) = 1,2593 \times (1 + (1 - 0,30) \times 0,60) = 1,7882$$

- Custo do capital próprio:

$$K_{cp} - R_f + \beta_a(\overline{R}_m - R_f) = 7\% + 1,7882 \times (9\% - 7\%) = 10,5763\% \text{ a.a.}$$

- Custo médio ponderado do capital:

$$K = K_{cp}\left(\frac{CP'}{CP'+D'}\right) + K_d(1 - T)\left(\frac{D'}{CP'+D'}\right)$$

$$= K_{cp}\left(\frac{CP'/CP'}{CP'/CP' + D'/CP'}\right) + K_d(1 - T)\left(\frac{D'/CP'}{CP'/CP' + D'/CP'}\right)$$

$$= 10,5763\% \times \left(\frac{1}{1,6}\right) + 10\% \times 0,7 \times \left(\frac{0,6}{1,6}\right) = 9,2352\% \text{ a.a.}$$

- Valor do capital próprio:

$$CP = \frac{\text{Fluxo dos acionistas}}{\text{Custo do capital próprio}} = \frac{FDA}{K_{cp}} = \frac{\$ 14,32}{0,105763} = \$ 135,40$$

O valor da empresa para o acionista (valor do capital próprio) é calculado descontando-se o fluxo disponível aos acionistas ao custo do capital próprio (K_{cp}). Para uma companhia de capital aberto, esse valor representa o valor patrimonial das ações.

Capítulo 10 – O valor da empresa e a decisão sobre estrutura de capital

- Valor da empresa:

$$V = \frac{\text{Fluxo de caixa livre}}{\text{CMPC após IR}} = \frac{\text{FCL}}{K} = \frac{\$\,20}{0,092352} = \$\,216,60$$

ou: $V = CP + D = \$\,135,40 + \$\,81,20 = \$\,216,60$

O valor da empresa (V) é calculado descontando-se o fluxo de caixa livre (FCL) ao custo médio ponderado do capital depois de IR (K). O valor da empresa é igual ao valor de seus ativos e pertence a todos os que aportaram capital e têm direitos, incluídos aí acionistas, financiadores e portadores de dívidas com direitos fixos.

Exemplo 10.6

Supondo perpetuidades constantes, determinar a demonstração do fluxo de caixa líquido e o valor de uma empresa que apresentou os seguintes balanços patrimoniais e demonstrativo de resultados (DRE) em 31.12.20X5 e em 31.12.20X6:

Balanço patrimonial ($)						DRE (legislação societária) ($)	
	20X5	20X6		20X5	20X6		20X6
Ativo circulante			**Passivo circulante**			**Receitas líquidas**	200,00
Caixa	100	134	Contas a pagar	120	220	– CMV	–120,00
Estoques	100	100	**Exigível no longo prazo**			– Despesas operacionais	–24,00
Contas a cobrar	150	210	Financiamentos	20	20	– Despesas financeiras	–4,00
Ativo permanente			**Patrimônio líquido**			**Lair**	52,00
Máquinas	200	220	Capital social	310	310	– IR/CS (34%)	–17,68
– Depreciação acumulada	(100)	(110)	Lucros retidos		4		
Ativo total	450	554	**Passivo total**	450	554	**Lucro líquido**	**34,32**

Sabe-se também que a alíquota de imposto de renda (IR) é de 34% e que, do lucro líquido, $ 4 serão retidos e o resto distribuído como dividendos em efetivo durante 20X6. O quadro a seguir mostra o fluxo de caixa em 20X6.

Demonstrativo de fluxo de caixa	20X6
Receitas líquidas	**$ 200,00**
– CPV (custo dos produtos vendidos)	–$ 120,00
– Despesas operacionais	–$ 24,00
– IR/CS sobre as operações: 0,34 × ($ 200 – $ 120 – $ 24)	–$ 19,04
Lucro operacional após IR (Nopat)	**$ 36,96**
+ Depreciação do ano ($ 110 – $ 100)	$ 10,00
– Dispêndios de capital (mudança no ativo permanente = $ 200 – $ 220)	–$ 20,00

(continua)

(continuação)

Demonstrativo de fluxo de caixa	20X6
Mudanças no capital de giro	
– Incrementos em contas a cobrar ($ 150 – $ 210)	–$ 60,00
– Incrementos em estoques ($ 100 – $ 100)	$ 0,00
+ Incrementos em contas a pagar ($ 220 – $ 120)	$ 100,00
Fluxo de caixa livre (FCL)	**$ 66,96**
– Despesas financeiras (juros)	–$ 4,00
+ Benefício fiscal dos juros (0,34 × $ 4)	$ 1,36
Fluxo dos acionistas (FDA)	**$ 64,32**
– Dividendos em efetivo ($ 34,32 – $ 4)	–$ 30,32
Caixa líquido em 20X6	**$ 34,00**

Podemos conferir a evolução do caixa e do patrimônio líquido (PL):

$$\text{Caixa em } 31.12.20X6 = \text{Caixa em } 31.12.20X5 + \text{Caixa líquido em } 20X6$$
$$= \$ 100 + \$ 34 = \$ 134$$

$$\text{PL em } 31.12.20X6 = \text{PL em } 31.12.20X5 + \text{Lucro retido em } 20X6 = \$ 310 + \$ 4 = \$ 314$$

Os juros sobre o capital próprio, por não causarem impacto no caixa, não foram considerados despesas financeiras. Por simplicidade didática, novamente o benefício fiscal decorrente dos juros sobre o capital próprio não foi considerado neste exemplo.

Valor de mercado da empresa

Admitindo-se que o fluxo de caixa livre (FCL) do ano 20X6 permaneça como uma perpetuidade constante e que o CMPC seja de 16% a.a., o valor de mercado da empresa pode ser aproximado por:

$$V = \frac{FCL}{K} = \frac{\$ 66,96}{0,16} = \$ 418,50$$

10.6 A decisão sobre a estrutura de capital

O cálculo do custo médio ponderado do capital (CMPC) supõe que a estrutura de capital da empresa ou do projeto permaneça constante ao longo do tempo. No entanto, a estrutura ótima de capital pode modificar-se ao longo do tempo, e mudanças na estrutura de capital afetam o grau de risco e o custo de cada fonte de recursos de capital, alterando, portanto, o CMPC. Além disso, tais mudanças também podem influenciar a seleção de projetos e, em última instância, o preço das ações da empresa.

Muitos fatores influem nas decisões quanto à estrutura de capital das empresas, porém sua determinação não é uma ciência exata. Mesmo empresas do mesmo setor têm estruturas de capital totalmente diferentes. A empresa analisa uma série de fatores e, então, estabelece uma estrutura de capital desejada. Essa estrutura pode mudar ao longo do tempo, à medida que mudam as condições de mercado e outros fatores. Se o grau de endividamento estiver

Capítulo 10 – O valor da empresa e a decisão sobre estrutura de capital **319**

abaixo do nível desejado, provavelmente serão emitidos mais títulos de dívida, ao passo que, se estiver acima do desejado, será utilizado mais capital acionário.

A política de estrutura de capital envolve uma troca (*trade-off*) entre risco e retorno, pois a utilização de mais dívida aumenta o retorno dos acionistas devido ao benefício fiscal dos juros, mas tende a diminuir o preço das ações da empresa por causa do aumento do risco financeiro. Assim, a *estrutura ótima de capital* é o equilíbrio entre risco e retorno que maximiza o preço das ações da empresa. O estudo da estrutura de capital, seja por seu papel central em finanças, seja por seu caráter geral em relação às decisões relativas à vida das empresas, reflete como poucos a evolução conceitual dessa disciplina, mas é um tema que está longe de ser conclusivo.

Vejamos alguns dos muitos fatores que influenciam as decisões sobre a estrutura de capital.

1. *Risco do negócio, ou risco inerente às operações da empresa*: quanto maior for o risco do negócio da empresa, mais baixo será seu grau de endividamento ótimo.
2. *Posição tributária da empresa*: uma das principais razões para usar capital de terceiros é que os juros podem ser deduzidos para fins de impostos, o que reduz o custo efetivo da dívida. No entanto, se a maior parte do lucro de uma empresa já está protegida da tributação por meio de outros escudos tributários — depreciação ou compensação de prejuízos fiscais anteriores —, sua alíquota efetiva de benefício fiscal será baixa, de modo que a dívida não será tão vantajosa quanto seria para uma empresa com uma alíquota efetiva mais alta.
3. *Flexibilidade financeira, ou a capacidade de levantar capital sob condições razoáveis em situação adversa:* a necessidade potencial futura de fundos tem grande influência na estrutura de capital desejada — quanto maior for a necessidade futura provável de capital e quanto piores forem as conseqüências da falta de capital, mais forte precisará ser o balanço patrimonial.
4. *Conservadorismo ou agressividade da administração:* alguns administradores são mais agressivos que outros, por isso algumas empresas são mais propensas à utilização de dívidas para alavancar os lucros. Esse fator não afeta a estrutura de capital ótima maximizadora de valor, mas influencia a estrutura de capital desejada.

Seja como for, não existem regras absolutas: enquanto é simples trabalhar as relações matemáticas de estrutura de capital, a transformação dessas condições em estratégias financeiras apropriadas é muito mais complexa. Nenhuma administração tem liberdade completa para modificar a estrutura de capital, que normalmente se apresenta em forma de contratos com algumas restrições, para que seja mantida a normalidade no lado do passivo do balanço patrimonial. Com interesses próprios bem claros, os credores vão impor limites ao montante do capital de terceiros a ser utilizado no futuro pela empresa.

10.6.1 Estrutura do capital quando o custo da dívida permanece constante com o aumento da proporção da dívida

Para ilustrar de que modo o aumento da proporção da dívida influencia o valor da empresa e o custo do capital quando a taxa de juros permanece constante, o quadro a seguir mostra o comportamento dessas variáveis para diversas combinações dívida-capital próprio. A empresa em questão gera um Lajir de $ 22 milhões por ano em perpetuidade, paga uma taxa fixa de 6% a.a. sobre a dívida e está em uma alíquota de IR de 30%. Admite-se que empresas similares do mesmo setor que só usam capital próprio tenham um custo de capital de 10% a.a.

Dívida D ($ milhão)	Valor da empresa V ($ milhão)	Capital próprio CP ($ milhão)	Custo do capital próprio K_{cp}	Grau de endividamento D/V	CMPC K
0	154,00	154,00	0,1000	0,0000	0,1000
15	158,50	143,50	0,1029	0,0946	0,0972
30	163,00	133,00	0,1063	0,1840	0,0945
45	167,50	122,50	0,1103	0,2687	0,0919
60	172,00	112,00	0,1150	0,3488	0,0895
75	176,50	101,50	0,1207	0,4249	0,0873
90	181,00	91,00	0,1277	0,4972	0,0851

Dados: T = 0,3 (alíquota de IR), K_0= 0,10, K_d= 0,06, Lajir = $ 22.

As equações usadas para os cálculos são:

$$\text{Valor da empresa: } V = \frac{\text{Lajir}(1 - T)}{K_0} + T \times D \text{ (proposição I de MM)}$$

$$\text{Custo do capital próprio: } K_{cp} = K_0 + \left(\frac{D}{CP}\right)(K_0 - K_d)(1 - T) \text{ (proposição II de MM)}$$

$$\text{CMPC: } K = K_{cp}\left(\frac{CP}{V}\right) + K_d(1 - T)\left(\frac{D}{V}\right) \text{ (custo médio ponderado do capital)}$$

Os cálculos do quadro foram realizados considerando-se válidas as proposições teóricas I e II de Modigliani-Miller (veja o Capítulo 9) e admitindo-se que o único benefício fiscal seja o decorrente do uso de dívida e que não haja custos de falência. Supôs-se, também, que o custo da dívida (K_d) e o Lajir permaneçam constantes diante de aumentos no grau de endividamento (D/V). As figuras a seguir mostram o comportamento das variáveis calculadas no quadro anterior.

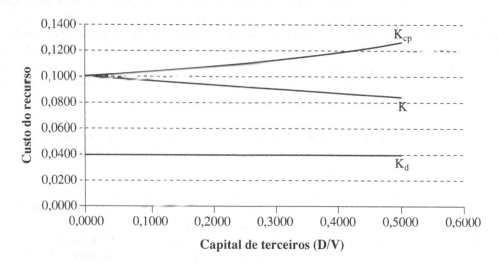

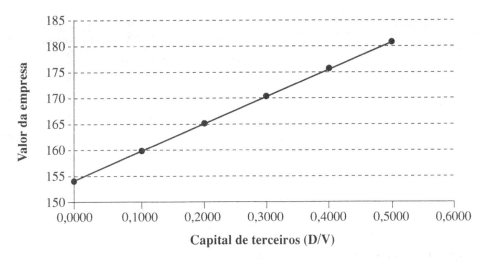

Nas figuras observa-se que um incremento no uso de dívida aumenta o custo do capital próprio (K_{cp}), diminui o CMPC (K) e, conseqüentemente, aumenta o valor da empresa (V) graças ao benefício fiscal da dívida. Conforme já vimos, isso não pode nos induzir a pensar que, elevando-se o grau de endividamento, o valor da empresa aumentará indefinidamente. Afinal, a partir de certo nível de endividamento surge um efeito contrário: o maior uso de dívida aumenta também o risco financeiro da empresa, incrementando a possibilidade de dificuldades financeiras e de falência e, conseqüentemente, elevando os custos da dívida e do capital próprio. O aumento desses custos vai de encontro às vantagens fiscais associadas ao maior uso de dívida, reduzindo essas vantagens e o valor da empresa. Em outras palavras, existe um limite ao uso de dívida. Qual é esse limite?

A seguir mostraremos de que forma a proposição I de Modigliani-Miller (MM) deveria ser ajustada para refletir o comportamento real do valor da empresa e, conseqüentemente, definir um limite razoável de endividamento.

10.6.2 Estrutura do capital quando o custo da dívida varia com o aumento da proporção da dívida

Na análise anterior, o custo da dívida (K_d) permanecia constante quando a proporção da dívida na estrutura de capital da empresa aumentava. A seguir, analisaremos o caso em que o custo da dívida aumenta à medida que a proporção da dívida cresce, refletindo o maior risco financeiro da empresa.

Considerando que maiores proporções de dívida resultem em maiores taxas de juros e betas, o quadro a seguir mostra os valores e o comportamento das diversas variáveis segundo diversos graus de endividamento (D/V), para uma empresa que gera um Lajir de $ 22 milhões por ano em perpetuidade.

Dívida D ($ milhão)	Custo da dívida K_d	Beta do capital próprio β	Custo do capital próprio K_{cp}	Capital próprio CP ($ milhão)	Valor da empresa V ($ milhão)	Grau de endividamento D/V	CMPC K
0	0,06	1,00	0,1700	90,59	90,59	0,0000	0,1700
20	0,07	1,10	0,1800	80,11	100,11	0,1998	0,1538
25	0,08	1,15	0,1850	75,68	100,68	0,2483	0,1530
30	0,09	1,20	0,1900	71,11	101,11	**0,2967**	**0,1523**
35	0,10	1,30	0,2000	64,75	99,75	0,3509	0,1544
40	0,14	1,35	0,2050	56,00	96,00	0,4167	0,1604
45	0,16	1,40	0,2100	49,33	94,33	0,4770	0,1633

Dados: T = 0,3, Lajir = $ 22, R_f = 0,07, $\overline{R}_m$ = 0,17.

As equações usadas para os cálculos são:

$$K_{cp} = R_f + \beta(\overline{R}_m - R_f)$$

$$CP = \frac{(Lajir - D \times K_d)(1 - T)}{K_{cp}}; \quad V = D + CP; \quad K = K_{cp}\left(\frac{CP}{V}\right) + K_d(1 - T)\left(\frac{D}{V}\right).$$

Podemos observar no quadro que o custo da dívida (K_d) e o custo do capital próprio (K_{cp}) são funções do grau de endividamento (D/V). Nota-se também que o valor da empresa (V) chega ao máximo quando a relação D/V é igual a 0,2967, ou seja, quando o CMPC (K) atinge seu valor mínimo (0,1523). Após atingir seu máximo, o valor da empresa começa a diminuir devido ao aumento do CMPC. O aumento do CMPC ocorre porque o maior grau de endividamento aumenta as possibilidades de a empresa entrar em dificuldades financeiras, o que traz um acréscimo de outros custos contrapostos ao benefício fiscal da dívida. Esses outros custos estão associados à possibilidade de restrições financeiras ou de falência da empresa, que diminui seu valor de mercado.

Para diferentes graus de endividamento, os gráficos apresentados a seguir mostram o comportamento dos diversos custos e do valor da empresa, como refletido no quadro anterior.

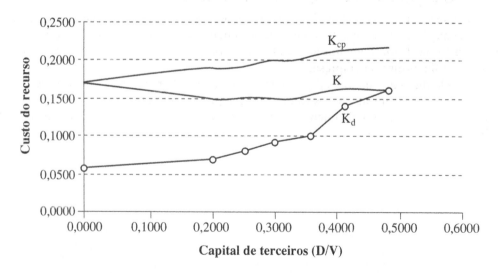

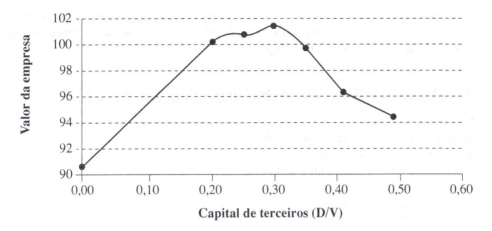

Assim, de acordo com essa análise, para refletir melhor o verdadeiro comportamento do valor da empresa em relação a mudanças na proporção D/V, a proposição I de MM deverá ser ajustada da seguinte forma:

$V = V_0 + T \times D$ – Valor presente dos custos associados a restrições financeiras
– Valor presente dos custos de agência

Na prática, estimar o valor presente dos custos de restrição financeira ou de falência é uma tarefa complexa, e as metodologias existentes são pobres. Os *custos de falência* têm origem em vários fatores, entre os quais destacamos:

1. Deterioração dos bens do ativo fixo em decorrência das dificuldades financeiras.
2. Pagamento de honorários para consultores, advogados e gastos administrativos implícitos em um processo de falência.
3. Dificuldades com clientes e fornecedores, reduzindo, assim, o lucro operacional.

Os *custos de agência* referem-se aos gastos que propiciam maior transparência da administração da empresa em relação a seus credores e acionistas. Tais gastos estão relacionados a controles e, geralmente, aumentam com o grau de endividamento e com o número de acionistas (especialmente acionistas que não participam da administração da empresa e precisam "monitorar" as atividades dos administradores). Assim, a proposição I de MM ajustada para refletir os custos de falência e agência cria, na verdade, um modelo de equilíbrio no qual a estrutura ótima de capital é obtida pelo equilíbrio entre aumento do benefício fiscal da dívida e aumento dos custos de falência e de agência.

A proposição I de MM assim ajustada admite que exista um nível ótimo de estrutura de capital, em que o valor da empresa é maximizado ao nível de endividamento que minimiza o CMPC. Contudo, nem sempre a maximização do valor da empresa é equivalente à minimização do CMPC. Se os resultados operacionais esperados (Lajir) forem afetados pelo grau de endividamento, esses dois objetivos não serão necessariamente equivalentes. Recordemos que o CMPC pode ser calculado também dividindo-se o Lajir (1 – T) pelo valor de mercado da empresa. Assim, caso o Lajir seja constante, tudo que aumentar o valor da empresa reduzirá o CMPC. Mas, se o Lajir também variar, tudo poderá acontecer.

Não existe uma resposta simples sobre qual deve ser a melhor estrutura de capital da empresa. Não podemos afirmar que o endividamento adicional seja sempre melhor. O endividamento pode ser melhor do que o capital próprio em algumas situações e pior em outras. Financeiramente, será melhor enquanto a rentabilidade operacional da empresa for maior que o custo da dívida (enquanto $K_0 > K_d$).

10.7 Estrutura ótima ou estrutura-alvo de capital?

Na prática, seria muito difícil estimar os potenciais custos de falência e de agência para determinada empresa. Existe assimetria de informações entre o mercado e a administração das empresas. Do ponto de vista prático, para o cálculo do custo médio ponderado de capital, diversos autores recomendam a utilização de uma estrutura-alvo de capital a partir de informações de mercado.

Para eles, essa estrutura-alvo deve ser utilizada porque, no momento da análise, a estrutura corrente pode representar uma situação específica (incluindo eventos extraordinários e não recorrentes), e não valores típicos ou médios de longo prazo, que vigerão quando o negócio estiver estabilizado ou maduro. Adicionalmente, o uso de uma estrutura-alvo elimina o problema de circularidade que poderia ocorrer caso se utilizasse a estrutura atual (afinal, para tanto, deveria ser usado o valor de mercado obtido com o próprio custo médio ponderado de capital).

Outros autores, como Pratt,[1] recomendam que só se use uma estrutura-alvo caso seja factível atingi-la em um horizonte de tempo compatível com o período de análise. Por outro lado, Damodaran[2] recomenda a adoção do valor de mercado da estrutura de capital para as empresas de capital aberto (com ajustes para eliminação de eventos extraordinários), enquanto empresas com características específicas (elevado crescimento, alto grau de alavancagem etc.) devem ter tratamento específico. Damodaran recomenda ainda que, para as empresas de capital fechado e/ou pequenas empresas, deve-se considerar uma estrutura-alvo setorial, desde que seja possível para essas empresas atingir tal estrutura. Concluindo: para a determinação da estrutura-alvo de capital, a maioria dos autores recomenda a utilização da média setorial, ajustada às condições de risco específicas da empresa ou projeto.

---

[1] S. Pratt, *Cost of capital: estimation and applications*, 2. ed. Nova York: John Wiley & Sons, 2002.

[2] A. Damodaran, *Investment valuation: tools and techniques for determining the value of any asset*, 2. ed. Nova York: John Wiley & Sons, 2002.

PARTE 6

DESEMPENHO E VALOR DA EMPRESA

CAPÍTULO 11
Análise de desempenho operacional e financeiro de empresas

CAPÍTULO 12
Valuation: valoração de empresas

11

Análise de desempenho operacional e financeiro de empresas

- Medição dos objetivos da empresa
- Apuração do lucro operacional segundo a legislação societária brasileira
- Apuração do lucro operacional ajustado
- Apuração do capital investido
- Índices de mercado
- Índices de rentabilidade: análise tradicional de desempenho econômico
- Rentabilidade e alavancagem financeira
- Análise de desempenho com base nos índices tradicionais
- Índices de criação de valor: análise de desempenho baseada na geração de valor
- Desempenho de empresas e setores
- Análise de desempenho e inflação

Muitas vezes, equivocadamente, se considera como objetivos da empresa a maximização dos lucros, a minimização dos riscos ou a maximização da participação de mercado. No entanto, pode acontecer de esses objetivos não serem adequados ao objetivo maior da empresa, que é a *criação de valor*.

Como o lucro contábil não permite conhecer a disponibilidade efetiva de dinheiro e está sujeito a determinados métodos e convenções contábeis, sua maximização não é um objetivo apropriado. Uma venda a prazo, por exemplo, é um evento econômico registrado contabilmente pelo regime de competência de exercícios em determinado ano, mas pode ocorrer de o dinheiro da venda ser recebido somente no ano seguinte.

O lucro contábil depende da forma como é medido e, inclusive, é possível aumentá-lo fazendo investimentos de baixo retorno. Esse lucro não leva em consideração o risco inerente à atividade da empresa, e, assim, podemos encontrar empresas com grande lucro contábil, mas que assumiram um risco desproporcional a esse lucro.

Por sua vez, maximizar a participação de mercado da empresa pode trazer algumas vezes destruição de valor, pois, se esse for o objetivo final, a empresa pode implementar projetos que aumentem sua participação de mercado, e esses projetos podem ser de baixa rentabilidade e de grande risco.

Nas economias capitalistas de mercado, espera-se que as questões econômicas essenciais — *o que, como* e *para quem produzir* — sejam equacionadas pelas forças do mercado. Assim, as decisões de investimento e de financiamento devem visar ao aumento da riqueza

328 Gestão de investimentos e geração de valor

dos acionistas, minimizando riscos e objetivando a alocação eficiente dos recursos da empresa. A criação de valor é que deve ser o critério norteador do processo de tomada de decisão no ambiente corporativo, tendo como vetores principais o crescimento da empresa e o retorno sobre o capital investido, ponderando-se retornos e riscos esperados.

11.1 Medição dos objetivos da empresa

Uma vez que o maior objetivo da empresa é a maximização da riqueza dos acionistas, é natural que se procure saber como o desempenho da empresa será avaliado e qual será o impacto das decisões de investimento e de financiamento nesse objetivo.

Com o intuito de orientar gerentes e investidores quanto à eficácia das decisões de gestão e alocação de capital, muitas vezes as corporações têm por hábito calcular e divulgar uma série de indicadores. Largamente empregados em processos de avaliação de empresas, esses indicadores têm sido muitas vezes obtidos sem a devida consideração quanto a suas limitações e metodologias de cálculo. Assim, indicadores como o lucro por ação (LPA), o índice preço/lucro (P/L) e o valor de mercado sobre o valor patrimonial, dentre outros, acabaram sendo implementados como meros receituários algébricos.

A obsessão pela medição do desempenho de uma organização não é um fenômeno recente entre investidores, gerentes e outros interessados. Desde os sistemas rudimentares de avaliação empregados em épocas passadas, até os modernos e sofisticados modelos atuais, cujo desenvolvimento foi motivado principalmente pelos processos de fusão, aquisição ou mesmo privatização, os indicadores vêm acompanhando as fases evolutivas das finanças e da própria sociedade.[1] Todavia, qualquer que seja a abordagem de avaliação, sempre existe um propósito específico. Normalmente, avaliam-se empresas para fins de comparação externa, entre uma e outra, e interna, entre as divisões de uma mesma companhia.

Os *índices de desempenho* são relações estabelecidas entre duas grandezas; alguns facilitam sensivelmente o trabalho do analista, uma vez que a apreciação de certas relações ou percentuais é mais significativa e relevante que a observação de simples montantes, por si só. A principal vantagem dos índices é que eles representam um meio muito simples para comparar o desempenho de empresas com características distintas.

Alguns estudos, como os de Baruch,[2] afirmam que os índices de empresas tendem a convergir no longo prazo para a média setorial. Com efeito, uma das alternativas mais simples para verificar o desempenho de uma empresa é comparar seus índices, obtidos a partir de seus dados contábeis, com os valores médios desses mesmos índices para o setor ou indústria em questão.

Os índices para análise de desempenho e avaliação podem ser agrupados em quatro categorias: *índices de rentabilidade, índices de atividade operacional, índices de mercado, índices de liquidez* e *índices de solvência.* Neste capítulo, para sermos condizentes com o propósito e os objetivos do livro, analisaremos unicamente os principais índices de mercado e de rentabilidade, ressaltando principalmente aqueles que são consistentes com o conceito de criação de valor para o acionista. Antes de procedermos à análise dos índices de rentabili-

---

[1] R. Kaplan e H.T. Johnson, *Relevance lost: the raise and fall of management accounting.* Boston: Harvard Business School Press, 1987.

[2] Baruch Lev, "Industry averages as targets for financial ratios", *Journal of Accounting Research,* outono 1969, p. 290-299.

Capítulo 11 – Análise de desempenho operacional e financeiro de empresas 329

dade, é pertinente analisar inicialmente a apuração do lucro operacional apropriado para o cálculo desses índices. Isso será feito nas seções seguintes.

11.2 Apuração do lucro operacional segundo a legislação societária brasileira

O *demonstrativo de resultados do exercício* (*DRE*) é uma peça contábil que tem como finalidade apurar o lucro ou o prejuízo do exercício. Engloba as receitas, os custos, as despesas, os ganhos e as perdas do exercício, apurados por regime de competência, independentemente, portanto, de seus pagamentos e recebimentos efetivos. O quadro a seguir mostra, de maneira aproximada, a estrutura resumida do DRE, tal como define a legislação societária brasileira.

Demonstrativo de resultados do exercício — DRE (legislação societária brasileira)
Receita bruta de venda de bens e serviços
(–) Impostos sobre vendas
(–) Devoluções, descontos comerciais e abatimentos
Receita líquida
(–) Custo dos produtos e serviços vendidos
Lucro bruto
(–) Despesas de vendas
(–) Despesas administrativas
(–) Despesas financeiras líquidas
(–) Outras despesas operacionais
(+) Outras receitas operacionais
(+) Receitas não operacionais
(–) Despesas não operacionais
Lucro antes do imposto de renda e contribuição social
(–) Provisão para IR/CS
(–) Participações de debêntures, empregados, administradores e partes beneficiárias
Lucro líquido do exercício

Uma análise de rentabilidade baseada exclusivamente no valor absoluto do lucro líquido, ao não refletir se o resultado gerado no exercício foi condizente ou não com o potencial econômico da empresa, normalmente traz sério viés de interpretação. O lucro líquido é certamente importante, mas nem sempre reflete o lucro devido às operações nem a eficácia operacional. Por exemplo, caso duas empresas tenham diferentes montantes de dívidas e, portanto, despesas financeiras diferentes, elas podem ter desempenhos operacionais idênticos, mas lucros líquidos diferentes — aquela com maior exigível terá o menor lucro líquido.

11.3 Apuração do lucro operacional ajustado

Sendo a separação entre o que é operacional e o que é financeiro de extrema relevância na avaliação do desempenho de uma empresa, torna-se necessário distinguir entre o lucro operacional tal como determinado pela legislação societária brasileira e o lucro operacional apropriado para determinar o valor e o desempenho operacional da empresa. Na legislação, o lucro operacional é calculado após as despesas financeiras, o que sugere, equivocadamente, que essas despesas sejam operacionais.

Igualmente, a legislação considera operacional a rubrica "outras receitas e despesas operacionais", que muitas vezes se refere à recuperação de tributos, a resultados de participações societárias em outras empresas — mesmo que se trate de participação significativa —, a planos de participação nos lucros e resultados etc. A legislação societária só não considera operacionais os ganhos e as perdas de capital decorrentes de baixas de ativos permanentes.

Em essência, o lucro operacional adequado deverá ser igual à receita operacional antes de impostos que a empresa teria caso estivesse livre de endividamento. Seu cálculo deve incluir todos os tipos de receitas e despesas operacionais, porém deve excluir as receitas advindas de juros, as despesas financeiras, as provisões para imposto de renda e contribuição social sobre o lucro líquido, os resultados extraordinários e o rendimento de investimentos não operacionais. O lucro operacional calculado dessa forma será um valor mais adequado que o lucro líquido quando se trata de comparar o desempenho operacional dos administradores, pois representará o resultado gerado pelas operações, independentemente da forma como elas foram financiadas.

Conforme já vimos no Capítulo 10, uma denominação comumente adotada para o lucro operacional após IR é *Nopat* (abreviação de *net operating profit after taxes*):

$$\text{Nopat} = \text{Lajir} (1 - \text{Alíquota de imposto de renda}) = \text{Lajir} (1 - \text{T})$$

Também já comentamos que o Lajir (lucro antes de juros e imposto de renda) é comumente chamado Ebit (abreviação de *earnings before interest and taxes*). Com relação ao imposto de renda e à contribuição social sobre o lucro (IR/CS), deve-se considerar aquele imposto efetivamente atribuível às operações da empresa, ou seja, aquele que pode ser atribuído ao Lajir. Para empresas com situação tributária mais complexa e que sejam capazes de diferir impostos, o Lajir deve ser ajustado para refletir os impostos que a empresa efetivamente pagou sobre seu lucro operacional.

No quadro a seguir, para a empresa XYZ, apresentam-se de modo muito simplificado a apuração de lucros como manda a legislação societária brasileira e o lucro operacional ajustado.

Lucro operacional (legislação societária)	($)	Lucro operacional ajustado	($)
Receita bruta de venda de bens e serviços	**8.500.000**	**Receita bruta de bens e serviços**	**8.500.000**
(–) Custo dos produtos e serviços vendidos	–4.567.890	(–) Custo dos produtos e serviços vendidos	–4.567.890
Lucro bruto	**3.932.110**	**Lucro bruto**	**3.932.110**
(–) Despesa com vendas	–567.893	(–) Despesa com vendas	–567.893
(–) Despesas operacionais	–345.768	(–) Despesas operacionais	–345.768
(–) Despesas financeiras	–784.567	**Lucro operacional antes de juros e IR (Ebit)**	**3.018.449**
Lucro antes de IR/CS (Lair)	**2.233.882**	(–) IR sobre operações (34%)	–1.026.273
(–) Provisão para IR/CS (34%)	–759.520	**Lucro operacional após IR (Nopat)**	**1.992.176**
Lucro líquido do exercício	**1.474.362**	(–) Despesas financeiras	–784.567
		(+) Benefício fiscal das despesas financeiras	266.753
		Lucro líquido do exercício	**1.474.362**

O Nopat pode ser estimado descontando-se o IR do Ebit:

$$\text{Nopat} = \text{Ebit } (1 - T) = \$ 3.018.449 \times (1 - 0,34) = \$ 1.992.176$$

- Fluxo de caixa livre (FCL):

$$\text{FCL} = \text{Nopat} + \text{Depreciação e fluxos não-caixa} - \text{Dispêndios de capital} \\ - \text{Mudanças no capital de giro}$$

- Fluxo disponível aos acionistas (FDA):

$$\text{FDA} = \text{FCL} - \text{Despesas financeiras} + \text{Benefício fiscal das despesas financeiras}$$

O Ebitda (*earnings before interest, taxes, depreciation and amortization*) pode ser calculado da seguinte forma:

$$\text{Ebitda} = \text{Ebit} + \text{Depreciação e fluxos não-caixa}$$

11.4 Apuração do capital investido

Se realizado com base nos demonstrativos financeiros publicados de acordo com a legislação societária brasileira, o cálculo do retorno sobre o investimento (ROI) e de outros índices exige que se mensurem corretamente dois elementos: o lucro operacional e o capital investido. O lucro operacional deverá ser oriundo exclusivamente das operações, e o capital investido deverá contemplar todos os investimentos necessários para que a empresa consiga gerar sua receita operacional.

O *capital investido* é composto pelos recursos captados pela empresa que incorrem em encargos financeiros (*passivos onerosos*) e pelos recursos aportados pelos acionistas proprietários da empresa. Os passivos de funcionamento (salários, encargos sociais, fornecedores, tarifas públicas, encargos sociais, provisões diversas, impostos etc.) inerentes à atividade da empresa não provocam encargos financeiros se liquidados nos prazos concedidos; é por isso que são chamados de *passivos não onerosos*. Como esses passivos não são fundos efetivamente investidos na empresa por seus credores e acionistas, devem ser subtraídos na apuração do valor do capital investido a ser usado no cálculo do ROI e de outros índices.

O quadro a seguir mostra a composição do capital investido.

Apuração do capital investido
Ativo total
(−) Passivos de funcionamento (passivos não onerosos)
(−) Fornecedores
(−) Importações em trânsito
(−) Obrigações fiscais
(−) Contas a pagar
(−) Salários e contribuições sociais
(−) Provisões diversas
Capital investido

11.5 Índices de mercado

Talvez o modo mais simples de avaliar o desempenho de uma empresa seja por meio da comparação de seus índices contábeis com o padrão do setor em que ela se insere. Esse procedimento apresenta algumas limitações, como o fato de serem analisados apenas os dados históricos e a situação atual da empresa, o que não representa material suficiente para um bom entendimento de sua posição estratégica e perspectivas futuras. No entanto, considerando o tempo, o esforço e as informações necessárias para uma avaliação mais aprofundada, norteada pela criação de valor para o acionista, a análise dos índices de mercado tem a vantagem da rapidez e simplicidade.

A seguir, será feita uma breve descrição dos principais índices usados nessa análise, levantando-se suas limitações e alguns problemas geralmente encontrados em sua utilização.

11.5.1 Lucro por ação — LPA (*earning per share* — EPS)

O *lucro por ação* (*LPA*) tornou-se popular principalmente por causa da simplicidade de seu cálculo, e foi durante muito tempo encarado por analistas financeiros como uma relação-chave da contabilidade. Em geral, é obtido dividindo-se o resultado do lucro líquido contábil do exercício (LL) pelo número médio de ações em circulação. A medida representa a fatia do lucro (ou prejuízo) atribuível a cada ação da companhia.

O índice é, portanto:

$$LPA = LL/N$$

Pelo menos em teoria, a medida propõe a mensuração da criação de valor para o acionista, mas alguns cuidados precisam ser tomados na interpretação dos dois elementos da relação. Em primeiro lugar, o numerador abrange resultados tanto operacionais — que surgem das operações e que, por isso, ocorrem com freqüência — quanto extraordinários — que são pouco freqüentes e ocasionais.

No cálculo do LPA, deve-se levar em conta o número médio ponderado de ações em circulação, ajustado pelas expectativas de conversões futuras. Por exemplo, debêntures conversíveis em ações preferenciais exigem ajustes com base no número esperado de ações a serem emitidas futuramente pela empresa, de acordo com determinada taxa ou critério de conversão preestabelecido. Além disso, deve-se tomar o cuidado de não incluir no cálculo as ações em tesouraria.

Se o LPA não for ajustado corretamente à distribuição de dividendos, esse índice deverá ser analisado em conjunto com o *payout* (coeficiente de distribuição de dividendos). Normalmente, quando uma empresa está expandindo suas atividades, ou encontra-se em dificuldades de liquidez, apresenta um *payout* reduzido. Isso porque os recursos estão sendo consumidos pela restrição de liquidez, que pode ser causada tanto por uma situação de crescimento quanto por uma crise.

11.5.2 Índice preço/lucro — P/L (*price-earning ratio* — P/E)

Na abordagem de avaliação de empresas conhecida como *abordagem por múltiplos de ganhos*, o *índice preço/lucro* (*P/L*) é talvez um dos indicadores mais usados. Nessa abordagem, a empresa é avaliada com base em um múltiplo dos lucros contábeis, por exemplo, um múltiplo do índice P/L. Em sua forma mais elementar, a abordagem sustenta que só importam os lucros do exercício atual ou do próximo.

A forma simples do índice P/L é determinada pela seguinte relação:

$$P/L = P/LPA$$

Assim, o P/L é calculado dividindo-se a cotação ou o preço (P) de mercado da ação pelo lucro por ação (LPA) gerado pela empresa no período objeto de análise. Em geral, a fim de evitar discrepâncias (oscilações bruscas), usa-se no numerador um valor médio, obtido durante certo período de tempo. Já para a avaliação do desempenho operacional da empresa, no denominador pode-se empregar o Nopat.[3]

Quando o índice é calculado a partir de lucros publicados, define-se como *P/L histórico*, ao passo que, se for calculado com base em lucros projetados, será denominado *P/L prospectivo*.[4]

$$P/L_{histórico} = P/LPA_{corrente}$$

$$P/L_{prospectivo} = P/LPA_{estimado}$$

Uma maneira extremamente simplista de interpretar o índice seria entendê-lo como o número de períodos necessários para a recuperação do investimento realizado, mantendo-se estável o nível de lucros.[5] Por exemplo, um P/L de 6,5 sinalizaria que seriam precisos seis períodos e meio (anos, semestres ou trimestres) para a recuperação do montante despendido na aquisição do título.

Essa visão introspectiva do índice P/L deixa de prevalecer no momento em que ele é usado na comparação entre empresas, sobretudo aquelas pertencentes ao mesmo setor de atividade. Um emprego eficiente do índice consiste na elaboração de um ranking setorial, que classifique o comportamento ou a situação por faixa específica. Por exemplo, as companhias com P/L inferior a 0,5 tenderiam a ser mais arriscadas ou com baixas perspectivas; na faixa de 0,5 a 1,0 estariam aquelas de baixo desempenho ou perspectivas futuras; na faixa de 1,0 a 1,5 ficariam as sociedades de desempenho satisfatório; e acima de 1,5 aquelas com elevado potencial futuro. Ou seja, o tipo de atividade exercida pelas empresas e o momento econômico por elas atravessado representam fatores que afetam de modo relevante a relação P/L.

Na forma mais simples de avaliação por múltiplos de ganhos, o uso do índice P/L supõe implicitamente que não haja retenção de lucros nem existam oportunidades de crescimento no futuro. Contudo, o P/L pode ser ajustado para considerar o retorno sobre o capital investido e as expectativas do mercado quanto ao crescimento dos lucros futuros, da seguinte maneira:

$$P/L = \frac{1 - c/K_{cp}}{K - c}$$

onde:

c = taxa de crescimento de longo prazo dos lucros e fluxos de caixa futuros;

K_{cp} = custo do capital próprio (taxa de retorno esperada pelos acionistas);

K = taxa de desconto (custo médio ponderado do capital).

---

[3] Nopat = Ebit $(1 - T)$ = Lajir $(1 - T)$.

[4] Anthony Rice, *Accounts demystified: how to understand and use company accounts*. Londres: Pitman Publishing, 1988.

[5] Extremamente simplista por não considerar o crescimento nem o valor do dinheiro no tempo.

11.5.3 Coeficiente de distribuição de dividendos (*payout ratio*)

O *coeficiente de distribuição de dividendos*, conhecido popularmente como *payout ratio*, é igual à razão entre os dividendos pagos e o resultado líquido da empresa, ou seja:

$$Payout = \text{Dividendos pagos} / \text{Lucro líquido}$$

Geralmente, empresas em fase de crescimento possuem baixo *payout*, pois retêm a maior parte de seus lucros para financiar o crescimento, o que pode levar a valores de LPA mais altos no futuro. Por exemplo, um coeficiente de distribuição de dividendos de 0,10 significa que o investimento realizado na compra de uma ação rendeu ao investidor 10% brutos. Em outras palavras, se for mantida estável a capacidade de distribuição da empresa, em dez anos o investimento poderá ser recuperado financeiramente.

11.5.4 Índices que usam Ebit, Ebitda e Nopat

Só é possível comparar o desempenho ou o valor de uma empresa antes do efeito da dívida. Para isso, faz-se necessário o uso de indicadores que, em seu cálculo, usem valores estimados também antes do efeito da dívida, tais como o Nopat, o Ebit ou o Ebitda. Exemplos desses índices são: valor de mercado / Ebit, valor de mercado / Ebitda e valor de mercado / Nopat. A vantagem de usar o Ebitda é que ele pode ser estimado a partir das demonstrações financeiras da empresa e não requer estimativas médias ou projetadas de contas como a de investimentos. Isso explica em parte a grande popularidade dos índices que usam o Ebitda.

11.5.5 Índice de valor de mercado/valor patrimonial (*market to book ratio*)

O *índice de valor de mercado/valor patrimonial* é calculado dividindo-se o valor de mercado das ações (sua cotação média vezes o número de ações em circulação) pelo valor patrimonial de registro (o patrimônio líquido). Considera-se o número de ações em circulação em vez de seu número emitido a fim de manter a uniformidade entre os elementos da divisão, haja vista que o número de títulos emitidos e retirados de circulação para manutenção em tesouraria reduz o valor do patrimônio líquido registrado contabilmente. A mesma medida também pode ser obtida a partir da divisão entre o preço de mercado da ação e seu valor patrimonial, ambos em base unitária.

Em condições normais, o valor de mercado supera o valor patrimonial por diversos motivos: expectativas de melhor desempenho futuro da empresa, ativos subavaliados pela contabilidade (imobilizado não reavaliado, *goodwill* não registrado etc.), ou porque os passivos estão superavaliados (excessos de provisões contingenciais, por exemplo). Assim, um índice de 1,6 expressa uma possível reação favorável à empresa, mas o valor pode se dever ao fato de os passivos terem sido contabilizados de maneira inadequada, ou estarem simplesmente subavaliados (provisões trabalhistas e fiscais, dívidas de leasing financeiro etc.). Por outro lado, um valor de 0,6 expressa uma possível reação desfavorável à empresa, mas ele pode se dever ao fato de os ativos terem sido contabilmente subavaliados.

Um estudo de Feltham e Olhson[6] mostrou que, nos Estados Unidos, pelo menos um terço das ações foi negociado abaixo de seu valor contábil em algum momento. Isso de-

---

[6] Gerald Feltham e James A. Olhson, "Valuation and clean surplus accounting for operating and financial activities", *Contemporary Accounting Research*, primavera 1995, p. 689-731.

monstra que a relação entre valor de mercado da ação e valor contábil da empresa depende da natureza dos ativos, dos métodos contábeis empregados, da lucratividade da empresa, bem como da economia em geral. Além disso, existem as decisões de reestruturação e de baixa contábil de ativos; essas decisões são subjetivas e a gerência pode antecipar ou retardar o reconhecimento de uma baixa contábil, afetando dessa forma os resultados do exercício e o valor contábil. Assim, se o mercado antecipa uma baixa contábil, as ações da empresa podem ser comercializadas abaixo de seu valor contábil.

11.6 Índices de rentabilidade: análise tradicional de desempenho econômico

Os *indicadores de rentabilidade* visam avaliar os resultados auferidos por uma empresa em relação aos parâmetros que melhor revelem suas dimensões. São relações que observam as características da empresa descritas em seus demonstrativos contábeis sem, no entanto, conectá-las com a percepção externa (de mercado) quanto ao desempenho futuro da empresa.

Os três principais e mais usados indicadores de rentabilidade são: o *retorno operacional sobre os ativos* (*ROA — return on assets*), o *retorno sobre o patrimônio líquido* (*ROE — return on equity*) e o *retorno sobre o investimento* (*ROI — return on investment*). O ROA mede a eficiência com que a administração emprega os ativos, o ROE mede a lucratividade dos recursos aplicados pelos acionistas, e o ROI mede o retorno sobre o capital investido.

As principais bases de comparação adotadas para a análise da rentabilidade de uma empresa são o ativo total, o patrimônio líquido, o capital investido e as receitas de vendas. Os resultados normalmente utilizados são o lucro operacional (lucro gerado pelos ativos) e o lucro líquido. Todos esses valores devem ser expressos em moeda de mesmo poder aquisitivo.

11.6.1 Retorno operacional sobre o ativo (ROA)

O índice conhecido como retorno operacional sobre os ativos (ROA) mede a eficiência operacional da empresa em gerar lucros a partir de seus ativos, antes dos efeitos dos financiamentos. Permite saber a rentabilidade dos ativos (dos investimentos totais) independentemente das fontes de financiamento.

Para tanto, o ROA reflete a relação entre o lucro operacional obtido em determinado período (Nopat) e o ativo total:

$$\text{ROA} = \text{Lucro operacional gerado pelos ativos / Ativo total}$$
$$= \text{Nopat / Ativo total} = \text{Lajir} (1 - \text{T}) \text{ / Ativo total}$$

onde Lajir é o lucro antes de juros e imposto de renda, e o termo Nopat é igual a Lajir (1 – T). Na legislação societária brasileira, o imposto de renda e a contribuição social (IR/CS) são calculados com base em um lucro tributável (Lair) que considera itens não diretamente ligados às operações da empresa, como resultados financeiros e não operacionais. Logo, o IR/CS contábil é inadequado para o cálculo dos índices de desempenho, sendo mais correto usar o IR/CS sobre o Lajir, em vez de sobre o Lair. Hoje, as alíquotas de IR são de 15% para lucros de até R$ 240 mil anuais, mais 10% sobre o excedente. A alíquota de contribuição social sobre os lucros é de 9%.

Como o Nopat mede o resultado operacional ao longo de determinado período, o valor do ativo utilizado de preferência deverá ser o ativo médio, pois nem o ativo inicial nem o ativo final geram o lucro, mas a média do ativo utilizado durante o ano. Fica subentendida uma variação uniforme do ativo, o que não é estritamente real, mas o ajuste melhora o índice de maneira notável, sobretudo em períodos em que o ativo varia muito devido à inflação, ao crescimento da empresa ou a outros fatores.

O numerador pode ser ajustado de acordo com o que se quer medir. Como muitos conceitos de lucro podem ser utilizados — por exemplo, lucro líquido, lucro bruto, lucro operacional —, devem ser efetuados os ajustes necessários de modo que exista coerência entre numerador e denominador.

No processo decisório, o ROA pode ser interpretado como o custo financeiro máximo em que a empresa pode incorrer em suas captações de fundos. Se ela captar fundos a uma taxa superior ao ROA, o resultado produzido pela aplicação desses fundos será inferior à remuneração exigida pelos acionistas.

Vale ressaltar que o ROA padece das limitações inerentes aos critérios contábeis e é influenciado pela idade dos ativos. Afinal, o ativo expresso no balanço patrimonial de uma empresa normalmente não representa seu valor de mercado, mas o valor histórico. Esses dois valores podem estar significativamente distanciados, sobretudo quando os períodos inflacionários ou de variação cambial brusca não tiveram o tratamento contábil adequado. Assim, empresas com ativos permanentes mais antigos podem apresentar indicadores mais favoráveis, principalmente quando os efeitos inflacionários são ignorados.

Desdobramento do ROA: margem × giro dos ativos

O ROA também pode ser desdobrado ou decomposto no produto de duas outras razões: o retorno operacional sobre a receita líquida (margem operacional) e o giro dos ativos:

$$\text{ROA} = \text{Margem operacional} \times \text{Giro dos ativos}$$

$$= \left(\frac{\text{Nopat}}{\text{Receita líquida}} \right) \times \left(\frac{\text{Receita líquida}}{\text{Ativo total}} \right)$$

O *giro dos ativos* é calculado dividindo-se a receita líquida pelo ativo total. Significa a eficiência com que a empresa utiliza seus ativos com o objetivo de gerar vendas, ou, ainda, quantas vezes em determinado período ela consegue vender o valor de seu próprio ativo. Quanto mais vendas forem geradas, mais eficientemente os ativos estarão sendo utilizados. Por exemplo, caso o giro seja igual a 2, isso indica que a empresa faturou duas vezes o valor de seu ativo. Quanto maior o giro, maior será o uso do ativo.

A contrapartida do giro é a *margem operacional*, que é calculada com base no Nopat e representa a capacidade da empresa de não apenas recuperar seus custos e despesas operacionais e financeiras, como também de gerar uma margem de compensação razoável aos proprietários por terem colocado seu capital em risco. Dessa maneira, significa quanto restou das vendas após a dedução de todas as despesas e custos.

Uma margem alta pode significar que o preço de venda está distanciado do custo de fabricação do produto ou do custo do serviço prestado. Isso pode indicar que a gestão operacional está sendo eficiente em seu planejamento e execução, ou que a empresa consegue diferenciar seu produto no mercado, o que permite vendas a preços superiores aos dos concorrentes. A margem está associada, via de regra, à qualidade daquilo que se vende.

Normalmente, estratégia subentende foco em determinada direção. Dificilmente uma empresa consegue alavancar ao mesmo tempo margem e giro, por isso muitas vezes se diz

Capítulo 11 – Análise de desempenho operacional e financeiro de empresas 337

que margem e giro são grandezas inversamente proporcionais. São, de fato, medidas que expressam estratégias antagônicas: quando a margem de lucro diminui, há uma tendência de o giro aumentar, e vice-versa. Algumas empresas adotam como estratégia um crescimento baseado no volume de vendas (giro), enquanto outras priorizam a margem de lucro por meio de um atendimento diferenciado, que permita cobrar preços acima da média de mercado. A margem está associada mais ao valor agregado do serviço prestado ou do produto vendido, ao passo que o giro está ligado à quantidade que se consegue vender.

O que é melhor para uma empresa: ganhar mais na margem ou mais no giro? Como uma empresa consegue maximizar sua rentabilidade: por meio da margem ou por meio do giro? Em princípio, a preponderância de um fator sobre o outro é irrelevante, pois o que importa é o equilíbrio entre margem e giro, ou seja, a ponderação de ambas as forças para a obtenção do melhor retorno possível.

A decomposição do ROA em margem e giro proporciona informações sobre os fatores que alteram a situação econômica da empresa, identificando onde houve, de fato, criação de valor. Essa decomposição é largamente utilizada, pois consegue separar dois dos mais importantes propulsores do lucro: a margem e o giro. Ela ajuda a explicar como se pode chegar a um ROA alto, seja pelo aumento da margem de lucro, seja pelo uso mais eficiente dos ativos para aumentar as vendas.

Como ilustração do processo de desdobramento do ROA em margem e giro, o quadro a seguir apresenta a evolução das contas da empresa Isenta S.A. ao longo de três anos.

Lucro operacional ajustado — Isenta S.A.	Ano 1	Ano 2	Ano 3
Vendas líquidas	$ 2.500	$ 3.000	$ 3.300
(–) CMV e despesas operacionais não financeiras	($ 1.960)	($ 2.400)	($ 2.690)
Lucro operacional antes de juros e IR (Lajir)	$ 540	$ 600	$ 610
(–) IR (0%)	$ 0	$ 0	$ 0
Lucro operacional após IR (Nopat)	$ 540	$ 600	$ 610
(–) Despesas financeiras	($ 160)	($ 400)	($ 290)
(+) Benefício fiscal das despesas financeiras	$ 0	$ 0	$ 0
Lucro líquido do exercício	$ 380	$ 200	$ 320
Balanço patrimonial — Isenta S.A.	**Ano 1**	**Ano 2**	**Ano 3**
Ativo circulante	$ 1.500	$ 2.000	$ 3.000
Ativo permanente	$ 2.800	$ 3.200	$ 3.600
Ativo total	$ 4.300	$ 5.200	$ 6.600
Patrimônio líquido	$ 4.000	$ 5.000	$ 6.000
Exigível a longo prazo	$ 300	$ 200	$ 600
Passivo total	$ 4.300	$ 5.200	$ 6.600
Capital investido — Isenta S.A.	**Ano 1**	**Ano 2**	**Ano 3**
Ativo total	$ 4.300	$ 5.200	$ 6.600
(–) Passivo circulante (não oneroso)	–$ 1.500	–$ 2.000	–$ 3.000
Capital investido (*)	$ 2.800	$ 3.200	$ 3.600

(*) A determinação do capital investido será tratada mais detalhadamente na Seção 11.8.

Calculando o ROA para os três anos, temos:

ROA = Margem operacional × Giro dos ativos

$$= \left(\frac{\text{Nopat}}{\text{Vendas líquidas}}\right) \times \left(\frac{\text{Vendas líquidas}}{\text{Ativo total}}\right)$$

$ROA_{ano\ 1}$ = (\$ 540 / \$ 2.500) × (\$ 2.500 / \$ 4.300) = 21,60% × 0,58 = 12,56%

$ROA_{ano\ 2}$ = (\$ 600 / \$ 3.000) × (\$ 3.000 / \$ 5.200) = 20,00% × 0,57 = 11,54%

$ROA_{ano\ 3}$ = (\$ 610 / \$ 3.300) × (\$ 3.300 / \$ 6.600) = 18,48% × 0,50 = 9,24%

Observa-se que o retorno sobre os ativos (ROA) passa de 12,56% no ano 1 para 9,24% no ano 3, mostrando um deterioramento da rentabilidade operacional.

A decomposição do ROA em margem e giro permite determinar a origem dessa queda. Ela se deve a uma diminuição tanto da margem quanto do giro, pois a primeira passou de 21,60% no ano 1 para 18,48% no ano 3, e a segunda, de 0,58 para 0,50. A seguir, essa análise é estendida às contas que compõem a margem e o giro, de modo que possamos identificar qual ou quais as rubricas que mais contribuíram para a queda do ROA. No diagrama a seguir, é mostrada essa análise.

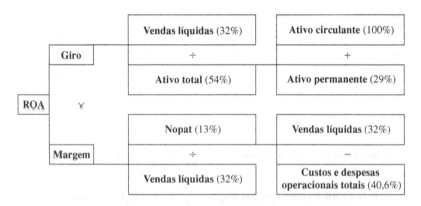

Entre parênteses é dado o aumento percentual de cada conta no período todo. Tomando como base de comparação o aumento nas vendas líquidas no período de três anos (32%), observa-se que o ativo total aumentou mais (54%) e o lucro operacional menos (13%) no mesmo período, o que indica que essas contas devem ser analisadas com mais cuidado, ou seja, devem ser decompostas nas contas que as configuram. Fazendo isso, podemos reparar que, no período, o ativo circulante aumentou mais do que as vendas líquidas (100%), o ativo permanente aumentou menos (29%), e o CMV somado às despesas operacionais totais (custos e despesas operacionais não financeiras mais despesas financeiras) aumentou mais do que as vendas (40,6%).

Conclui-se, assim, que a queda do ROA provavelmente se deve a uma deficiente administração do circulante e dos custos e despesas operacionais totais. A decomposição do ROA poderia ser estendida ainda mais, de tal modo que finalmente pudéssemos identificar as rubricas específicas do ativo circulante e do custo e despesas operacionais que afetaram o desempenho do ROA. Por exemplo, considerando que o ativo circulante tem basicamente três contas — caixa, contas a receber e estoques — e que o crescimento das vendas aumenta o caixa e o contas a receber na mesma proporção, provavelmente a conta afetada foi o estoque. Mudanças na política de recebimentos não devem afetar o circulante, pois os valores saem do caixa e vão para o contas a receber, e vice-versa.

Problemas no ROA devem ser solucionados por meio de estratégias de ativos, envolvendo principalmente aspectos de giro e margem, e não de estrutura de capital.

11.6.2 Retorno sobre o investimento (ROI)

O *retorno sobre o investimento* (*ROI*) é a relação entre o lucro operacional gerado pelos ativos (Nopat) e o capital investido:

$$\text{ROI = Lucro operacional gerado pelos ativos / Capital investido}$$
$$\text{= Nopat / Capital investido = Lajir } (1 - T) \text{ / Capital investido}$$

O ROI é uma das principais ferramentas analíticas para a compreensão do desempenho de uma empresa, porque se concentra no desempenho operacional efetivo.

Desdobramento do ROI: margem × giro de capital

À semelhança do ROA, o ROI também pode ser desdobrado ou decomposto no produto de duas outras razões: a margem operacional e o giro de capital. A *margem operacional* mede a eficácia com que a empresa converte receita em lucro, e o *giro de capital*, a eficiência com que ela utiliza seu capital investido para gerar receita.

No caso da empresa Isenta S.A., temos:

$$\text{ROI = Margem operacional} \times \text{Giro de capital =}$$

$$= \left(\frac{\text{Nopat}}{\text{Vendas líquidas}} \right) \times \left(\frac{\text{Vendas líquidas}}{\text{Capital investido}} \right)$$

$$\text{ROI}_{\text{ano 1}} = (\$\,540 / \$\,2.500) \times (\$\,2.500 / \$\,2.800) = 21{,}60\% \times 0{,}89 = 19{,}29\%$$

$$\text{ROI}_{\text{ano 2}} = (\$\,600 / \$\,3.000) \times (\$\,3.000 / \$\,3.200) = 20{,}00\% \times 0{,}94 = 18{,}754\%$$

$$\text{ROI}_{\text{ano 3}} = (\$\,610 / \$\,3.300) \times (\$\,3.300 / \$\,3.600) = 18{,}48\% \times 0{,}92 = 16{,}94\%$$

Observa-se que o ROI passa de 19,29% no ano 1 para 16,94% no ano 3. A origem da queda na rentabilidade da empresa no período considerado poderia ser determinada se efetuássemos uma decomposição do ROI similar à feita no caso do ROA.

11.6.3 Retorno sobre o patrimônio líquido (ROE)

O *retorno sobre o patrimônio líquido* (*ROE*) é a razão entre o lucro líquido disponível aos acionistas e o patrimônio líquido (total de recursos próprios investidos):

$$\text{ROE = Lucro líquido disponível aos acionistas / Patrimônio líquido}$$

Ao investir em uma empresa, o empreendedor o faz porque essa decisão provavelmente vai maximizar sua rentabilidade, caso contrário ele aplicaria seus recursos em alternativas de igual risco. Como o ROE mede o resultado de investir na empresa, pode ser comparado diretamente com a rentabilidade de alternativas de risco similar. Diz-se que o ROA, por medir o retorno sobre o ativo total, mede o desempenho operacional dos administradores da empresa, responsáveis por todos os ativos, e o ROE, por medir o retorno sobre o patrimônio líquido, mede o desempenho sob a perspectiva dos acionistas. Juntos, o ROE e o ROA informam se uma empresa cria ou não valor para seus proprietários em uma perspectiva de longo prazo. Um ROE elevado não se sustenta com base em um ROA reduzido.

O ROE é afetado pela estrutura de capital da empresa, pois se baseia no lucro líquido disponível aos acionistas *após* as despesas financeiras. Assim, quando a empresa tem uma estrutura de capital mais complexa, envolvendo ações ordinárias, preferenciais, debêntures e outros, o ROE deve ser expresso em função do número de ações ordinárias e preferenciais. Como vimos no capítulo anterior, no Brasil a legislação contempla a possibilidade de pagamento de dividendos às ações preferenciais 10% superiores aos pagos às ações ordinárias, como compensação pela falta de direito a voto. Não recebendo esses dividendos 10% superiores aos destinados às ações ordinárias, as ações preferenciais adquirem o direito de voto nas assembléias de acionistas, o que as torna assemelhadas a um título societário, e não a um título de crédito de segunda classe.

Na prática, as ações preferenciais têm um dividendo mínimo e direito à participação nos lucros remanescentes não distribuídos. Como, além disso, quase sempre recebem dividendos nunca inferiores aos das ações ordinárias, no Brasil as ações preferenciais devem fazer parte normal do patrimônio líquido, e seus dividendos não devem ser considerados juntamente com os encargos financeiros, como ocorre em alguns países (os Estados Unidos, por exemplo), em que as ações preferenciais têm direito a um dividendo fixo, o qual, depois de pago, faz com que o acionista preferencial não tenha direito sobre os lucros remanescentes, mesmo que retidos pela empresa ou incorporados ao capital social.

No Brasil, algumas empresas mantêm no mercado praticamente só as ações preferenciais. Em outros casos, as ações do 'bloco de controle' também estão fora do mercado, por conta de acordos de acionistas.

Desdobramento do ROE

O ROE também pode ser desdobrado ou decomposto no produto de duas outras razões: margem líquida e giro do patrimônio. No caso da empresa Isenta S.A., temos:

$$\text{ROE} = \text{Margem líquida} \times \text{Giro do patrimônio} =$$

$$= \left(\frac{\text{Lucro líquido do exercício}}{\text{Receita líquida}} \right) \times \left(\frac{\text{Receita líquida}}{\text{Patrimônio líquido}} \right)$$

$$\text{ROE}_{\text{ano 1}} = (\$\,380 / \$\,2.500) \times (\$\,2.500 / \$\,4.000) = 15,20\% \times 0,6250 = 9,5\%$$

$$\text{ROE}_{\text{ano 2}} = (\$\,200 / \$\,3.000) \times (\$\,3.000 / \$\,5.000) = 6,67\% \times 0,60 = 4,0\%$$

$$\text{ROE}_{\text{ano 3}} = (\$\,320 / \$\,3.300) \times (\$\,3.300 / \$\,6.000) = 9,70\% \times 0,55 = 5,3\%$$

Observa-se que o ROE passa de 9,5% no ano 1 para 5,3% no ano 3. A origem da queda na rentabilidade dos acionistas no período considerado poderia ser determinada se efetuássemos uma decomposição do ROE similar à feita no caso do ROA.

11.7 Rentabilidade e alavancagem financeira

Como já vimos ao longo deste livro, a *alavancagem financeira* mede o efeito dos custos fixos de obrigações de dívida sobre a rentabilidade e sobre o valor da empresa. A alavancagem financeira é favorável quando os recursos de terceiros tomados pela empresa para serem aplicados nas operações rendem mais do que custam, aumentando (alavancando) dessa maneira o retorno dos proprietários (ROE). A seguir, para podermos observar de que modo a alavancagem financeira influencia o retorno sobre o patrimônio líquido (ROE), será analisada uma empresa em duas situações diferentes: na primeira, supõe-se que ela seja financiada exclusivamente com capital próprio (patrimônio líquido) e, na segunda, 40% por dívida (exigível a longo prazo) e 60% por capital próprio.

11.7.1 Primeira situação: empresa 100% financiada com recursos próprios

A seguir, mostra-se de modo simplificado a demonstração do resultado operacional e do balanço patrimonial de uma empresa inicialmente financiada apenas com recursos próprios dos acionistas, ou seja, o ativo da empresa é integralmente financiado pelo patrimônio líquido.

Resultado operacional		
Receita operacional		**$ 4.000.000**
(–) Custo dos produtos e serviços vendidos		–$ 2.000.000
Lucro bruto		**$ 2.000.000**
Despesas operacionais		
(–) Com vendas		–$ 350.000
(–) Gerais e administrativas		–$ 200.000
(–) Honorários dos administradores		–$ 50.000
Lucro operacional antes de juros e IR (Lajir)		**$ 1.400.000**
(–) IR/CS (34%)		–$ 476.000
Nopat		**$ 924.000**
Balanço patrimonial		
Ativo circulante	$ 1.500.000		
Ativo permanente	$ 6.000.000	Patrimônio líquido	$ 7.500.000
Total	**$ 7.500.000**	**Total**	**$ 7.500.000**

Podemos calcular o retorno sobre o ativo (ROA) e o retorno sobre o patrimônio líquido (ROE):

$$ROA = Nopat / Ativo\ total = \$\ 924.000 / \$\ 7.500.000 = 12,32\%$$

$$ROE = \frac{Lucro\ líquido\ disponível\ aos\ acionistas}{Patrimônio\ líquido} = \frac{\$\ 924.000}{\$\ 7.500.000} = 12,32\%$$

Assim, nesse caso em que a empresa é financiada somente com recursos próprios, podemos constatar que: ROA = ROE = 12,32%.

11.7.2 Segunda situação: empresa financiada 60% por recursos próprios e 40% por dívida

Vamos supor agora que 60% do ativo seja financiado por recursos próprios (patrimônio líquido) e 40% por meio de empréstimos (exigível a longo prazo). Nesse caso, a demonstração projetada do resultado operacional e o balanço patrimonial da empresa serão os seguintes:

Resultado operacional ajustado	
Receita operacional	**$ 4.000.000**
(–) Custo dos produtos e serviços vendidos	–$ 2.000.000
Lucro bruto	**$ 2.000.000**
Despesas operacionais	
(–) Com vendas	–$ 350.000
(–) Gerais e administrativas	–$ 200.000
(–) Honorários dos administradores	–$ 50.000
Lucro operacional antes de juros e IR/CS (Lajir)	**$ 1.400.000**
(–) Despesas financeiras	–$ 300.000
Lair	**$ 1.100.000**
(–) IR/CS (34%)	–$ 374.000
Lucro líquido	**$ 726.000**

Balanço patrimonial			
Ativo circulante	$ 1.500.000	Exigível a longo prazo	$ 3.000.000
Ativo permanente	$ 6.000.000	Patrimônio líquido	$ 4.500.000
Total	**$ 7.500.000**	**Total**	**$ 7.500.000**

Cálculo do retorno sobre o ativo (ROA) e do retorno sobre o patrimônio líquido (ROE):

$$\text{ROA} = \frac{\text{Nopat}}{\text{Ativo total}} = \frac{\text{Lajir}\ (1 - T)}{\text{Ativo total}} = \frac{\$\ 1.400.000 \times (1 - 0,34)}{\$\ 7.500.000} = 12,32\%$$

$$\text{ROE} = \frac{\text{Lucro líquido disponível aos acionistas}}{\text{Patrimônio líquido}} = \frac{\$\ 726.000}{\$\ 4.500.00} = 16,13\%$$

Observando os resultados de ambas as situações, nota-se que o ROA permanece inalterado (12,32%). Isso porque tal índice mede a eficiência operacional da empresa em gerar lucros a partir de seus ativos, o que independe da forma como o ativo é financiado. Em ambas as situações, o ROA foi calculado sobre o mesmo lucro operacional antes de juros e imposto de renda — Lajir (1 – T) —, que é o valor efetivamente produzido pelos ativos operacionais sem influência da forma como são financiados.

Observando o ROE das duas situações, pode-se notar que ele aumentou de 12,32% para 16,13%. Esse aumento deve-se à alavancagem financeira, uma vez que foi tomado um empréstimo de $ 3.000.000 a juros de 10% a.a., o qual foi aplicado nos ativos da empresa e rendeu uma taxa maior (12,32%). Isso ocasionou um efeito benéfico, pois alavancou o retorno dos acionistas (ROE), que passou de 12,32% para 16,13%. Ou seja, a utilização do empréstimo resultou em uma alavancagem favorável.

A seguir, vamos analisar de que modo a alavancagem financeira propiciou um aumento no retorno dos acionistas (ROE) de 12,32% para 16,13%.

Podemos medir o grau de alavancagem financeira (GAF) relacionando o ROE com o ROA, da seguinte forma:

$$GAF = ROE / ROA = 16,13\% / 12,32\% = 1,3$$

Podemos analisar o GAF mais detalhadamente da seguinte forma:

$$GAF = \frac{ROA + [ROA - K_d(1 - T)] \times (D/PL)}{ROA} =$$

$$= \frac{12,32\% + [12,32\% - 10\% \times (1 - 0,34)] \times (\$ 3.000.000 / \$ 4.500.000)}{12,32\%}$$

$$= \frac{12,32\% + 5,72\% \times 0,67}{12,32\%}$$

$$= \frac{12,32\% + 3,83\%}{12,32\%} = \frac{16,13\%}{12,32\%} = 1,3$$

onde:

D = dívida (exigível a longo prazo) = $ 3.000.000;

PL = patrimônio líquido = $ 4.500.000;

T = alíquota de imposto de renda e contribuição social = 0,34;

K_d = custo da dívida = $\dfrac{\text{encargos financeiros}}{\text{passivo exigível que gerou esses encargos}} = \dfrac{\$ 300.000}{\$ 3.000.000} = 10\%$ a.a.

Veja o significado de algumas porcentagens no cálculo do GAF:

- Dos 16,13% do numerador do GAF, 12,32% representam a rentabilidade que os recursos dos acionistas obtêm ao ser aplicados no ativo da empresa, e 3,83% representam o aumento ocasionado nessa rentabilidade pelo fato de a dívida (exigível a longo prazo) render acima de seu custo quando aplicada na empresa.
- (D/PL) é a relação entre a dívida (exigível a longo prazo) e o capital próprio (patrimônio líquido). Seu valor, no caso igual a 0,67, indica que a dívida é aproximadamente igual a 67% do capital próprio.
- O percentual de 5,72% representa a diferença entre a rentabilidade dos ativos (ROA) e o custo líquido da dívida: K_d (1 – T). Multiplicando 5,72% por 0,67, obtém-se o percentual de 3,83%, que significa que os acionistas estão ganhando um retorno 3,83% maior do que o retorno que obteriam se financiassem totalmente os ativos com seus próprios recursos. Esse percentual deve-se justamente à existência da alavancagem financeira positiva, que faz com que a rentabilidade dos ativos aumente de 12,32% para

16,13% pelo fato de os recursos provenientes de dívida aplicados no ativo da empresa estarem rendendo mais do que custam. Assim, podemos dizer que a alavancagem financeira 'alavancou' o ROE em 3,83%.

O grau de alavancagem financeira depende da relação capital de terceiros/capital próprio e do diferencial entre a taxa de aplicação e a taxa de captação. A alavancagem só será benéfica quando o ROA for superior ao custo líquido da dívida — ou seja, quando $ROA > K_d (1 - T)$; caso contrário, ela poderá ser prejudicial, diminuindo a rentabilidade dos acionistas (diminuindo o ROE).

Como já frisamos várias vezes ao longo deste livro, a alavancagem financeira pode nos induzir a pensar que contrair dívida sempre compensa. De fato, uma análise estática da alavancagem financeira poderia levar a concluir que quanto maior a relação D/PL melhor para a empresa, pois isso aumentaria o ROE. Na prática, quando a relação D/PL está acima de níveis razoáveis, o aumento dessa relação vem acompanhado do aumento no custo dos empréstimos (taxa de juros) devido ao aumento do risco financeiro. Esse aumento da taxa de juros diminui o diferencial entre a taxa de aplicação (ROA) e a de captação (taxa de juros), anulando o efeito benéfico da alavancagem. Inclusive, muitas vezes uma recessão geral ou setorial pode reduzir o ROA da empresa a um nível inferior à taxa de captação, tornando negativo o diferencial de taxas e fazendo com que a alavancagem passe a ter efeito negativo sobre o ROE.

Como conclusão, cabe uma observação extremamente importante: no cálculo de qualquer índice de desempenho e de alavancagem financeira deve ser considerado o efeito da inflação, pois a maioria dos valores utilizados refere-se a valores nominais de épocas diferentes, portanto incomparáveis entre si. Para a correta avaliação da empresa, é essencial no cálculo desses índices trabalhar com valores atualizados, que reflitam um mesmo poder de compra, caso contrário as conclusões poderão apresentar-se distorcidas.

11.8 Análise de desempenho com base nos índices tradicionais

Como foi visto na Seção 11.6, os índices tradicionais de análise de rentabilidade permitem observar as características da empresa descritas em seus demonstrativos contábeis sem, no entanto, conectá-las com a percepção externa (de mercado) quanto ao desempenho futuro da empresa. Os três principais e mais usados indicadores de rentabilidade são: o retorno operacional sobre os ativos (ROA), o retorno sobre o patrimônio líquido (ROE) e o retorno sobre o investimento (ROI).

Como ilustração da análise de desempenho a partir de dados contábeis passados, nos dois quadros a seguir são mostrados para dois exercícios consecutivos, encerrados respectivamente em 31.12.X5 e 31.12.X6, os demonstrativos de resultados e os balanços patrimoniais da empresa Simples S.A., de acordo com a legislação societária.

Demonstrativo de resultados — Simples S.A. (legislação societária)	31.12.X5	31.12.X6
Receita operacional líquida	$ 4.293.723	$ 5.326.389
(–) Custo dos produtos e serviços vendidos	–$ 1.211.212	–$ 1.432.573

(continua)

Capítulo 11 – Análise de desempenho operacional e financeiro de empresas 345

(continuação)

Demonstrativo de resultados — Simples S.A. (legislação societária)	31.12.X5	31.12.X6
Lucro bruto	**$ 3.082.511**	**$ 3.893.816**
Despesas/receitas operacionais		
(–) Com vendas	–$ 122.323	–$ 123.356
(–) Gerais e administrativas	–$ 122.644	–$ 128.645
(–) Honorários dos administradores	–$ 123.242	–$ 123.242
(+) Outras receitas operacionais	$ 223.425	$ 225.567
(–) Outras despesas operacionais	–$ 124.129	–$ 124.129
(–) Despesas tributárias	–$ 128.534	–$ 129.523
(–) Despesas financeiras	–$ 224.537	–$ 394.567
Lucro operacional	**$ 2.460.527**	**$ 3.095.921**
(+) Receitas não operacionais	$ 123.437	$ 128.456
Lucro antes de IR/CS	**$ 2.583.964**	**$ 3.224.377**
(–) IR/CS (34%)	–$ 878.548	–$ 1.096.288
Lucro líquido do exercício	**$ 1.705.416**	**$ 2.128.089**

Balanço patrimonial — Simples S.A.	31.12.X5	31.12.X6
Ativo circulante	**$ 1.352.899**	**$ 1.441.904**
Disponibilidades	$ 410.000	$ 456.000
Contas a receber	$ 532.082	$ 552.087
Estoques	$ 410.817	$ 433.817
Realizável a longo prazo	**$ 1.289.290**	**$ 1.333.267**
Ativo permanente	**$ 5.244.222**	**$ 5.884.222**
Total	**$ 7.886.411**	**$ 8.659.393**
Passivo circulante	**$ 1.234.262**	**$ 1.482.022**
Fornecedores	$ 510.400	$ 601.234
Financiamentos	$ 232.160	$ 384.567
Salários a pagar	$ 210.889	$ 198.789
Impostos a recolher	$ 280.813	$ 297.432
Exigível a longo prazo	**$ 2.356.323**	**$ 2.556.323**
Patrimônio líquido	**$ 4.295.826**	**$ 4.621.048**
Total	**$ 7.886.411**	**$ 8.659.393**

Para calcular os índices a partir das peças contábeis, deve-se ajustar o lucro operacional contábil até atingir o ponto que reflita mais apropriadamente a criação de valor. Além disso, o capital investido deverá contemplar todos os investimentos necessários para que a empresa consiga gerar receita operacional.

Com base nas demonstrações financeiras dadas, no quadro a seguir mostra-se a apuração do lucro operacional ajustado (Nopat) da empresa Simples S.A. apropriado para calcular os índices de desempenho.

Resultado operacional ajustado — Simples S.A.	31.12.X5	31.12.X6
Receita operacional líquida	$ 4.293.723	$ 5.326.389
(–) Custo dos produtos e serviços vendidos	–$ 1.211.212	–$ 1.432.573
Lucro bruto	**$ 3.082.511**	**$ 3.893.816**
Despesas/receitas operacionais		
(–) Com vendas	–$ 122.323	–$ 123.356
(–) Gerais e administrativas	–$ 122.644	–$ 128.645
(–) Honorários dos administradores	–$ 123.242	–$ 123.242
(+) Outras receitas operacionais	$ 223.425	$ 225.567
(–) Outras despesas operacionais	–$ 124.129	–$ 124.129
(–) Despesas tributárias	–$ 128.534	–$ 129.523
Lucro operacional antes de juros e IR (Lajir)	**$ 2.685.064**	**$ 3.490.488**
(–) IR/CS (34%)	–$ 912.921	–$ 1.186.766
Lucro operacional após IR/CS (Nopat)	**$ 1.772.142**	**$ 2.303.722**

Como já vimos na Seção 11.4, o capital investido pode ser estimado subtraindo-se do ativo total os passivos de funcionamento:

$$\text{Capital investido} = \text{Ativo total} - \text{Passivos de funcionamento}$$

O seguinte quadro mostra a apuração do capital investido da empresa Simples S.A.

Apuração do capital investido — Simples S.A.	31.12.X5	31.12.X6
Ativo total	**$ 7.886.411**	**$ 8.659.393**
(–) Passivos de funcionamento (passivos não onerosos)	**–$ 1.002.102**	**–$ 1.097.455**
Fornecedores	–$ 510.400	–$ 601.234
Salários a pagar	–$ 210.889	–$ 198.789
Impostos a recolher	–$ 280.813	–$ 297.432
Capital investido	**$ 6.884.309**	**$ 7.561.938**

Com base nos valores das demonstrações financeiras, do resultado operacional ajustado e do capital investido, no quadro a seguir calculam-se os diversos índices de desempenho operacional e financeiro da empresa, assim como os valores dos diversos parâmetros necessários para sua apuração.

No quadro, o GAF de 1,77 significa que a empresa conseguiu, por meio do uso da dívida, *alavancar* o retorno dos acionistas (ROE) em 1,77 vez. O efeito da alavancagem financeira é benéfico, porque o ROA é superior ao custo da dívida.

Indicadores de desempenho — Simples S.A.	31.12.X5	31.12.X6
Ativo total (AT)	**$ 7.886.411**	**$ 8.659.393**
Capital investido	**$ 6.884.309**	**$ 7.561.938**
Patrimônio líquido (PL)	**$ 4.295.826**	**$ 4.621.048**
Nopat	**$ 1.772.142**	**$ 2.303.722**
Lucro líquido do exercício	**$ 1.705.416**	**$ 2.128.089**
Passivo oneroso (D)	$ 2.588.483	$ 2.940.890
+ Passivo circulante	$ 1.234.262	$ 1.482.022
+ Exigível a longo prazo	$ 2.356.323	$ 2.556.323
– Passivos de funcionamento	–$ 1.002.102	–$ 1.097.455
Despesas financeiras	**$ 224.537**	**$ 394.567**
Custo da dívida (K_d = Despesa financeira / D)	**8,67%**	**13,42%**
Custo do capital próprio (K_{cp})	**15,00%**	**16,00%**
Custo médio ponderado do capital (K)		
$K = K_{cp}\left(\dfrac{PL}{AT}\right) + K_d(1 - 0,34)\left(\dfrac{D}{AT}\right)$	10,05%	11,55%
ROI (Nopat/Capital investido)	**25,74%**	**30,46%**
ROA (Nopat/Ativo total)	**22,47%**	**26,60%**
ROE (Lucro líquido do exercício/Patrimônio líquido)	**39,70%**	**46,05%**
GAF = ROE/ROA	**1,77**	**1,73**

O passivo oneroso é o passivo circulante mais o exigível a longo prazo menos o passivo de funcionamento (passivo não oneroso). O passivo não oneroso (passivo de funcionamento) é subtraído porque não provoca encargos financeiros. O custo da dívida foi calculado dividindo-se a despesa financeira pelo passivo oneroso. O custo do capital próprio é uma informação dada que representa o retorno mínimo esperado pelos acionistas, considerando-se o nível de exposição ao risco de seu capital. O custo médio ponderado do capital é uma média ponderada dos custos das diversas fontes de recursos que financiam os ativos da empresa (dívida e patrimônio líquido). Serve como taxa de rentabilidade mínima aceitável para a empresa.

11.9 Índices de criação de valor: análise de desempenho baseada na geração de valor

Na última década, o conceito de administração baseada em valor (*value-based management*) ganhou projeção e exigiu a utilização de novos instrumentos de avaliação de empresas. Entre esses instrumentos, destaca-se o conceito do *residual income valuation*, ou, como é conhecido internacionalmente, *economic value added* (EVA), em português *valor econômico adicionado*. Marca registrada de propriedade da empresa internacional de consultoria Stern & Stewart Co., o EVA é um instrumento para avaliar a eficácia das decisões estratégicas.

Ele pode ser interpretado como o lucro operacional remanescente depois que se considera a remuneração mínima do investimento efetuado. Indica, assim, se a empresa está criando ou destruindo valor. O conceito de EVA mostra que não basta a empresa apresentar um lucro operacional positivo se o capital utilizado para chegar a esse lucro for proporcionalmente elevado. Ou seja, se uma empresa não consegue gerar um Nopat que supere o rendimento alternativo do capital investido, podemos dizer que ela não está criando valor para o acionista e seria economicamente melhor fechar o negócio. Só se cria valor quando o reinvestimento dos lucros na própria empresa gera uma rentabilidade maior do que o custo do capital (quando ROI > K).

Como o EVA é um índice de desempenho que permite observar se a empresa está ou não criando valor para seus acionistas, muitas vezes é usado para determinar a remuneração variável dos funcionários de acordo com sua contribuição para a geração de valor.

11.9.1 Cálculo do valor econômico adicionado (*economic value added – EVA*)

O EVA é igual ao lucro operacional após IR (Nopat) menos um encargo pelo capital investido (custo do capital):

$$EVA = \text{Lucro operacional após IR} - \text{Custo do capital utilizado}$$

$$= \text{Nopat} - \text{Capital investido} \times \text{Custo médio ponderado do capital}$$

$$= \text{Nopat} - \text{Capital investido} \times K$$

Lembrando que Nopat = ROI × Capital investido, tem-se:

$$EVA = (ROI - K) \times \text{Capital investido}$$

Ou seja, para calcular o EVA pode-se usar o Nopat ou o ROI.

11.9.2 Cálculo do valor de mercado agregado (*market value added — MVA*)

O *valor de mercado agregado* ou *market value added* (*MVA*) é um valor que aponta quanto o acionista está mais rico ou mais pobre. Quando o MVA da empresa excede o valor de realização de seus ativos, isso indica que o mercado agregou riqueza aos acionistas. Pode-se dizer, então, que a empresa criou valor, ou que existe uma perspectiva no mercado muito favorável para ela gerar valor no futuro.

O MVA é igual ao valor total de mercado da empresa menos o capital investido nela:

$$MVA = \text{Valor total de mercado da empresa} - \text{Capital investido}$$

Como o MVA representa toda a expectativa hoje de criação de valor por parte da empresa, em um contexto intemporal ele pode ser calculado como o valor presente de todos os EVAs projetados para ocorrerem no futuro, descontados ao custo médio ponderado do capital (K):

$$MVA = \text{Valor presente dos EVAs projetados}$$

No quadro a seguir, considerando perpetuidades, calculam-se o MVA, o valor total e o valor patrimonial da empresa Simples S.A. em 31.12.X5 e em 31.12.X6.

Empresa Simples S.A.	31.12.X5	31.12.X6
ROI	25,74%	30,46%
Custo médio ponderado do capital (K)	10,05%	11,55%
Capital investido	$ 6.884.309	$ 7.561.938
EVA [Capital investido × (ROI – K)]	**$ 1.080.836**	**$ 1.429.962**
Market value added (MVA = EVA/K)	**$ 10.754.587**	**$ 12.434.452**
+ Capital investido	$ 6.884.309	$ 7.561.938
= Valor operacional	$ 17.639.896	$ 19.996.390
+ Ativo não operacional	$ 0	$ 0
= Valor total da empresa	$ 17.639.896	$ 19.996.390
– Valor da dívida (*)	–$ 2.588.483	–$ 2.940.890
= Valor patrimonial	$ 15.051.413	$ 17.055.500

(*) Passivo oneroso.

Os valores de EVA e MVA constantes do quadro têm finalidade meramente ilustrativa, pois, para seu cálculo, pressupôs-se que a situação da empresa refletida nas demonstrações financeiras em 31.12.X5 e 31.12.X6 vá se manter no futuro. Entretanto, esses cálculos deverão ser feitos com base em projeções futuras, tal como será visto na Seção 12.3.

11.10 Desempenho de empresas e setores

As empresas têm características diferentes que influenciam seus índices de desempenho. No quadro a seguir, apresentamos os índices ROE, ROA e GAF calculados para algumas empresas de diversos setores, de acordo com as informações que constam no banco de dados Economática.

Empresa	Ativo total ($)	Lucro líquido ($)	Exigível l. prazo ($)	Lucro operac. ($)	Patrim. líquido ($)	ROE	ROA	GAF
Bombril	1.444.955	83.124	291.045	92.887	843.174	9,86%	6,43%	1,53
Duratex	1.448.240	66.654	306.449	91.587	849.755	7,84%	6,32%	1,24
Cemig	11.934.081	414.959	2.420.845	438.076	7.817.533	5,31%	3,67%	1,45
Sadia	3.280.327	112.749	674.962	59.054	948.113	11,89%	1,80%	6,61
Souza Cruz	2.277.796	494.330	332.410	456.899	1.199.213	41,22%	20,06%	2,06

Fonte: Economática, 31.12.2000.

É muito comum comparar os índices de desempenho de determinada empresa com os índices do setor ao qual ela pertence. Isso permite saber se seu desempenho está acima ou abaixo da média, ou ainda se acompanha o setor. Diferentes indústrias possuem não apenas características distintas, mas também diferentes potenciais de atratividade futura. Para ilustrar essas diferenças, é apresentada a seguir uma tabela com informações sobre margem líquida e rentabilidade sobre o patrimônio líquido (ROE) para uma série de indústrias brasileiras no ano de 1997.

Indústria	Margem líquida (%) (Lucro líquido/Vendas)	ROE (Lucro líquido/ Patrimônio líquido)
Alimentos	0,9	2,2
Auto-indústria	3,1	8,0
Bebidas	7,2	8,4
Comércio atacadista	1,2	7,2
Comércio varejista	1,4	8,3
Computação	3,2	9,9
Confecções e têxteis	0,6	0,8
Construção	1,9	3,0
Eletroeletrônica	3,1	6,5
Farmacêutica	5,2	18,3
Higiene e limpeza	3,6	12,2
Material de construção	2,0	2,3
Mecânica	5,1	7,8
Mineração	7,1	5,3
Papel e celulose	–0,7	–0,7
Plásticos e borracha	2,7	6,2
Química e petroquímica	3,4	5,0
Serviços de transporte	2,1	9,0
Siderurgia e metalurgia	2,6	4,1
Telecomunicações	18,8	9,9
Serviços públicos	4,2	3,7

Fonte: Revista *Exame*: *Melhores e Maiores*, São Paulo, jul. 1998.

Os valores mostrados nesse quadro referem-se a um único ano de atividades e, por conseqüência, refletem fortemente a situação econômica vigente na época. De qualquer modo, as enormes diferenças verificadas podem ser parcialmente explicadas pelas diferenças entre as características intrínsecas de cada indústria.

Apesar de os indicadores de rentabilidade fornecerem uma estrutura simples para a avaliação de mudanças nas estratégias corporativas, é bom lembrar que muitas vezes eles são calculados com base nos lucros contábeis de um período só. Como os lucros podem mudar significativamente de um período para outro, o uso de tais indicadores pode levar a resultados distorcidos. Falsos lucros podem ser gerados pela venda de ativos ou outros fatos extraordinários, por exemplo. Também investimentos com longo prazo de maturação podem ser inibidos, comprometendo a estratégia de longo prazo da empresa. Por exemplo, um alto ROA pode ser obtido pela liquidação de ativos importantes para a continuidade da empresa, o que pode levar a uma redução no desempenho em períodos futuros. No uso do ROE, os gerentes podem ser tentados a aceitar projetos financiados com exigíveis e rejeitar outros projetos melhores, porém financiados com patrimônio líquido.

11.11 Análise de desempenho e inflação

Embora na gestão de empresas as decisões estratégicas primordiais refiram-se a questões mercadológicas e tecnológicas, sua resolução quantitativa e o elemento para julgamento final são, na maioria dos casos, financeiros. Desse modo, adequados critérios para análise associados à apropriada previsão de dados são os principais requisitos do planejamento financeiro, indispensável àquelas decisões.

Existem, entretanto, sérios obstáculos para o correto atendimento dessas exigências que reduzem significativamente a qualidade de tal planejamento. Os problemas se iniciam pela maneira como a grande maioria das empresas lida com ele. Há uma grande dicotomia entre o que se aplica ao controle e à projeção de dados econômico-financeiros, pois para essa última atividade costumam-se destinar investimentos e custos inferiores e menor preocupação com detalhamentos, precisão e consistência.

Contudo, tanto o controle quanto a previsão estão sujeitos a dois graves problemas: o tratamento inadequado ou precário da inflação e o uso incorreto de depreciações. O primeiro advém da exclusão da inflação e da variação cambial na contabilização e na projeção de informações fundamentais. Algo que, como se sabe, tem acarretado a degradação de montantes do ativo permanente e do patrimônio líquido, tornando impossível o estabelecimento de variações monetárias em moeda nacional. Essa falha pode gerar ganhos ou perdas significativos e, conseqüentemente, na maioria das vezes, valores indevidos do imposto de renda e contribuição social.

No caso do controle, foi abandonado o método da correção monetária integral, que permitia um tratamento abrangente da inflação. As empresas que o aplicavam deviam tê-lo mantido, ainda que extracontabilmente, para poder dispor de valores mais autênticos e, assim, no mínimo aprimorar o conhecimento de sua situação real. Mesmo uma inflação baixa pode acarretar, cumulativamente, mutações relevantes.

O segundo sério problema refere-se à não-aplicação de depreciações técnicas. O uso de depreciações fiscais, destinadas principalmente à redução de impostos, não é acompanhado, salvo honrosas e escassas exceções, pelo emprego de depreciações técnicas, que devem identificar o custo real dos investimentos, o instante da reposição de bens, assim como seus valores residuais. Desse modo, com depreciações que não se destinam a identificar corretamente os custos e, conseqüentemente, os valores dos bens, amplia-se a irrealidade dos montantes degradados do ativo imobilizado e, em adição, a importância do lucro líquido colocado à disposição dos acionistas pode ser bem inferior ou superior ao que, de fato, lhes deve ser destinado.

A propósito do lucro, a situação é ainda mais séria, pois os montantes das depreciações fiscais são descontínuos, tendo em vista que elas, normalmente, extinguem-se antes que o bem seja substituído, cabendo acrescentar que também não consideram seu valor residual, embora este não seja, geralmente, relevante. Por outro lado, as reavaliações do ativo não acarretam ganhos por redução de impostos, tampouco corrigem as degradações existentes do patrimônio líquido. Desse modo, os valores degradados do capital e de lucros acumulados afetam a determinação das importâncias máximas de juros sobre o capital que podem ser pagas aos acionistas e tornam inconsistentes quaisquer indicadores ou análises que utilizem dados do patrimônio líquido. Outra questão fundamental diz respeito à conversão das demonstrações financeiras para moeda estrangeira. Devido às mencionadas degradações de valor e às naturais imperfeições dos procedimentos de conversão, ampliam-se as inconsistências que já existem em moeda nacional.

A *projeção em moeda constante*, cuja denominação mais correta é *projeção em moeda de poder aquisitivo constante*, é aquela cujos valores são expressos em termos reais. Trata-se de uma projeção indispensável para se dispor de adequada identificação, análise e confronto da evolução de valores, e mesmo de valores em si. Corroborando essa afirmação, cabe lembrar que a teoria da administração financeira de empresas está, em sua maior parte, fundamentada na estabilidade monetária, sendo muito particulares e circunstanciais os exames e as explanações que apresenta sobre as questões inflacionárias. Tal estabilidade significa, implicitamente, que os valores de definições, exemplos e ilustrações são expressos em moeda constante.

12

Valuation: valoração de empresas

- Modelos de avaliação de empresas
- Avaliação baseada no desconto do fluxo de caixa livre
- Avaliação baseada no lucro econômico: o método EVA
- Valoração acionária: o modelo de múltiplos
- Valoração acionária: o modelo do fluxo de dividendos

Talvez a questão mais analisada ao longo das últimas décadas pelos economistas financeiros, analistas de mercado e de negócios, e até hoje sem um entendimento consensual, seja a seguinte: qual a melhor forma de avaliar determinada empresa? Ao iniciar a busca pela resposta, deve-se atentar para a seguinte promissa: qualquer que seja o processo de avaliação empregado, sempre existirá um propósito específico. Para que o entendimento desse propósito seja alcançado, é necessário fazer uma revisão dos tipos de decisões tomadas no ambiente corporativo e averiguar: a quem essas decisões afetam, o que interessa na avaliação e como o mercado opera na avaliação de uma empresa.

A quem as decisões afetam?

Diz-se que as decisões tomadas em uma gestão, assim como os efeitos gerados por elas, podem ser analisadas sob a ótica de três diferentes interessados:

- credores;
- gestores ou administradores;
- acionistas ou proprietários do negócio.

Os *credores* são entidades detentoras de capital que normalmente procuram aplicar seus recursos em uma variedade de oportunidades de investimento, a fim de diversificar o risco. Em geral, aportam recursos a operações praticadas na economia real, cercando-se de garantias, com o objetivo de obter um rendimento prefixado como remuneração do capital empregado. Estão mais preocupados em receber com segurança o principal emprestado mais os juros de mercado do que em criar valor nas operações financiadas.

São, enfim, locadores de capital, que têm por objetivo final a adimplência, e não se envolvem com as decisões de alocação dos recursos cedidos. Por isso os credores têm a preferência legal sobre os acionistas na hora de receber os proventos da operação financiada e, normalmente, quando não os recebem — seja sob a forma de refinanciamento (aditivos contratuais), seja sob a forma de pagamento propriamente dito —, isso é uma indicação de que a entidade financiada está com problemas.

Um 'credor atípico', que não se enquadra nessa descrição, é o proprietário de capital de risco (*venture capital*). Mais conhecido como *investidor de risco*, sua perspectiva se confunde com a do próprio acionista, uma vez que ambos participam do risco das operações, estando assim comprometidos com a criação de valor na empresa.

Outro grupo de interessados no desempenho de uma organização com fins lucrativos é o dos *administradores*. Com a crescente adoção de remuneração por resultados, sua perspectiva está também cada vez mais alinhada a dos acionistas. Ainda que não exista a política de remuneração variável, a gestão deve estar submetida aos interesses dos *acionistas*, que, por sua vez, são os proprietários do negócio e responsáveis por ele. Normalmente, a materialização dessa responsabilidade se dá por meio do controle e da participação do conselho de administração na gestão. O órgão, que surgiu naturalmente nos organogramas corporativos, hoje tem sua presença na sociedade de capital aberto obrigatória por lei.

Quais são os tipos de decisões?

Da mesma maneira que foi possível listar os interessados nas decisões gerenciais e nos retornos proporcionados por elas, também é possível classificar todas as decisões praticadas internamente segundo sua natureza. Usualmente, a literatura de administração financeira enumera três diferentes tipos de decisão: *de investimento, operacional* e *de financiamento*.

O primeiro tipo baseia-se em estimativas atuariais dos retornos que os investimentos trarão ao negócio, levando em conta suas características próprias, como o risco incremental da nova operação e a sinergia que o investimento possui com as operações correntes.

O segundo tipo diz respeito à efetiva utilização dos capitais investidos. Como os ativos da companhia estão sendo utilizados? O efeito sobre a rentabilidade da empresa causado pelo uso dos custos fixos em relação aos custos operacionais variáveis (alavancagem operacional) está sendo aproveitado corretamente? Os preços praticados e o mercado potencial estão sendo observados pela estratégia empresarial?

O terceiro tipo de decisão diz respeito a como os ativos necessários à operação estão sendo financiados. O capital próprio e o capital de terceiros são de natureza diferente, envolvem riscos diferentes, por isso são apreçados de forma diversa. Ao longo deste livro, discutimos várias vezes a seguinte pergunta: qual a estrutura de capital ideal para determinada empresa? Decidir essa questão envolve selecionar a proporção em que o capital próprio (dos acionistas) e o capital de terceiros (dívida) vai financiar o ativo, explorando os efeitos da alavancagem financeira, quer dizer, o efeito sobre a rentabilidade e sobre o valor da empresa causado pelo uso de custos fixos de obrigações de dívida.

É interessante relembrar aqui o teorema da separação de finanças, cujo argumento principal diz que as decisões de investimento devem ser avaliadas independentemente das de financiamento. É fácil perceber isso de modo intuitivo. Um bom projeto é um bom projeto. Pouco importa se é um banco de crédito tradicional ou um investidor de risco quem vai financiá-lo, pois um bom projeto é o que todos desejam. Da mesma forma, um mau projeto, que apresente expectativas de retorno inferiores aos riscos associados, será rejeitado por qualquer um.

A divisão do risco assumido por investidores e credores é que faz com que as fontes de recursos possam ser divididas de maneira eficiente. Ao mesmo tempo que o financiamento pode diminuir o custo do capital de determinada empresa (devido ao benefício fiscal implícito nos juros pagos), a partir de certo nível de endividamento esse custo aumenta. Isso ocorre quando o financiamento assume proporções elevadas, surgindo o risco de inadimplência, o que eleva a taxa de captação e dificulta o levantamento de novos recursos.

O que interessa na avaliação?

Não importa a natureza da decisão que está sendo tomada (operacional, de financiamento ou de investimento); ela sempre vai impactar o risco e o retorno dos acionistas. Assim, o conjunto de decisões preferíveis é aquele que maximiza a criação de valor para o acionista. É a mensuração do valor criado para o acionista que realmente importa quando se quer determinar a eficiência econômica de determinada empresa. Uma vez contemplados os interesses dos acionistas, por serem eles os últimos beneficiários do fluxo de caixa, estarão contemplados os interesses dos investidores de risco, dos credores e dos administradores.

Por ser uma medida de resultados, a criação de valor não pode ser usada para fins de tomada de decisão, mas é possível estabelecer metas de criação de valor para o acionista. Essa criação de valor pode ser ligada a alguma medida de valor intrínseco. Este, por sua vez, é movido, em última análise, pela capacidade da empresa de gerar fluxos de caixa no longo prazo. Assim, o valor intrínseco de uma empresa pode ser medido por meio do fluxo de caixa previsto, descontado a uma taxa que reflita seu grau de risco.

Como na prática uma empresa pode ser considerada um grupamento de projetos individuais, o modelo de valoração da empresa baseado no fluxo de caixa descontado (FCD) pode ser aplicado à estratégia da empresa como um todo. Assim, o valor intrínseco baseado no FCD pode ser usado para avaliar oportunidades de investimento em ativos fixos. Contudo, embora seja uma ferramenta valiosa para análise estratégica, o valor do FCD não pode ser usado para avaliar o desempenho histórico porque se baseia em projeções.

A abordagem do FCD se baseia em um conceito simples: uma alternativa de investimento agrega valor se gerar retorno sobre o capital aplicado superior ao retorno que se poderia obter em investimentos de nível de risco semelhante. Em outras palavras, para dado nível de ganhos, a empresa com maior retorno sobre o investimento terá de investir menos capital e, com isso, gerará fluxos de caixa e valor mais elevados.

Os fluxos de caixa descontados movem o valor de mercado das empresas. Entretanto, eles não são intuitivos e são de difícil avaliação no campo abstrato. Não se pode olhar para uma série de fluxos de caixa projetados e dizer o que aquilo significa. Os vetores que movem o fluxo de caixa são o *crescimento da empresa* e o *retorno sobre o investimento* (retorno operacional sobre o capital investido). É o uso e a análise desses dois vetores que nos permitirão entender como as alavancas da criação de valor podem ter diferentes impactos. Não por acaso, o retorno sobre o capital investido é um dos tópicos mais freqüentemente abordados nas finanças corporativas.

Infelizmente, uma vez que a avaliação de empresas e de empreendimentos depende em grande parte de suas expectativas futuras de desempenho, os métodos e as medidas disponíveis para avaliação acabam por envolver determinado grau de subjetividade. Afinal, precisam descolar-se daquilo que a empresa efetivamente vem construindo e consolidando ao longo de sua história, para entrar em contato com concepções estratégicas e análises prospectivas de mercado, na esperança de esboçar aquilo que a empresa virá a ser no futuro. Em última análise, é o futuro da empresa que vai remunerar os beneficiados, e não seu passado. Predizer essa remuneração é, sem dúvida, um desafio constante, que a teoria de finanças corporativas vem tentando superar.

Como o mercado opera na avaliação de uma empresa?

O objetivo de maximização da riqueza dos proprietários de capital encontra-se, de alguma forma, refletido no comportamento das cotações de mercado das ações da empresa no longo prazo. No curto prazo, as cotações sofrem uma série de influências que pouco ou nada têm a ver com o efetivo desempenho das empresas. Muitas vezes, elas estão sujeitas a situações momentâneas de otimismo e pessimismo com relação à economia, à política e a outros fatores. No longo prazo, esses fatores se diluem, e os preços de mercado das ações tornam-se mais dependentes do potencial de geração de renda econômica por parte da empresa.

Assim, todas as decisões de investimento e financiamento da empresa tenderão a refletir-se nas cotações de longo prazo de suas ações. De todo modo, avaliar a empresa de acordo com o valor de mercado das ações (valor em bolsa) requer como condições básicas um alto grau de pulverização das ações no mercado, liquidez e alto grau de negociação das ações. Se não existirem essas condições, calcular o valor de uma empresa como sendo igual ao produto entre a quantidade de ações emitidas e seu valor (cotação) de mercado pode gerar resultados irreais. Dessa maneira, voltamos à avaliação pelo cálculo do valor intrínseco, por meio do fluxo de caixa previsto descontado a uma taxa que reflita o grau de risco da empresa ou do empreendimento.

Pelas tendências presentes no mundo dos investimentos e nos mercados de capitais, admite-se que o mercado avalie as empresas considerando os seguintes fatores:

1. A criação de valor está mais ligada às mudanças de expectativas do que ao desempenho absoluto.
2. O valor de mercado de uma empresa é movido por sua capacidade de geração de fluxo de caixa no longo prazo, que, por sua vez, é movido pelo crescimento no longo prazo e pelos retornos obtidos pela empresa sobre o capital investido em relação a seu custo de capital.
3. O mercado percebe os efeitos meramente cosméticos sobre os lucros e concentra-se nos resultados econômicos subjacentes, ou seja, nos fundamentos da empresa.
4. O mercado atribui grande importância aos resultados de longo prazo, e não só ao desempenho de curto prazo.

12.1 Modelos de avaliação de empresas

Muito mais pretensioso e complexo que um simples indicador de mercado ou de desempenho econômico é um método para avaliação do valor da empresa. A pretensão está em trazer a valor atual eventos que ainda não aconteceram e, por isso, difíceis de serem projetados e capturados. Mais difícil ainda é argumentar como se chegou a esse valor. É por isso que muitas vezes determinada empresa recebe valores tão distintos quando sua avaliação é feita por fontes independentes.

O olhar sobre a evolução de determinado ativo é subjetivo, depende do observador. É impossível eliminar a parcela de arbitrariedade e subjetividade da avaliação. É por isso que o mercado acionário é tão volátil. As operações das empresas negociadas na bolsa não são a causa da alta volatilidade; a verdadeira causa reside nas expectativas que o mercado tem quanto ao futuro daquelas operações.

Existem vários métodos que tentam estabelecer uma formulação lógica capaz de medir o valor de uma empresa. Segundo as peças sobre as quais se baseiam, podemos destacar cinco modelos:

*   modelo de fluxo de caixa livre descontado;
*   modelo de lucro econômico ou valor adicionado (EVA);
*   modelo de avaliação por múltiplos;
*   modelo de fluxo de dividendos descontados;
*   modelo de avaliação por opções reais.

Capítulo 12 – *Valuation*: valoração de empresas — 357

No restante deste capítulo serão abordados os quatro primeiros modelos. O quinto foi tratado no Capítulo 5.

12.2 Avaliação baseada no desconto do fluxo de caixa livre

As decisões de investimento e financiamento devem ter como objetivos: maximizar a riqueza dos acionistas, minimizar os riscos e alocar os recursos da empresa de modo eficiente. Assim, é a criação de valor para o acionista que deve ser o critério norteador do processo de tomada de decisão no ambiente corporativo. Por isso, o valor de mercado da empresa é considerado o critério mais indicado para a tomada de decisões de investimento e financiamento.

Nessa abordagem, os benefícios operacionais produzidos pelas empresas ou pelos projetos de investimento são expressos na forma de fluxos de caixa, descontados a valor presente mediante uma taxa mínima de atratividade. Essa taxa de desconto representa fundamentalmente a remuneração mínima exigida pelos proprietários do capital (acionistas e credores).

Como dissemos, o valor de uma empresa é movido por sua capacidade de geração de fluxo de caixa no longo prazo, ou seja, sua capacidade de criação de valor. Por sua vez, a capacidade de geração de fluxo de caixa é movida pelo crescimento no longo prazo e pelo retorno sobre o capital investido em relação ao custo do capital da empresa.

Segundo o modelo de fluxo de caixa descontado, o *valor patrimonial* (valor acionário) de uma empresa é igual a seu valor operacional (valor disponível para acionistas e credores) mais o valor dos ativos não operacionais e menos o valor das dívidas (passivo oneroso).

Valor patrimonial = Valor operacional da empresa + Valor dos ativos não operacionais –
– Valor da dívida

O valor operacional, por sua vez, é igual ao valor presente do fluxo de caixa livre (FCL), descontado a uma taxa que reflita o custo de oportunidade de todos os provedores de capital (custo médio ponderado do capital).

12.2.1 O fluxo de caixa livre (FCL)

O fluxo de caixa livre (FCL) mede o poder de geração de renda econômica por parte da empresa, sem considerar os fluxos ligados ao aspecto financeiro. Basicamente, é o fluxo de caixa efetivamente disponível para distribuição aos proprietários do capital (acionistas e credores), depois de a empresa ter realizado todos os dispêndios de capital necessários para assegurar sua permanência e crescimento, e para manter em andamento suas operações. O FCL consiste em uma série de adaptações e ajustes do fluxo de caixa operacional, a fim de atender a determinados propósitos, em especial para fins de elaboração de modelos para avaliação de negócios.

Em sua forma mais simples, o fluxo de caixa livre é o fluxo gerado pelas operações, líquido de impostos, menos os dispêndios de capital e menos as mudanças no capital de giro operacional. Deve ser ajustado para refletir a depreciação e a amortização de intangíveis e outras despesas não-caixa, que, por não representarem desembolsos de caixa, devem ser somadas novamente depois de considerado seu efeito fiscal:

Fluxo de caixa livre = Lucro operacional depois de impostos – Dispêndios de capital –
– Mudanças no capital de giro + Depreciação

Conforme já vimos no Capítulo 11, uma denominação comumente adotada para o lucro operacional depois de IR é *Nopat* (abreviação de *net operational profit after taxes*).

12.2.2 Período de projeção do fluxo de caixa livre

Não há necessariamente relação entre a vida útil dos ativos físicos e a renda econômica obtida em certa atividade de produção. Assim, a vida técnica dos ativos nem sempre determina a vida útil do projeto ou da empresa. Se as máquinas da empresa duram dez anos sob circunstâncias normais de uso, não há por que necessariamente atribuir dez anos à vida econômica da empresa. Uma projeção pode indicar, por exemplo, que depois de transcorridos seis anos o mercado mudará e não existirá mais demanda pelo produto. Não existindo demanda, não haverá geração de renda econômica, portanto não seria adequado projetar o FCL por um horizonte de planejamento de dez anos.

O FCL deve ser projetado para um número determinado de períodos, que dependerá da capacidade da empresa de gerar renda econômica. Em outras palavras, o *período de projeção*, ou *horizonte de tempo*, deve considerar as futuras oportunidades para a empresa; deve corresponder ao período em que ela consiga gerar ganhos superiores aos obtidos em qualquer outro investimento alternativo de igual risco.

Determinar esse horizonte não é uma tarefa fácil. Na prática, muitas vezes o fluxo de caixa é projetado por um período a partir do qual a incerteza 'incomoda' a gerência. Às vezes a natureza do negócio pode desempenhar um papel particular na determinação desse período, outras vezes a política da gerência ou alguma circunstância especial o condicionam.

Segundo Mauboussin e Johnson,[1] na determinação do período de projeção do fluxo de caixa deve ser considerado um conceito conhecido como *período de vantagens competitivas*. Segundo esse conceito, o período de vantagem competitiva é aquele em que podem ser estabelecidas ligações explícitas entre os fatores externos e os vetores que determinam a criação de valor, e podem ser geradas hipóteses de crescimento a partir da análise dos dados históricos e dos vetores de valor. Nesse período, normalmente podem ser detalhados os supostos utilizados para projetar as vendas, os custos etc. Mesmo não existindo uma regra para definir o período de vantagens competitivas, ele pode ser aproximado pela época em que a empresa alcança um estado estacionário.

Ao fim do período de vantagens competitivas, chamado também de *período de previsão explícita*, é necessário considerar a continuidade da empresa, de tal forma que surge a necessidade de determinar o valor dessa continuidade. Assim, o valor da empresa pode ser estimado por meio da soma de dois valores: o primeiro diz respeito ao período de previsão explícita, e o segundo, chamado *valor de continuidade*, refere-se ao período posterior ao de previsão explícita.

Valor = Valor presente do fluxo de caixa *durante* o período de previsão explícita + + Valor presente da perpetuidade que começa *após* o período de previsão explícita

O valor presente da perpetuidade que começa após o período de previsão explícita (valor de continuidade) é estimado calculando-se o valor presente de uma perpetuidade

---

[1] M. Mauboussin e P. Johnson, "Competitive advantage period: the neglected value driver", *Financial Management*, 26, 2, verão 1997, p. 67-74.

igual ao FCL do primeiro ano após o período de previsão explícita. Essa perpetuidade pode ser constante ou crescente.

O método citado por Mauboussin e Johnson para estimar o período de vantagem competitiva tem como base o trabalho desenvolvido por Rappaport[2] e fundamenta-se no período de vantagem competitiva implícito nos preços das ações no mercado acionário, o qual explica que ocorram variações de preço mesmo quando não há alteração nas expectativas de fluxos de caixa nem no risco associado a eles. Por isso, o período de vantagem competitiva deve se estender até a época em que a empresa alcance um estado estacionário. Investimentos adicionais podem incrementar o tamanho da empresa, porém o valor das ações não é afetado pelo crescimento quando ela investe em projetos com rendimento igual ao requerido pelo mercado.

Para aproximar o período de vantagem competitiva, poderíamos estender a duração do fluxo de caixa projetado até que a taxa de retorno dos investimentos incrementais requeridos para suportar as vendas projetadas igualasse o custo de oportunidade do capital. Isso é razoável em um mercado eficiente, no qual, se a empresa obtiver uma rentabilidade extraordinária nos primeiros anos do negócio, a competitividade propiciará a entrada de novos competidores e o desenvolvimento de produtos substitutos, fazendo a taxa de retorno da empresa se igualar ao custo de oportunidade do capital. Uma vez igualadas essas taxas, cessa a vantagem competitiva da empresa em relação a seus competidores.

12.2.3 Período de previsão explícita

Com o passar do tempo, torna-se cada vez mais difícil para uma empresa manter sua margem de crescimento em níveis mais altos que os da economia ou do setor como um todo. Isso ocorre porque, em determinado ponto, a empresa atinge um tamanho tal que não há espaço no mercado para ela continuar crescendo, e porque suas vantagens competitivas são copiadas pelos concorrentes. Esse processo todo às vezes demora mais, às vezes menos, dependendo das barreiras à entrada de novos competidores e às vantagens competitivas da empresa em questão. Assim, a determinação do período de previsão explícita depende de quanto tempo será necessário para que a empresa chegue à maturidade, momento em que atinge um crescimento constante e estável. Existem três modelos para o período de previsão explícita:

- *Modelo de crescimento estável*: é utilizado para avaliação de empresas que estejam crescendo a uma taxa estável, ou seja, empresas que já atingiram a maturidade.
- *Modelo de dois estágios*: é utilizado na avaliação de empresas que, em uma primeira fase do período de previsão explícita, experimentem um crescimento maior que o do setor e, após essa primeira fase, um crescimento estável.
- *Modelo de três estágios*: é utilizado na avaliação de empresas que, em uma primeira fase do período de previsão explícita, experimentem um crescimento maior que o do setor e, em uma segunda fase, passem por um período de transição em que haja diminuição da taxa de crescimento, até atingirem uma terceira fase em que alcançarão um crescimento estável.

Em todos os modelos é necessário determinar o valor terminal (valor de continuidade) existente após o período de projeção explícita.

---

[2] A. Rappaport, *Creating shareholder value*. Nova York: Free Press, 1986.

12.2.4 Valor residual da empresa

O *valor residual* ou *de liquidação* de uma empresa é quanto se imagina hoje que o empreendimento valerá ao fim do período de previsão explícita. Esse valor pode ser determinado segundo uma abordagem patrimonial, ou pelo cálculo do valor presente do valor de continuidade.

Na abordagem patrimonial, o valor residual pode ser estimado das seguintes maneiras:

- Pelo valor de liquidação física dos bens, ou seja, por quanto eles poderão ser vendidos ao término do período de previsão explícita. A liquidação física ocorre se for esperada uma recuperação substancial de capital pela eventual alienação dos ativos restantes ao término da vida útil. Tal recuperação pode resultar da venda de instalações e equipamentos, como também da liberação de capital de giro. Em determinados casos, como o das mineradoras, os custos de recomposição da área devastada geralmente superam as receitas com a venda de equipamentos, o que leva a um valor residual negativo. Outro exemplo de projeto que geralmente apresenta valor residual negativo são as usinas nucleares, em que o custo de remoção do material radioativo pode ser superior ao valor de venda dos equipamentos.
- Pelo custo de reposição dos bens tangíveis e intangíveis, ou seja, pela soma dos recursos financeiros que seriam necessários para constituir uma nova empresa, idêntica à existente.
- Pelo valor contábil do patrimônio líquido obtido a partir dos registros contábeis. Devido às diferentes formas de contabilização das contas patrimoniais, essa maneira de estimar o valor residual pode resultar em valores muito distantes dos reais.
- Pelo valor de mercado de empresas similares que estejam sendo negociadas.

A abordagem patrimonial do valor residual ignora a existência de ativos intangíveis, como recursos humanos, reputação, capital intelectual etc., que contribuem para a capacidade de geração de renda econômica.

Na abordagem do valor de continuidade, o valor residual pode ser estimado pelo valor presente de uma perpetuidade que se inicia logo após terminado o período de previsão explícita. Conforme o caso, pode-se supor que essa perpetuidade seja constante ou crescente.

O valor de continuidade constitui-se em um valor razoável para o valor residual da empresa quando as variáveis que compõem o fluxo de caixa seguem o mesmo comportamento da taxa de crescimento admitida para a perpetuidade. Como o valor de continuidade é extremamente sensível à taxa de crescimento da perpetuidade — muitas vezes uma variável imprecisa —, pelo princípio do conservadorismo é mais razoável calculá-lo considerando a perpetuidade constante.

12.2.5 Período posterior ao de previsão explícita: cálculo do valor de continuidade

Estimar variações de comportamento de fluxos durante muitos períodos é um exercício de futurologia que não conta com o apoio de argumentos racionais. Na prática, após alguns períodos de estimativa (período de previsão explícita) pode ser estabelecida uma perpetuidade que permita calcular o valor de continuidade. Assim, o valor de continuidade é o valor da empresa após o período de previsão explícita, expresso em termos de valor presente. É o valor presente de uma perpetuidade projetada para se iniciar logo após o término do período de previsão explícita e perdurar indeterminadamente.

Se admitirmos que, após o período de previsão explícita, a empresa já passou da fase de crescimento inicial e entrou na de lucros estáveis, não reinvestindo mais em expansão e em modernização, os dispêndios de capital para a substituição e a modernização de imobilizados que vão ficando obsoletos serão iguais à depreciação. Isso porque se considera que, nessa fase, tais dispêndios não geram lucros maiores que o custo do capital.

O mesmo pode ser dito das mudanças no capital de giro. Essa seria a situação da empresa que após o período de previsão explícita distribui seus lucros aos acionistas na forma de dividendos, sem fazer reinvestimento de capital por falta de oportunidades de crescimento. Nesse caso, pela matemática financeira das séries constantes de duração indeterminada, o valor de continuidade poderia ser calculado como sendo igual ao valor descontado (na data E) do FCL (perpetuidade) que ocorre a partir da data E + 1:

$$\text{Valor de continuidade} = \frac{FCL_{E+1}}{K}$$

Pela mesma matemática financeira, caso haja reinvestimento de lucros que propiciem à perpetuidade uma taxa de crescimento (c), o valor de continuidade será:

$$\text{Valor de continuidade} = \frac{FCL_{E+1}}{K - c}$$

Nessa última situação, em que os lucros da empresa não são integralmente distribuídos — ou seja, é retida uma fração (r) do Nopat para reinvestimento na própria empresa —, o fluxo de caixa líquido é:

$$FCL = Nopat_{E+1} \times (1 - r)$$

A taxa de crescimento prevista (c) para o Nopat pode ser calculada multiplicando-se a taxa de retenção (r) pela rentabilidade prevista sobre o capital investido (ROI):

$$c = r \times ROI \implies r = c / ROI$$

Substituindo r em FCL, tem-se:

$$FCL_{E+1} = Nopat_{E+1} \times (1 - c / ROI)$$

Substituindo essa última expressão na fórmula do valor de continuidade:

$$\text{Valor de continuidade} = \frac{Nopat_{E+1}(1 - c / ROI)}{K - c}$$

onde:

$Nopat_{E+1}$ = lucro operacional no primeiro ano após o período de previsão explícita;

c — taxa prevista de crescimento do Nopat na perpetuidade;

ROI = retorno previsto sobre o capital investido;

K = taxa de desconto (custo médio ponderado do capital);

E = ano em que termina o período de previsão explícita.

Essa última fórmula calcula o valor de continuidade incorporando os vetores (ROI, K, c) que determinam o valor de uma empresa. Contudo, a incorporação de uma taxa de crescimento c pode gerar alguma desconfiança. Em primeiro lugar, porque, mesmo que se usem modelos presumivelmente precisos, a estimativa da taxa de crescimento acaba tendo um forte componente arbitrário; em segundo lugar, porque o valor de continuidade é extremamente sensível à taxa de crescimento e, em terceiro lugar, porque a fórmula do valor de continuidade com crescimento não pode ser utilizada quando c > K. Entretanto, essa situação pode ser contornada se admitirmos que, na prática, a empresa não manterá no longo prazo, de modo consistente, taxas de crescimento superiores às do setor como um todo. Devido à forma subjetiva e arbitrária com que muitas vezes é projetada a taxa de crescimento dos fluxos de caixa, muitas avaliações não utilizam esse fator, ou seja, são mais coerentes e conservadoras.

O período de previsão explícita deve ser longo o bastante para que se atinja a estabilidade operacional. No entanto, embora a duração escolhida para esse período seja importante, ela não afeta o cálculo do valor da empresa, apenas sua distribuição entre o período de previsão explícita e os anos que se seguem a esse período.

12.2.6 Valor da empresa

Como foi visto, o valor da empresa é a soma de dois valores: o valor presente (VP) do FCL que ocorre no período de previsão explícita, mais o valor presente da perpetuidade que começa após esse período (valor presente do valor de continuidade):

$$\text{Valor} = \text{VP do FCL durante o período de previsão explícita} +$$
$$+ \text{ VP do valor de continuidade}$$

Dessa forma, na avaliação da empresa devem ser somados dois valores que existem em dois períodos claramente diferenciados:

$$V = \underbrace{\frac{FCL_1}{(1 + K)^1} + \frac{FCL_2}{(1 + K)^2} + \frac{FCL_3}{(1 + K)^3} + \ldots + \frac{FCL_E}{(1 + K)^E}}_{\text{Valor presente do período de previsão explícita}} +$$

$$+ \underbrace{\left(\frac{Nopat_{E+1}(1 - c / ROI)}{(K - c)} \right) \times \frac{1}{(1 + K)^E}}_{\text{Valor presente do valor de continuidade}}$$

Algumas empresas mantêm uma proporção muito grande de seu ativo em caixa (algumas mais do que 20%), fato que pode influenciar diretamente na percepção de seu risco. Nesses casos, muitas vezes as empresas são avaliadas sem que se leve em conta o caixa, somado apenas no final. Logo, o procedimento correto seria somar o valor presente do FCL que ocorre no período de previsão explícita, o valor presente da perpetuidade e o caixa existente. É freqüente também somar ao valor anterior o chamado *prêmio de controle*, que se supõe igual ao valor da empresa em seu estado ótimo, menos o valor atual da empresa com sua atual geração de caixa e estrutura de capital. Neste livro, por questões didáticas, e por ser um valor sujeito a subjetividades e controvérsias, esse prêmio de controle não será considerado nos exemplos ilustrativos.

Exemplo 12.1

Vamos supor que, na avaliação da empresa Hipotética S.A., vista no Capítulo 10, tenha sido determinado que o período de previsão explícita é de 10 anos e o custo do capital é de 25% a.a. Nos quadros a seguir, são mostrados os fluxos de caixa para o período de previsão explícita e para o de continuidade. Pede-se calcular o valor da empresa.

Fluxo de caixa durante o período de previsão explícita (anos 1 a 10) — Hipotética S.A.		Fluxo de caixa após o período de previsão explícita (anos 11 a ∞) — Hipotética S.A.	
Receitas	$ 200	Receitas	$ 200
– Custos	–$ 80	– Custos	–$ 80
– Depreciação (despesas não-caixa)	–$ 10	– Depreciação (despesas não-caixa)	–$ 10
– Despesas operacionais	–$ 10	– Despesas operacionais	–$ 10
– IR sobre as operações $0,3 \times (\$ 200 - \$ 80 - \$ 10 - \$ 10)$	–$ 30	– IR sobre as operações $0,3 \times (\$ 200 - \$ 80 - \$ 10 - \$ 10)$	–$ 30
Lucro operacional após IR (Nopat)	**$ 70**	**Lucro operacional após IR (Nopat)**	**$ 70**
+ Depreciação (fluxos não-caixa)	+$ 10	+ Depreciação (fluxos não-caixa)	+$ 10
– Dispêndios de capital	–$ 15	– Dispêndios de capital	–$ 10
– Mudanças no capital de giro	–$ 8	– Mudanças no capital de giro	–$ 0
Fluxo de caixa livre (FCL)	**$ 57**	**Fluxo de caixa livre (FCL)**	**$ 70**

- Valor da empresa:

Valor da empresa = VP do fluxo de caixa do período de previsão explícita + + VP do valor de contunuidade

$$= FCL_E \times \left[\frac{(1 + K)^E - 1}{(1 + K)^E \times K} \right] + \left(\frac{Nopat_{E+1}(1 - c/ROI)}{(K - c)} \right) \times \frac{1}{(1 + K)^E}$$

$$\text{Valor da empresa} = \$ 57 \times \left[\frac{(1,25)^{10} - 1}{(1,25)^{10} \times 0,25} \right] + \left(\frac{\$ 70 \times (1 - 0)}{0,25 - 0} \right) \times \frac{1}{(1,25)^{10}} =$$

$$= \$ 203,52 + \$ 30,06 = \$ 233,58$$

onde VP significa valor presente e E é o ano-término do período de previsão explícita. Supõe-se que, após o período de previsão explícita, a empresa já tenha passado da fase de crescimento inicial e entrado na de lucros estáveis, não investindo mais em expansão e em modernização. Nessa fase, portanto, os dispêndios de capital serão iguais à depreciação, não haverá mudanças no capital de giro e não haverá retenção de lucros nem crescimento (c – 0). No período de previsão explícita, os dispêndios de capital são maiores que a depreciação, pois nesse período há retenção de lucros de modo a possibilitar crescimento e rentabilidade superior ao custo do capital.

A taxa de retenção (r) pode ser calculada como a razão entre os dispêndios de capital e o Nopat. Assim, nos períodos de previsão explícita e de continuidade:

$$r(\text{previsão explícita}) = \frac{\$ 15}{\$ 70} = 21,43\% \qquad r(\text{continuidade}) = \frac{\$ 10}{\$ 70} = 14,29\%$$

12.2.7 Impacto dos fatores externos na determinação do período de vantagem competitiva ou período de projeção explícita

A análise do ambiente em que a empresa ou projeto se insere constitui fator de fundamental importância na determinação do período de vantagem competitiva, ou seja, do período para o qual será projetado o fluxo de caixa livre (período de previsão explícita). Com efeito, os resultados financeiros e o valor criado por uma empresa dependem em grande parte de fatores econômicos e das características intrínsecas do respectivo setor. Esses fatores afetam diretamente as empresas de formas diferentes, conforme sua estrutura organizacional e financeira, e indiretamente, pelo impacto causado na atratividade e no desempenho de cada setor em particular. A compreensão do impacto dos fatores externos na determinação do período de vantagem competitiva deve, portanto, basear-se em uma análise sistemática do setor e de como o ambiente externo o afeta.

Quando novas empresas são atraídas para um setor, esse fato pode alterar sensivelmente a dinâmica dele e, portanto, a determinação do período de vantagem competitiva.

A possibilidade de uma nova empresa entrar em um setor é inversamente proporcional à presença e intensidade de barreiras de entrada. Segundo Porter,[3] existem sete grandes itens geradores de barreiras de entrada, a saber:

1. *Economias de escala*: nos setores em que existem economias de escala, as chances de uma nova empresa entrar são pequenas. Na verdade, o novo participante tem duas opções. A primeira é fazer um alto investimento para atingir um ponto em que seu custo seja competitivo. Nesse caso, entretanto, o risco de tal investimento é muito alto, pois pode gerar reações dos concorrentes. A segunda opção é entrar no setor com pequena capacidade e aceitar a desvantagem de custo.

2. *Diferenciação de produtos (reconhecimento de marca)*: quando uma empresa já estabelecida em um setor possui uma marca muito forte e clientes leais, ela cria uma diferenciação de seu produto em relação aos produtos dos competidores. Isso significa que novas empresas terão de investir fortemente em marketing e promoções para atingir níveis semelhantes de reconhecimento de marca. Assim, quanto maior a diferenciação de produtos, sob esse ponto de vista, maiores serão as barreiras de entrada e, portanto, maior a extensão do período de vantagem competitiva.

3. *Necessidades de investimentos iniciais*: a necessidade de altos investimentos iniciais para entrar em um setor é outra grande barreira de entrada, principalmente se esse capital for utilizado para atividades de risco, como propaganda ou pesquisa e desenvolvimento. Mesmo em épocas em que haja facilidade de acesso a capital, o risco associado a seu uso constitui uma barreira de entrada.

4. *Custos de mudanças*: uma barreira de entrada pode existir quando há algum custo associado a mudanças. Por exemplo, para uma nova empresa conseguir clientes de empresas já estabelecidas, possivelmente terá de investir em treinamento, troca de tecnologia, ajustes técnicos nas fábricas etc. Dessa forma, quanto maiores forem esses custos, maiores serão as barreiras de entrada e, portanto, maior a extensão do período de vantagem competitiva.

5. *Acesso aos canais de distribuição*: quando as empresas já estabelecidas possuem relacionamentos com diversos canais de distribuição, uma nova empresa pode ter seu acesso a esses canais dificultado, tendo de, eventualmente, fazer altos investimentos. Quanto

---

[3] M. Porter, *Competitive strategy: techniques for analyzing industries and competitors*. Nova York: Free Press, 1998.

menor a rede de distribuição, maior é a dificuldade de novas empresas se estabelecerem no setor, e maior a extensão do período de vantagem competitiva.

6. *Desvantagens de custo não relacionadas a escala*: existem desvantagens de custo que as novas empresas podem enfrentar e que não estão associadas à escala do empreendimento. As principais são: tecnologias proprietárias, acesso favorável a matérias-primas, localização favorável, proximidade com clientes ou fornecedores, subsídios governamentais e a curva de aprendizado.

7. *Políticas governamentais*: o governo pode dificultar ou restringir o acesso de novas empresas a certos setores. Exemplos óbvios são os setores regulados, como os de telecomunicações, de energia elétrica e de combustível. Outras restrições decorrem do controle ambiental e de segurança. Assim, quanto maior a regulamentação governamental, maiores serão as barreiras de entrada e a extensão do período de vantagem competitiva.

A utilização do modelo de Porter permite uma abordagem sistemática na análise setorial. No entanto, a análise do ambiente externo deve englobar ainda outros aspectos, como fatores políticos, sociais, culturais, demográficos e tecnológicos. A análise do ambiente externo pode auxiliar o analista na determinação do período de vantagem competitiva e na posterior avaliação econômica da empresa ou projeto.

12.2.8 Exemplo de avaliação baseada no modelo de fluxo de caixa livre descontado

No cálculo do valor da empresa por meio do desconto de fluxos de caixa, o fluxo de caixa livre (FCL) é trazido a valor presente utilizando-se como taxa de desconto o custo médio ponderado do capital após impostos (K). A fim de ilustrar o processo de cálculo, nos passos seguintes esse método será seguido para calcularmos o valor patrimonial de uma empresa.

Valor operacional = Valor presente do FCL durante o período de previsão explícita +
+ Valor presente do valor de continuidade

Valor total da empresa = Valor operacional + Ativo não operacional
Valor patrimonial = Valor total da empresa – Valor da dívida

O quadro a seguir apresenta a demonstração projetada do FCL para a empresa Andrômeda S.A. durante um período de 6 anos. Os primeiros 5 anos compõem o período de previsão explícita (E). O sexto ano (E + 1) contém o valor da perpetuidade projetada que, segundo se espera, ocorrerá imediatamente após o período de previsão explícita. Essa perpetuidade servirá de base para o cálculo do valor de continuidade.

	Período de previsão explícita — Andrômeda S.A.					
	Ano 1 ($)	Ano 2 ($)	Ano 3 ($)	Ano 4 ($)	Ano 5 ($)	Ano 6 ($)
Receita líquida	**700.000**	**770.000**	**847.000**	**931.700**	**1.024.870**	**1.127.357**
– CPV	–140.000	–154.000	–169.400	–186.340	–204.974	–225.471
Lucro bruto	560.000	616.000	677.600	745.360	819.896	901.886
– Despesas operacionais	–100.000	–110.000	–121.000	–133.100	–146.410	–161.051

(continua)

(continuação)

	Período de previsão explícita — Andrômeda S.A.					
	Ano 1 ($)	Ano 2 ($)	Ano 3 ($)	Ano 4 ($)	Ano 5 ($)	Ano 6 ($)
Ebitda	460.000	506.000	556.600	612.260	673.486	740.835
– Depreciação	–98.000	–98.000	–97.000	–97.000	–94.000	–93.607
Ebit	362.000	408.000	459.600	515.260	579.486	647.228
– IR/CS (34%)	–123.080	–138.720	–156.264	–175.188	–197.025	–220.058
Nopat	238.920	269.280	303.336	340.072	382.461	427.171
– Dispêndios de capital	–71.676	–80.784	–91.001	–102.021	–114.738	–128.151
+ Depreciação	98.000	98.000	97.000	97.000	94.000	93.607
Fluxo de caixa livre (FCL)	265.244	286.496	309.335	335.050	361.723	392.626

Repare que, no início da perpetuidade (ano 6), os dispêndios de capital são maiores que a depreciação, isso porque, no exemplo, estamos admitindo crescimento do Nopat no período posterior ao de previsão explícita.

Com base nos valores do quadro anterior, o quadro a seguir mostra o capital investido, o ROI (retorno sobre o capital investido) e a taxa de crescimento do Nopat ao longo do período de previsão explícita.

	Período de previsão explícita — Andrômeda S.A.					
	Ano 1	Ano 2	Ano 3	Ano 4	Ano 5	Ano 6
Capital investido	$ 980.000	$ 980.000	$ 970.000	$ 970.000	$ 940.000	$ 936.065
ROI		27,48%	30,95%	35,06%	39,43%	
Taxa de crescimento do Nopat		12,71%	12,65%	12,11%	12,46%	

O ROI para cada ano é calculado dividindo-se o Nopat do ano pelo capital investido do início daquele ano ($ROI_t = Nopat_t / Capital\ investido_{t-1}$). A taxa de crescimento média do Nopat no período de previsão explícita é de 12,48% a.a., e o ROI médio nesse mesmo período é de 33,23% a.a. No entanto, para o cálculo do valor de continuidade usaremos um ROI de 30% e uma taxa de crescimento (c) de 7%, um pouco mais conservadoras que as médias do período de projeção explícita:

$$\text{Valor de continuidade} = \frac{Nopat_{E+1}(1 - c / ROI)}{K - c} =$$

$$= \frac{\$\ 427.171 \times (1 - 0,07 / 0,30)}{0,15 - 0,07} = \$\ 4.093.718$$

O valor de continuidade ao término do período de previsão explícita (no ano E = 5) foi calculado segundo um custo médio ponderado do capital (K) de 15%. E + 1 representa o ano em que se inicia a perpetuidade (ano 6). Supondo um ativo não operacional de $ 300.000 e uma dívida no valor de $ 400.000, no quadro a seguir apresentam-se o valor operacional, o valor total e o valor patrimonial (valor acionário) da empresa Andrômeda S.A., de acordo com o modelo de fluxo de caixa descontado:

Avaliação patrimonial baseada no modelo de fluxo de caixa descontado — Andrômeda S.A.			
Ano	Fluxo de caixa livre (FCL) (1)	Fator de desconto (K = 15%) (2)	Valor presente (1) × (2)
Ano 1	$ 265.244	0,86957	$ 230.647
Ano 2	$ 286.496	0,75614	$ 216.632
Ano 3	$ 309.335	0,65752	$ 203.393
Ano 4	$ 335.050	0,57175	$ 191.566
Ano 5	$ 361.723	0,49718	$ 179.840
Valor de continuidade	**$ 4.093.718**	**0,49718**	**$ 2.035.301**
Valor operacional			**$ 3.057.379**
+ Ativo não operacional			+$ 300.000
= Valor total da empresa			**$ 3.357.379**
– Valor da dívida			–$ 400.000
= Valor patrimonial			**$ 2.957.379**

12.3 Avaliação baseada no lucro econômico: o método EVA

Como o modelo de avaliação baseado em fluxo de caixa descontado não fornece explicitamente as pistas sobre a geração de valor, pretende-se com o método EVA (*economic value added*) descobrir qual o valor gerado pela empresa, pois o valor presente dos EVAs representa justamente a criação de valor. Como seu cálculo leva em conta o lucro econômico e o custo de oportunidade do capital, esse método é compatível com a metodologia de avaliação por fluxo de caixa descontado. Desde que respeitadas algumas condições especiais, as duas metodologias deverão gerar os mesmos resultados.

Conforme vimos na Seção 11.9.1 do capítulo anterior, o EVA é igual ao lucro operacional após IR (Nopat) menos um encargo pelo capital investido:

$$EVA = Nopat - Capital\ investido \times K$$

onde K representa o custo do capital. No quadro a seguir, calcula-se o EVA da empresa Andrômeda S.A.

	Período de previsão explícita — Andrômeda S.A.					
	Ano 1 ($)	Ano 2 ($)	Ano 3 ($)	Ano 4 ($)	Ano 5 ($)	Ano 6($)
Capital investido	980.000	980.000	970.000	970.000	940.000	936.065
Nopat	**238.920**	**269.280**	**303.336**	**340.072**	**382.461**	**427.171**
– Encargos sobre o capital investido (Capital investido × K)	**–147.000**	**–147.000**	**–145.500**	**–145.500**	**–141.000**	**–140.410**
= EVA (lucro econômico)	**91.920**	**122.280**	**157.836**	**194.572**	**241.461**	**286.761**

O custo do capital (K) usado nos cálculos é 15% a.a. Os encargos sobre o capital investido em determinado ano resultam da multiplicação do custo do capital (0,15) pelo capital investido daquele ano. O capital investido e o Nopat foram estimados na seção anterior. O EVA pode ser interpretado como o lucro operacional remanescente depois que se considera a remuneração mínima exigida pelos proprietários (credores e acionistas). Ou seja, é o valor criado pelo negócio. Por exemplo, observa-se um lucro econômico de $ 122.280 no segundo ano — ou seja, $ 122.280 a mais do que exigiam os acionistas com base na rentabilidade de aplicações alternativas de risco semelhante.

Considerando os EVAs estimados, no quadro a seguir calculam-se o valor operacional, o valor total e o valor patrimonial (valor acionário) da empresa Andrômeda S.A.

Avaliação patrimonial baseada no modelo EVA — Andrômeda S.A.			
Ano	EVA (1)	Fator de desconto (K = 15%) (2)	Valor presente (1) × (2)
Ano 1	$ 91.920	0,86957	$ 79.930
Ano 2	$ 122.280	0,75614	$ 92.461
Ano 3	$ 157.836	0,65752	$ 103.780
Ano 4	$ 194.572	0,57175	$ 111.247
Ano 5	$ 241.461	0,49718	$ 120.049
EVA de continuidade	**$ 3.157.653**	**0,49718**	**$ 1.569.911**
MVA (valor presente dos EVAs)			**$ 2.077.379**
+ Capital investido			+$ 980.000
= Valor operacional			**$ 3.057.379**
+ Ativo não operacional			+$ 300.000
= Valor total da empresa			**$ 3.357.379**
– Valor da dívida			–$ 400.000
= Valor patrimonial			**$ 2.957.379**

O EVA de continuidade ao término do período de previsão explícita (no ano E = 5) deve ser calculado da seguinte forma:

$$\text{EVA de continuidade} = \frac{\text{EVA}_{E+1}}{K} + \frac{\text{Nopat}_{E+1} \times (c / \text{ROI}) \times (\text{ROI} - K)}{K(K - c)}$$

$$= \frac{\$ 286.761}{0,15} + \frac{\$ 427.171 \times (0,07 / 0,30) \times (0,30 - 0,15)}{0,15 \times (0,15 - 0,07)} = \$ 3.157.653$$

Os EVAs são descontados ao custo médio ponderado do capital (K = 15%), e seu valor presente ($ 2.077.379) representa o que a empresa criou de valor (*market value added* — MVA). Caso o MVA seja positivo, pode-se dizer que a empresa criou valor, ou que existe uma perspectiva no mercado muito favorável de que ela vá criar valor no futuro. No quadro anterior, o MVA somado ao capital investido inicial ($ 980.000) resulta no valor operacional da empresa ($ 3.057.379). O valor operacional, somado ao ativo não operacional ($ 300.000), resulta no valor total da empresa ($ 3.357.379). O valor total da empresa menos o valor da dívida ($ 400.000) resulta no valor patrimonial (valor para o acionista). O valor operacional ($ 3.057.379) excede o investimento operacional líquido feito inicialmente ($ 980.000). Isso significa que, em termos de valor presente, a empresa Andrômeda S.A. criou valor no montante de $ 2.077.379 ($ 3.057.379 menos $ 980.000).

Finalmente, pode-se constatar que, quando adequadamente aplicadas, as duas metodologias — o fluxo de caixa livre descontado e o método de lucro econômico (EVA) — fornecem os mesmos valores para a empresa.

12.4 Valoração acionária: o modelo de múltiplos

Na abordagem de avaliação de empresas conhecida como *abordagem por múltiplos*, a empresa é avaliada de modo relativo, em função de determinados índices de outras empresas semelhantes. Esse tipo de avaliação consiste na obtenção de valores médios de bens equivalentes negociados no mercado e na utilização desses valores como referência ou justificativa para os preços pedidos por outros bens. Muitos índices são usados na abordagem por múltiplos, como o índice que relaciona o valor de mercado com o lucro operacional depois de impostos (VM/Nopat), o índice que relaciona o valor da empresa com o Ebitda (VE/Ebitda) ou com o Ebit (VE/Ebit) etc.

Como em um mercado eficiente os preços das ações devem refletir os lucros potenciais da empresa, seus dividendos, seu risco financeiro, o valor de seus ativos, bem como outros fatores intangíveis que possam afetar seu valor, muitas vezes é usado como múltiplo de mercado o índice preço/lucro (P/L). Esse, aliás, talvez seja o índice de mercado mais popular; conforme já vimos, em sua forma mais simples ele é determinado dividindo-se o preço (P) de mercado da ação pelo lucro por ação (LPA) gerado pela empresa no período:

$$P/L = P/LPA$$

Caso se use o índice P/L simples para avaliar a empresa na abordagem por múltiplos, de fato não estarão sendo considerados o capital investido nem as expectativas do mercado quanto ao crescimento dos lucros futuros. O índice P/L em sua forma simples sustenta que só importam os lucros do exercício atual ou do próximo. Supõe-se, implicitamente, que não haja retenção de lucros; portanto, sem retenção e reinvestimento de lucros, o crescimento esperado do valor da ação será nulo. Em outras palavras, o uso da forma mais simples do índice P/L pressupõe a não-existência de oportunidade de crescimento dos lucros futuros. Supõe, enfim, a distribuição total de lucros.

Vejamos agora as limitações da abordagem por múltiplos. No quadro a seguir, são apresentadas as demonstrações do resultados projetadas para as empresas A e B.

Empresa A	Ano 1	Ano 2	Ano 3
Vendas	$ 2.500	$ 3.000	$ 3.300
Despesas totais	$ (1.960)	$ (2.406)	$ (2.646)
= Receita líquida	$ 540	$ 594	$ 654
Número de ações	100	100	100
P/L	5,40	5,94	6,54

(continua)

(continuação)

Empresa B	Ano 1	Ano 2	Ano 3
Vendas	$ 2.500	$ 3.000	$ 3.300
– Despesas totais	$ (1.960)	$ (2.406)	$ (2.646)
= Receita líquida	$ 540	$ 594	$ 654
Número de ações	100	100	100
P/L	5,40	5,94	6,54

Admitindo-se que tanto o nível da receita líquida quanto seu crescimento previsto para A e B sejam idênticos, o índice P/L será o mesmo para as duas empresas. Caso esse índice seja empregado como múltiplo, o preço de ambas deverá ser o mesmo. Mas essa conclusão não está correta, pois a análise não considerou o capital investido para gerar as receitas. Uma alternativa mais consistente com a criação de valor para o acionista seria ajustar o índice P/L, de modo que ele passasse a considerar o retorno sobre o capital investido e as expectativas do mercado quanto ao crescimento dos lucros futuros. Assim, o índice P/L poderia ser ajustado e calculado por meio da seguinte expressão:

$$P/L = \frac{1 - c / K_{cp}}{K - c}$$

onde:

c = taxa de crescimento de longo prazo dos lucros e fluxos de caixa futuros;
K_{cp} = custo do capital próprio (retorno sobre o capital próprio);
K = taxa de desconto (custo médio ponderado do capital).

O quadro a seguir mostra a projeção de caixa disponível para os acionistas das empresas A e B, após a dedução do investimento líquido.

Empresa A	Ano 1	Ano 2	Ano 3
Receita líquida		$ 594	$ 654
– Investimento líquido no ano	$ (415)	$ (457)	$ (503)
= Caixa disponível para os acionistas	$ 125	$ 137	$ 151
Taxa de crescimento da receita líquida (c)		10%	10%
Retorno sobre capital próprio (Caixa/Investimento)	30%	30%	30%
Empresa B	**Ano 1**	**Ano 2**	**Ano 3**
Receita líquida	$ 540	$ 594	$ 654
– Investimento líquido no ano	$ (469)	$ (516)	$ (569)
= Caixa disponível para os acionistas	$ 71	$ 78	$ 85
Taxa de crescimento da receita líquida (c)		10%	10%
Retorno sobre capital próprio (Caixa/Investimento)	15%	15%	15%

Observa-se que a taxa de crescimento (c) da receita líquida para ambas as empresas é de 10% a.a., e o retorno sobre o capital próprio (custo do capital próprio) é de 30% e 15% para A e B, respectivamente. Admitindo-se que as duas empresas estejam expostas a níveis de risco semelhantes, os fluxos de caixa das duas poderão ser descontados à mesma taxa de desconto, ou custo do capital (K = 20% a.a.).

Calculando o P/L pela fórmula ajustada, temos:

$$P/L = \frac{1 - 10\% / 30\%}{20\% - 10\%} = 6,67 \text{ (empresa A)} \quad P/L = \frac{1 - 10\% / 15\%}{20\% - 10\%} = 3,33 \text{ (empresa B)}$$

À diferença do índice simples de P/L, que havia indicado um valor semelhante para ambas as empresas, a fórmula ajustada indica que a empresa A provavelmente vale o dobro da B, pois o P/L da primeira é o dobro do P/L da segunda. A fórmula ajustada do P/L melhora o desempenho da abordagem de múltiplos (diga-se, do índice P/L simples), pois incorpora crescimento e retorno sobre o capital investido.

No entanto, sua aplicação pode resultar em um valor subestimado ou superestimado da empresa, conforme a estimativa de crescimento seja otimista ou pessimista demais. A fórmula ajustada funciona somente em situações simplificadas, pois, na prática, as situações reais dificultam sua aplicação. Por exemplo: geralmente o padrão de investimentos das empresas e de seus respectivos retornos não é muito simples; nem sempre os investimentos são feitos em um ano só nem proporcionam retornos constantes ao longo do tempo.

Além de não considerar o valor do dinheiro no tempo, a abordagem de avaliação de empresas pelos múltiplos peca por não avaliar diretamente o que interessa ao investidor. Ele não pode dispor dos lucros contábeis da empresa, não pode comprar um apartamento com os lucros contábeis da empresa, nem pagar a educação de seus filhos com esses lucros. Só o fluxo de caixa gerado pela empresa pode ser usado para mais investimentos ou para consumo. Focalizando unicamente os lucros e ignorando o capital necessário para gerá-los, não se poderá perceber se há ou não criação de valor para o acionista.

A abordagem pelos múltiplos só teria alguma consistência com o critério de criação de valor para o acionista se os lucros da empresa refletissem fielmente seu fluxo de caixa. Sendo esses dois elementos divergentes, ou levemente convergentes, a abordagem por múltiplos e todos os índices associados a ela mostram suas limitações. No entanto, para setores consolidados e competitivos em que só se prevê crescimento marginal, no longo prazo os dispêndios de capital necessários à continuidade da empresa podem ser considerados da mesma ordem de grandeza da depreciação, fazendo com que o Nopat e o FCL convirjam para um mesmo valor.

Se o acionista é minoritário, ele tem direito aos dividendos distribuídos ou aos ganhos de capital, caso venda a ação. Assim, para esse tipo de acionista, o fluxo de dividendos futuros é mais importante que o fluxo de caixa em si. A distribuição de dividendos é função do resultado contábil, uma vez que sua distribuição é limitada por lei e depende da disponibilidade de caixa para pagamento. Por outro lado, o acionista controlador, que atua diretamente na gestão da empresa (por meio da diretoria ou do conselho), pode ter acesso efetivo ao fluxo de caixa gerado pela empresa. Desse modo, o acionista controlador teria sua participação medida pelo modelo de fluxo de caixa descontado, e o minoritário, pelo modelo de fluxo de dividendos descontados, que será abordado na próxima seção.

12.5 Valoração acionária: o modelo do fluxo de dividendos

Fala-se que o valor de uma empresa é igual ao valor de mercado de seus ativos, que, por sua vez, deverá ser igual ao valor de mercado do patrimônio líquido mais o valor de mercado da dívida da empresa. O patrimônio líquido está constituído pelos recursos aportados pelos acionistas, e a dívida é o aporte de recursos dos credores (recursos de terceiros). O valor de mercado do patrimônio líquido é igual ao número de ações vezes o valor unitário da ação. Assim, se N for o número de ações, o valor de mercado da empresa será:

Valor de mercado da empresa = N × Valor unitário da ação + Valor da dívida

Desse modo, será necessário valorar as ações para saber o valor de mercado da empresa. Segundo o modelo baseado em fluxo de dividendos, o valor acionário (valor do patrimônio líquido) da empresa é igual ao valor presente do fluxo de dividendos futuros projetados, descontados pela taxa mínima de rentabilidade considerada aceitável pelo investidor.

Admitamos que atualmente o preço de determinada ação seja P_0, que a previsão de preço ao fim de um ano seja P_1 e que o dividendo esperado por ação para o ano corrente seja DIV_1. A rentabilidade dessa ação pode ser decomposta em duas partes: o ganho de capital (aumento do preço de mercado da ação) e o ganho com o recebimento do dividendo. Pode-se escrever, então:

$$K_{cp} = \frac{DIV_1 + (P_1 - P_0)}{P_0}$$

onde K_{cp} representa o ganho percentual sobre o capital dos acionistas (rentabilidade do capital próprio).

A partir dessa expressão, podemos destacar o preço atual ou o valor intrínseco da ação:

$$P_0 = \frac{DIV_1 + P_1}{(1 + K_{cp})}$$

Pode-se novamente escrever a equação de forma análoga, mas agora em função do período compreendido entre o ano 1 e o ano 2:

$$P_1 = \frac{DIV_2 + P_2}{(1 + K_{cp})}$$

Substituindo P_1 em P_0:

$$P_0 = \frac{DIV_1}{(1 + K_{cp})} + \frac{DIV_2}{(1 + K_{cp})^2}$$

Repetindo sucessivamente esse procedimento para os anos seguintes e reescrevendo todas as equações em função de P_0, temos que:

$$P_0 = \frac{DIV_1}{(1 + K_{cp})} + \frac{DIV_2}{(1 + K_{cp})^2} + \ldots + \frac{DIV_N + P_N}{(1 + K_{cp})^N}$$

P_N é o preço final da ação e corresponde à parcela do ganho de capital caso ela seja vendida no enésimo período. Como uma ação não é um título mobiliário com prazo de vencimento definido, não faz sentido avaliar seu valor presente para um período diferente da perpetuidade. Assim, o ganho de capital passa a ser ignorado, uma vez que o comprador do título não tem a garantia de que vai conseguir vendê-lo alguns períodos depois. Logo, o valor atual ou preço justo da ação (P_0) é calculado com base exclusivamente no valor presente do fluxo de dividendos (valor presente de uma perpetuidade):

$$P_0 = \sum_{t=1}^{\infty} \frac{DIV_t}{(1 + K_{cp})^t}$$

Conclui-se que, a menos que a empresa seja liquidada ou vendida, os fluxos de caixa que ela proporciona aos acionistas consistirão somente em uma série de dividendos esperados. Assim, desse ponto de vista, o valor de uma ação deve ser estabelecido como o valor presente do fluxo de dividendos esperados.

Essa abordagem representa uma alternativa de avaliação aplicável a todas as companhias de capital aberto que, em sua relação com os investidores, deixem subentendido que pagarão dividendos futuros. Deve-se atentar para o fato de que a expectativa de dividendos futuros tenta antecipar um evento que ainda não ocorreu, portanto envolve subjetividade. Um analista pode projetar dividendos crescentes, ao passo que outro, de posse das mesmas informações, pode estimar dividendos decrescentes. É comum que as estimativas dos dividendos partam do dividendo atual e, considerando determinada taxa de crescimento (ou decréscimo), cheguem aos dividendos dos anos posteriores.

Como é pouco prático estimar os dividendos futuros, o caminho é usarmos simplificações sobre o crescimento dos dividendos: crescimento nulo, crescimento perpétuo constante e crescimento diferenciado por estágios. Se considerarmos que a perpetuidade de dividendos de uma ação cresce a uma taxa constante (c) ao longo do tempo, o valor atual da ação (valor intrínseco) será:

$$P_0 = \frac{DIV_1}{(1 + K_{cp})} + \frac{DIV_1(1 + c)^2}{(1 + K_{cp})^2} + \ldots + \frac{DIV_1(1 + c)^{\infty}}{(1 + K_{cp})^{\infty}} =$$

$$= \left[\frac{DIV_1}{(1 + K_{cp})} \right] \underbrace{\left[1 + \frac{1 + c}{1 + K_{cp}} + \ldots + \left(\frac{1 + c}{1 + K_{cp}} \right)^{\infty} \right]}$$

Progressão geométrica de razão inferior a 1

$$P_0 = \frac{DIV_1}{K_{cp} - c}$$

Essa fórmula é conhecida como *modelo de avaliação com taxa de crescimento constante* e geralmente aparece na literatura de finanças como *modelo de Gordon*, uma referência a Myron J. Gordon, um dos estudiosos que contribuíram para difundi-lo. A avaliação subentende que a taxa de crescimento sustentável perpetuamente seja menor que o retorno esperado sobre o capital próprio ($c < K_{cp}$). Caso essa desigualdade não se verifique, o método perderá o sentido, uma vez que as parcelas passarão a representar números negativos, como se os dividendos representassem aporte de capital próprio, em vez de saques.

O modelo de Gordon é uma alternativa simplificada para avaliar o valor acionário da empresa, uma vez que não considera um crescimento gradual diferenciado dos dividendos, o que muitas vezes ocorre nas empresas da economia real. Ressalve-se que, nesse modelo,

Gestão de investimentos e geração de valor

os resultados são extremamente sensíveis a pequenas alterações no valor da taxa de crescimento dos dividendos (c), pois ela afeta o valor da ação. Assim, o sucesso desse tipo de avaliação está intimamente ligado a uma política clara e definida de dividendos por parte da corporação. Caso a empresa esteja em uma fase muito inicial de seu crescimento, não faz sentido falar em dividendos, uma vez que comumente quase todo o lucro apurado acaba sendo reinvestido para financiar o crescimento.

Por último, cumpre destacar que existem ainda modelos de avaliação mais sofisticados, que subentendem taxas de crescimento de dividendos não uniformes ao longo do tempo. Esses modelos são chamados de *avaliação com taxa de crescimento não constante* ou *modelos com crescimento diferenciado por estágios*. No entanto, muitas vezes esses modelos agregam uma dose adicional de subjetividade à análise, fazendo que ela pareça mais um exercício de futurologia do que análise econômica de empresas.

12.5.1 Retorno esperado pelos acionistas implícito no modelo de fluxo de dividendos

Para usar o modelo de Gordon é necessário calcular o custo do capital próprio (taxa de retorno esperada pelos acionistas). Caso a taxa de crescimento (c) tenha sido estimada como uma constante, e P_0 seja uma informação de mercado (cotação atual da ação), a taxa de retorno esperada sobre o capital próprio implícita no modelo será:

$$\underbrace{K_{cp}}_{\substack{\text{Taxa de retorno esperada} \\ \text{sobre o capital próprio}}} = \underbrace{\frac{DIV_1}{P_0}}_{\substack{\text{Rentabilidade esperada} \\ \text{dos dividendos}}} + \underbrace{c}_{\substack{\text{Taxa de crescimento esperada,} \\ \text{ou rentabilidade dos} \\ \text{ganhos de capital}}}$$

Assim, a taxa de retorno esperada pelos acionistas (K_{cp}) pode ser calculada conhecendo-se a política de dividendos da empresa e o preço atual da ação (informações de fácil obtenção) e a taxa de crescimento dos dividendos no longo prazo (informação de difícil obtenção).

As empresas geralmente passam por um *ciclo de vida*. Durante a primeira fase, o crescimento é muito mais rápido que o da economia como um todo, depois a empresa acompanha o crescimento da economia. Os fabricantes de automóveis, na década de 1920, e as empresas de software, como a Microsoft, na década de 1990, são exemplos de empresas na parte inicial do ciclo. Elas são chamadas de *empresas de crescimento acima do normal*, ou *não constante*.

Para empresas que estão na média (aquelas cujos dividendos esperados crescem a uma taxa constante), podemos simplificar o modelo para $P_0 = DIV_1 / (K_{cp} - c)$. No caso de crescimento acima do normal, entretanto, a taxa de crescimento esperada não é constante, pois ela decresce ao fim do período de crescimento acima do normal.

Cabe ressaltar que, na valoração acionária, não há modelo racional que considere geração perpétua de lucros anormais. O processo de avaliação acionária combina ciência, futurologia e arte. Ciência porque utiliza ferramental matemático-estatístico, futurologia porque as projeções realizadas são previsões do que poderá acontecer no futuro, e arte porque sempre existe uma 'pitada' do sentimento do analista.

12.5.2 Retorno esperado pelos acionistas estimado pelo modelo CAPM

Uma forma alternativa de estimar o retorno exigido ou esperado pelos acionistas (custo do capital próprio, ou K_{cp}) baseia-se no modelo CAPM (*capital asset pricing model*). Segundo o CAPM, a taxa esperada de retorno pode ser determinada por uma relação linear entre risco e retorno. O modelo CAPM é uma condição de equilíbrio que permite apreçar e medir o risco, segundo a qual apenas o risco não diversificável ou sistemático é recompensado pelo mercado. Assim, o retorno esperado sobre o capital próprio é igual ao retorno dos ativos livres de risco (R_f) mais um prêmio de risco:

$$E(K_{cp}) = R_f + \beta[E(R_m) - R_f]$$

Tal como foi visto com maior profundidade no Capítulo 7, a abordagem para estimar a taxa de retorno esperada pelos acionistas (custo do capital próprio) por meio do modelo CAPM apresenta alguns problemas. Os acionistas de uma empresa podem não estar com seu capital bem diversificado, ou podem ter alguma dificuldade para fazê-lo. Assim, o risco diversificável, e não apenas o risco sistemático (risco de mercado), pode ser importante. Nesse caso, dado que só admite o risco sistemático, o CAPM pode estar subestimando o valor correto do K_{cp}.

Além disso, mesmo se o CAPM for válido, é difícil obter estimativas corretas dos dados necessários para torná-lo utilizável: há controvérsias quanto ao uso de títulos públicos como representativos de ativos sem risco, e é difícil estimar o beta (β) e o prêmio de risco de mercado.

Alguns analistas costumam utilizar um procedimento subjetivo *ad hoc* para estimar o custo das ações ordinárias da empresa. Eles simplesmente somam um prêmio de risco de alguns pontos percentuais, determinado pelo bom senso, à taxa de juros da dívida de longo prazo da própria empresa. Como o prêmio de risco é um valor aproximado, o valor de K_{cp} também o será. Essa forma de estimar a rentabilidade esperada pode ser considerada uma aproximação preliminar da taxa correta de retorno esperada.

Como ilustração, suponhamos que a rentabilidade dos ativos sem risco (R_f) seja de 7%, a rentabilidade esperada da carteira de mercado (R_m), 14%, e o beta da ação, 1,4. Se a ação promete pagar um dividendo perpétuo de \$ 2/ano, que cresce à taxa constante de 5% a.a., podemos calcular o preço da ação da seguinte maneira:

- Custo do capital próprio: $K_{cp} = R_f + \beta[E(R_m) - R_f] = 7\% + 1,4(14\% - 7\%) = 16,8\%$

- Preço da ação: $P_0 = \dfrac{DIV_1}{K_{cp} - c} = \dfrac{\$\ 2}{0,168 - 0,05} = \$\ 16,95$

12.5.3 Determinantes da taxa de crescimento e do valor das ações

Sendo o preço das ações a estimativa do valor patrimonial da empresa, entender as diversas variáveis que o afetam é importante para a determinação do valor real de qualquer ativo. É bom, também, conhecer o estilo da administração, tendo em vista as possíveis conseqüências dos atos e fatos administrativos sobre o valor da empresa.

Gestão de investimentos e geração de valor

As variáveis que direcionam o valor de uma ação são: a taxa de desconto ajustada ao risco ou custo do capital próprio (K_{cp}), a taxa de reinvestimento ou taxa de retenção de lucros (r), o retorno sobre o investimento (*return on investment* — ROI) e a extensão de tempo em que a empresa terá vantagens comparativas, ou seja, o período em que, espera-se, o ROI será superior ao custo do capital próprio (K_{cp}).

Em termos gerais, é relativamente fácil determinar a rentabilidade dos dividendos, mas é difícil estabelecer sua taxa de crescimento. Se as taxas históricas de crescimento dos lucros e dos dividendos forem relativamente estáveis, e os investidores previrem uma continuação das tendências passadas, então a taxa de crescimento (c) poderá ter como base a taxa histórica de crescimento da empresa. No entanto, se o crescimento passado foi anormalmente alto ou baixo, seja por causa de situação singular própria ou devido a flutuações econômicas gerais, então os investidores não vão projetar a taxa de crescimento passada para o futuro. Nesse caso, a taxa de crescimento deve ser estimada de alguma outra forma.

Os analistas de títulos costumam fazer previsões de crescimento de lucros e de dividendos observando fatores como previsões de vendas, margens de lucro e aspectos concorrenciais. Por exemplo, caso se pretenda estimar o custo do capital acionário (K_{cp}), pode-se iniciar o cálculo a partir das previsões de diversos analistas sobre a taxa de crescimento dos lucros da empresa, fazer a média dessas previsões e usar essa média como aproximação para a taxa de crescimento projetada dos investidores em geral. Essa taxa de crescimento (c), combinada com o preço (P_0) e os dividendos correntes (D_0), permite obter uma aproximação para o retorno sobre o capital próprio (K_{cp}):

$$P_0 = \frac{DIV_1}{K_{cp} - c} \Rightarrow K_{cp} = \frac{DIV_1}{P_0} + \text{Taxa de crescimento projetada pelos analistas}$$

$$DIV_1 = DIV_0(1 + c)$$

Observa-se que a estimativa de K_{cp} calculada dessa maneira baseia-se na suposição de que a taxa de crescimento permaneça constante no futuro. Por outro lado, como crescimento de dividendos exige crescimento de lucros, alternativamente pode-se prever a taxa de crescimento dos dividendos como função da taxa de crescimento do lucro por ação (LPA), dado que o crescimento dos dividendos resulta principalmente do crescimento no LPA. O crescimento do LPA, por sua vez, resulta de muitos fatores, tais como a parcela dos lucros que a empresa retém e reinveste (r) e o retorno que ela obtém sobre os lucros retidos (ROI). A taxa de retenção de lucros (r) é controlada pela empresa, enquanto o ROI depende da capacidade dela para gerar lucros.

Se os lucros da empresa não forem integralmente distribuídos como dividendos, isto é, se alguma fração do lucro for retida, a taxa de crescimento pode ser calculada multiplicando-se a taxa de retenção (r) pelo ROI.

$$c = \text{Taxa de retenção} \times ROI = \left(\frac{\text{Lucros retidos}}{\text{Nopat}}\right) \times ROI = r \times ROI$$

Alguns analistas de títulos costumam utilizar esse procedimento ao estimar as taxas de crescimento. Vamos supor, por exemplo, que uma empresa espere uma remuneração de 12% sobre os lucros retidos, idêntica ao ROI da empresa. Se a taxa de retenção (r) dos lucros for de 30%, a taxa de crescimento prevista será de 3,6% (c = 0,30 × 12%).

Vejamos a questão de outra maneira: se o preço atual da ação for $ 20, seu próximo dividendo esperado, $ 1,68, e a taxa de crescimento esperada, 3,6%, então a taxa de retorno esperada e exigida pelos acionistas será de 12%. Ou seja:

$$K_{cp} = \frac{DIV_1}{P_0} + c = \frac{1,68}{20} + 0,036 = 12\%$$

Esse percentual de 12% representa a taxa de retorno mínima que a administração precisa obter nas operações para justificar a retenção de lucros e seu reinvestimento na empresa, em vez de sua distribuição aos acionistas na forma de dividendos. Em outras palavras: como os investidores têm a oportunidade de ganhar no mercado 12%, se os lucros lhes forem distribuídos como dividendos, o custo de oportunidade do capital investido proveniente da retenção de lucros será de 12%.

Uma alternativa para estimar a taxa de crescimento seria informar o retorno requerido pelos acionistas e, a partir disso, inferir o valor da taxa de crescimento dos dividendos.

Muitas vezes pode-se determinar de modo relativamente simples a rentabilidade dos dividendos, mas é muito difícil estabelecer um consenso quanto à taxa de crescimento porque a subjetividade permeia as opiniões dos analistas quanto a seu valor apropriado. Quando as taxas de crescimento dos lucros e dos dividendos realizados seguem um padrão de comportamento definido no tempo, os investidores tendem a repetir esse valor em suas projeções. No entanto, quando esse padrão não pode ser observado, a análise do crescimento de lucros e dividendos passa a ser feita com base na operação da empresa propriamente dita, sendo necessário observar algumas características como margem, giro, alavancagem, estratégia de mercado, e assim por diante.

12.5.4 Taxa de crescimento e rentabilidade das ações

Como o lucro projetado de uma empresa leva em consideração o lucro atual e a taxa de crescimento, somente há criação de valor para o acionista quando os lucros reinvestidos possuem uma taxa de retorno superior à taxa exigida pelos acionistas para aceitar aquele reinvestimento (quando $ROI > K_{cp}$). Para ilustrar melhor essa situação, admitamos uma ação com um lucro por ação (LPA) perpétuo de $ 2 e que a taxa de retorno exigida pelos acionistas (K_{cp}) seja de 15% a.a. Se a empresa distribuir integralmente seus lucros, sem reinvestimento (sem retenção de lucros) não haverá crescimento, e o valor da ação poderá ser obtido pelo valor presente da perpetuidade, ou seja:

$$P_0 = LPA / K_{cp} = \$ 2 / 0,15 = \$ 13,33/\text{ação}$$

Por outro lado, admitindo que a empresa distribua como dividendos o equivalente a 25% de seus lucros (retenção de 75% dos resultados para reinvestimento), obtendo uma remuneração (ROI) de 18% sobre os lucros retidos, podemos apurar os seguintes valores:

Taxa de crescimento (c) $= r \times ROI = 0,75 \times 18\% = 13,5\%$

$$\text{Preço da ação: } P_0 = \frac{DIV_1}{K_{cp} - c} = \frac{(DIV_0) \times (1 + c)}{K_{cp} - c} =$$

$$= \frac{[LPA \times (1 - r)] \times (1 + c)}{K_{cp} - c} = \frac{[\$ 2 \times 0,25] \times (1 + 0,135)}{0,15 - 0,135} = \$ 37,83/\text{ação}$$

Ao reinvestir uma parcela do lucro a uma taxa de retorno superior à remuneração exigida pelo investidor (18% > 15%), a empresa gerou riqueza para seus acionistas, elevando o preço de suas ações de $ 13,33 (calculado na hipótese de total distribuição do lucro) para $ 37,83 (considerando reinvestimento de 75% do lucro). Se a rentabilidade dos lucros retidos fosse igual à rentabilidade exigida pelos acionistas (se ROI = K_{cp}), o preço da ação seria de $ 14,83, com uma taxa de crescimento dos dividendos de apenas 11,25%, ou seja:

$$\text{Taxa de crescimento (c)} = r \times \text{ROI} = 0,75 \times 15\% = 11,25\%$$

Preço da ação:

$$P_0 = \frac{\text{DIV}_1}{K_{cp} - c} = \frac{(\text{DIV}_0) \times (1 + c)}{K_{cp} - c} = \frac{(\$ 2 \times 0,25) \times (1 + 0,1125)}{0,15 - 0,1125} = \$ 14,83/\text{ação}$$

Assim, vemos que a empresa destrói valor ao reinvestir os lucros retidos a uma taxa de retorno inferior à exigida pelos acionistas. E, se a rentabilidade dos lucros retidos (ROI) fosse de 10% (inferior à taxa de 15% exigida pelos acionistas), teríamos:

$$\text{Taxa de crescimento (c)} = r \times \text{ROI} = 0,75 \times 10\% = 7,5\%$$

Preço da ação:

$$P_0 = \frac{\text{DIV}_1}{K_{cp} - c} = \frac{(\text{DIV}_0) \times (1 + c)}{K_{cp} - c} = \frac{(\$ 2 \times 0,25) \times (1 + 0,075)}{0,15 - 0,075} = \$ 7,17/\text{ação}$$

Nesse caso, a empresa estaria destruindo mais valor ainda, pois o preço da ação cairia para $ 7,17.

Conclui-se, portanto, que, quando não é possível reaplicar os lucros a uma taxa de retorno maior que o custo do capital desses recursos, de modo que se crie valor para os acionistas, a melhor decisão é distribuir o lucro na forma de dividendos, evitando assim a destruição de valor. Só se cria valor para o acionista quando o retorno sobre o capital investido excede o retorno exigido pelo investidor (quando ROI > K_{cp}), não importando se esse valor se deva a um aumento dos dividendos ou a ganhos de capital pelo aumento das cotações da ação.

12.5.5 Taxa de crescimento e valor da empresa

Crescimento nem sempre significa algo bom ou que a empresa está gerando valor. De fato, em determinadas situações é preferível que a empresa não cresça, pois o crescimento poderia destruir valor. Como foi visto, para que o crescimento gere valor, é necessário que o rendimento do capital investido seja maior que o custo de oportunidade desse capital. O quadro a seguir mostra a demonstração projetada do fluxo de caixa livre (FCL) para uma empresa em três situações diferentes: quando há crescimento sem criação de valor, quando o crescimento destrói valor e quando há crescimento acelerado que resulta em fluxos de caixa negativos. As projeções são para um período de seis anos, em que os primeiros cinco constituem o período de previsão explícita, e o sexto contém o valor da perpetuidade projetada que se espera que ocorra imediatamente após o período de previsão explícita. Essa perpetuidade serve de base para o cálculo do valor de continuidade:

	Período de previsão explícita					
	Ano 1	Ano 2	Ano 3	Ano 4	Ano 5	Ano 6
Crescimento sem criação de valor						
Capital investido	**$ 1.000,00**	$ 1.050,00	$ 1.102,50	$ 1.157,63	$ 1.215,51	$ 1.276,28
ROI (retorno sobre o capital investido)	10%	10%	10%	10%	10%	10%
K (custo do capital)	10%	10%	10%	10%	10%	10%
c (taxa de crescimento)	5%	5%	5%	5%	5%	0%
Nopat	$ 100,00	$ 105,00	$ 110,25	$ 115,76	$ 121,55	$ 127,63
– Dispêndios de capital	–$ 50,00	–$ 52,50	–$ 55,13	–$ 57,88	–$ 60,78	$ 0,00
FCL (fluxo de caixa líquido)	$ 50,00	$ 52,50	$ 55,13	$ 57,88	$ 60,78	$ 127,63
Valor presente do FCL (valor da empresa)	**$ 1.000,00**					
Crescimento com destruição de valor						
Capital investido	**$ 1.000,00**	$ 1.150,00	$ 1.322,50	$ 1.520,88	$ 1.749,01	$ 2.011,36
ROI (retorno sobre o capital investido)	9%	9%	9%	9%	9%	9%
K (custo do capital)	10%	10%	10%	10%	10%	10%
c (taxa de crescimento)	15%	15%	15%	15%	15%	0%
Nopat	$ 90,00	$ 103,50	$ 119,03	$ 136,88	$ 157,41	$ 181,02
– Dispêndios de capital	–$ 150,00	–$ 172,50	–$ 198,38	–$ 228,13	–$ 262,35	$ 0,00
FCL	–$ 60,00	–$ 69,00	–$ 79,35	–$ 91,25	–$ 104,94	$ 181,02
Valor presente do FCL	**$ 825,33**					
Crescimento acelerado com FCL negativos						
Capital investido	**$ 1.000,00**	$ 1.250,00	$ 1.562,50	$ 1.953,13	$ 2.441,41	$ 3.051,76
ROI (retorno sobre o capital investido)	11%	11%	11%	11%	11%	11%
K (custo do capital)	10%	10%	10%	10%	10%	10%
c (taxa de crescimento)	25%	25%	25%	25%	25%	0%
Nopat	$ 110,00	$ 137,50	$ 171,88	$ 214,84	$ 268,55	$ 335,69
– Dispêndios de capital	–$ 250,00	–$ 312,50	–$ 390,63	–$ 488,28	–$ 610,35	$ 0,00
FCL	–$ 140,00	–$ 175,00	–$ 218,75	–$ 273,44	–$ 341,80	$ 335,69
Valor presente do FCL	**$ 1.249,15**					

onde:

$$\text{Valor da empresa} = \underbrace{\sum_{t=1}^{5}\frac{FCL_t}{(1 + K)^t}}_{\substack{\text{VP do FCL} \\ \text{no período de} \\ \text{previsão explícita}}} + \underbrace{\frac{Nopat_6(1 - 0)}{K - 0} \times \frac{1}{(1 + K)^5}}_{\substack{\text{Valor de} \\ \text{continuidade}}}$$

$$ROI = \frac{Nopat}{\text{Capital investido}}$$

Taxa de crescimento = Taxa de retenção de lucros para reinvestimento × ROI

$$c = r \times ROI = \left(\frac{\text{Dispêndios de capital}}{\text{Nopat}} \right) \times ROI$$

Na primeira situação, o Nopat cresce a uma taxa anual de 5%, porém não há criação de valor. O valor do capital investido inicial (ano 1) é de $ 1.000, exatamente igual ao valor presente do fluxo de caixa líquido. Isso porque o retorno sobre o investimento (ROI) é exatamente igual ao custo de oportunidade desse investimento (K). Na segunda situação, observa-se que o crescimento de 15% piora as coisas em termos de valor, o que decorre do fato de o ROI (9%) ser menor que o K (10%) durante o período. Na terceira situação, com crescimento acelerado de 25%, podemos notar criação de valor, dado que o valor presente do fluxo de caixa líquido ($ 1.249,15) é maior que o capital investido inicial ($ 1.000).

Nessa última situação, observa-se que, durante os primeiros cinco anos, os dispêndios de capital são vultosos devido às exigências do crescimento acelerado, resultando em fluxos de caixa negativos nesse período. Como durante esse período o ROI (11%) é maior que o K (10%), isso permite que a empresa comece a desfrutar dos resultados dos dispêndios de capital somente a partir do sexto ano, em que cessam as exigências de investimentos, uma vez que ela entrou em um período de estabilidade sem crescimento.

Os fluxos de caixa negativos significam que a empresa destruiu valor nos primeiros cinco anos? Não necessariamente, quando o ROI é maior que o K. Na terceira situação, durante o período de cinco anos o ROI foi sempre maior que o K. O EVA pode resolver o sinal confuso emitido por fluxos de caixa negativos decorrentes dos significativos dispêndios de capital necessários para viabilizar o crescimento acelerado. O quadro seguinte mostra que o EVA é positivo em todos os anos, resultando em uma criação de valor de $ 249,15 em relação ao capital investido inicialmente.

	Período de previsão explícita					
	Ano 1	Ano 2	Ano 3	Ano 4	Ano 5	Ano 6
Crescimento acelerado com FCL negativos						
Capital investido	**$ 1.000,00**	$ 1.250,00	$ 1.562,50	$ 1.953,13	$ 2.441,41	$ 3.051,76
ROI (retorno sobre o capital investido)	11%	11%	11%	11%	11%	11%
K (custo do capital)	10%	10%	10%	10%	10%	10%
c (taxa de crescimento)	25%	25%	25%	25%	25%	0%
Nopat	$ 110,00	$ 137,50	$ 171,88	$ 214,84	$ 268,55	$ 335,69
– Encargos de capital (capital investido × K)	–$ 100,00	–$ 125,00	–$ 156,25	–$ 195,31	–$ 244,14	–$ 305,18
EVA	$ 10,00	$ 12,50	$ 15,63	$ 19,53	$ 24,41	$ 30,52
Valor presente do EVA (criação de valor)	**$ 249,15**					
+ Capital investido	**+$ 1.000,00**					
= Valor da empresa	**$ 1.249,15**					

Referências bibliográficas

ASSAF NETO, Alexandre. *Finanças corporativas e valor*, 2. ed. São Paulo: Atlas, 2005.

BIERMAN, Harold; SMIDT, Seymour. *The capital budgeting decision*, 6. ed. Nova York: MacMillan, 1984.

BREALEY, R.; MYERS, S. *Princípios de finanças empresariais*, 3. ed. Lisboa: McGraw-Hill, 1992.

_____. *Principles of corporate finance*, 7. ed. Nova York: McGraw-Hill, 2003.

BRIGHAM, E.F. *Fundamentals of financial management*, 6. ed. Chicago: The Dryden Press, 1992.

CLARK, J.J.; HINDELANG, T.J.; PRITCHARD, R.E. *Capital budgeting: planning and control of capital expenditures*, 3. ed. Upper Saddle River: Prentice Hall, 1989.

COPELAND, T.E.; ANTIKAROV, V. *Opções reais: um novo paradigma para reinventar a avaliação de investimentos*. Rio de Janeiro: Campus, 2001.

COPELAND, T.E.; KOLLER, T.; MURRIN, J. *Avaliação de empresas — valuation*, 3. ed. São Paulo: Pearson Makron Books, 2002.

COPELAND, T.E.; WESTON, J.F. *Managerial finance*, 9. ed. Illinois: The Dryden Press, 1992.

_____. *Financial theory and corporate policy*, 3. ed. Boston: Addison Wesley, 1988.

DAMODARAN, Aswath. *Finanças corporativas: teoria e prática*. Porto Alegre: Bookman, 2004.

_____. *A face oculta da avaliação*. São Paulo: Pearson Makron Books, 2001.

_____. *Avaliação de investimentos: ferramentas e técnicas para determinação do valor*. Rio de Janeiro: Quality Mark, 1999.

DIAS, Marco A.G. "Real options in petroleum". Disponível em: www.puc-rio.br/marco.ind/. Acesso em: 2 out. 2006.

_____. *Investimento sob incerteza em exploração & produção de petróleo*. Dissertação de mestrado. Programa de Pós-Graduação em Engenharia Industrial, PUC-Rio, Rio de Janeiro, 1996.

DIXIT, A.K.; PINDYCK, R.S. *Investment under uncertainty*. Princeton: Princeton University Press, 1994.

DUARTE JR., A.M. *Gestão de riscos para fundos de investimentos*. São Paulo: Pearson Prentice Hall, 2005.

DUNRAUF, Guillermo Lopez. *Finanzas corporativas*. Buenos Aires: Editorial Grupo Guia, 2003.

ELTON, E.J.; GRUBER, M.J. *Moderna teoria de carteiras e análise de investimentos*. São Paulo: Atlas, 2004.

GITMAN, L.J. *Princípios de administração financeira*, 10. ed. São Paulo: Pearson Addison-Wesley, 2004.

GITMAN, L.J.; JOEHNK, M.D. *Princípios de investimentos*, 8. ed. São Paulo: Pearson Addison-Wesley, 2005.

HELFERT, E.A. *Técnicas de análise financeira*, 9. ed. Porto Alegre: Bookman, 2000.

HULL, J.C. *Options, futures, and other derivative*, 4. ed. Englewood Cliffs: Prentice Hall, 2000.

LEVY, H.; SARNAT, M. *Capital investment and financial decisions*. Englewood Cliffs: Prentice Hall, 1994.

_____. *Portfolio and investment selection: theory and practice*. Englewood Cliffs: Prentice Hall, 1984.

MANNARINO, R. *Introdução à engenharia econômica*. Rio de Janeiro: Campus, 1991.

MARTELANC, R.; PASIN, R.; CAVALCANTE, F. *Avaliação de empresas: um guia para fusões & aquisições e gestão de valor*. São Paulo: Pearson Prentice Hall, 2005.

SAMANEZ, C.P. *Leasing: análise e avaliação*. São Paulo: Atlas, 1990.

_____. *Matemática financeira: aplicações à análise de investimentos*, 4. ed. São Paulo: Pearson Prentice Hall, 2006.

SHARPE, W.; ALEXANDER, G.J; BAILEY, J.V. *Investments*, 5. ed. Englewood Cliffs: Prentice Hall, 1995.

SHIM, J.K.; SIEGEL, J.G. *Shaum's outline of theory and problems of managerial finance*. Nova York: McGraw-Hill, 1983.

TRIGEORGIS, L. *Real options: managerial flexibility and strategy in resource allocation*. Cambridge: MIT Press, 1996.

WESTERFIELD, R.W.; JAFFE, J.F. *Administração financeira: corporate finance*. São Paulo: Atlas, 2002.

Sobre o autor

Graduado em engenharia industrial, **Carlos Patricio Samanez** é mestre em ciências, na área de engenharia de produção, pela Pontifícia Universidade Católica do Rio de Janeiro (PUC-Rio) e doutor em administração, finanças e economia de empresas pela Fundação Getulio Vargas de São Paulo (FGV-SP). Professor dos cursos de graduação e pós-graduação do Departamento de Engenharia Industrial da PUC-Rio e professor adjunto da Faculdade de Economia da Universidade do Estado do Rio de Janeiro (Uerj), já publicou diversos livros e artigos sobre finanças em revistas especializadas. Atua como consultor de empresas na área de gestão financeira e análise de projetos.